Johann August Ernesti

**Io. Augusti Ernesti Archaeologia Literaria**

Johann August Ernesti

**Io. Augusti Ernesti Archaeologia Literaria**

ISBN/EAN: 9783741156618

Manufactured in Europe, USA, Canada, Australia, Japa

Cover: Foto ©Thomas Meinert / pixelio.de

Manufactured and distributed by brebook publishing software (www.brebook.com)

Johann August Ernesti

**Io. Augusti Ernesti Archaeologia Literaria**

IO. AVGVSTI ERNESTI

# ARCHAEOLOGIA
## LITERARIA

---

EDITIO ALTERA

EMENDATA ATQVE AVCTA

OPERA ET STVDIO

GEORGII HENRICI MARTINI

---

LIPSIAE

SVMTV CASPARI FRITSCH

MDCCLXXXX.

# PRAEFATIO EDITORIS

Viri non pauci eruditionis nomine perquam celebres, atque auctoritate in rep. literaria multum valentes, intellecto, me τοῦ πάνυ ERNESTI *Archaeologiam literariam*, in praelectionibus academicis, post Viri Summi mortem, semel iterumque interpretatam plenius illustrasse, et haud exigua librorum, ad hoc literarum genus necessariorum copia instructum esse; idemtidem optare sese mihi significarunt, vt de conficiundo libello simili cogitarem, ac quae in Ernestiano superuacanea videntur, inducere, quae desiderantur, suo quaeque loco admissa exponere, quae dubia vel falsa, emendare, nec tam literaturae, quam artium ipsarum, et rerum ingeniose affabreque fabricatarum rationem habere vellem. Quod idem bibliopola, auctoritate viri, nescio cuius, permotus saepenumero postulauit. Ego vero, quamquam virorum me doctiorum atque praestantiorum voluntati obtemperare, quam repugnare malo, et quidquid in me est ingenii scientiaeque, quod valde exiguum esse non ignoro, lubenti et promto animo ad prouehendum artium optimarum florem adhibere volo et debeo: tamen caussis, aeque grauibus ac multis permotus, postulatis, quae dixi, honestis mihique sane honorificis obsequi dubitaui; in aliis propterea, quod non parum metui, ne probabili meo illis obediendi studio inflammatus, onus susciperem grauius; eidemque ferendo impar, tam virorum, quos dixi, optimorum exspectationem deciperem, quam memet ipse turpiter darem. Consilium enim atque inceptum eiusmodi librum, qui poscitur et exspectatur, conscribendi, quam arduum sit, et quam difficile, ex iis, quae excursuum qualiumcunque meorum primo exposui, iam satis et luculenter perspici posse, non temere opinor. Opinionis meae caussas qui recte et accurate animo expendere haud grauatur, is tantum abest, vt sententiae meae refragari possit, vt potius adstipulari, in eamque abire debeat. Praeter haec, pudore quodam ingenuo et liberali erga vniuersam ciuitatem literariam affectus, diuulgare verebar librum, super loco eo scriptum, qui vel viris in hoc literarum genere quam maxime versatis, et omni librorum exquisitorum copia instructissimis, difficilior est visus, quam quem scribendo persequerentur, et cuius capita, multa pariter ac diuersa, nec parum a plerorumque virorum doctorum studiis aliena, eo exponerent. Hinc bibliopolae, viro honestissimo atque integerrimo, auctor et suasor exstiti, libellum Ernestianum, viri cuiuspiam eruditi cura et studio recensitum auctumque recudendi, itaque vulgandi, vt in posterum quoque, qui volunt, doctores publici eo, tanquam duce, vti, et archaeologiam in praelectionibus academicis docere possint. Cuius negotii adgrediendi perficiendique curam, quo-

niam

niam duobus VIRI aeternum colendi Nepotibus, VV. Celeberrimis et longe Eruditiffimis, ad quos eam in primis pertinere rebar, per cauffas grauiffimas et incepta alia, rei et publicae, et literariae vtiliffima, fufcipere non licebat: cam mihi, quod libelli interpres aliquoties iam exftitiffem, duumuirûm, quos dixi, fuafu hortatuque demandare voluit libelli redemtor optimus; perfuafus et ab aliis viris eruditis, ac cauffis, nefcio quibus, libellum Erneftianum meis curis, mea opera et ftudio fore talem, qualem viri docti et harum rerum intelligentes fatis fint probaturi. Quod de me et qualicunque mea fcientia iudicium, quam honorificum mihi fit, video; quam verum, alii videant decernantque. Quamquam enim, maxime ex quo mihi contigit, vt in patriam reuocatus, et Lipfiae Scholarum publicarum alteri praefectus, in luce et confpectu virorum celeberrimorum verfarer, nonnihil temporis in omni archaeologia inueftiganda confumfi, et vndique quaefitis, coemtis, lectis optimis quibusque libris ad eam pertinentibus, fcientiam meam augendam putaui: id tamen, ne quid arroganter a me dictum exiftimetur, mihi haud affumo, vel meo iure quodam modo vindico, me in hoc literarum genere tantum videre, quantum videat, neceffe eft, qui difciplinae tum late patentis rationem et quafi formulam libello aliquo fuo conclufam et comprehenfam exponere, vel alius cuiufpiam Viri Celeberrimi librum emendare adgrediatur. Tantam igitur rei archaeologicae

logicae cognitionem quum mihi aſſumere et vindicare nec vellem, nec poſſem; curam vero et operam Erneſtiani libri retractandi per cauſſas varias, easque iuſtiſſimas, recuſare nollem, ne aut aliorum iudicio mihi tam honorifico, aut mihimet ipſe deſuiſſe iudicarer: negotium mihi demandatum ſuſcepi tandem, et in eo exſequendo maximam, quam poteram, curam pariter ac modeſtiam obſeruare mihi imperaui, ne cui pietatis honeſtatisque leges temere, ne dicam, malitioſe migraſſe videar. Quodſi non reapſe aſſequutus, certe quidem ſequutus ſum, hac via et ratione.

Nimirum oblato mihi, et humaniſſime tradito a Ioan. Chriſtiano Theophilo, altero Auctoris immortalis Nepote Digniſſimo, et Profeſſore exquiſita artium plurimarum ſcientia Clariſſimo, exemplo libelli eo, quo Vir Summus in tradenda hac diſciplina ipſe vſus erat, et in quo partim operarum errores emendarat, et vnum alterumque vocabulum aut mutarat, aut adiecerat, partim etiam in eius margine paucis verbis notarat, quae in ſcholis copioſius perſequi conſtituiſſet: equidem meum eſſe credidi, in exemplo eo, ex quo libellus iterum excudendus erat, errores, quos dixi, emendare, voculas mutatas adiectasue itidem mutare et adiicere, vt adeo editio altera vere emendatior futura eſſet. Ex eis autem, quae in ora erant adnotata, nihil in orationem contextam recepi, quoniam ſingulis locum ſatis idoneum adſignare non poteram, et quae Ipſe
pro-

promulgata noluerat, diuulgare verebar. Qua mea cura tum effeciffe opinor, vt noua libri recenfio a prima haud difcrepet, tum cauiffe, ne quam opinionem meam Auctori aeternum Colendo affingere, atque hoc nomine venditare velle exiftimer. Verbo, libellus Erneftianus, cura qualicunque mea iterum promulgatus, in lucem exit ita, vt nemo quidquam in eo temere mutatum, omiffum, additum, vere conqueri poffit. Legem longe aequiffimam, qua *cuique fuum* tribuere iubemur, religiofe obferuaui: quod, quibus vtramque editionem comparare placet, veriffimum effe deprehendent.

At enim vero ne librum velut prorfus indotatum dimitterem, compluribus eum auxi Excurfibus, quibus capita varia, ab Auctore Celeberrimo tacta quidem illa, fed non fatis luculenter expofita, paullo plenius differendo perfequi vifum eft. Eis continentur plura, quae ad *artificialem* (liceat mihi hoc vocabulum heic loci fenfu parum vfitato vfurpare) rectius et verius, quam ad *literariam* pertinent archaeologiam; eo quod talia in libello, de quo quaeritur, potiffimum defiderarunt viri harum rerum intelligentes. Neque tamen haec omnia ad viuum refecare potui, aut volui, fed tantum breuiter ftrictimque tangere, veritus, ne libellus, iufto plus auctus, fua laboraret mole. Praeter haec in illis non nifi fpecimen edere libuit rerum, quas ego, libelli interpres, in praelectionibus academicis tradere foleo, et quas plenius perfequi propofitum eft libro fingulari

super

super archaeologia vniuersa scribendo, si Deus o. m. mihi, homini sere septuagenario, vitam viresque largiatur; neque interim inutilis et prorsus superuacaneus fiat eiusmodi labos, per omnium *Operum antiquitus affabre fabricatorum historiam*, quam Vir quidam Celeber atque Eruditus, sese scripturum, ac cum viris eruditis communicaturum esse, semel iterumque significauit, vel plane pollicitus est. Quem si promissis stetisse, et eiusmodi historiam edidisse videro, schedas meas, ad hoc argumentum pertinentes, sine mora scriniis latere iubebo, non nonum in annum, sed in perpetuum. Interea dum quidquid ad eam rem pertinere arbitror, vnde fieri potest, colligo, iustum in ordinem redigo, super rebus singulis, earumque caussis, quantum par est, ac possum, commentandi caussa meditor, vt librum, si vnquam conficere, et per graues illas, quas dixi, caussas diuulgare licebit, lectoribus aequis, et harum rerum prudentibus probare possim; tempus, a necessariis officii mei muneribus curandis reliquum, iuuante Deo o. m. impendam ita, vt partim operum ingeniose et affabre factorum, quibus Graecia potissimum celebrata suit, auctore PAVSANIA, indicem ex huius libris conscriptum, in lucem exire iubeam, partim in noua PAVSANIAE editione recensenda et adornanda elaborem, quoniam scriptoris huius opus cum maxime plane non venit in tabernis librariis, et varii eius loci, ab interpretibus et editoribus minus recte intellecti, eoque nomine, si quid intelligo,

incon-

inconfiderate tentati funt. Quod negotium fi quando adgredi potero, nihil profecto reliqui faciam, vt neceffaria ad id recte et ordine curandum et perficiendum praefidia per amicos meos adipifcar.

Excurfibus meis continentur multa, quae, tantum abeft, vt pro veris et luculenter demonftratis accipienda cenfeam, vt potius non nifi pro meris coniecturis fuper rebus perquam dubiis et incertis habeam, et ab aliis haberi velim. Plurima enim, quae ad Artium origines, progreffum, perfectionem, propagationem et quafi migrationes pertinent, tanta premuntur caligine, vt, qui fingula explorare liquido, narrare et demonftrare poffit, credam fore neminem. Eis adnumero, quae de fcribendi inuento, et huius propagandi ratione; quae de orichalco, non facticio, fed nato; quae de numorum cudendorum arte, aliis, difputata funt. Talia aequo, reor, animo leget et examinabit lector quisque humanus, et prudens rerum fimilium exiftimator: ac fi quem fore intellexero, qui meis rectiora et veriora tradat, firmisque argumentis efficiat, eum omni, qua par eft, laude et ftudio profequar, eiusque in fententiam omnium primus fum abiturus. Contra fiquis, arrepta ex eiusmodi coniecturis occafione, probabile et honeftum confilium, quo eas cum viris eruditis communicatas volui, fugillare, et nota quafi cenforia in ludibria vertere velit: is fefe fciat hoc facto mihi minus, quam fibi nocere, et literas optimas prouebendi ftudium magis exſtinguere, quam inflammare. Talis mea mens eſt, tales meae, hominis feneſcentis, rationes, vt me nec laus immerita arrogantem, nec iniuſta reprehenſio humilem et abiectum reddere ſoleat.

Fuerunt alii, qui, intellecto meo conſilio, me rectius et melius facturum fuiſſe exiſtimarent, ſi, excurſuum loco, notas, ſingulis libelli paginis ſubiiciendas, ſcripſiſſem. Tales ſcribere poteram, et volebam, quin reapſe inchoabam: ſed mutaui mentem, animaduertens, adnotationes paucas et breues, parum vel nihil vtilitatis habituras, plures et longiores lectori plurimum taedii adlaturas. Erat, praeter haec, cauſſa alia, eademque grauiſſima, quae me, vt incepto abſiſterem, perpulit; ſed quam de induſtria ſilentio praetermittere placet. Multa igitur, quae in eiusmodi notis erant tangenda, in excurſus meos referre volui, quod me iſta viderem in his paullo copioſius, et vno velut tenore, quam in eis, diſſerere poſſe. Accedit, quod hoc modo ſuſpicionem quam facillime amouere poteram omnem, multa fortaſſe a me adnotata eſſe iniquo vel maleuolo in ERNESTIVM immortalem animo, eoque tantum conſilio, vt haberem, quod refellerem. Sed huiusmodi praeuaricationem me ſciunt odiſſe, ac prorſus deteſtari, quotquot me recte norunt. Quin moleſtiſſime fero, ſiquem virum probum, quantumuis ignobilem, nedum ERNESTIVM, de humanitatis artibus et vniuerſa re literaria quam optime promeritum, audio legoue temere re reprehendi et contumeliis affici ab iis, qui merita de re literaria vel exigua, vel plane nulla iactare possunt. Absit, longissime a me absit similis improbitas atque peruersitas; quae tantum abest, vt sit decori, vt potius maximo dedecori esse oporteat. Equidem vt viuum magni, quantum par erat, feci Eximium, de quo quaeritur, Praeceptorem et Fautorem, ita vel mortui honori et existimationi quauis ratione consulendum esse censeo. Qui Ipsum aliqua in re errasse credit, ac videt etiam; is sese itidem sciat, hominem esse, qui errare queat: adeoque erga Illum affectum esse debere ita, vt alios erga se errantem vel lapsum, animatos esse velit. Atque haec caussa me adduxit etiam, vt ego illorum, qui scriptoris cuiuscunque vel libros singulares, vel omnes simul, iterum promulgant, rationes imitari noluerim. Plerique enim, qui hoc faciunt, auctoris illius aut merita praeter modum laudibus extollunt; aut lapsus valde faciles et humanos nulla non occasione ita exaggerant, vt prauae et peruersae, qua sunt, indoli satisfacere possint. Cuiusmodi homines, vbi animaduerto, procul a me abesse iubeo, eorumque mores et consuetudinem plane abominor. Temere atque inconsulte vt non laudare, ita nec aspernari, quemquam soleo.

Erunt fortasse, qui, quoniam ipsi nullo non scripti cuiuspiam sui loco libros, quotquot vel legerunt, vel viderunt tantum, aut ex ephemeridibus literariis promulgatos esse sciunt, legentibus

gentibus adnumerare folent ac crepare, non aliam ob cauffam, quam vt ipfos aeftimes fufpiciasque velut viros, mille librorum lectione eruditos et nutritos; ego contra in excurfibus meis paucos duntaxat libros, hic, illic, memoraui, meam rationem hoc nomine reprehendant, meque negotium fufceptum minus recte, et vt decebat, exfequutum opinentur, ac contendant. Sed fiqui futuri fint, qui ita ftatuant, eos bene meminiffe velim, in fimili libello Archaeologiae *initia*, non *biftoriam literariam* proponi, ipfiusque interpretem, docendo, libros plures, quam quos dixi, indicare, quin, fi rariores fint et praeftantiores, monftrare oportere, vt, qui ipfum audiunt, eos intueri, contemplari, et quid in eis praecipuum vel fingulare fit, mentibus inculcare poffint. Hoc profecto longe maiorem adfert vtilitatem, quam vel copiofiffimus librorum index, quorum ne nomina quidem memoria tenere, nedum iuftam et accuratam notitiam de fingulorum vfu et praeftantia ex eiusmodi nomenclatura confequi poffumus. Vnde eam, quam dixi, fequutus fum rationem, quotiescunque Erneftiani libri interpretem egi: hanc fequar in pofterum, fiqui erunt, qui archaeologiae deliciis allecti, me magiftro vti, fe non indignum exiftiment.

Ex eis, quae dicta funt, fatis poteft intelligi, quid lectores in libello, cura operaque mea iterum vulgato, exfpectare poffint et debeant. Nimirum accipiunt eum integrum, et locis compluribus

XIII

pluribus emendatiorem: praeter hunc, excursus qualescunque meos, quibus nonnulla capitum singulorum loca vel plenius disserui, vel coniectura aliqua mea in eiusmodi velut adspectum collocaui, vt aliter, ac solet, de iis existimari oporteat: denique copiosiorem rerum tam earum, quae ipso libello Erneſtiano, quam quae excurſibus meis continentur, indicem, vt viri eruditi, qui librum totum perlegere nequevnt, ex hoc videant, siquod rei, quam ipsorum plurimum intereſt indagare et perspicere, lumen ex eo petere poſſint.

Atque haec habui, quae de altera libelli Ernestiani editione, qualicunque mea opera ſtudioque curata, emendata et aucta, dicerem. Dicta ſunt pauca alia de illius ratione excurſu omnium primo, quae comparata cum his, quae praefandi cauſſa ſcripsi, mentem meam ſatis declarabunt. In quo, quamuis excurſibus meis nonnihil aucto, deeſſe et ſcio, et fateor, adhuc plura, quae ad τοῦ *Antiqui* ſtudium recte et prudenter inſtituendum requiruntur: vt, locus de incredibili *Critices* neceſſitate, ſine cuius praeſidio tantum abeſt, vt, quod opus vere antiquum, integrum et bene conſeruatum ſit; quod primo et primario cuidam *protypo* conuenienter, velut *ectypon*, per artificem alium, imitando formatum; quod trunco alicui antiquo, a recentiori manu temere adpoſitum et quaſi adſutum, quisquam videat, vt potius in cauſſa ſimili decernenda, facile et vehementer errare ac falli poſſit: idque tum in primis, quum
ipsum

ipsum de colligenda supellectili antiquaria cogitare percrebescit. Huiusmodi emtori quanta cautio tum sit adhibenda, ne ipse venditione hominis astuti fraudulenta decipiatur, hic, illic, vno iam verbulo indicaui. Totum vero argumentum, vt alia quaedam, mihi hac opportunitate dicendo persequi non licuit, animo satis praecipienti, hanc disputationem, si plena, perfecta et omnibus numeris absoluta sit, iusto copiosiorem; sin tantummodo affecta, manca, necdum confecta, prorsus inutilem futuram esse. Vnde eam in praesenti plane non tangere, quam vixdum inchoatam relinquere malui. Faxit Deus o. m. vt libellus, ita recusus, nonnihil momenti habeat ad Iuuenum Generosissimorum atque Nobilissimorum, literis et artibus liberalibus operam nauantium, animos permovendos atque incitandos, vt in reliquis literarum studiis, quibus recte, et, vt par est, eruditi tum patriae dulcissimae ornamento et praesidio, tum sibimet ipsi decori esse possunt, huic quoque disciplinae animum applicare ne grauentur; quippe qua imbuti, pulcri venustique sensum et intelligentiam, ad res multas pertinentem, adipiscentur et quasi induent, ac liberi simul tutique erunt ab omni metu, de operibus ingeniose affabreque fabricatis, siue antiqua sint, siue recentiora, praue et peruerse statuendi. Cuiusmodi iudicio turpiter sese dare non minus nocet existimationi, quam reprehendenda rerum aliarum ignoratio. Scrib. Lipsiae e schola Nicolaitana pridie Kal. Octobr. MDCCLXXXX.

PRAE-

## PRAEFATIO AVCTORIS

Vltimum operum mortalium immortali ad noſtram Patriaeque communis memoriam Principi, CHRISTIANO FRIDERICO, fuit Academia Pictoriae aliarumque artium, quae pulcritudinis maxime commendationem habent. Id inſtitutum, non profecto a vanitate ortum, ſed totum ad vtilitatem popularium, vt omnia illius Principis opera, comparatum, mihi videbar non ſolum gratia ea, qua dignum erat ipſum, qua longe digniſſimus auctor, pro virili mea parte excepturus eſſe, ſed etiam a parte ea, qua eſſet doctrinae liberali coniunctius, aliquantulum adiuturus, ſi iuuenes liberales et nobiles ad cognitionem aliquam operum antiquorum, quae ab artibus iis nata eſſent, adducerem; praeſertim cum illius Academiae eſſet in hac vrbe noſtra pars non parua. Itaque inſtitui tum primum Lectiones Archaeologicas, quae proprie ad hoc genus antiquitatis, accommodate ad aetatem illam et ad vſum doctrinae explicandum, pertinerent, easque quarto quoque ſemeſtri repetii. Id mihi erat expeditius, quod ante hos quatuor et viginti annos, Plinii Hiſtoriam naturae vno tenore legens, tum alia ad antiquitatis cognitionem, tum maxime ad totum hoc genus pertinentia, notaram, eaque ſubinde, cognoſcendis operibus antiquariis,

tum

tum superioribus, tum post illud tempus editis, auxeram, vnde sumere, quae consilio prodessent, haud difficile erat. Sed mihi placebat, latius aperire illius institutionis archaeologicae fines, et totum genus operum antiquorum complecti, nec modo quod ab artibus illis ingeniosae pulcritudinis profectum esset, sed etiam quod magis ad literas illuminandas pertineret, et ad eruditionem liberalem et elegantem. Hinc de scripturis antiquis, de libris, titulis, numisque tradere placuit, etiam de diplomatis, non modo iis, quae veterrima latinitate dicuntur, et proprie ad antiquitatem Romanam pertinent, possuntque ad Inscriptionum caput referri; sed etiam posterioribus, et antiquitatis, vt ita dicam, iunioris, quae consuetudo nostra intelligit, cum diplomata commemorat. Etenim existimabam, vix alium mihi commodiorem locum dari, de eo genere monimentorum veterum praecipiendi, quae prodesse iuuentuti possent in studio historiae: nec alienum putabam, ea, quae in hoc genere maxime necessaria essent, tradi a me, cui profuisset, horum monimentorum indolem et vsum mature per disciplinam BERGERI, in Schola Vitembergensi, vtcunque cognouisse; quanquam ille, vix tum ex Italico itinere redux, diplomata latius, de omni genere literarum publicarum, etiam quae in libris monimentisque aliis veteribus reperiuntur, dicebat, secutus, vt opinor, MAFFEVM, quocum in Italia multum fuerat versatus, amicitiamque

que contraxerat. Omnino illi difciplinae maturum amorem omnium literatorum facrae et profanae antiquitatis monimentorum, vt, Infcriptionum, Liturgiarum, Conciliorum, etc. ac ftudium debeo. Quae igitur ex illis generibus omnibus delecta, et ad capita quaeque fua digefta, aliquoties in Scholis tradidi et vberius illuftraui, ea nuper recognita per rufticationis otium, typis permifi exprimenda, vt fcribendi neceffitatem demerem difcentibus, et tempus lucrarer, quod dictandi mora periret. Sed de confilio et ratione libelli et inftituti explanatius dicendum videtur, fi cauere poffim, ne, quod ad vtilitatem iuventutis et literarum comparatum eft, ad noxam trahatur.

Non equidem negem, in toto illo tum inftituto fpectatum a me effe id, a quo ortum dixi, vt ingenia adolefcentum aliquem vel fenfum, vel amorem illius elegantiae et pulcritudinis caperent, quae in operibus artium antiquis laudari folet, et ii, qui effent a re familiari inftructi fatis, ad difcendam artem linearem allicerentur, qua maxime acuuntur oculi ad iudicium pulcritudinis in operibus adfpectabilibus artium: fed multo magis videbam ea, quae ad literarum et doctrinarum vfum prodeffent. Primum volebam allicere ftudiofos, atque adeo adducere ad partem difficiliorem antiquitatis, et literarum graecarum

rum latinarumque cognoscendam, qua ad hoc genus antiquitatis intelligendae opus est, praesertim si e fontibus haurire, aut scriptores veteres ipse consulere, omninoque eos intelligere velis, cum de talibus operibus et artibus loquuntur, quod faciunt non raro; nec modo ii, qui proprie graecae et latinae linguae auctores dicuntur, sed etiam ecclesiastici, vt, CLEMENS ALEXANDRINVS (v. Paedag. II, 3.), TERTVLLIANVS et alii, nec minus libri Iuris Ciuilis, Pandectae et Codex vterque. Deinde amorem et studium omnium monimentorum veterum, praesertim literatorum, iniicere me sperabam posse, et ad eorum vsum in vario genere doctrinae praeceptis exemplisque adducere; quod mihi, vt ante dixi, mature contigisse gauderem. Notitia denique librorum meliorum in omnibus generibus antiquorum operum et multis partibus doctrinae liberalis tradenda, tentabam amorem ac studium historiae librariae reuocare. Etenim videbam, hodie homines vulgo ad illam historiam tardos esse, et totum illius studium inter nos refrixisse; quod ante hos amplius triginta annos etiam plus, quam satis esset, vigebat, nec satis apte ad vsum doctrinae tractabatur, vt etiam interdum illius moderandi, et ad certiores vsus dirigendi, auctores essemus.

Atque his omnibus aliisque de cauſſis *literariam* appellaui hanc *Archaeologiam*, vt non artificibus, pictoribus, caelatoribus, architectis, nec iſtis vernaculis nugatoribus antiquariis, ſed ſtudioſis liberalis doctrinae deſtinatam, eorumque ſtudiis et rationibus accommodatam eſſe appareret. Itaque raro ac parce attigi rationem eam, quae artificio coniunctior eſt, et tum demum, cum neceſſitas aliqua extabat, admonens etiam ſubinde, vbi deſinendum eſſet Archaeologiae literatae, ne fines artificum temere ingrederetur, quod raro audebit ſine periculo, ne ab iis irrideatur. Atque vtinam his commemorandis, et multo magis, tota re ita in Scholis tractanda, posſim efficere, vt ne qui, vel antiquitatis huius ſtudio vel elegantiae nomine capti, declinent ab illa literata ratione ad alteram, quae magis eſt artificis, quam hominis docti; quo viſa eſt; ab aliquo tempore res vergere, cum nonnulli, eruditionem profeſſi, nimis multa de artificiis ipſis dicere et pulcritudine operum, pauca ad vſum literarum et doctrinae, tanquam magiſterium artium ipſarum profiterentur. Laudo et amo viros praeclaros, qui opera artium antiqua ita deſcribere inſtituerunt, vt etiam pulcritudinis et artificii rationem aliquam haberent, in primisque CAYLVM Comitem, qui, in pulcerrimo operum antiquorum apparatu, eius rationis auctor ſtudioſis antiquitatis extitit, (v. T. I. Praef.)

Praef.) quod opus hoc etiam nomine et ipse magna cum voluptate legi, et in hoc ipso Archaeologiae libello saepe commendaui: sed id, cum ipse proprie ad artificum vsum et artium ipsarum vtilitatem retulerit, non debet eo trahi, vt eo, quod difficilius est in hoc genere ac minus speciosum ad vulgi sensum et captum, et tamen maius, h. e. quod ad vsum doctrinae liberalis pertinet, relicto vel negligentius tractato, alterum, pulcritudinis artisque intelligendae et iactandae vanitate capti, vel vnum vel maxime amplectamur. Atque, vt arbitror, hic quoque imitandus est Cicero, qui de harum artium operibus ita loquitur, vt non obtusus ad sensum pulcritudinis videri velit, sed tamen absit a vanitate eorum, qui acerrimo eius sensu et iudicio praediti vel essent, vel videri vellent.

Quo loco non alienum arbitror, effundere dolorem quendam meum, et querelam non iniustam, vt opinor; si possim occurrere malo latius in dies serpenti, et seueris studiis doctrinae liberalis prope perniciem minanti. Fuit quoddam tempus superiori saeculo, cum homines quidam, eruditi illi quidem, sed non satis subacti seuera literarum graecarum et latinarum disciplina, qualis in Germania, his etiam in terris per Melanthonem et Camerarium constituta fuerat, quod audie-

audierant, auctoribus graecis et latinis, in primis historicis, cognoscendis, prudentiam politicam comparari posse, totam rationem eorum cognoscendorum ad hanc partem trahebant, et, relicta seuera interpretandi et intelligendi ratione, in Scholis et in Commentariis Politicam tantum artem sequebantur. Eius rei dulcedine, praesertim, quae difficultatis nihil haberet, capta iuuentus, nihil nisi sententiolas politicas et locos communes de rebus ciuilibus captabat, secura interpretationis accuratae et vtilitatis ceterae, ex scriptorum veterum lectione recte instituta capiendae. Sublatum est hoc literarum malum per disciplinam I. F. GRONOVII et GRAEVII, quorum ea de re, et inani iuuenum studio politicas artes discendi ex Historicis non intellectis, extant narrationes. Ecce vero aliud; repente malum! Cum illi praeclari viri ad intelligendos scriptores graecos et latinos plurimum prodesse ostenderent cognitionem antiquitatis graecae et latinae, rituum et morum antiquorum, eamque et ipsi iuuarent vel docendo, vel libris antiquariis edendis, accepta est res et culta diligentius. Ibi tum maior pars repente se totam eo conuertit, et nihil nisi antiquitates loqui coepit. Itaque effectum est paullatim, vt literas humaniores nosse, earumque scientiam ostendere, nihil prope aliud esset, quam locos quosdam antiquitatis in

promtu

promtu habere, super iis collecta ex Indicibus, Lexicis, vel in Lectionibus super auctores veteres, vel in Commentariis, libellisque aliis proferre et iactare, cum magna pompa auctoritatum, et latis notarum, nominibus illustribus splendentium, limbis. Haec, me adolescente, ratio dominabatur, haec in Scholis, haec in hac ipsa Academia valebat maxime, cum GESNERVS, ante hos prope quadraginta annos, in hanc Vrbem venit, cum ipse ad docendum accessi. Ego vero, cum ille a nobis abisset, hanc rationem oppugnare coepi, cum magna tum invidia mea apud multos, aliam, veterem illam, veram et seueram, scribendo, docendo maxime, commendans nostris, vt GESNERVS faciebat apud suos, h. e. quae ad accuratam interpretationem per iustam scientiam linguarum adduceret, quae doctrinae omnis copiam e scriptoribus graecis et latinis recte intellectis haurire iuberet, quae indolem verae eloquentiae et eius petendae viam demonstraret, quid recte, eleganter, acute, venuste, magnifice dictum esset, iudicare doceret, quae ingenia formaret, quae sensu honestatis et virtutis admiratione, vitiorum odio imbueret animos. Vicimus, effecimusque adiuuantibus de disciplina nostra multis, vt ea ratio valeret. Enimuero sensi, et sensere alii, multos coepisse ab aliquo tempore ex hac ratione decerpere, quod esset

faci-

facilius, et magis senfu, quam labore constaret, hoc est, quod ad pulcritudinem figurarum et sententiarum, vicunque intellectarum spectaret, vt in fabulis, maxime scenicis, carminibus aliis, itemque reliquis generibus ingeniosis scribendi: has *bellas literas* vocari, nouo more, et prope eo rem redigi, vt literae bellae, etiam *scientias pulcras* vernaculo sermone appellant, scenae maxime seruiant, fabulisque scenicis iudicandis et scribendis, earumque arti, venustati vel sublimitati in sententiis intelligendae, et, vt loquuntur, guftandae: dum interea veteres illae literae bonae et humaniores, qua labore constant, et doctrinis literarum profunt, vel negligantur penitus, vel tractentur remissius et negligentius. Quae ratio, mulierculis aptior, quam viris, fortasse in earum gratiam instituta, vt in communionem literarum veniant et ipsae, vt ipsarum iudiciis ac laudibus floreant belli homines; haec igitur ratio si latius serpat ac diutius valeat, magnam calamitatem literis bonis afferet.

Quo minus mirari quisquam aequus rerum iudex debet, si literis etiam ab hac parte antiquariae scientiae, in hac vanitate saeculi, et mollitie hominum, timeo, eique malo cautum cupio: in quo vt alii, qui literas seuere didicerunt, et vere amant,

amant, fubleuent curam noftram, vehementer opto.

Ita dimifi e manibus hunc archaeologicum libellum; in quo fi me, propter multitudinem et varietatem, aut obfcuritatem rerum, in tanta occupatione mea, vel memoria, vel ratio aliquando fefellerit, quod vereor fane, ne interdum acciderit, eius rei a peritioribus, et magis vacuo animo ifta tractantibus, veniam peto.

# PROLEGOMENA.

**1.**

Antiquitatis cognoscendae duplex ratio est: quarum altera instituta, ritus sacros ciuilesque, mores item publicos priuatosque persequitur, ad vsum doctrinae liberalis et prudentiae ciuilis: altera autem operum antiquorum reliquias spectat, et ad eruditionis copiam et ad ingenii elegantiam; quam *Archaeologiam litterariam* appellemus licet.

2. Etenim, vt primam illam et vulgatiorem rationem mittamus, cum veteres religionem suam, historiam, instituta ciuilia et militaria, iura, aliasque res multas, publicas priuatasque, doctrinam ipsam, per varia opera posteris tradere instituerint, sintque in iis impressa simulacra et alia multa vestigia rerum antiquarum; sua sponte intelligitur, quam sit in iis multiplex ad varias doctrinae partes, ad historiam et Criticam in primis, ad intelligendos denique scriptores veteres vtilitas.

A  3. Et

3. Et funt in iis multa, in quibus ars exquifita cernitur, ad vitae cultum et elegantiam fructuofa: quibus adeo cognofcendis fenfus et guftus elegantia quaedam (Cicero intelligentiam vocat) venit non illiberalis, aut homine erudito indigna. Nam et inftauratio artium pulcrarum inde quondam initium habuit: et pars eft hodie elegantiae, talia opera non ignorare, nec in eorum iudicio ftupidum aut abfurdum effe.

4. Sunt autem opera antiqua vel literata, vel literis carentia. In illo genere codices funt fcripti, chartae, numi, tituli; in hoc picturae, fcalpturae, ftatuae, vafa etc. quamquam haec quoque interdum literis funt notata.

5. Tum in omnibus et materia fpectatur et forma: haec arti propria eft; in illa plerumque naturae modo opus cernitur, quamquam interdum etiam artis.

6. Itaque haec Archaeologica inftitutio in partes defcripta nobis fit duas: quarum prima materiam operum antiquorum exponat, chartas et fcripturam, marmora, gemmas, et alios lapides, tum nobiliores, tum ignobiliores, metalla, ligna etc. altera autem genera ipfa operum ad vfus ante demonftratos accommodate perfequatur.

# PARTIS PRIMAE
## CAP. I.
### DE
# SCRIPTVRA ANTIQVA etc.

1.

Antiquissima cogitatorum et sensuum exprimendorum ratio figurata videtur fuisse et symbolica, quae primum figuris rerum ipsarum pictis vteretur pro signis, deinde signis meris, velut iis, quae hieroglyphica dicuntur: (v. WARBVRTONI L. IV. *de Legatione Mosis*, separatim francice editum, et a viro docto illustratum *Parif.* 1744. 12.) quamquam alii aliter iudicant: donec res ad literarum et scripturae inuentionem deducta est.

2. Haec, quem populum hominemue auctorem habuerit, quo denique tempore exstiterit, plane ignoramus; nec attinet fabulas et opiniones commemorare: antiquissimae esse originis, et mature, vt alias artes, ingenio humano ab necessitate expressam quidem, sed adiuuante prouidentia diuina perfectam, facile concedimus.

3. Antiquissimum literarum genus esse *hebraicum* vix dubitari potest, sed longe rudius eo, quod nunc dicimus; (nam id Chaldaicum ac nouum est:) nec diuersum a *Phoenicio* veterrimo, a quo etiam omnis alia scriptura, graeca, et latina, ducta est. V. CHISHULL *Antiqu. Asiat.* p. 25. BVRGVETVS *Bibl. Italic.* T. XVIII. p. 63. etc.

4. Nam

4. Nam a Phoeniciis literae primum illatae sunt Graeciae per Pelasgos, multo post per Cadmum; a cuius literis paullatim mutatis *Ionicae* ortae sunt. Pelasgi in Italiam transtulerunt adque *Latinos:* ad Etruscos dudum alia via scripturae vsus venerat, ab his etiam ad vicinos. In Hispaniam, Siciliam, Africam venisse Phoenicias in promtu est. Itaque in Siciliae Hispaniaeque monimentis antiquis reperiuntur. De Hispanicis in primis extat LVD. IOS. VELASQUEZ liber hispanice scriptus, *de literis ignotis in monimentis Hispaniae antiquis*, Madriti, ante non multos annos (1752. 4.) editus, (quem illustriss. BACHOVII beneficio habemus, qui in Hispania legatione functus est,) ad hanc partem literaturae admodum vtilis.

5. Literarum *graecarum* antiquissima exempla sunt In inscriptione Amyclaca FVRMONTII (T. I. *Nouv. Tr. diplom.* p. 616.) et Sigea CHISHULLI, vtraque viginti feculorum aetatem superante. Aliquot feculis iuniora sunt, quae in tabulis Heracleensibus nuper erutis spectantur, et apud MONTEFALCONIVM in *Palaeogr.* p. 122. b et 135. vt alia mittamus. De literis graecis vniuersis nemo doctius scripsit SCALIGERO ad *Euseb.* p. 110. sed addendi SPANHEMIVS *de Vsu et Praest. Num.* Diff. II. BVHERIVS in Diff. *de literis graec.* ad calcem MONTEFALCONIANI operis, et in Diff. fur *Herodote* c. 10. et alii, qui per monimenta noua locum hunc magis excoluere.

6. De *Etruscis*, quarum exempla sunt in tabulis Eugubinis (ap. GRVTER. T. I. p. CXLIII.) et aliis monimentis nuper prolatis, planum factum est

est a GORIO, SVINTONO, et aliis, esse Phoenicias s. Pelasgicas, modo veterrimo scriptas. v. GOR. *Mus. Etr. I.* p. 47. s. SVINTONI *de lingua Etr. regalis vernacula.* add. CHISHULL *Ant. As.* p. 24. in tab.

7. Atque etiam in antiquissimis *Aegyptiacis* scripturis, quamquam nondum satis perspectis ac cognitis, tamen vestigia scripturae Phoeniciae, et qua literas, et qua seriem scribendi, reperta sunt. v. CAYLVS *Collect. Ant.* T. I. p. 65; V. p. 77.

8. Scripsere olim a dextris versus sinistram, quod soli Hebraeorum libri seruarunt scripturaeque Etruscae. Ab eo more declinauere Graeci, scriptura inducta, quae boum arantium flexus imitaretur (βυϛϱοφηδὸν) vel a dextris ad sinistram, inde rursus ad dextram, vel a sinistra ad dextram, hinc vicissim ad sinistram. Illius rationis exemplum est in inscriptione Sigea, alterius in Amyclaea, et in ara apud CAYLVM Comitem *in Collect. Antiqu.* T. I. tab. 20. n. 4 et 5. Denique eum, qui nunc tenet, ordinem scribendi induxere, auctore, si vere traditum est, Pronapide Atheniensi. v. THEODOS. *in Schol. ined.* ad *Dionys. Thrac.* ap. FABRIC. *B. G. I.* p. 159. Eum Latini secuti sunt.

9. *Latinae* literae a Pelasgicis siue Ionicis sunt ortae. Antiquissimae exempla formae in lamellis aeneis Tiburtinis, et L. Scipionis Barbati numis (VAILLANT *sumil. R. I.* tab. 4, 7. 5, 7. 11.) extant; in basi porro columnae Duillianae et SCto de Bacchanalibus, denique in reliquiis legum et inscriptionum aliarum ante Christum natum. E Codicibus autem scriptis post Christi aetatem antiquioribus specimina habent MABILLONIVS,

LONIVS, Auctores noui operis diplomatici, BLANCHINVS in Euangeliario et alii.

10. Scriptura autem antiqua tum graeca, tum latina, fuit maiufculis literis, vel quadratis, vel ad earum fimilitudinem factis; quam etiam populi barbari latinam linguam docti, modo quifque fuo, funt imitati. Quae maioris moduli effent, *Vnciales* appellatae Latinis, ap. HIERONYMVM *praef. in Iobum:* quamquam ibi CASLEIVS reponi malit *initiales*, quod libri quidam fcripti in Vallarfiano exemplo habent. LVPVS quidem Ferrarienfis *vnciales* commemorat Epift. 5.

11. Minutior fcriptura labentibus demum feculis per barbaros inducta putatur; cuius per omnia fecula inferiora, in graecis MONTEFALCONIVS, in latinis PAPEBROCHIVS et MABILLONIVS, denique Auctores noui operis diplomatici, exempla dedere. Sed antiquiorem effe, quam vulgo exiftiment, et in liturariis vfurpatam, non improbabiliter defendunt ALLATIVS *ad Antiqu. Etr.* p. 44. f. in primisque Auctores noui operis diplom. T. III. p. 252. f.

12. Fuit etiam ab initio fine pronunciandi diftincteque legendi fignis, continuatisque fere fine interuallo verbis. Nam adfpiratio quidem olim apud Graecos literis H, F et V expreffa eft, quae et in linguam latinam venere, poft apud Graecos in figna minutiora funt mutata, primum ⊢ et ⊣, quae et in tabulis Heracleenfibus occurrunt: poft ᛁ et ι, vnde ɔ et c denique facta. *Interpunctio* autem, antiquioribus memorata, lectionis fuit et vocis, non fcripturae. Nec ante feculum quartum in libris reperitur; tum quoque inconftans et vaga: a feculo inde feptimo perpetua

tua esse coepit. *Accentus* denique scriptos inscitia modulandae vocis, h. e. vel acuendae, vel submittendae, peperit, initio facto, quoad exemplis certis constat, seculo sexto; tum quidem adhuc rarius, vniuerse septimo et octauo in scribendo vsurpati sunt. Caueatur igitur consuetudo sine accentibus scribendi.

13. Atque etiam vinctura literarum recentior est, in Graecis post seculum nonum orta, in vtraque lingua cum vulgata scriptura minutiori ad celeritatem scribendi.

14. Eademque peperit compendiorum scribendi crebriorem vsum. Nam tachygraphicae quidem notae antiquiores, vel singularum literarum, vel figurarum e pluribus literis sine certa lege structarum, excipiendae orationis alienae celeritati seruiuere, nec in libros venere. In monimentis autem, in primisque libris, compendia olim rarius vsurpata et in verbis obuiis, ac sine ambiguitate. Seculis demum serioribus et frequentia esse coepere, et obscura, cum non essent certa et constantia, sed arbitraria et singulis propria; vnde difficultas legendi multa et magna errorum seges orta est. Compendia Graecorum antiqua praeter MONTEFALCONIVM *Palaeogr.* L. V. MAFFEVS et CORSINVS, Latinorum SERTORIVS VRSATVS, propriis libris interpretati sunt: recentiora Latinorum, praeter MABILLONIVM, BARINGIVS *in Claue dipl.* et WALTHERVS *in Lexico Diplomatico.*

15. Sed praeter notas literarum antiquitas Graeca et Latina vsa est etiam figuris, ad exprimenda verba integra factis. Ex eo genere sunt, quae *Tironis* dicuntur, quibus similes Graeci habuere

habuere (MONTEFALC. *Palæograph.* 4, 1.) Sed de Tironianis notis difficilis eſt, necdum expedita ſatis res, in qua ante non ita multos annos CARPENTERIVS (*in Alphab. Tiron. Pariſ.* 1747.) nuper Noui operis Diplom. Auctores elaborauerunt, T. III. p. 564. ſ. Eas vſurpatas eſſe interdum in componendis libris, qui deinde a librariis ſine notis deſcriberentur, itemque in deſcribendis ad vſum priuatum libris, exempla talium librorum in Bibliothecis, vt Sangermanenſi et Mediolanenſi, arguunt.

16. Ex genere notarum ſunt hieroglyphicae ſcripturae Aegyptiorum, quae in eorum monimentis cernuntur, et ab HERODOTO 2, 30. DIODOROque 3, init. memorantur. Earum vſus vtrum in tegendis rebus arcanis, an in rebus memoriae tradendis antiquior ſit, non conſtat inter eruditos iudices, hoc WARBVRTONO *Legat. Moſ.* p. 957. cui adſtipulatur CAYLVS, T. I. p. 69. ſ. illud aliis defendentibus. Hiſtorici vſus exemplum eſt apud DIODORVM L. I. p. 51. eoque pertinere videntur obeliſci.

17. Scripſere in ſaxis, aere, etiam plumbo, ligno, publice maxime ad populi poſteritatisque memoriam, vt in legibus, foederibus, ſimilibusque, tum in foliis arborum, cera, linteo, libro, vt tiliarum, papyracea et membranacea, poſt et bombycina charta: linea ſero, nec ſatis certo tempore, orta eſt; ad eam a bombycina per eam, quae e pannis facta eſt, tranſitus factus videtur.

18. Inſtrumenta ſcribendi, *ſtilus* et *calamus*, vulgo nota: pennarum vſus in ſcribendo veteribus ignotus fuit; nec contra audiendus MONTEFALCONIVS *Palaeogr.* p. 21. *Atramenti* non

idem

idem genus fuit; eiusque loco et alii, variique coloris liquores, velut purpureus, caeruleus, aureus, argenteus etc. (v. P. II. c. de Codd.) vsurpati; nec encaustum ignobile est Imperatorum Graecorum. v. ALLATIVS ad *Antiquit. Etruscas* p. 145. CANEPARII liber de *atramentis*, physicis aptior est, quam antiquariis rationibus.

✽✽✽✽✽✽✽✽✽✽✽✽✽✽✽✽✽✽✽✽

## CAP. II.
## DE MARMORIBVS.

1.

Marmoris ad opera artis commendatio vel ab *duritie*, vel a *pulcritudine* fuit: nam quaedam marmora ab igne liquefiunt, aut in puluerem rediguntur.

2. *Pulcritudo* est vel a colore, et eius puritate atque splendore, vt candidi in Hymettio, Pentelico, Pario, aliisque; nigri in Laconico, viridis in Caryftio etc. vel a maculis: in quibus color, figura, situs spectatur. Antiquior tamen et latior coloris simplicis, quam maculosi, vsus et honos, auctore PLINIO 36, 6. 7.

3. Omnino multiplex vsus marmoris veteribus, HOMERO tamen posterior fuit. Antiquissimus videtur fuisse in columnis ad aedificiorum firmitatem, proximus in statuis, postremus in crustis, in opere vermiculato, seu musiuo, et vasis. Est enim exquisitioris vel elegantiae, vel luxus.

4. Pulcritudinem vniuersam adiuuat ars marmorariorum bene secando et poliendo: sed ei etiam seruire iussa est pictura, inuento seculi

Claudiani (PLIN. 35, 1.) nec modo vt maculae adderentur, sed etiam vt tesserulae marmoris variis coloribus tinctae, aptiores fierent operi musiuo, ad exprimendos rerum colores. Etiam per crustas insertas addere maculas marmori repertum est sub Nerone, PLIN. l. c. omnia tentante ingenio humano, vt marmora talia faceret, qualia nasci vellet.

5. Etiam ferruminatio marmorum memoratur, peculiari glutine facta e Parii marmoris puluere et taurocolla, λιθοκέλλαν vocauere. DIOSCORID. 5, 164. itemque *circumlitio* marmoreorum operum, apud SENECAM ep. 86. et PLINIVM 35, 11. Inducebant marmor tenuissimis coloribus, vel vernice, quibus claritas marmoris excitaretur, et aduersus puluerem et sordes defenderetur. Praxiteles quidem circumlitione Niciae suis operibus vltimum decus accedere fatebatur.

6. Genera marmorum natalibus discernuntur, vel coloribus: nec natalium distributio, qua vna vtitur diligentissimus in hoc genere CARYOPHILVS ad bene intelligendum sufficit. Romae gratissima Graeca fuisse, poetarum satirae arguunt, vt HORATII Carm. 2, 1. IVVENALIS 14, 89. sed inclaruere etiam alia, Asiatica et Africana, nihil Graecis cedentia. Nam viriditatem Laconici aequabat Carystium; et candorem Graeci, vt Pentelici, Tyrium et Lunense Italiae etc.

7. In marmorum generibus enarrandis diligentissimus veterum est PLINIVS, penultimo operis magni libro; sed quaedam nominat modo, nec discernendi notas tradit, denique praetermisso

misso haud vno genere, HERODOTO aliisque veterum memorato: quae adnumerat diligenter CARYOPHILVS; qui in primis consulendus. Nam AGRICOLA noster rem modo leuiter attigit in opere *de Fossil.* L. I.; et tamen MERCATVS *Metall. Vat.* p. 351. et alii, nihil nisi AGRICOLAM compilauere. add. *Muſeum Richt.* P. III. p. 185. sed multa tamen genera sunt obscura, quaedam raro, aut semel modo, commemorata antiquis, quorum nominibus memoriam onerare non est necesse. Suffecerit studiosis, clariora tenere, quorum hic sit indiculus secundum colores maxime:

8. *Nigri vel ferrei* coloris sunt *Aethiopicum*, qui et *Basaltes*, (de quo v. CAYLVS, T. V. p. 11.) *Luculleum* Aegypti, item *Obsidianum* Aethiopiae; *Thebaicum* Aegypti, *Laconicum* alterum s. *Taenarium*, *Lydium* alterum. Candida sunt *Alabandicum*, *Coraliticum* Phrygiae, et *Synnadicum* s. *Phrygium*, quod tamen purpureis orbiculis distinguitur, *Parium* s. *Lychnicum*, *Proconnesium*, *Cyzicenum*, *Tyrium*, *Hymettium*, *Pentelicum*, *Lunense* Italiae, *Phengites*, qui et pellucet, *Onychites*. Viridia sunt *Laconicum* alterum e Taygeto, *Carystium*: Purpureum est *Porphyreticum* in Aegypto et Arabia, adspersis punctis candidis; rubrum, *Lydium* alterum cum maculis candidis. Flauum est *Numidicum* punctis, seu maculis purpureis. Varii coloris est *Chium*, area nigra cum variis maculis, et *Ophites*, a maculis serpentium formam habentibus appellationem nactus: in quo genere et e superioribus quaedam poni possunt.

CAP.

## CAP. III.
## DE
# GEMMIS ET ALIIS LAPIDIBVS NOBILIORIBVS.

1.

Gemmae nomen varie dicitur, modo latius de omni genere lapidum nobiliorum et pretioforum, modo angustius, de insigniter duris et pellucentibus: Graeci simpliciter dicunt λιθον, quod et latini poetae imitantur. Itaque veteres gemmae nomine appellant, quibus nostra Germanorum lingua nomen lapidis nobilis non tribuit; vnde et dissensus interdum apud veteres, de quo noster AGRICOLA *de Nat. Fossil.* VI. init. PLINIVS genera *confessae nobilitatis* a ceteris distinguit.

2. Omnino veterum in hoc genere vitia plura sunt, praeter id, quod diximus: primum, quod gemmas non satis distinguunt characteribus idoneis; vnde eorum descriptiones non sufficiunt interdum ad distinguendum et agnoscendum genus quodque: alterum, quod non satis distinguunt genera diuersa: tertium, quod iis saepe vim commentitiam tribuunt etiam in medicina: a quibus vitiis nec PLINIVS est liber, vt ab eodem notatum est AGRICOLA, l. c. p. 301.

3. Distributio maxime vsitata gemmarum est in *pellucidas*, *semipellucidas* et *opacas*: alia est a varietate originis et naturae; qua in hac institutione non vtimur: ad rationem nostram aptissima est ea, quae a varietate colorum ducitur. Nam
colori-

coloribus facile agnoscuntur genera gemmarum pleraque, saltem nobiliora, ac discernuntur, siue in exemplis spectentur, siue a veteribus commemorata reperiantur: quamquam genera quaedam non vnius coloris sunt, vt iaspides.

4. Pulcerrima et pretiosissima genera sunt, quae vel e silice sunt, vel crustarum saxosarum velut radicibus haerent, durissima illa, pellucida, et splendore purissimo nitentia.

5. In his et veterum, et nostro recentiorum, iudicio primum locum tenet *Adamas*, duritie, nitore, pondere; nomine ipso ducto, vt videtur, a duritie, vnde et cum ferro communicatur a Graecis; siue a ferro nomen gemmae ductum est: quippe et vsus verbi in ferro antiquior est. Ceterum traditio veterum, nominatim PLINII de adamante (37, 4.) adeo non conuenit adamanti nostro, propter notarum proditarum diuersitatem, vt nonnullis plane diuersus a nostro videatur. Ea quidem genera adamantum, quae PLINIVS tradit ex India, Arabia, Macedonia, Cypro, Aethiopia et Scythia venire, nascique in aurariis metallis, nobis ignota sunt. Ab adamante veteres distinguunt *androdamantem*, sola figura diuersum: nam quadratus est androdamas, ille sexangulus, vel rotundus. Vsus adamantis primum in solis annulis et monilibus fuit, post et ad vasa potoria, et aliam supellectilem vel deorum, vel hominum vocauit profusio.

6. Sub eodem genere coloris sunt *Cryſtalli, Opali ſ. Paederotes,* et *Aſteriae*. Cryſtalli species est *Pangonios*, ab angulorum multitudine nomen trahens. Differunt figura. Nam Cryſtallus angulata est, ceterae etiam rotundae.

7. Cry-

7. *Cryſtallus* a glaciei ſimilitudine nomen accepit, non quod ipſa glacies eſſet, vt veterum quibuſdam viſum eſt. Optima eſt, quae candidiſſima et maxime pellucida, qualis ex Oriente maxime venit. In Occidente laudatur Alpina. Magnitudinis mirae exempla commemorat antiquitas. Liuia quidem in Capitolio dedicauit cryſtallum librarum quinquaginta.

8. Vſus eius fuit maxime in vaſis potoriis, vt poculis, (SVET. Ner. 47.) trullis, (PLIN. 37, 6.) quo pertinere videtur trulla Antiochi regis ex vna gemma, apud CIC. *Verr.* 4, 27. cf. SENECA *de Ira*, 3. 40. tum in annulis et ſcalpturis. Pila cryſtallina exceptis ſolis radiis vri et liquefieri corpora, vetus traditio eſt. V. ARISTOPH. *Nub.* v. 768. et SchoL ad h. l.

9. *Opali* ſunt et ipſi candidi, ſed inclinati mutant et variant colorem, vnde et diuerſicoloribus adnumerantur; in quibus principatum tenent: cuius generis eſt etiam *Aſteria*. Inſani pretii in opalo exemplum eſt ap. PLIN. 37, 6.

10. E *viridi* genere ſunt *ſmaragdi*, *berylli*, *topaſii*, et *praſii*, quorum etiam varias ſpecies faciunt, facili in plerisque diſtinctione e nominibus ipſis, vt in *chryſoberyllo*, *chryſopraſio* etc.

11. *Smaragdo* proximum PLINIVS locum ab adamante tribuit, 37, 5. Optimi generis ſunt denſe et acriter virides ac pellucentes, nec in ſole, aut cum inclinantur, variantes aut minuentes viriditatem. Exempla mirae magnitudinis et olim reperta ſunt, auctore PLINIO, et nunc extant. V. AGRICOLA l. c. et KEYSLERI Iter per Germaniam. Ex eorum genere ſunt *Chalcedonii*,

*donii*, ab natalibus dicti, f. monte fmaragdite prope Chalcedonem Bithyniae: fed apud veteres in exiguo honore fuere. Vfus multus fmaragdorum in annulis et fcalpturis, aliisque deliciis fuit, per commendationem coloris, propter quem et artifices libenter eos fcalpfere.

12. *Beryllos* oriens mittit, maxime India. Viriditatem maris puri et placidi imitantur, cum funt optimi. Ab hoc colore velut per gradus quosdam deflectunt et pallefcunt: vnde *chryfoberylli*, qui ad flauedinem defcendunt; *chryfoprafi*, qui etiam magis pallent.

13. *Prafiorum* dilutior beryllis viriditas eft, ad fimilitudinem porri, vnde nomen ducitur: funtque adeo in ignobilioribus generibus gemmarum, nec frequentis in ornamentis vfus fuere. Scalpti prafii exempla funt ap. GORLAEVM *in Dactylioth. n.* 40. 44. 79. 80.

14. Nobiliores ac meliores funt *topafii*, etfi et ipfae languentis et pallentis viriditatis; nam plus fulgoris habent ad fimilitudinem auri, magisque pellucent.

15. Proximam a viridibus gratiam habent *caeruleae* et *violaceae* f. *purpureae*. Ex illo genere funt *fapphirus* et *cyanos*, coeli puri colorem imitantes, fed ille ftellati; quippe aureis lucet punctis: ex hoc *amethyftus* (etiam *gemmam Vmeris, Paederotem* et *Anterotem* vocant) et *hyacinthus*, ille magis ad rubedinem vergens, hic ad flauedinem, fed dilutioris coloris.

16. Rubrae funt *furdae*, vfitatiffimae in annulis fignatoriis; *carneoli* hodie dicuntur a colore: fed varie rubent, nec pellucidae omnes. Eis

Interdum fubiicitur *onyx*, vnguis humani colorem imitans, interdum purum, interdum venis rubris: vnde *fardonyx* dicitur; qualem fuiſſe tradebant gemmam Polycratis regis, quam Romae oſtendebant, PLIN. 37, 1.

17. Ex ardentibus *carbunculus*, qui et rubet et fulget, ſed varie; vnde plura genera, quorum pulcerrimum *rubinum* vulgo vocant noſtri, Graeci *pyropum*, et *lychnin*, ſ. *lychniten*, et *chryſolithum*: qui nigrius rubent, recentioribus *granati* dicuntur, veteribus *carchedonii*, quod in Garamantis et Naſamonibus reperti Carthaginem deferebantur, inde ad alios populos.

18. Sunt etiam gemmae nigrae pellucentes, quod genus proprio nomine *morion* appellatur. Earum nigerrima ſpecies *pramnium* eſt: putant eſſe ſardas, carbunculos, hyacinthos e craſſiori materia; inde fuſcum colorem duxiſſe.

19. Diuerſicolorum clariſſimae funt *iaſpides* et *achatae*. *Iaſpides* imitantur ſmaragdos, ſardas etc. ſed vt vel omnino non, vel non totae, pelluceant, earumque maxime probari PLINIVS tradit *boream*, noſtri *Turcicum* appellant (*türkis*), quod ab Turcis primus regionibus noſtris illatus eſt. Eſt etiam ex iaſpidum genere *molochites*, a colore maluarum, craſſius ſmaragdo virens: ſed hodie ſunt, qui credant eſſe *chryſocollam* natiuam; nam et facticia eſt. *Achatae* ab Siciliae flumine dictae, vbi primum repertae. Sunt colore aut nigro, aut cinereo, aut ſimiles ſardae, curallo etc. vnde et *fardachatae*, *curallionchatae* etc. Vſus iaſpidis multus in annulis, enſium capulis, fibulis et ſimilibus: achatae in ſcalpturis, propter facilitatem ſcalpendi, ſuit. Achatas olim in magno honore

honore fuiffe, fua aetate in nullo, PLINIVS tradit 37, 10.

20. Gemmarum vfum ad ornandum antiquisfimum fuiffe, literae facrae demonftrant pectorali Aaronis. Apud Graecos antiquiſſima exempla funt sardonyx in annulo Polycratis Samii, et achates in annulo Pyrrhi regis, Mufas et Apollinem lufu naturae exhibens. Poft fignando vſurpatae, cum fcalpi coepiffent. Romae poft victorias vltramarinas innotuere, primum non vltra annulos in viris, et delicias mulierum; et magis, vt in ornamentis templorum effent, quam hominum. In poculis, et alia fupellectili conuiuiorum et menfae, ornandis vti, Afiatica lautitia fuit, (PLIN. 37, 2.) quae tamen et ipfa Romae fub Caefaribus inualuit.

21. Inter gemmas fecundo loco numerat PLINIVS *margaritas:* non quia genus gemmae eft, fed quia pretio fupra gemmas, praeter adamanta, omnes attollebantur. Solis mulieribus feruiebant: Caii mollities, margaritis calceos ornantis, irrifa eft: fed maxime in Deorum ac templorum honoribus vſurpatae, ftructis inde etiam variis operibus, quae templis inferrentur, vt ibi eſſent ſpectaculo. In Actis quidem triumphorum Pompeianorum talia opera, et e margaritis donaria, commemorantur apud PLINIVM, et in Augufto SVETONII, c. 30. coll. nott.

22. Ad gemmarum fimilitudinem fpecie et vfu accedunt *fuccinum,* fiue *electrum,* et *lyncurium:* cuius naturam et originem patriamque veteres varie, fabulofe etiam, falfo omnes, explicant. PLIN. 37, 3. AGRICOLA, l. c. p. 233. Romani coepere natales fuccini cognofcere, victa Germania,

mania, recteque tradit PLINIVS. Nec tamen Europaeum modo fuccinum eft; etiam Africani eft apud veteres mentio; quamquam de natalibus diffident: parique obfcuritate Afiaticum laborat.

23. Vfum fuccini in ornatu mulierum apud Germanos et Gallos fuiffe, fatis conftat; ab his didiciffe Latinas mulieres (OVID. *Met.* III. 364. PLIN. 37, 6. extr. TACIT. Germ. c. 45.), isque antiquiffimus mulierum ornatus videtur. Romae in magno honore fuit. Hominis, quamuis parua e fuccino imaguncula, hominum viuorum pretia fuperauit.

24. Proximum eft *curalium*, Graecis *lithodendron*. Eft enim arbufcula, feu planta marina, baccas ferens, fimiles cornis; quae in aqua molles, in aere ftatim lapidis duritiem ducunt, vnde *Gorgonia* planta ipfa dicitur. Colores variat varietas fuccorum, quos baccae biberunt. A Gallis in ornandis armis vfurpatum effe, veteres tradidere. Sed ad alios quoque populos vfum in ornatu tranfiffe, opera corallina teftantur, a DORVILLIO in Sicilia reperta, (in *Itin. Sic.* p. 56.) et coralloplaftarum artificium. V. BVRMAN. V. C. ad *Doruill. Iter*, T. II. p. 571.

25. Etiam *murrhina* a PLINIO in genere gemmario ponuntur, fed non alio, quam vaforum, in primis potorii generis, in vfu. Genus onychis idem PLINIVS facit, quod in Parthia, in primisque Carmania, nafcatur: nitorem magis tribuit, quam fplendorem: pretium effe in varietate colorum, deinde ab extremitatibus, in quibus repercuffu exiftant, vt in arcu coelefti, colores, denique ab odore. Ex qua defcriptione vix effe poffunt *Porcellana* noftra, vt nonnullis vifum;

visum; quod late oppugnat CHRISTIVS, *de murrhinis.* Iis fauere tamen videtur PROPERTIVS, qui 4, 5, 26. *murrea in Parthis cocta focis* habet, fed hactenus, vt vafa e genere figlino fuisse videantur. v. Interpretes ad SVETON. *Aug.* c. 71. et collecta RADERO ad *Martial.* p. 860.

26. Primus Romam inuexit Pompeius Mithridatico triumpho, fed in templis repofuit. Augustus murrhino poculo vno vfus est e praeda Aegyptiaca: poft frequentata funt etiam priuatis, immenfoque pretio emta: trecentis talentis emit trullam Petronius, Nero capidem.

27. In cetero genere lapidum nobiliorum, ad antiquitatis intelligentiam pertinentium, primas tenet *amiantus; corfoides* quoque et *polia* appellatur. Veteres nafci in Cypro tradidere: vt DIOSCORID. 5, 156. Reperitur etiam in feptentrionalibus Europae regionibus, in Germania, in primisque Corfica, cuius lanugo eft longior, vt et in Alpibus. v. AGRICOLA, l. c. p. 253. in primisque BERGERI *Eclogar. Corfic.* Diff. II. p. 49.

28. Vfus fuit in conficiendis chartis, ellychniis, et ad telas funebribus veftibus, et cineribus cadauerum feruandis, denique menfis fternendis: cuius generis telas immenfo pretio veniffe, PLINIVS tradit, 19, 1. quamquam ibi de asbeftino, quod e lino fit, loquitur: fed de amianto accipit AGRICOLA, l. c. dicique linum, quia in fila vt linum ducatur, et lini, quod proprie dicitur, fila igni non refiftant; quod et defendit LANCISIVS *in not.* ad MERCATI *Metallotheca Vatic.* p. 158. qui et modum ex amianto chartae et telae conficiendae, et purgandae, tradit. De reliquiis talium telarum, quae in Mufeis quibusdam

dam vifuntur, idem confulendus. add. BOLDE T-
TVM *de Coemeteriis Chriſtian.* etc. p. 75. et BER-
GERVM, l. c. p. 53.

29. In lautitiis vſum habuit etiam *phengites*, et
*lapis ſpecularis*: ille pellucens et relucens; quo
vſus eſt Domitianus, ap. SVETON. 14; prior Nero
in domo aurea et aede Fortunae, ſub quo primum in Cappadocia repertus traditur, propter-
que duritiem in marmorum numero ponitur a
PLINIO, 36, 22: hic, quia translucet, in fene-
ſtris vſum habuit. Aluearia, e ſpeculari facta,
ad obſeruanda apium opera, narrat idem PLI-
NIVS, 21, 14.

## CAP. IV.
## DE METALLIS.

1.

In operibus et ſupellectili antiquorum multa
metallorum mentio eſt. Itaque de his quoque cognoſcendum eſt ſtudioſis antiquitatis.

2. Principatum tenet *aurum*, cuius puriſſimum et optimum genus, *coronarium*, vel *obryzum*,
dicitur. Infecti maſſae *lateres*, e Graeco (πλίνθοι)
appellantur. Franci vocant *barres d'or*.

3. Vſus eius in ornatu operum, et hominum;
iam Homeri aetate notus inter Graecos fuit:
apud ceteros Aſiae populos etiam antea: ſed antiquior vſus fuit in ornatu hominum et operibus,
quam in pecunia ſignata; frequentior et prior in
Oriente, quam in Occidente.

4. Ro-

4. Romanis primus vſus fuit in ornatu mulierum, et ſupellectili ſacra, etiam domeſtica, vt, in thuribulis, denique, quamquam ſerius, in annulis virorum. Poſt, aucta copia, ſignatum eſt, et ad omnia prope migrauit, quae eſſent in vſu vitae elegantioris et lautioris, ad vaſa potoria, ad candelabra, ſoleas, matulas, etc. ad opera varia, vel laminis inducenda, vel linenda, vt, lacunaria, parietes, etiam ſtatuas, etc. Veſtigia ſtatuarum, auro illitarum, nuper reperta ſunt, vt in Veneris Mediceae capillis. De quo genere videndus WINKELMANNVS in *Hiſtoria Artium* p. 207.

5. Coepit etiam duci in fila, et neri ad vſum veſtium, maxime, quibus lecti in conuiuiis ſternerentur, vel acu pingendarum, vel pectine, et radio, ad nodos, et villos, et alia. Veſtium, auro contexendarum, inuentum Attalo tribuitur, vnde *Attalicae* appellatae: ſaltem primus aurum videtur intexuiſſe. PLIN. 8, 48.

6. *Argentum* optimum eſt, quod *puſtulatum*, vel *puſulatum*, a purgatione vocatur in SVETON. v. *Neronis* c. 44. eſtque vel *rude*, vel *factum*, vel *ſignatum*.

7. Ante factum eſt, quam ſignatum, non modo apud Romanos, ſed etiam apud ceteros populos. Sed facti vſus multiplex fuit, in vaſis, in primis ad vſum menſae; in quo genere *puri*, et *caelati*, diſcrimen eſt; ad ſpecula delicatiorum, et ad omne genus ſupellectilis, vt, ad monopodia, lectos tricliniares, etc.; in quo inſanire ſupra modum coepere Romani, poſt Aſiaticas et Graecas victorias: vnde argentum eſcarium, potorium, balneare, viatorium, muliebre etc. memoratur.

B 3                    8. Sed

8. Sed facta diftributio etiam eft ab officinis vel artificum, vel vrbium et locorum; vnde *Deliacum*, *Corinthium*, *Clodianum*, *Gratianum*, etc. in eoque manupretium magis, quam materia aeftimata eft; vnde argentum purum, cuius artifices *vafculurii* funt, contemfit Verres. PLIN. 33, 11.

9. Non minoris multo claritatis, interdum et pretii, fuit *aes* in operibus artificum, in quodam genere etiam maioris. Id primum inuentum in Cypro ferunt, e lapide chalcitide; alibi e Cadmia factum, lapide acrofo: fed Cyprium contemtum eft, inuentis melioribus generibus, quae enumerat PLINIVS, 34, 2. a locis, vel dominis metallorum, appellata. Cyprii vfus Romae manfit modo in affibus; feftertii e melioribus facti.

10. Praecipuam dignitatem diu habuit *orichalcum*, (HESIOD. *Scut.* 122.) quippe et auro aequatum, (PLAT. in *Crit.* T. 3. p. 114.): verum non factum arte, fed natum, quod PLINII aetate defecerat, l. c. v. BOCHART. *Hieroz.* P. II. 6, 16. Factitii orichalci, quod nos habemus, etiam veteribus vfus. CIC. *Off.* 3, 23. SVETON. *Vitell.* 6. Sed factitiis aeris generibus fuperata funt nata, cum aurum et argentum aeri mifceri coepiffent.

11. In iis princeps fuit *Corinthium*, fiue cafu ortum, vt ferunt, fiue arte potius. Nam nec credibilis eft fortuita mixtura talis; et opera Corinthii aeris antiquiora excidio Corinthi extitere, auctore PLINIO, l. c. Nec eiusdem generis aut coloris fuit, alio ad argenti modum candido, alio fuluo, et aurum imitante.

11. Vfus

11. Vfus aeris in omni genere fupellectilis fuit, vt argenti, at clariffimus in fignis, tum fundendis, tum caelandis. Itaque PLINIVS, quo loco de aere tradit, de re ftatuaria agit.

12. Auri, argenti et aeris haec comparatio fuit: Ratio auri ad argentum plerumque, bonis temporibus, decupla fuit, (POLYB. *Exc. Legat.* 28. POLLVX. 9, 76.): fed eam interdum vel auxit, vel minuit, auri vel copia, vel raritas: vnde HERODOTVS aurum τρισδεκαςάσιον facit, PLINIVS antiquioribus temporibus quindecuplum. Caefar autem, copia auri vrbi illata, fecit, vt feptem librae argenti cum dimidia, libram auri aequarent, SVETON. *Caef.* 54. V. GRON. *Sefterf.* p. 156. et 344. Libra argenti olim Romae mille affibus emebatur, poft, aucto eius pecuniaeque argenteae pretio, mille et fexcentis. Libra aeris 24. affibus aeftimabatur. cf. ARBVTHNOTII *tabulas antiquorum Numorum* etc. c. 6. p. 37.

13. Nec *plumbi* genus praetermittendum. Nam albi f. candidi, Graeci κασσίτερον vocant, mentio apud HOMERVM *in artis operibus* Il. λ'. 25. ψ́. 561. Nigrum eft, quod nos vulgo in hoc verbo intelligimus. Sed κασσίτερον idem cum ftanno faciunt, a quo tamen diftinguit PLINIVS, 34, 16. et melius facit: nam ftannum, ait, adulterari in plumbum candidum. Candidum plumbum in Britannis reperiri, tradit CAESAR *B. G.* 5, 12.

14. *Stanni* vfus in fpeculis fuit ante argentea vulgata, in quo genere in primis Romae laudata Brundufina. PLIN. 34, 17. Sed et in alia fupellectili vfurpatum, vt plumbum candidum. Etiam in numis plumbum commemoratur, de quibus fuo loco videbimus.

15. Nigrum plumbum feruit vinciendis lapidibus, ferroque, quod vetus latinitas *plumbare* vocat, v. CATON. *R. R.* 21. aquarum fistulis, etiam fcripturae feruandae in titulis, et aliis monimentis. v. fupra c. 1. §. 17.

16. *Ferrum*, cuius duriffimum genus, et velut nucleus, vt PLINIVS appellat, eft *chalybs*, commendatur colore, fimili violaceo, vnde ἴων Graecis, et ἰοειδὴς dicitur, et duritie. Vtrumque bonum accipit ab aquae bonitate, qua fufum tingitur, vt aes. v. quae diximus in *Claue Ciceron.* v. *aqua.*

17. Heroicis temporibus fupellectili variae feruiebat, vnde πολύκμητος σίδηρος, *bene elaboratum ferrum*, faepe apud HOMERVM. PLINIVS etiam in ftatuis vfurpatum effe, tradit. In templorum quidem foribus frequens eius mentio eft.

## CAP. V.

## DE VARIA MATERIA OPERVM ANTIQVORVM.

I.

In reliqua operum antiquorum, et deliciarum veterum materia, primus locus debetur *ebori*, in quo interdum ipfa magnitudo infignis cimelium fecit, vt apud CICER. *Verr.* 4, 45. PLIN. 8, 10. vbi V. HARDVINVS.

2. Eius virtus prima eft in candore; vfus nobiliffimus in operibus fculptis, vt fignis; in quibus

quibus in primis laudata eſt eboris materia: memoranturque clara in eo genere artificum, vt, Phidiae, Myrmecidae, aliorumque opera. Sed pariter frequens vſus fuit in ſellis, ſceptris, lacunaribus, lectis, enſibus, frenis equorum, ferculis menſarum, et triumphorum, in codicillis et diptychis, ad quorum vſum ſectum eſt. Eboris caelati ad ornatum vel tecti, vel parietis, in tricliniis, etc. (*bas-relief*) exempla v. ap. CAYLVM T. V. p. 230. Et quia flauedinem ducit ab annis, coepit etiam tingi, in primis purpura et cocco, iam Homericis temporibus. v. *Iliad.* δ´. 142. cf. HEINS. ad CLAVDIAN. de *Rapt. Proſ.* I, 274.

3. Altera materia eſt *teſtudinis*, quae, ſecta in laminas, tegendis ad ornatum lectis, abacis, poſtibus forium, adhiberi coepit. PLIN. 9, 13. CLEMENS ALEX. *Paedag.* 2, 3. VIRGIL. *Georg.* 2, 463. Caeſar etiam in ferculis triumphi vſus eſt, apud VELLEIVM, 2, 56. Neronis imperio inuentum eſt pingere teſtudinem, vt imitaretur ligna pretioſiora, PLIN. 16, 43.

4. Lignorum etiam delectus in deliciis veterum fuit. *Acanthi* (arbor Aegyptia eſt), praeſertim candidae, lignum in pulcris numeratum, Caeſaris triumphus Ponticus arguit, in quo fercula ex acantho, ap. VELLEI. l. c.

5. Sed longe clarior *citrus* Africana, ſeu Mauruſia, (PLIN. 13, 15.) in deliciis Romanis fuit, in menſis in primis, in quibus ad inſaniam vſque cupiditas lautiorum hominum flagrauit. TERTVLLIANVS de *Pallio* extr. menſam citream XV. M. HS. a CICERONE, XXX. ab Aſinio, emtam tradit. add. MARTIAL. 14, 89. Sed etiam expo-

expoliendis nobilioribus aedium partibus feruiuit. v. FESTVS in *pauimenta poenica*.

6. Ligna alia, quibus in laminas, feu bracteas, vt PLINIVS loquitur, fectis, alia vilior et minus fpeciofa materia inducta eft, fuere *terebinthus, aceris* genera, *buxus, palma, ilex, populus*, auctore PLINIO, 16, 43. adde *ebenum* (nigram). ap. LVCAN. 10, 17.

7. *Cedrus* quoque laudatur, in Oriente in ftructuris, in Occidente in Deorum in primis fimulacris vfitata, ob duritiem. VIRGIL. *Aen.* 7, 178; PLIN. 13, 5. vbi Apollo cedrinus in delubro Romano memoratur. Color ligni, mixtus e nigro et aureo, feu medius inter vtrumque, i. e. flauus. OVID. *Amor.* 1, 14, 12.

8. Firmitatis commendationem habuit etiam *cypariffus*, vel *cypreffus*; vnde et in fignis Deorum vfurpata, (LIV. 27, 37. etc.) et in tabulis legum, quales Solonis fuiffe traditum eft. Apud HOMERVM in aedibus regiis poftes e cupreffo, *Odyff.* ῥ'. 340.

9. In materia autem vel deliciarum antiquarum, vel operum aliorum, funt etiam colores: in quibus difficultas eft faepe ex ambiguitate verborum Graecorum et Latinorum, confufis interdum inter fe vicinorum verbis, vt, in purpura et cocco, in epithetis tum Graecis, αἶθοψ, οἶνοψ, κυάνεος, et Latinis, vt, viridis, caeruleus, niger, etc. Sed genera ipfa colorum, qua conftant materia, ad vfus picturae, enarrat et perfequitur PLINIVS, 35, 5. 6.

PARTIS

## PARTIS II

### CAP. I.

# DE LIBRIS SCRIPTIS.

1.

Antiquissimi, quorum memoria extet, libri sunt gentis Israeliticae, nec antiquior Mosaico vel est vspiam, vel fide certa apud veteres commemoratur. Formam autem antiquissimam esse, quae proprie volumen dicitur, Psalmorum Dauidicorum testimonio constat (40, 8.) et eius formae perpetua in sacris Iudaeorum libris conseruatione. Etiam Graecis ab initio formam eam vsitatam fuisse, auctores idonei tradidere. De Latinis ipsum *voluminis* verbum indicio est, cum variis inde ductis formis loquendi.

2. Plagulae, vel segmenta plura, vel chartae, vel membranae conseruntur, totumque contextum voluitur circa cylindrum, cui altera eius extremitas commissa est. In contexendis plagulis permutationes interdum factas, et hinc transpositiones scripturae, coniicere liceret, si certum esset, in singulis plagulis scripserint, an in consertis, et toto plagularum contexto. In linteis libris tali consertione opus fuisse non videtur. Vnum cylindrum fuisse, non duos, indicant testimonia veterum, semper singulari numero vtentium, et ipsae figurae voluminum antiquae, in monumentis repertae. Cylindri extremi habent *vmbilicos*, i. e. capita in vmbilicorum

rum formam; quae et *cornua* vocant. *Vmbilici pidi* funt ap. MARTIALEM 1, 67.

3. Quadratorum librorum inuentum Attalo tribuentium opinio vt valeat; tamen id inuentum non mouit loco et vfu volumina. Nam et in pofterioris aetatis monimentis fpecies voluminum, per pluteos digeftorum, reperta eft, vt, in Nouiomagenfi ap. BROWERVM, *Annal. Trev.* p. 105. nifi ea tabularii potius, quam bibliothecae, fpecies eft: et voluminum exempla ipfa ex Herculanenfibus receffibus prolata funt.

4. Sed quadratos libros faciendi confilium fiue Attalo, fiue alii cuicunque, iniecit chartae vel caritas, vel parfimonia, dum in aduerfa et auerfa parte chartas confcribere volunt, in membranis nominatim, poftquam vtramque partem ita mundare didicerant, vt pariter apta effet fcripturae capiendae. v. ALLATIVS ad *Antiqu. Etr.* p. 113. VOSS. ad *Catull.* p. 50.

5. Etfi autem chartae membranaceae inuentum Attalo antiquius credatur, antiquior tamen Niloticae vfus videtur. Itaque antiquiffimi libri papyracei fuere; manfitque vfus papyri in libris fcribendis ad nonum vfque feculum, vt demonftrat MABILLONIVS, *Diplom.* 1, 8. Extant etiamnum Codices quidam e charta tali, quos enumerant *Auctores Noui Operis Diplom.* T. I. p. 496.

6 Codices cerati vfibus priuatis, vt, rationum, feruiuere, vt formandarum orationum, carminum, etc. In publicum prodita ingeniorum monimenta papyro, vel membranis, commendata funt. Exempla tabularum ceratarum,

fiue

fiue Codicum ceratorum, nunc quoque in Bibliothecis quibusdam vifuntur. Sed eae mediae aetatis reliquiae funt. Vidimus ipfi exemplum in bibliotheca fcholae Portenfis.

7. Ornatus librorum communis fuit in titulis, literis primis, minio, auro, etc. linendis, chartis leuigandis, etiam cedro imbuendis aduerfus carlem: proprius quadratis et membranaceis, purpura inficiendis chartis, fcripturaque maiori et nitidiori; quae pictura verius, quam fcriptura, appelletur; etiam aureis, vel argenteis literis. v. voss. ad *Catull.* l. c. MONTEFALCONIVS *Palaeogr.* 3, 5. Exempla Codicum purpuratorum, et literis aureis argenteisue fcriptorum enumerat BREITINGERVS V. C. de *Pfalterio Gr. Turicenfi*, p. 8. quod et ipfum purpura tinctas membranas habet, et fcripturam auream, et argenteam. Exftant SCHWARTZII eruditae de *Ornamentis librorum* Difputationes.

8. Ad vfum magis, quam ad ornatum, pertinent imagines rerum in perantiquis Codicibus Graecis obuiae, vt, *Diofcoridis*, *Hefiodi*, etc. Sed raro in iis aut diligentia iufta, aut elegantia cernitur. V. MONTEFALC. p. 7. fq.

9. In Hebraicis facrorum librorum Codicibus antiquitas magis ante iactata, aut temere credita, quam probata eft. Meliores adhuc Hifpanici fuere, qui reperiuntur locis in iis Orientis, quo expulfi Hifpania Iudaei abierunt. Hodie ftudium hominum vndique eruendi Hebraicos libros fpem facit reperiundae fcripturae antiquioris exempla, ante fecure Ignorata. Scripturae antiquioris difcrimen a recentiore facit minus quaefita literarum elegantia: fed funt et alia
figna,

signa, de quibus hic dici non eſt neceſſe. v. SI-
MON. *Hiſt. Crit.* T. I. L. I. c. 21. ſ. Auctores
*Noui Op. dipl.* T. II. p. 385. ſ.

10. In Graecis et Latinis copia exemplarium
diſcrimen facilius reddidit; quod iudicium tamen
interdum cupiditas hominum impedit, vel ſua
nimis admirantium, vel ſuae cuidam opinioni,
per antiquitatem librorum defendendae, nimis
fauentium. Antiquiſſimum Codicem Graecum,
et ſeculo ſecundo ſcriptum, credidere multi Codicem Bibliorum Vaticanae Bibliothecae; nec
multo iuniorem eum, quem Alexandrinum appellamus: quorum neutrum hodie periti credunt.
Sunt tamen antiquiſſimi.

11. Antiquiſſimi autem e Graecis ſunt, qui
literas maiores quadratas, vel rotundas habent,
ſine notis, lectionem iuuantibus, nec inter ſe
nexas, vt ii, quos ante commemorauimus,
Codex Colbertinus, in quo eſt verſionis V. T.
Graecae fragmentum, Dioſcoridis Vindobonenſis, et alii. Sed vt ſeptimo ſeculo antiquiores iudicare facile, ſic certae aetati adſignare, haud in
promtu eſt e ſola ſcriptura. In deteriori ſcriptura
minus impedita res eſt: eoque proſunt ſcripturarum antiquarum ſpecimina, de quibus ſupra
diximus.

12. Atque etiam in iis, qui antiquae ſcripturae formam habent, ambiguitas quaedam eſt ex
eo, quod quidam, ſeris etiam temporibus,
ſcripti ſunt cum imitatione veteris ſcripturae,
primum in Italia a Langobardis, deinde a Britannis, forte etiam Francis, poſt illata iis terris
literarum Graecarum ſtudia. De Codicibus
quidem biblicis Graeco-Latinis res eſt in
prom-

promtu, suntque reperti in Francia et Britannia.

13. Latini antiquissimi sunt, qui ad scripturam maiorem, quam in antiquis tabulis Legum, SCtorum, in titulis, numisque videmus, accedunt proxime. In quo genere tamen et ipso interdum imitatio antiquitatis fallit: quippe et ab imperitis doctrinae Codices antiqui repetiti sunt, non tam scribendis suo modo, quam pingendis, vt est apud GERSONEM de *Scriptoribus*; quorum vltimam classem facit eam, quam diximus. Sed id, vt opinamur, non minuit pretium librorum, siue auctoritatem; quia sunt tamen imitationes, et velut picturae veterrimorum Codicum, forte diligentiores iis, qui ab intelligentibus descripti sunt.

14. Ceterum e seculis, a Christo nato prioribus, Codex scriptus extat nullus; suntque antiquissimi fere Gothicae, aut Langobardicae, aut Carolingicae aetatis. Nec mirum est, veterrima exempla periisse in tam frequentibus barbarorum irruptionibus, tot incendiis, etiam superstitione ad extremum ea, quae libros veteres, vt profanos et religioni noxios, damnabat: qua *Gregorium M.* incensum multos Latinos libros veteres deleuisse ap. IOANNEM SARISBER. *Policrat.* 8, 19. traditum est; de qua re nuper controuersia exorta est: v. BRVKERI V. Cel. *Supplemmta ad Hist. philos.* p. 636. sqq. quae mala sunt omnia libris Graecis communia.

15. Sed aut par, aut maior pernicies illata est libris antiquioribus ab inscitia, delente veterem scripturam, vt reponeret nouam: qui *Codices rescripti* dicuntur. Ea non modo in libros gentilium,

ilum, fed etiam facros faeulit; vnde et Canones, ei coërcendae fcripti, vt *Quinifextae* 68. ad quem v. *Balfamo* et *Zonaras*: fruſtra: reperiunturque etiamnum refcripti libri plures in bibliothecis, quos diligentia eruditorum quorundam commode deprehendit, vt, Codex *Ephremi* Syri in Parifina, deprehenfus ab ALLIXIO, V. WETSTENII *Proleg. ad N. T.* T. I. p. 29. vt ISIDORI *Etymologicum in Guelferbytana*, de quo et aliis v. Cl. KNITTELIVM ad *Fragm. Vlphilae*, p. 207. adde MONTEFALC. *Palaeogr.* p. 318. 19. Auct. *operis noui Diplom.* T. 4. p. 458.

16. Ad iudicandam autem aetatem Codicum etfi maxime valet vfus in his, qui Codices multos non modo leuiter fpectauere, fed etiam curiofius tractauere: tamen etiam prodeft, quae fcriptura cuiusque aetatis fuerit ac gentis fcire, et infpiciendis fpeciminibus Codicum cognofcere, praefertim eorum, de quorum aetate fatis conftet. In quo cautio eft, ne quodque fcripturae genus definitis veluti vnius cuiusdam feculi terminis adftringamus. Interdum citius, interdum tardius, fcripturae forma mutatur: et vulgaris formae imitatio non ita rata fuit, et quafi lege imperata librariis, vt religiofum effet, fcripturae melius genus vel difcere, vel, vbi didiceris, vfurpare. Nec fola fcripturae forma niti oportet, fed in ipfis Codicibus, in calce, in marginibus quaerere, fi quid fit, quod ad aetatis indicium valere poffit; qualia faepe funt in libris fcriptis reperta.

17. Etiam recentioribus temporibus, inuenta typographia, Codices plures periere, cum, exfcripti typographorum formis, negligerentur, et

et pro inutilibus abiicerentur, vel etiam manibus operarum ita essent vitiati, vt contemnerentur; cum non ex apographo, sed ipso codice, textus ab operis sumeretur. Itaque frustra plures hodie Codices in bibliothecis requiruntur, e quibus libri veteres primum expressi typis sunt, vt, Codex Moguntinus *Liuii*, e quo Schefferiana fluxit, vt, *Quintiliani*, et alii e Gallensi bibliotheca; nisi quidam adhuc ibi latent, sed vulgo ignorati, dum negligunt bona sua populares, vt fit plerisque in locis.

18. Enimuero iisdem temporibus multi libri, etiam qui iam editi essent per typographos, etiam ex ipsis typographicis exemplis, descripti sunt, vel ad vsus singulorum, quibus potestas aliorum exemplorum non erat, vt factum est in scholis, vel ad quaestum: qualium scribarum quaestuosa societas Florentiae, atque aliis locis fuit. Huius generis multa exempla sunt in Bibliothecis, quae etiam pro veteribus vel iactantur, vel probantur ab imperitis, quando sua interesse vident. In hoc genere Codicem Rauianum Berolini posuerim cum CROZIO.

19. Notitia Codicum adhuc ex antiquitate reliquorum, peti debet e Catalogis Bibliothecarum, praesertim iis, in quibus diligentius describuntur; qui sunt valde pauci: nam quam in vsus primum suos congessit, deinde edidit MONTEFALCONIVS Bibliothecam manuscriptorum Tomis duobus, ea nihil nisi nomina librorum habet; tum ex operibus eorum, qui inedita e manuscriptis codicibus edidere, vt, CANISII, BALVZII, LABBEI, et multi alii, item e praefationibus eorum, qui veteres scriptores graecos,

cos, aut latinos, aut scripta Patrum graecorum, latinorumue edidere, de eorumque Codicibus scriptis disseruere: a quo genere maior diligentia solet et in inspiciendo, et in describendo adhiberi.

20. Vtilitas inspiciendorum Codicum scriptorum multiplex est. Primus cernitur in librorum, iam editorum, vel corrigenda et emendanda vitiosa lectione, vel vera firmanda et vindicanda, cuius vsus pleni sunt commentarii Criticorum in scriptores veteres, graecos et latinos; nec is habet dubitationem. In quo genere non modo noui, i. e. nondum collati Codices excutiendi sunt, sed etiam ab aliis iam inspecti, vel illi ipsi, a quibus primum sumta sunt exempla edita. Nam in illis initiis literarum instauratarum nondum ea diligentia in conferendis libris erat, quae nunc requiritur, et in edendo plus sibi libertatis sumebant.

21. Huic proximus est, vel in explendis lacunis, vel deprehendendis, atque inde resecandis, spuriis emblematis, itemque in luxatis sanandis, cum ea, quae loco suo mota sunt transpositione fortuita, in suam sedem reponuntur: cuius generis medicinae saepe per libros scriptos feliciter adhibitae sunt, vt singulos scriptorum veterum, tum gentilium, tum christianorum, editores mittamus, a CANISIO, LABBEO, et aliis, a LEIBNITIO in DITMARI *Chronico*, et aliis.

22. Nec ille paruus vsus est, aut contemnendus, qui est in auctoribus librorum veris, fictisque cognoscendis: in quo genere saepe. libris ecclesiasticis vel falsus auctor ademtus, vel verus redditus est, vt e commentariis CAVEI, PAGII, OUDINI, et aliorum patet. Nec vero alia satis
certa

certa eft, aut faltem certior, cognofcendorum auctorum ratio. Quae coniecturis rerum vtitur, facilius, qui non fit auctor, quam qui fit, repererit.

23. Omninoque tractare libros veteres, plurimum prodeft ad obferuationes criticas de modis et cauffis corrumpendi, interpolandi, omittendi, transponendi, *etc.* vel colligendas, vel firmandas, et illuftrandas. v. in praefatione noftra ad TACITVM de Codice Guelferbytano, ad CALLIMACHVM, etc. Et difcuntur illae haud paullo melius, et ad vfum aptius hoc modo, quam e ieiunis fcholae praeceptis.

24. Ille vero haud inficiandus vfus eft, quod Codicibus tractandis libri nondum editi reperiri poffunt, et reperti funt fat multi, quibus edendis doctrinae et literis faepe confultum eft per eos, quos fupra commemorauimus, et alios; etfi non femper delectus in edendo adhibitus eft, qui debebat. Et latent profecto adhuc multa in Bibliothecis, praefertim Ecclefiarum maiorum in Germania, et aliis locis, quae cum fructu edi poffent, fi modo effent, qui quaerere, infpicere, atque edere vellent.

## CAP. II.
### DE
### TITVLIS, TABVLIS LEGVM, DECRETORVM, ET SIMILIBVS, VULGO INSCRIPTIO-NIBVS.

1.

Praeter librorum fcriptorum Codices extant et alia multa monimenta antiquitatis literata, multa Codicibus omnibus haud paullo antiquiora, quae *Infcriptionum* nomine complecti folemus; in quibus conquirendis et infpiciendis cum femper diligentes fuerint ftudiofi literarum et doctrinae, vt vel e veteribus Hiftoricis, inde ab HERODOTO, etiam Oratoribus, et Grammaticis, difcimus; inftauratis quoque literis, initio facto ab CYRIACO Anconitano, et IOCVNDO Veronenfi, ad hoc vfque tempus in iis eruendis, colligendis in certum corpus, proferendisque in lucem, a multis laboratum eft, et nunc quoque laboratur. v. PETR. BVRMANNI praef. ad *Gruteri* Thefaurum, et HESSELIVM in praef. ad *Gudii* Infcr. p. 13. 14. f. et in *Append.* praef.

2. Atque vt mittamus eos, qui tantum obiter fcriptis fuis ex hoc genere aliquid adfperfere, e Philologis, Criticis, Hiftoricis, vt, FABRICII, VICTORII, PIGHII, BARONII, et fexcenti alii; colligendi et feparatim edendi initium
factum

factum est in Germania ab duobus, PEVTIN‍GERO, a. 1505. et HVTTICHIO, 1520, secutis Romae MAZOCHIO, 1521. in Germania APIA‍NO et AMANTIO, Ingolstadii 1514. sed longe superatis omnibus a SMETIO, cuius collectionem edidit LIPSIVS, Lugd. Bat. 1588. f.

3. Verum et *Lipsium* longe post se reliquit IANVS GRVTERVS, *Ios. Scaligeri* et *Marci Velseri* auspiciis collecto iusto Corpore, et ap. *Commel.* 1603, edito, cum Indicibus a SCALI‍GERO immenso labore, sed ad vsum aptissime, digestis; ad quorum formam prope omnes, qui secuti sunt, suos digessere. Id opus, GVDII cura multis locis emendatum, cum notulisque pluribus recusum est a. 1707. sed prioris editionis exemplis diligentior correctio contigit.

4. Qui post GRVTERVM idem egere, eorum duo genera sunt: in primo sunt, qui intelligendi et interpretandi auctores esse voluere, editis cum commentario, aut notis, Inscriptionibus delectis e vario genere; VT REINESIVS, *Lips.* 1682. SPONIVS, in *Miscell. Antiqu. Lugd.* 1685. FABRETTVS, *Rom.* 1699. Compendium huius generis tironibus seruiens est in Sylloge FLEETWOODI, *Lond.* 1691. 8.

5. Alterum genus velut Supplementa Gruteriano operi scripsit, colligendis et edendis aut nouis, aut accuratius descriptis. Talia sunt *Doniana*, ab GORIO edita, *Gudiana* per HESSE‍LIVM, MARMORA OXONIENSIA, nuper auctius splendidiusque post PRIDEAVSIVM et METARIVM edita, NORISII *Pisana*, CHI‍SHVLLI *Asiatica*, GORII *Etrusca*, *Pisaurensia* OLIVIERII, *Veronensia*, *Taurinensia* Marmora

P. II. *Palmyrena*, *Pocokiana*, tum in Itinerario, tum Volumine proprio edita, *Marmor Sanduicenſe* TAYLORI, et *Atticum* RICARDI, *Heracleenſia* per MAZOCHIVM, etc. quo pertinent et alia in operibus antiquariis, vt, BOLDETTI *Coemeteriis*, DORVILLII *Itinere Siculo*, Comitis CAYLI *Collectione Antiqu*. etc. itemque *Diptycha*, vt, Leodienſe WILTHEMII, Diuionenſe, Brixianum, Turicenſe, et alia, ab aliis edita et illuſtrata.

6. Ita aucta dudum prope in immenſum ſupellectili hac erudita, nouum Corpus, Gruteriano inſtituto, vniuerſarum moliri coepit SCIPIO MAFFEVS, edita etiam operis deſcriptione: (v. ad calcem *Sigl. Gr.*) ſed, ſiue victus labore immenſo, et deſperans conſilii exitum, ſiue morte praeuentus, deſtituit ſpem ſtudioſorum. Succedere voluit operi MVRATORIVS; ſed, conſilio abiecto, edidit tamen Inſcriptionum volumina quatuor, *Mediol.* 1739 — 42. velut ſupplementum collectionum ſuperiorum: qui etſi cenſuras multas multorum, in primis HAGENBVCHII et SAXII, incurrit; bene tamen de hoc genere meruit, multis ante non editis inſerendis, praeſertim in Claſſe Conſulari, ex qua Faſti Conſulares ſub Caeſaribus luculenter vel emendari, vel locupletari poſſunt, et Legum, SCtorum, etc. Huius operis ſupplementa dare coepit SEN. DONATVS, *Lucae* 1764. f. cuius praefatio adeunda.

7. Antiquiſſimas omnium, quae quidem repertae ſint, habemus inſcriptiones, in inſulae Cypri vrbe, Cittio, repertas, Phoeniciis literis; quae ſpectantur Oxonii in Muſeo, editae nuper
etiam

etiam in *Marmoribus Oxonienfibus*, et in SWIN-
TONI Diff. de *Infcriptionibus Cittieis*, *Oxon.* 1750.
4. fed cui fuper earum interpretatione non convenit
cum BARTHOLOMAEO, V.C. Francogallo.
De iis, quas in Arabiae defertis, in primis
in monte Sina, faxis incifas iam antiquus auctor,
COSMAS *Topogr. Chrift. V. p.* 205. itemque alii
auctores fuperioris feculi tradidere; res incerta
videbatur MAFFEO *Crit. Lap. I. p. 9.* certior facta
eft per POCOKIVM, qui titulos, magno numero
inde defcriptos, dedit, partim Aegyptiaca, partim
Arabica fcriptura, vtraque etiam in nonnullis
mixta, *Itiner. T. I. p.* 148. fuper quibus admonentem
nonnulla vide CAYLVM, *Coll. Ant. T. I.
p.* 73. De earum aetate et argumento nihil adhuc
certi eft.

8. Inter Graecas veterrimae funt *Amyclaea*, a
PVRMONTIO reperta (*Nouum opus diplom. T. I.
p.* 616.); *Sigea* in *Antiquitatibus Afiaticis*, a CHI-
SHVLLO edita, et aliae eiusdem POCOKII,
aliorumque Britannorum, *Heracleenfes* denique
MAZOCHII.

9. Inter Latinas vetuftiffimae funt in vafe
aeneo, ap. WINKELM. *Hift. art.* p. 292. in *lamellis
Tiburtinis* ap. FABRETT. p. 461. in bafi columnae
Duillianae, SCtum de Bacchanalibus, quod
commentario illuftrauit MATTH. AEGYPTIVS
etc.

10. Optimae porro et vtiliffimae funt, quae
Leges, SCta, et Decreta Ciuitatum et Regum,
Foedera, magnarumque rerum aliarum memoriam
feruant, vt, Fafti Capitolini, Monimentum
Ancyranum, et quaecunque Hiftoriae, Geographiae,
Chronologiae profunt.

C 4  11. Vfus

11. Vſus inſcriptionum in omni prope parte doctrinae liberalis eſt permagnus et multiplex, atque, vt GVDIO placuit, prope maior, quam numorum veterum; quippe et maior varietas eſt; in Grammaticis et omni Philologia antiqua, in Critica omni, in Geographia, Chronologia, et Hiſtoria vniuerſa, tum ſacra, tum cetera, in ritibus moribusque antiquis; quibus omnibus etiam permultum lucis e talibus titulis eſt affuſum.

12. Et permultae hoc proſunt magis, quod, quia publica ſunt monimenta, certa rerum argumenta praebent. Itaque videmus etiam hiſtoricos veteres, iis vt praecipuis et haud dubiis teſtimoniis vti, et ad lites dirimendas conferre: vt docuimus in Diſputatione noſtra *de Fide hiſtoricorum aeſtimanda* §. 18. ſqq. In quo eos recentiorum ita quisque eſt ſecutus maxime, vt de talibus rebus iudicare potuit optime. Exempla eius generis, e ſcriptoribus antiquis ad Hiſtoriae vsque Auguſtae ſcriptores collecta, reperiuntur apud MAFFEVM operis poſtumi, mox commemorandi, libro ſecundo.

13. Sed duplici cautione opus eſt, prima, vt genuinae ſint, deinde, vt accurate, et a peritis talium rerum deſcriptae. Et eſt ſaepe in illo difficile iudicium, nec minus difficilis rectus vſus. Quo magis optabile eſt, vt Critica lapidaria prodeat a viro docto promiſſa. Nam a MAFFEO promiſſa, imperfecta relicta eſt; cuius tamen particulae nuper a DONATO, in opere ſupra laudato, editae, multum boni habent, non modo, quia traduntur leges recte iudicandi, ſed multo magis, quia examinandis inſcriptionibus
pluri-

pluribus, praebent materiam exercendi in eo genere iudicii, et ad vsum viam muniunt, *libri quarti capite secundo et tertio.* Nec minus vtilem literis rem faciat, si quis scribat opus, quale GVDIVS meditabatur, de vsu inscriptionum, simile Spanhemiano de vsu numorum.

14. Sed ad eas, quas antea §. 10. commemorauimus, vtilitates, opus est primum, inscriptiones vt bene legere possis: deinde, vt intelligere: denique, vt quid, quoue modo inde disci possit, scias. In primo proderunt in primis de notis libri, quos supra indicauimus, P. I. c. 1. §. 14. Nam quae in literarum figuris esse difficultas potest, vt in Graecis, breui vsu tollitur: alterum requirit notitiam aliquam antiquitatis Graecae et Romanae in honoribus, sacris, ciuilibus et militaribus, in moribus, publicis in primis. In vtroque genere proderit, delegisse sibi aliquem ducem ex iis, qui in explicandis titulis laborarunt, vt, REINESIVM, in primisque FA-BRETTVM, eiusque opere legendo vtriusque rei facultatem sibi comparare: tironibus etiam FLEETWOODI Sylloge suffecerit. Proderit etiam legisse, quae MAFFEVS, de quo paullo ante commemorauimus, operis imperfecti libro vltimo, c. 1. passim praecepit.

15. In tertia ratione etsi non opus est praeceptis apud eum, qui ingenio et doctrina valet; tamen vtile admodum est, in legendis virorum doctorum ad auctores veteres Graecos et Latinos commentariis, in libris geographicis, grammaticis, vt, de orthographia, in libris historicis et criticis virorum doctorum, vt, SCALIGERI, CASAVBONI, PERIZONII, TILLEMONTII,

FAGII, obseruasse, quomodo titulis antiquis ad rem quattique vsi sint: tironibus e. c. commendem P. WESSELINGII libellum ad Inscriptionem in Corpore Muratoriano editam, in qua P. Sulpicii Quirini, et Census Syriaci mentio est. *Vltrai.* 1745. Ita paullatim et studium, et facultas imitandi veniet. Disputationes super difficilioribus rebus et quaestionibus, vel ad maturitatem in hoc genere maiorem seponendae sunt, vt in omni alio genere antiquitatis: et seponentur hoc securius, quo rarius vtilitatem parem labori habent: vel relinquendae iis, qui non modo, vt doctrinae adiumentum, hoc genus antiquitatis assumere, sed in eo habitare volent.

## CAP. III.

## DE DIPLOMATIBVS.

### I.

Diplomata proprie sunt chartae complicatae, vel *tabellae duplices*, vulgo *Codicilli* (MACROB. *Sat.* 1, 23.), sed vsus fecit, vt de tabellis dicerentur maxime, quae itineris (publico in primis cursu) faciendi facultatem darent (CIC. *Div.* 6, 12. v. *Clav. Cic.* CASAVB. ad SVET. *Aug.* 50.). Post translata sunt ad literas Principum, Pontificum, etc. sigillo sancitas, in primis, per quas aliquid iuris vel beneficii daretur; ad extremum, de omnibus prope literis publicis dici coepere, praesertim in arte, vt a MAFFEO. Nos eam rationem verbi vsurpandi sequimur, quae de literis publicis Principum, Pontificum, Episcoporum,

porum, etc. accipit. v. Auctores *Noui Operis Diplom.* T. I. p. 233. f.

2. Ea cum fint in fontibus et inftrumentis hiftoriae certae, iurisque publici, viri docti, vtriusque difciplinae ftudiofi, in iis conquirendis cum omni tempore, tum noftra in primis aetate, laborauerunt: extantque Collectiones Diplomatum prope innumerabiles, quas longo ordine recenfet BARINGIVS, in *Claue Diplom.* p. 36. ne horum quidem praetermiffis, qui feparatim quidem Diplomata non edidere, ceterum opera fua hiftorica iis referfere, vt BARONIVS, RAYNALDVS, BOLLANDISTAE, BROWERVS, SCHATENIVS, FREHERVS, et alii fecere. Ad faciliorem eorum vfum comparata funt PETRI GEORGISCH *Regefta Chronologico-Diplomatica*, *Francof.* 1740. *Voll.* 4.

3. Sed modus diplomatum tractandorum, h. e. iudicandorum et vfurpandorum, olim non praeceptis et arte conftabat, fed obferuatione et vfu; quo frequentior etiam fraus interceffit: donec ab duobus viris doctis initium factum eft, certas obferuationes colligendi, et canones fcribendi, quibus iudicium diplomatum dirigeretur, altero Graeco, LEONE ALLATIO, in *Animaduerf. ad Antiquit. Etrufcas*, *Paris.* 1640. quamquam id opufculum ad vniuerfam librorum veterum, i. e. Mftorum, crifin pertinet; altero Germano, HERM. CONRINGIO, in *Cenfura Diplom. Lindav. Helmft.* 1672. et in *Oper.* T. II. p. 567. fqq.

4. Ab his initiis profectus magis ad artis formam de Critica diplomatica fcribere inftituit DAN. PAPEBROCHIVS, in nobili *Propylaeo anti-*

*antiquario*, P. I. ad T. II. *Apr.* in *Act. S.* Qua re locum famosae controuersiae diplomaticae fecit, siue Scepticismo diplomatico; perfecti efficere nihil potuit, propter inopiam exemplorum (v. *praef. Propyl.*), philosophia quadam potius vsus, quam certis et sufficientibus rei vniuersae obseruationibus; quae in tali genere dominantur.

5. Successit maiori cum apparatu JO. MABIL-LONIVS, edito *Parisiis* a. 1681. opere *de Re Diplom.* libris sex, cuius etiam *Supplementa* edidit, a. 1704. Repetitum et auctius editum est praeclarum opus *Parisiis* 1709. Nec modo obseruationibus diligentibus de omni Diplomatum materia et forma, rem agit, sed etiam fidem diplomatum vniuersam asserit.

6. Nec aequauit hunc, nec spem doctorum, SCIPIO MAFFEVS, edita bis 1727. 1734. Italico sermone, *Historia Diplomatica*; quam voluit esse Institutionem Criticae Diplomaticae. Nam historica magis et philologica tractat, velut de papyro late, et antiquiora Seculo diplomatico, quod a seculo fere octauo ducitur; finit in enumerandis iis, qui diplomata vel collegere, vel ad historiam illuminandam contulere.

7. Perfectius quid promisere, atque etiam dedere, duo Monachi Benedictini in opere magno, *Nouveau Traité Diplomatique*, Tomis sex ab a. 1751. ad a. 1765. 4. edito *Parisiis*: de quo lato a nobis dictum est in *Biblioth. Theolog.* a. 1766. et sequ. Summam operis faciunt, principia artis diplomaticae examinare; ita vocant capita de literis, forma scribendi, compendiis scripturae, sigillis, et similibus: regulas discernendo-

nendorum diplomatum conſtituere: denique
characteres diplomatum ſeculi cuiusque demonſtrare. Eſtque opus praeclarum, et plenum bonis rebus, praeſertim, quae ductae ſunt e ma-
nuſcriptis libris et bibliothecis: ceterum, vltra
fines operis nimis late euagantur, veluti, cum
omnem antiquitatem literarum et ſcripturae Hebraicae, Graecae, Latinae illuſtrandam ſibi
ſumunt: et in fine ſuper arte iudicandae fidei
diplomaticae ſubtilius diſputatur, quam aut neceſſe erat, aut materia ſubiecta patitur.

7. Rem diplomaticam Germaniae proprie
tractare et illuſtrare inſtituit *Chronici Gotuicenſis*,
eruditiſſimi operis, auctor, a. 1732 editi, quae
eſt Tomi prodromi Pars I. et II. Volumen alterum ad prelum paratum eſſe in Bibliotheca Mo-
naſterii Gotuicenſis, nuper teſtatus eſt Abbas S.
Blaſii GERBERTVS, in *Epiſtolis* p. 426. Eam
rem ad vſum ſtudioſorum aptius et plenius egit
IO. HEVMANNVS in Commentariis de Diplom.
Impp. et Regum, item Auguſtarum et Reginarum
Germaniae, *Norib.* 1745. 49. 4. Tironibus
profuerit CHRIST. HENR. EKHARDI Intro-
ductio in rem Diplom. praecipue Germaniae.
*Ienae* 1742. et 1753. 8.

8. Hiſtoriam rei diplomaticae qui plenius
cognoſcere velit, adeat *Baringium*, in Claue Dipl.
et Cl. *Gattererum*, in inſtituto Opere Diplomaticae vniuerſalis, cuius vna modo pars prodiit
Gottingae a. 1765. quamquam *Allatium* omittit,
vt opinor, quod proprie de diplomatibus non
egit, et deos minorum gentium perſequitur.

9. Diplomatum qui et quantus vſus ſit, ante
indicauimus, et late diſputatur a multis, vt in primis

mis a LEIBNITIO, in praeclara *Codicis Iuris Nat.* *et Gentium praefatione* vtraque, et Auctoribus *Noui Operis diplomat.* in praefatione.

10. Sed vt eam vtilitatem capere poſſis e diplomatis, quae iis tribuitur, recte vti ſcias oportet. In quo primum eſt, *recte legere*, alterum, *recte intelligere*, tertium, *genuina a ſpuriis diſcernere:* poſſis addere quartum, ex intellectis obſeruationes colligere, concluſionesque ducere.

11. Ad recte legendum opus eſt, cognoſcere figuras literarum, quibus tempore, ſiue, vt loqui mos eſt, ſeculo quoque, vſi ſunt in ſcribendo populi, quorum diplomata cognoſcere velis; deinde ſiglas et notas; denique compendia ſcribendi, et monogrammata nominum: quae ſunt omnia ex antiquis exemplis a MABILLONIO, et multis aliis, copioſiſſime in *Nouo Opere diplom.* T. II. et III. tradita. Tironibus BARINGIVS ſuffecerit.

12. Ad Intelligendum opus eſt primo ſcientia latinitatis, quae tempore quoque fuit; cuius facultatem dabit CANGII Gloſſarium, a Benedictinis praeſertim auctum, itemque CARPENTARII Supplementum nuper (1766) editum; deinde notitia palatiorum, villarumque et cortium regiarum, pagorum porro Germaniae, dignitatum tum aulicarum, tum ciuilium, et militarium, denique kalendarii mediae aetatis, omninoque modorum temporis ſignandi. Ea ex iisdem fere fontibus hauritur: in vltimo profuerit etiam, HALTAVSII *Kalendarium medii aeui* conſuluiſſe, et legiſſe Disputationem praemiſſam operi claro: *l'art de verifier les dates*, auctore CLEMENCET, *Paris.* 1750. 4.

13. Iu-

13. Iudicium diplomatum, genuina fint, an fpuria, etfi multas et magnas difficultates habet, vt in aliis libris; quod controuerfia diplomatica docet, tum vniuerfa illa, quae inter Francos et Italos fuit; cum alii, duce GERMONIO, Iefuita, prope totum genus diplomatum antiquorum fufpectum reddere tentarent, alii defenderent eorum fidem vniuerfam; tum quae fuper fingulorum fide difceptatae funt, vt, *Carolinus* quibusdam, *Lindauienfi*, etc. tamen dubitari non debet, quin hic quoque ars critica, fi officium fuum recte faciat, ad verum nos perducere queat. Sed cauendum, ne, aut credulitate aliqua et cupiditate in iudicio temere praecipitando, peccemus, aut dubitandi libidine, et argutiis inutilibus in Pyrrhonifmum incidamus, qui ab hoc initio latius ferpat, et omnes antiquitatis reliquias fcriptas fufpectas faciat; quod egiffe Iefuitas, non nimis abhorret a vero, etfi reclamat GERMONIVS.

14. Sed etiamfi, vt in aliis generibus Criticis, ita in hoc quoque, plus ad bene iudicandi facultatem valet naturalis folertia, fcientia, et vfus rerum, denique exercitatio aliqua examinandi et iudicandi: tamen non inutile eft, praecepta quaedam fcribi ac teneri, quae partim in iudicando dirigant parum exercitatos, partim in controuerfiis fuppeditent principia difputandi.

15. Oportet igitur *primum* tenere characteres diplomatum, et vniuerfos ac communes, et cuiusque aetatis proprios, eosque tum *externos*, qui funt in fcripturae forma vniuerfa, in monogrammatis, figillis, fimilibusque, cognofcunturque obferuatione; vnde de his latiffime agunt omnes

omnes artis huius magiſtri; tum *internos*, qui funt in genere orationis, nominum, titulorum, fubſcriptionis modo: *ſecundo* oportet rerum ipſarum non imperitum eſſe, vt, quid conſentiens ſit, quid repugnans, iudicare poſſis.

16. At vt haec praecepta ad vſum conferre diſcas paullatim, iudicandique in his rebus facultatem conſequare, legenda funt primum diplomata cuiusuis aeui quaedam haud dubie genuina, vt adſueſcas formae legitimae in ſingulis generibus, et comparandis deinde dubiis, vt conſenſum, vel diſſenſum, animaduèrtere poſſis. In quo etiam proderit plurimum, legiſſe analyſes diplomatum obſeruationibus additis; vt, 10. HEVMANNI, et de controuerſis diplomatis diſputationes. Tironibus commendem *Allatii* libellum, et in CONRINGII *Cenſura Dipl. Lind,* in primis c. 18.

17. Vt denique ad Hiſtoriam, Geographiam, et Chronologiam, ad iuris item publici, ciuilis, et eccleſiaſtici ſcientiam vti diplomatibus diſcas, cognitus eſſe debet modus eorum in has partes vſurpandorum; qui conſtat maxime obſeruationibus, vnde concluſiones ducantur profuturae. In quo etſi ingenioſo non multum difficultatis eſt, tamen vtile eſt obſeruaſſe, quomodo alii viri docti, et in talibus rebus triti, ex iis argumenta hiſtorica, geographica, et alia, per obſeruationes inde oblatas duxerint, quorum eſt hodie numerus non paruus: nec modo in hoc genere monimentorum antiquorum, ſed etiam in aliis, quorum non diſſimilis eſt ratio.

CAP.

## CAP. IV.
## DE RE NVMARIA.

1.

Metalli nobilioris in emtionibus vsurpandi antiquissima consuetudo est, vt quae iam in primo Pentateuchi libro 23, 16. memoratur, et apud HOMERVM *Iliad.* η, 473. Sed ibi argentum est, hic aes et ferrum. Nec tamen statim signato vsos esse credibile est, aut certis antiquitatis vel sacrae, vel profanae, indiciis colligi potest, ne apud HOMERVM quidem vllo eius vestigio impresso. Nam si tum fuisset, profecto aut loco illo memoraretur, aut in praemiis *l*, 213. ψ′, 259. f. Veterrimae simplicitatis est, cuius nunc etiam apud Sinenses et Abessinos vsus, taleis metalli vti, quae pendantur, quam et de Britannis tradit CAESAR, *B. G.* 5, 12.

2. Nec quis primus signare inuenerit, aut qui primi signato vsi sint, pro certo dici potest: *Phidoni* Argiuo Graeci vulgo tribuunt argenti signati vel inuentum, vel institutum (AELIAN. *V. H.* 12, 10. et ibi PERIZON.), alii, auctore HERODOTO 1, 94. *Lydis*, alii aliis.

3. Apud *Hebraeos* ante Simonis Maccabaei tempora numos cusos fuisse, vix doceri potest, qui id ius extorsit Syris, 1. *Macc.* 15, 5. 6. Ab illo tempore signati, qui Samaritanis literis inscripti sunt, soli genuini habentur, ceteri omnes pro spuriis reiiciuntur. V. RELANDVS *de numis Samarit. Diss. I.* in primis FROELICHIVS, prolegom. ad *Annales Syr.* p. 74. f.

D

4. *Phoe-*

4. *Phoenices*, credibile eſt, ad mercaturae commoditatem mature numis vſos eſſe: ſed nihil certi eſt. Punicos multos exhibet LASTANOSA in rariſſimo opere numiſmatico; qui vtrum ſint vere Punici, an Saracenici, in Hiſpania cuſi, dubitatur: ſed de hoc argumento rectius ſcripſit is, quem ſupra P. I. c. 1. p. 4. memorauimus, VELASQVEZ, in eo, quem indicauimus, libro. Extant tamen alii Punicis literis, etiam Phoeniciis, in DORVILLII Siculis, T. II. *tab.* 1. n. 4. 5. 6. conf. etiam WINKELM. *Hiſt. art.* p. 71. 72. et PELLERINVS in *Numis populorum*, qui ſuper eorum diuerſis generibus, et controuerſia de eorum interpretatione cum *Bartholomaeo* V. C. videndus *T. vlt. Supplem.* p. 48. *ſqq.*

5. Antiquiſſimus e Graecis, qui exſtet, numus ante putabatur *Amyntae* Regis, abaui Alexandri M. de quo v. BIMARDVS ad IOBERTVM, T. I. p. 26. Poſt ei aetate praelatus eſt *Phidonianus (Phidonis* nomine ſignatus) in *Theſ. Brandeb.* BEGERI, T. I. p. 279, de quo extat SCHOTTI Diſp. in *Miſcell. Berolin.* T. I. p. 53. item *Cyrenaeus*, quem Phidoniano etiam praeponit HARDVINVS, putatque, tempora Cyri regis attingere (in *Comment. Triuultinis* a. 1737. p. 1444.). Sed in vtroque non vna eſt dubitatio: nec abhorret, antiquiores eſſe, in quibus ſcriptura eſt a dextris, vt, Syracuſanos, et alios apud WINKELMANNVM in *Hiſt. Art.* p. 213. 215. quales et in DORVILLII *Itin.* T. II. (v. BVRM. V. C. p. 369.) ſunt; quod tamen non vniuerſe adfirmauerim de omnibus: quippe vetus ſcribendi modus in nonnullis locis potuit diutius ſeruatus eſſe, ſaltem in publicis monimentis, vt in numis.

6. Apud

6. Apud *Perſas* primus aurum puriſſimum ſignauit Darius Hyſtaſpes, auctore HERODOTO 4, 166. *Darici* appellati PLVTARCHO, et aliis, pares ſtateribus aureis, h. e. vīginti drachmis argenti. GRONOV. *Seſt.* p. 168. 169.

7. *Romae* ab initio aes modo ſignatum ſub Seruio Tullio, vt tradit PLINIVS, placetque PERIZONIO *de aere graui* §. 5. Argentum bello Punico primo demum ſignatum eſt, a. V. 485. lege Ogulnia; aurum annis duobus et ſexaginta poſt, incertum, quo auctore, PLIN. 33, 3.

8. Sed in omni genere numorum veterum principatum elegantia et vſu ad doctrinam liberalem tenent Graeci et Romani: in iisque et materia ſpectatur, et argumentum: quanquam pretium numi cuiusque magis ab hoc eſt, quam ab illa.

9. Aurei numi Graeci et Romani ſunt ex auro puriſſimo: argentei Romani minus puri: quamquam purum argentum magis vocant vetus, propter vilitatem aetatis ſerioris. Nam ſub Septimio Seuero coepere plus aeris admiſcere, et ſub Gallieno et ſucceſſoribus prope nihil argenti remanſit: Franci vocant *medailles de billon:* a Poſtumiis inde ad Diocletianum argentati modo fuere. Poſt meliores cuſi ſunt.

10. Ceteri omnes aenei dicuntur, quamquam non ſunt omnes ex aere, quod proprie dicitur, aut eodem. E Cyprio aſſes facti, meliora ſeſtertios dedere. Quidam etiam ex aere Corinthio facti creduntur; ſed res ipſa refellit opinionem. Nam experimento cognitum eſt, nil iis eſſe admiſtum auri, qui ex eo genere

putan-

putantur (SAVOT, P. II. c. 17.), nec veteres vspiam teftes funt: denique analogia repugnat: auxiffet enim aes tale pretium numorum.

11. Plumbum an Romae fignatum fit, vix hodie dubitatur, et quia diferte plumbei numi a veteribus memorantur, vt, PLAVTO *Trinum.* 4, 4, 120. et MARTIALE I, 79. 10, 64. et quia exempla reperta funt, quae in Mufeis oftenduntur (BIMARDVS ad IOBERT. T. I. p. 64.): fed publici vfus fuiffe, aut publice fignatos, vix crediderim: propiusque fidem eft, vel ad lufus, vel aliam talem ob caufam cufos effe, ob quam nunc quoque plumbei et alii vilioris materiae fiunt. Publice tria tantum genera numorum cufa effe, titulus triumuirorum auro, argento, aere flando feriundo indicat.

12. Magnitudo numorum, qui vfus publici effent, in auro et argento, non variauit, certe Romae. Nam denario argenteo, et numo aureo, qui denariis quinque et viginti par effet, maiores in vtroque metallo, miffilibus potius, quam numis adnumerandi, (*medaglioni* vocant Itali, nos *Schauflücke*) in quibus honoris magis habendi ratio, quam vfus communis fpectatus eft: quamquam BIMARDVS (ad IOBERTVM T. II. p. 59.) putat, paullatim vfus publici factos, vt apud Graecos. Ex eo genere funt etiam, quos *Contorniatos* verbo Italico vocant, ab addito alius metalli circulo. Aerei autem generis variam magnitudinem neceffitas induxit ad vfus vitae communis: maioris, medii et minimi moduli faciunt artis numariae magiftri: in quibus tamen ordinandis non fatis confentiunt, cum ad iudicium de fingulis res venit.

13. Di-

13. Diſtributionem numorum in genera plura facit etiam partis aduerſae ( ſ. *anticae, de la tête*) argumentum: vnde alios Deorum, Regios alios, Conſulares, Caeſareos, vrbium denique et coloniarum alios, dicunt: in quibus Conſulares et vrbium in primis requiruntur.

14. Sed maxime ſpectari debet pars auerſa (ſ. *poſtica, le revers*), et eius argumentum: nam id plurimum fere prodeſt ad doctrinam; itemque vtriusque partis titulus.

15. Vſus quidem numorum veterum totus pendet e figuris vtriusque partis, et titulis: eſtque maxime duplex: primus, minus ille quidem late patens, ceterum non negligendus, pertinet ad iudicium artis et elegantiae in figuris perſonarum ac rerum, ad artem pictoriam, praeſertim linearem, et architecturam, propter artiſicium exquiſitum, quod in figuris, et qua picturam linearem, et qua elaborationem, temporibus bonis, h. e. ſeculo vrbis Rom. ſeptimo, octauo et nono, cernitur; deinde ad inuentionem monetarum, ſymbolorum, emblematum et titulorum; quae rectiſſime ad illam veterem rationem dirigitur. In quo imitationis exemplum maxime praebet opus elegantiſſimum *Hiſtoire metallique de Louis XIV.*

16. Alter eſt vberior in omni genere doctrinae antiquae liberalis, in Grammatica, in primisque Hiſtoria vniuerſa, in Geographia, cui maxime proſunt numi vrbium et populorum, et Chronologia, ritibusque publicis, quibus ſaepenumero et lucem, et certitudinem adſerunt. Hos vſus copioſiſſime demonſtrauit in immortali opere de vſu et praeſtantia numorum EZ. SPANHEMIVS,

HEMIVS, cuius, sub nomine ficto *Debiel*, FROE-
LICHIVS compendium tironibus aptum dedit;
quamquam maxime secutus est partem eam,
quae ad Historiam pertinet. Historicos quidem,
et Chronologicos vsus vberrimos, nemo potest
ignorare, qui TRISTANOS, NORISIOS, PA-
GIOS, TILLEMONTIOS, etc. nouit, eorumque
opera attigit. In re theologica quoque vsus
quosdam demonstrauit VAL. ERN. LOESCHE-
RVS, in Stromateo, vt alios mittamus.

17. Enimuero ne in hoc vsu erretur, oportet cauere, ne spuriis decipiamur; praesertim
cum constet, multum fraudis in hoc genere in-
tercedere: cui tamen magis obnoxii sunt emtores cupidi, et rariores numos requirentes, quam
eruditi numorum tractatores. V. IOBERTVM *de
re num.* C. 10.

18. Itaque multo magis videndum est, vt
numos bene intelligere, et ad vsus eruditos conferre discamus. Id consequemur duabus rebus.
Primum, opus est notitia aliqua siglarum et compendiorum scribendi, vt titulos recte legere possimus, quorum intelligendorum auctores supra
commemorauimus. Nec oportet persequi obscura et ambigua, quae sunt non nimis multa, et
fortasse parum vtilitatis habitura, si maxime in-
telligerentur. Secunda est in notitia aliqua rerum ad intelligenda argumenta, h. e. Historiae
Graecae et Latinae, quae quidem accurata sit, et
e fontibus ducta, item Geographiae antiquae et
Chronologiae, qua aeras maxime populorum
et vrbium, denique Mythologiae.

19. Opus est etiam apparatu quodam librorum numariorum: quorum est genus duplex.
Alte-

Alterum verſatur in ſcientia rei numariae vniverſae; in quo genere principes ſunt SAVOTVS, PATINVS, et IOBERTVS, praeſertim BIMARDI notis illuſtratus, (Pariſ. 1739. voll. 2. 12.). Etiam RINKII noſtratis, de cognitione rei numariae, opuſculum valde laudat BANDVRIVS, in *Bibl. num.* p. 77. Ad hoc genus etiam pertinent ANT. AVGVSTINI Dialogi de *Antiquitatibus Rom. et Hiſp. in numis:* quos Latine factos edidit A. SCHOTTVS, *Antw.* 1617. f. rec. Rom. 1736. f. vtiliſſimi tractaturis numos Latinos. Sed haec ſcientia libris ſolis parari non poteſt, vſumque aliquem deſiderat inſpiciendis et tractandis numis ipſis, viſendisque Muſeis.

20. Alterum genus eſt, quod numos ipſos exhibet, explicat, et illuſtrat. In quo principes ſunt ad numos *Caeſarum* MEDIOBARBVS, VALENS (*Vaillant*) MORELLIVS, CANGIVS, et BANDVRIVS: ad *Conſulares*, PATINVS, VALENS, et MORELLIVS: ad *Regios*, idem VALENS, ad *Vrbicos et Colonicos*, praeter VALENTEM, HARDVINVS. Generis regii et vrbici praeclara ſupplementa dedit nuper PELLERINVS, Francogallus, decem voluminibus, *Pariſiis* inde ab a. 1762. ad 1767. editis, in quibus inediti modo et rariores, 'eamque ob cauſam vulgo minus noti, proponuntur et explicantur, etiam ſuperiorum, vt, *Valentis*, errores paſſim notantur. Vniuerſa genera vno opere edidit IO. IAC. GESNERVS, *Tiguri* 1738. f.

21. Oportet etiam exercitatione aliqua vti ad capiendam aliquam conſuetudinem, et facultatem conferendorum ad vſus, ante demonſtratos, numorum, legendis quibusdam libris, in quibus

numi ad illuminandam hiſtoriam, aliasque doctrinae partes ſunt collati. Ii qui ſint, ante demonſtratum eſt, §. 16. f.

22. Studium colligendorum numorum antiquorum cum ipſa literarum bonarum inſtauratione cepit initium in Italia, per PETRARCHAM, ALPHONSVM, Arragoniae regem, ANTONIVM, S. Marci Cardinalem, COSMVM MEDICEVM, filiumque PETRVM, et LAVRENTIVM nepotem; in Germania, per MATTHIAM CORVINVM, MAXIMILIANVM, Caeſarem; quibus acceſſere priuati multi, vt BVDAEVS in Gallia, in Belgio et Germania plurimi. v. GOLZII praef. *Operis numiſm.* ad Antiquarios; vnde patet, permagnum tum numerum fuiſſe eorum in Italia, Francia, Germania, Belgio, qui numophylacia haberent. Tantum ſtudium rei numariae erat!

23. Hodie Muſea huius generis inſtructiſſima ſunt, *Pariſiis*, regium et S. Genoueſae; in *Italia*, Vaticanum, Taurinenſe; in *Britannis*, Londinenſe; in *Germania*, Vindobonenſe, Berolinenſe, Gothanum, Stutgardianum, Lipſienſe Senatus, in genere Conſulari locuples in primis; quibus addendum *Danicum* Hafniae. Muſeum *Chriſtinae*, reginae, clariſſimum diſperſum eſt cum Bibliotheca. Eius tamen deſcriptio extat, ab HAVERCAMPO edita 1742.

24. Edendorum numorum initium factum eſt in Germania per 10. HVTICHIVM in *Vitis Caeſarum*, a. 1525. et iterum 1534, in quibus exemplis Conſulares 42. acceſſere; eumque deinde in aliis generibus plures ſecuti ſunt. Sed primus operae pretium fecit HVBERTVS GOLZIVS,

zivs, Belga, edito *Thesauro rei antiquariae*, aliisque operibus numariis, a. 1575. sqq. quae deinde in vnum corpus redacta, bis *Antuerpiae* repetita sunt Tomis quinque a. 1608. et 1620.

25. Post eum certatim viri praestantissimi in lucem edidere numos vel vniuersorum generum, vel singulorum, vel Museorum, eosque commentariis illustrauere, vel selectos et rariores, tum per occasiones fortuitas in historicis operibus, vel commentariis auctorum Graecorum et Latinorum, tum in propriis libellis, quos magno numero ad temporum seriem enumerat, diligenterque recenset ANS. BANDVRIVS in *Bibliotheca numaria*, quae per IO. ALB. FABRICIVM in Germania repetita, et passim aucta, atque illustrata est: sed non paruis supplementis indiget. Nam subsistit in anno huius seculi septimo, post quem multa, et praeclara in hoc genere opera prodiere, vt, LIEBII Gotha numaria, HAYMII Thesaurus Brit. MORELLII Postuma opera, DORVILLII numi Siculi, in parte altera *itineris*, *Siculi* a *P. Burmanno* V. C. illustrati, FROELICHII *Annales Syriae*, nuper pulcherrimum opus *Pellerini*, quod ante commemorauimus, et alia.

## CAP. V.

## DE TOREVTICE.

Ab operibus literatis veniamus ad cetera, in quibus ingenia et manus artificum spectantur. Sunt autem artes, quarum opera spectanda sunt, quatuor principes, *toreutice*, *plastice*, *pictoria*, et *architectura*.

1. Harum etsi basis est *pictura linearis*, *Graphice*, (*l'art à dessiner*) tamen inuentione ita videtur illis, certe plerisque, posterior, vt ars dicendi eloquentia: pictura quidem ea, quae penicillo et coloribus imitatur naturam, priorem, immo eius fuisse initium, et quasi prolusionem, facile crediderim: secus tamen videtur GOGVETO, in opere *de origine legum et artium*, P. I. L. II. c. 5. qui eam omnium primam inuentam esse putat, ortamque ab vmbris rerum, quae lineis circumducerentur.

2. Eius initia, vt omnium artium, tenuia fuisse, dubitationem vix habet; videturque cum profectu artium ipsarum, vt toreutices in primis, et ipsa profecisse. Sed alios populos, vt Aegyptios, quibus inuentionis gloriam non pauci tribuunt, veteris tenuitatis tenaces fuisse, opera eorum arguunt. Perfectionis quidem gloria Graecis sine dubio artificibus debetur. In eius historia et ratione explicanda cum alii elaborarunt, tum diligentissime nuper et copiosissime scripsit WINKELMANNVS in primo Volumine

Operis,

Operis, quod *Monimenti antichi inediti* infcripfit, ediditque Romae, anno fuperiori (1767. L) De difcrimine artis veteris et noftrae nofter etiam CHRISTIVS videndus in *Muf. Richter.* praefatione altera *D. b.*

3. Antiquiſſima, ſi architecturam, rudiorem certe, excipias, videtur *toreutice*, quae caelo vel fcalpro efficit e ligno, faxo, aut alia qua duriori materia, figuras. Nam et facilior inuentio fuit; quippe citius folido corpori fpecies datur, quam in plano effingitur; et antiquiſſima eius funt apud populos omnes Orientis et Occidentis veſtigia, etiam in libris facris impreſſa. Nam *Labanis teraphim*, quicquid fuerint, figna certe fuere vel lignea, vt opinor, vel ex alia qua materia dura: et *vitulus Aaronis*, fculptile opus, bractea aurea inductum, fuit. Itaque ab hac initium fecimus.

4. Patet autem late *toreutice*, continetque 1) *ſtatuariam* in faxo et marmore; vnde fiunt *figna:* 2) *caelaturam* in eodem, in gemmis, metallis, ebore fcalpendis; quae funt *opera caelata: toreumata* in Verrinis Ciceroni dicta, etiam in genere potorio: denique 3) *fculpturam* in ligno, quae facit *fcuiptilia:* quamquam in his verbis non fatis conſtans eſt et fibi confentiens latinitas. *Plinius* quidem toreutices verbum ita late dixit in Phidia, 34, 8. cum ab eo primo toreuticen apertam et demonſtratam ludicat. Nam Phidias in marmore, aere, et ebore laborauit, nec modo ſtatuas fecit, fed etiam alia opera, vt clypeos, caelauit. Graeci autem τοϱευτοι, itemque γλυπ]ον dicunt, quicquid caelo fimiliue inſtrumento, vt fcalpro, elaboratur. Adi SALMASIVM ad *Solin.* p. 735.

5. Ea

5. Ea ars, vt ceterae, ab initiis tenuissimis cum ad perfectionem veniffet, affecuta veram pulcritudinem, et in vniuerfis operibus, et in fingulis eorum partibus, coepit argutari, vt fit, et quafi deliciari. Itaque corrupta est fuco inani, et paullatim defecit. Sed haec per partes fingulas explananda funt.

6. Omnium primam figuram humanam e ligno, deinde faxo effingere fculpendo caelandoque tentasse homines, credibile est. Sed in principio merae columellae erant, vel arae, qualem Cybeles statuam, Romam perlatam, tradit LIVIVS 29, 11. alias alii: v. Fragm. Epigr. CALLIM. inter BENTLEII n. 105. post cum capitulo aliquo, quod capitis humani figuram referret, (ἀγάλματα τετράγωνα,) quarum exempla PAVSANIAS habet (VIII. p. 671. 698.), vestigia autem in hermis manfere; donec Daedalus pedes, primum iunctos in medio, (συμβεβηκότα) deinde diuaricantes (διαβεβηκότα) expressit, alii alias partes, vt brachia, fed durius pendentia, aut demissa (Gr. παρατεταμένα). Primum genus βαιτύλια, alterum ξόανα, tertium βρέτη vetuftas Graeca appellauit ap. CLEMENTEM *Alex.* et alios. V. POTTER. *Archaeol. Gr.* 2, 2.

7. Haec initia et haec progressio rei prima in Graecia: fed fimilia apud Aegyptios, Etrufcos, Afianosque populos fuisse, reliquiae eorum generum, quae funt hodie multae in lucem prolatae, et teftimonia veterum docent. Nam Aegyptiis Etrufcae fimiles funt; Etrufci ex Afia, vt Graeci, venere: Graeci denique ab Aegyptiis didicere artis initia. V. CAYLVS *Recueil d'Antiqu.* T. II. p. 111.

8. *Aegyptiorum* ars a prima fimplicitate, fiue duritiem malis dicere, quae lineam rectam in effingendis humani corporis figuris fequebatur, faltem non multum ab ea declinabat, ne tum quidem magnopere receffit, cum iam fub imperio Graecorum, ipfisque Graecis mixti eſſent. Ceterum in figuris animantium opera argutiora reperiuntur, et magis polita omnia, quam apud ceteros populos.

9. In *Etruſcorum* operibus ex hoc genere antiquiſſimis eadem eſt, quae in Aegyptiis prioribus, defcriptio, idem habitus, h. e. compreſſus ad lineae rectae anguſtias, et hoc ipfo aberrans a naturae elegantis veritate, quae eſt inter lineam rectam et circularem media, h. e. in ea, quam Geometrae appellant parabolam. Sed ab hac rudiori ratione tranfitus factus eſt ad paullo meliorem, et Graecae veteri non diſſimilem, in qua tamen expreffio partium eſſet minus diligens, et habitus totus ita aberraret a fimplicitate et veritate naturae, atque elegantia, itemque ab decoro in actionibus, vt nulli figurae proprietas fua conſtaret; non Apollo a Marte, non Iuno a Venere difcreparet, fc. ore, vultu, habitu: quod genus opera *Cicero* appellat *dura:* in quo tamen poſt elegantiora facta funt imitatione Graecorum.

10. Principatum in toto hoc genere Graeci, vt in ceteris artibus omnibus, adepti funt, tum ingeniorum bonitate, ſtudiisque doctrinae elegantioris adiuti, tum gloriae quaeſtusque cupiditate incenſi: quae late perfequitur WINKELMANNVS *Hiſt. art.* P. l. c. 4. Nam a prima illa rudiori ratione paullatim artem ad perfectionem

exqui-

exquifitam adduxere; cui poft etiam pulcritudinis gratia acceffit. Scilicet, *foli Graeci Gratiis litauere.*

11. Prima illa ratio rudior durauit ad *Phidiam*, perfectionis feuerae et legitimae auctorem: venuftas et gratia debetur *Praxitelis* ingenio. Poft *Lyfippum*, h. e. Alexandri M. tempora, ars haec paullatim, vt aliae ingeniofiores, defecit.

12. Primae aetatis reliquiae admodum paucae verae feruntur. Ad eam referri poteft ftatua, Tibure reperta in Villa Adriani ap. Com. CAYLVM, *T. II. tab.* 39. vbi confulatur ipfe. Omnium antiquiffimum habetur opus marmoris fcalpti, f. tabulae marmoreae fcalptae (*bas-relief*) in Britannia, exhibens pugilem ftantem coram Ioue fedente, ap. BIMARDVM in notis ad marmor infcriptum βασρεοndὸν (in *Thef. Murator.* T. I. p. 35.), culus duritiem in offibus, in furis, etc. etiam minus ad hanc elegantiam exercitatus oculus fentiat. Artifices clari funt, poft *Daedalum*, *Smilis*, idem fortaffe cum *Scelmi Callim.* fr. 105. fiue pro *Scelmi* reponendus; v. *notas noftras:* Item alii, quorum nomina et memoriam feruauit cum *Paufania Plinius.* Ceterum priores illi lignea modo opera fecere, quae vidit PAVSANIAS, II. p. 121. et 152. Paullatim marmor fcalpere, denique aes caelare coepere, vt patet exemplis operum, quae ex aetate hac recenfet idem. Nec tamen melioribus temporibus e ligno fculpere figna defiere, vt ex eodem docet CAYLVS *T. II. p.* 106.

13. Fuere etiam fcholae, iam tum, artificum, quae etiam melioribus temporibus durauere:

vere: in quibus clariſſima *Sicyonia* fuit, tum *Corinthiaca*, et *Aeginetica;* quarum cuique ſua manus fuit. *Manum*, quam vetus latinitas dicit, populares noſtri *ſtilum (den Stil)* appellare inſtituerunt, verbo rhetorico; quod manus artificis ſimilis eſt generi dicendi in oratoribus atque poetis: haud, credo, an ſatis bene: mollius *methodum* vocat (*la manière*) c. CAYLVS (praef. T. III. p. XX.), etſi ipſe quoque generi orationis comparat. Nam *ſtlius* ne Latinis quidem eſt genus orationis, ſed exercitatio ſcribendi.

14. Sed eas ſcholas, probabile eſt, iis in locis habuiſſe originem ab earum vrblum potentia et copiis e mercatura maritima (v. *opuſcula* noſtra *orator.* p. 434. ed. ſec.). Itaque, auctis Athenienſium opibus, ibi etiam artifices exorti ſunt, non inferiores ceteris, in his in primis *Phidias*, aetate Periclis (PLIN. 36, 5.) nouae in arte aetatis et formae auctor, quae propius ad veritatem naturae accederet, h. e. ab rectae lineae anguſtiis ad curuae facilitatem et mollitudinem, emolliretque habitus et actiones corporum, ſed ita, vt ſeueritas artis, in proportionibus maxime, ſeruaretur, magisque τὸ ἀκριβὲς expeteretur, quod recte et ſeuere iudicantibus probaretur, quam τὸ εὔχαρι, quod oculos lenitate ſua, et ſenſibiliori pulcritudine caperet: ſicut in Muſicis alii Chromaticum genus potius ſequuntur, quamquam paucorum auribus aptum, quam mollius Italorum, cuius gratiam etiam imperiti ſentiant. Vnde fit, vt etiam in huius aetatis operibus durities notetur ab antiquis, vt CICERONE, in *Bruto* c. 18. in Canachi et Calamidis, a PLINIO, 34, 8. etiam in Myronis operibus.

Haec

Haec eſt ea, quam Latini artifices *quadraturam* dixere; vnde Polycleti *ſigna quadrata* dicta *Varroni* apud PLINIVM, 34, 8. Noſtri vocant *das Eckigte, das Scharffe.*

15. Ex hac aetate putantur eſſe *Pallas*, in Villa Albana, *Niobe* cum filiabus in Medicea, quam putant eſſe plane eam, quae PLINIO 36, 5. memoratur, et laudatur, et pauca alia. Sunt enim, iudice WINKELMANNO, *Hiſt.art.p.*236. perfectae artis, ſed exiguae gratiae. Artifices, praeter *Phidiam*, cuius clariſſima opera fuere Iupiter Olympius, et Pallas, a Pericle dedicata, *Polycletus, Myron, Scopas, Alcamenes*, quorum apud veteres et nomina, et opera laudantur ſaepe. PLIN. 34, 8. Polycleti ſimulacrum fuit, quod *Canonis* nomine celebraretur, quod ab eo normam artis petebant diſcentes et artifices.

16. *Praxitelis* artificium centum annis poſt Phidiam eluxit, cum Thebani Graeciae imperarent, ad ſummumque venit per *Lyſippum*. Id duabus rebus cernebatur, primum, in diligentiori imitatione venuſtatis naturalis in toto corpore, et maioribus eius partibus, per maiorem declinationem a recta, vnde Lyſippum *quadratas* veterum *ſtatuas*, noua intactaque ratione permutaſſe, dicit PLINIVS, 34, 8. deinde, in gratia e varietate oris et decoro actionum, prius a pictoribus, vt Parrhaſio, quam ſtatuariis vſurpata. Itaque non iam *ad vnum exemplum* omnia ſigna facta, vt de Polycleti ſignis loquitur ap. *Plinium*, l. c. *Varro.*

17. Ex hac aetate plura opera ſupereſſe creduntur, vt *Laocoon* cum filiis duobus, cuius apud *Plinium* eſt mentio in clariſſimis operibus:
item-

Itemque *Apollo* in villa Romana (*Belvedere*), in cuius defcriptione ἐνθϑσιᾷ WINKELMANNVS Hiſt. art. p. 392. niſi e Phidiaca potius eſt: forte et *Hermaphroditus* Florentinus, ap. *Gorium*, in quo exemplum artis perfectae agnoſcebat C A Y- L V S, ſimillimum exhibens T. III. p. 115. Sed in iudicio hoc ſere diſſentiunt etiam periti talium operum ſpectatores: interdumque, per ambitum intelligendi., aetas operum dubia redditur. Nam etiam in his rebus Scepticiſmus quidam eſt, parentem habens illum ipſum intelligendi vanum ambitum. Artifices huius aetatis inſignes, eorumque opera *Plinius* narrat.

18. Ab Lyſippi aetate variam ars haec fortunam cum vniuerſa Graecia habuit, modo inclinans ſe ad deteriora, per incommoda temporum, modo reuocans ſe paullulum quibusdam in locis, vt in aulis Regum Graecorum per Aſiam, in Siciliaque, vel per ingenia meliora, vel alicuius occaſionis opportunitatem: vnde etiam egregii artifices illorum temporum memorantur, et opera pulcra etiamnum reliqua, vt credunt intelligentes, viſuntur: ſed tamen ad extremum cum Graecis ipſis oppreſſa eſt.

19. Ita expulſa e Graecia, ſedem Romae reperit ſub Caeſaribus primis, vrbe et exemplis artis perfectae, vndique comportatis, abundante, nec minus emtoribus operum per copias pecuniarum, et luxuriam temporum; inſanientibus omnibus in porticibus, atriis, villisque, hoc genere operum ornandis: extantque etiamnum opera artificum ex ea aetate, quae vim et furorem temporum cuaſere. Ex quo genere eſt Caeſaris Germanici in hortis Verſalienſibus ſignum

signum pulcerrimum, cum pluribus aliis in Italia; quae enumerat WINKELMANNVS.

20. Sed hi artifices, vt tum scriptores, non suo ingenio, sed imitatione modo veterum valuere, nec eiusdem generis, aliis Phidiam, aliis Lysippum, etc. sequentibus. Sed dum commendationem nouam quaerunt ab diligentia in minutis elaborandis exquisitius et ornandis, vt capillis, superciliis, vnguibus, etc. veram perfectionem et pulcritudinem amittunt. Cuius generis exempla habet idem WINKELM. *H. A.* p. 237. f.

21. Vsus talium operum, maiorum quidem, fuit in religione Deorum publica in templis, porticibus, atriis, foris, vicis, et villis ornandis: minora, aurea et argentea caelata, etiam in religione priuata, in supellectili mensarum; vnde vasa sigillata, caelata, toreumata conuiualia frequenter commemorantur, praesertim apud CICERONEM in *Verrina* quarta: quae super hoc genere legenda est.

22. Reliquias antiqui huius artificii ab instauratis literis edidere multi, partim separatim, partim inter alia genera. Principes et vtilissimas collectiones infra commemorabimus. Indicem artificum huius generis, e veteribus collectum, dedit IVNIVS ad calcem operis docti, *de Pictura Veterum.*

23. Vtilitas autem horum operum cognoscendorum est duplex: prima, ad elegantiam ingenii in spectandis operibus artis et pulcritudine vera sentienda et iudicanda: altera maior, ad doctrinam pertinens, quae est in cognoscendis per sensum rebus antiquis, quae descriptione

explicari

explicari non satis perspicue possunt, vt in ve- stitu similibusque rebus, item in intelligendis scriptoribus antiquis, cum de talibus rebus scribunt aliquid, nec minus ad iudicium poëta- rum, cum in talibus operibus exprimendis ela- borarunt.

24. Huic generi toreutices, quod figuras e materia solida integras, et seiunctas ab alio cor- pore (περιφανῆ Graecis dicuntur), vel caelando, vel sculpendo efficit, qualia sunt et in sigillatis vasis, coniunctum est alterum, quod superfi- ciem vel tabulae marmoreae, vel eboris, vel vasis, vel alius supellectilis, etiam ianuas tem- plorum, scuta, clypeos, etc. ornat figuris, in marmore quidem, et vasis e marmore vel metal- lo, ex ipso corpore expressis, vt partem aduer- sam modo ostendant (Gr. πρόστυπα), in ceteris extrinsecus illigantur, vt etiam reuelli possint; cuius rei multa est apud *Ciceronem* l. c. mentio. Sigilla illa περιφανῆ, l. e. integra, et cum illi- gantur vasis, vt poculis, *emblemata* appellantur, et cum ita corpori vel vasis, vel clypei, vel valuarum inferuntur, vt dimidia modo extent; in posteriori genere etiam *crustae*, quod et mar- moris secti, et caelati ad ornatum parietum, no- men est. v. *Clav. Cic.* in verbo vtroque.

25. Secti marmoris ita caelati (*en ronde bosse*) antiquissimum exemplum est, quod sciam, in marmorea tabula, vel crusta Britannica, quam supra commemorauimus. Aliarum crustarum, vasorumque marmoreorum multa exempla ex- tant apud antiquitatum collectores, recentissi- mumque, Comitem CAYLVM. Aeris autem et melioris metalli fuere *Thericlea* vasa ap. CICERO- NEM *Verr.* 4, 18. 108. *A. X*, 1. et alia.

26. Cly-

26. Clypei caelati antiquissima apud *Homerum* et *Hesiodum* est mentio; quorum exempla imitatus est *Virgilius* cum *Silio*, multisque aliis: vnde artifices similes elaborare tentarunt, suntque reperta exempla antiqua. V. DRAKENB. ad *Silium* p. 196. *Mys* caelauit, seu sculpsit clypeum Mineruae ex ebore, ad descriptionem, factam a Parrhasio, PAVSAN. p. 67. Fores caelatas fingit ingeniose VIRGIL. *Aen.* 6, 20. s. et narrat CICERO *Verr.* 4, 56. qui et *emblemata* appellat.

27. Hoc denique artificium eadem initia, et incrementa, et fata aduersa habuit. Nam est eiusdem formae, et iisdem regulis tenetur. Reliquiae eius, nisi in marmore, et clypeis, lucernisque, vix reperiuntur. V. MONTEFALC. *T.* 4. *Suppl.* p. 12. et lucernarum clypeorumque editores. add. BARTOLI *Admir. antiqu. Rom. et veteris sculpturae vestigia*, Rom. 1690.

28. Maior, immo prope infinita copia est in parte ea, quae proprie *Glyptice* dicitur, *sculptura* vel *scalptura gemmarum*, quia fit γλυφάνῳ, scalpro, non caelo: quamquam et caelatas gemmas, eminentibus supra aream gemmae figuris, et icunculas gemmeas habemus; qualis est in *Musea Richt.* n. 8. e Chalcedonio ( ἀνάγλυφα Graeci dicunt et ἔκτυπα ).

29. In his operibus tria spectantur, lapillus ipse, manus artificis, siue artificium et ingenium scalpturae, denique argumentum scalpturae.

30. Ac de gemmarum quidem ipsarum generibus vniuersis diximus: ceterum delectus quidam gemmarum in scalpendo fuit; magisque onychibus, achatis, sardis, prasiis etiam et iaspidibus, vsi sunt, quam aliis, vt opalis, sapphiris,

ris, carbunculis lucidioribus, chryfolithis; vel propter duritiem, fcalpro fortius reliftentem, vel pretii magnitudinem, vel aliis de cauffis.

31. In Mufeis quidem gemmae omnium fere generum reperiuntur, vt e GORLAEO, aliisque gemmarum veterum indicibus, velut nupero *Lippertino* patet; fed impari frequentia. Nec tamen ex his reliquiis certa eft conlectura. Nam fmaragdi fcalpti hodie funt rari, cum PLINIVS teftis fit, iis libenter vfos fcalptores propter coloris amoenitatem. Adamanta fcalpere non didiciffe creduntur, Idque primus reperiffe aetatis recentioris artifex, *Iac. Treccia.* V. ALLATIVS ad *Antiqu. Etr.* p. 40. et GORLAEI praef. ad *Dactylioth.* in pr. LONGVS de annulis, p. 36. Sed tamen exemplum adamantis fcalpti effe traditur in Dactyliotheca Bedfordi Comitis ap. LIPPERTVM, in *Dactylioth.* P. II. p. 116.

32. Superficies gemmarum an polita fuerit eo, quo nunc fit, modo, tritu arenarum tenuisfimarum ex adamante aut fmyride lapide, video dubitari. Sunt, qui putent, in his nofter quondam CHRISTIVS (praef. ad *Dactyliothec. Muf. Richt.*), pariter fcalptam effe; quod per microfcopia cernantur fulci, vel ftriae, quas ab tritu arenarum effe non poffe, fed a fcalpro: nec vllam eius rei mentionem effe apud veteres, cum pro fcalptura teftimonia extent, PLIN. 37, 4. 13. Sed locus *Plinii* de fcalptura argumenti intelligi poteft commode: et funt teftimonia etiam contraria eodem in loco de politura. Sed talia artificibus fcalptoribus potius, quam nobis, difceptanda funt.

33. Artificium poliendi gemmas antiquiſſimum eſſe, Moſaici libri docent: ſcalpendarum in iis figurarum ſerius inuentum videtur, ſcalpturaque marmoris poſterius. In gemmis Aaronis nomina modo tribuum ſcalpta, *Exod.* 39, 6. Ceterum vtramque ſcalpturam pariter adoleuiſſe credibile eſt, et elanguiſſe. Nam vtraque nititur picturae linearis deſcriptione, et imitatione ſymmetriae in pulcritudine naturali, venuſtatisque ſimplicis et facilis in partibus figurarum actionibusque. Ea vero in omni genere artium eodem tempore creuit et diminuta eſt.

34. Vſus gemmarum ſcalptarum fuit in annulis ſignatoriis, qui huic artificio reperiendo locum videntur feciſſe; vnde artifices ipſos δακτυλιογλύφȣϛ, annulorum ſcalptores, vocant Graeci, cum homines lauti annulos, quibus ſignarent, geſtare in digitis vellent, non modo ſecuritatis cauſſa, ſed etiam ad ornatum. Nec tamen propterea ſtatim ab initio gemmae ad ſignandum vſurpatae, aut gemmae ipſae figuras ſtatim habuere. Ceterum res in Aegypto initium habuiſſe videtur ex indiciis ſcripturarum ſacrarum.

35. Antiquiſſima gemmae in annulo ſcalptae inter Graecos exempla ſunt *Phoci*, (a quo Phocis dicta) Acaci filii, e fabulis; *Polycratis*, Samii, quem Daedalo aequalem faciunt, a Theodoro ſcalpta, de qua ſupra. In ea PLINIVS 37, 1. initium ſcalpturae in annulo ponit.

36. Alexandri aetate artificium hoc perfectionem adeptum fuiſſe in *Pyrgotele*, et res arguit, et Alexandri praeceptum, cauentis, ne ſimulacrum ſuum, niſi a Pyrgotele, in gemmis ſcalperetur. PLIN. l. c.

37. Ro-

37. Romae hoc quoque artificium habuisse perfugium, sed vt a Graecis coleretur, *Dioscoridis* exemplo constat, apud SVET. *Aug.* 50. PLIN. l. c. cuius manu scalptas gemmas tres exhibet STOSCHIVS *in Gemm. caelat. n.* 25. 26. 27. Et in Sicilia bonos huius generis artifices fuisse, e CICERONIS *Verrina quarta* c. 26. videtur colligi posse.

38. Gemmas scalptas colligere, vetus institutum est: *Dactyliothecas* appellauere. Mithridatis antiquissimum exemplum est, cuius dactyliothecam Pompeius in Capitolio dedicauit. Romae primus instituit Scaurus, Syllae priuignus, post Caesar, sex in aede Veneris, Marcellus, Octauiae fil., vnam in Palatini Apollinis cella. *Plin.* l. c. Recentiori aetate plures pluribus locis institutae, opportunitatem praebente copia.

39. Ceterum in his magis artificium argumenti, quam lapis ipse in pretio fuit, a quo etiam vsus est praecipuus, vel ad artifices pertinens, vel ad studiosos literarum: estque eadem eius generis ratio, quae statuarii, in primisque numarii: nisi quod hic maior varietas est; quo etiam magis prosunt antiquitati Graecae Romanaeque illustrandae.

40. Etiam recentioris manus a vetere discernendae in his iudicium est, sed ambiguum saepe, etiam his, qui artificii talis non sunt imperiti, et oculos habent, vsu tritos notandae elegantiae, et antiquitatis sincerae ab imitatione discernendae.

41. Gemmas scalptas iusto volumine collectas edere, primus instituit ABR. GORLAEVS, Belga,

Belga, vetere Dactyliothecae nomine, elegantibus figuris, *Delphis* 1601. 4. quod opus bis repetitum est per IAC. GRONOVIVM 1695. 1704. Sed minor numerus editus est, quam voluntas editoris tulerat, destituti ab redemtore. v. *praef. Gorlaei.* Post eum multi multas edidere inter alias antiquitatis reliquias, aut separatim, vt ZANETTVS, Venet. 1750. GORIVS in *Passerii* Thesauro Gemm. *Flor.* 1750. f. etc. aut Museorum in copiis, quorum copia praesens esset, vt *Odescalchi*, Rom. 1751.f. *Ebermaieri*, Lipf. 1721. *Richteri* etc.

42. Ad intelligendum, et artificii sensum consequendum nihil aptius fuerit primum opere Cayliano, in quo plurimae gemmae explicantur cum admonitione breui de artificio, deinde *Dactyliotheca* PHIL. DAN. LIPPERTI, artificis Dresdensis clari, superiori anno absolutius edita. Sed exempla gemmarum antiquarum ipsa inspicere oportet, vt oculi vsum sentiendi capiant, vel imitamenta exemplorum veterum, quorum artificium idem ille LIPPERTVS apud nos instaurauit e vitro, ad veteris similitudinem *Obsidiani* (PLIN. 36, 26.), de quo Com. CAYLI disputatio erudita est *T.* 30. *Comm. Acad. Inscr.* p. 457. Veteris illius generis ex Obsidiano vitro reliquiae etiamnum quaedam extant, vt in *Thesauro Stoschiano*, a WINKELMANNO nuper edito, item in *gemmis caelatis*, a PHIL. STOSCHIO illustratis, n. 49. et 52. cuius vid. *praef.* p. 18. vbi idem artificium a *Philippo*, Duce Aurelianensi, instauratum tradit.

43. Sed quoniam vitri mentio facta est, attingendum est etiam genus artificii veteris in vitro

vitro caelando et scalpendo. Nam et pocula, aliaque e vitro vasa, sicut argentea, caelata esse, tradit PLINIVS 36, 26. *torno*, inquit, *teritur et argenti modo caelatur:* eorumque poculorum gratiam tantam fuisse, vt argenteorum et aureorum vsum sustulerit; quae deinde modo in abacis tricliniorum ad spectandum, vt opinor, exponebantur: quamquam et antea vasa caelata pretiosiora magis ad hunc ornatum vsurpata sunt, quam ad bibendi vsum in conuiuio. *Vitrum sigillatum* memorat etiam APVLEIVS *Metam.* 2. *p.* 26. *extr. ed. Colv.* et *Martialis* 14, 94. *toreumata vitri.* Descriptio elegans talis crateris est ap. ACHILLEN TATIVM *L. II. p.* 69. *id. Salm.* De artificio vitri tornandi, si quis cognoscere velit, adeat CAYLVM *T.* II. *p.* 356. f. Sed id ad artifices potius, quam ad nostram curam pertinet.

✦✦✦✦✦✦✦✦✦✦✦✦✦✦✦✦✦✦✦

## CAP. VI.
## DE PLASTICE.

**1.**

Plasticen, sunt, qui aetate omnium primam putent; quod molliorem materiam tractet: Pasiteles apud PLINIVM 35, 12. etiam matrem statuariae, scalpturae, et caelaturae. Nec valde repugnem, praesertim in vasis et supellectili alia, itemque in simulacris.

2. Ea primum argillam, vel cretam, gypsumque tractauit atque finxit, post etiam aliam materiam, vt ceram, et aes, igni liquefactum. A priori

priori genere et secundo *plastae* et *fictores* sunt; ab altero et *cerarii* apud CICERONEM *Verr.* 4, 13. a tertio *statuarii* proprie.

3. Primum genus et *figlinam* complectitur, quae supellectilem domesticam ex argilla fingit, non indigna, quae hic commemoretur: quod et in hac aliquid ingenii eluxit. Nam imitata primum est in argilla opera caelata; ex quo genere fuere *Thericlea opera*, figlina primum; fuit enim figulus Thericles; quorum deinde ingenium etiam in metallo expressum est: idque genus et ipsum Thericleorum nomen accepit. Sed habuit etiam caelaturam propriam. Nam PLINIVS *caelaturam* in fictilibus fastigiis commemorat, MARTIALIS autem 4, 46. *figuli caelum*, et PLVTARCHVS, in Apopht. σκεύη κεράμεια, εἰργασμένα γλυφαῖς τισὶ καὶ τορείαις, *opera figulina caelata et scalpta*.

4. Nec ea res contemtibilis fuit, tanta operum talium elegantia exorta, vt maximo venirent, (PLIN. 35, 12.) sicut nostra nunc Porcellana, quae ex eodem genere sunt: nam et olim picta esse argillacea vasa, ea, quae nuper reperta sunt *Campana*, testantur: de quibus multa WINKELMANNVS in *Hist. artis* habet. Eiusdem generis *Horatii supellectilem Campanam* fuisse, non credere sustineam, quia de ea, vt de re vili, loquitur. Genera operum figulinorum suis virtutibus commendata, enumerat PLINIVS l. c.

5. Figlina simulacra primum finxisse, PLINIVS tradit, *Dibutadem*, *Corinthium*. Ex eo genere Romae simulacra antiquissima Deorum, in his Iouis Capitolini, in cuius etiam manu fictile fulmen ponit OVIDIVS: tum *antefixa* in tectis tem-

templorum, apud LIVIVM 34, 4. primum *protypa*, deinde *ectypa*, quorum inuentor idem *Dibutades* traditur. *Protypa* malit SALMASIVS intelligere *proſtypa*, parte modo aduerſa figurata, quod ſimplicitati artis non male conuenit. *Protypa* intelligunt *proplaſmata, exemplaria (modelle)*, quod vix rei conuenit. Sed fortaſſe *protypa* eadem, quae *proſtypa*.

6. Nec huius generis ſimulacra cum ſimplicitate antiqua aboleuere, ſed etiam laudatiſſimis temporibus quaeſita ſunt: eiusque generis ſimulacrum Veneris fuit, a Caeſare in Foro ſuo dedicatum.

7. Artis exquiſita elegantia in imitandis rerum formis etiam per colores, *Poſis* exemplis patet, cuius poma et vuae non poterant a veris adſpectu diſcerni. V. PLINIVS l. c. Plaſtas nobiles tradunt PAVSANIAS VI. p. 461. 488. PLINIVS l. c. vndique collectos FR. IVNIVS in *Catal. Artificum.* De *Thericle* ſupra diximus.

8. E *cera* ficta eſſe non modo *proplaſmata* caelatoribus et aliis artificibus, quae magno, interdum operibus ipſis maiori, veniere: ſed etiam imagines, Romanus mos in atriis collocandarum cerearum imaginum, et in funerum pompis geſtandarum, ſatis docet. Eas *protomas* fuiſſe (*buſtes*), res ipſa docet. Locus claſſicus eſt apud POLYBIVM L. 6. c. 58. et alius apud PLIN. 35, 1. quo et pertinere videtur locus IVVENALIS, *Sat.* 8. in princ. CHRISTIVS noſter putabat, fuiſſe picturas inuſtas cera: inde ceras dici: ſed id non ſinunt auctoritates commemoratae. Artificium fingendi e cera arti pingendi iungitur apud CICERONEM *Verr.* 4, 13.

9. Hoc

9. Hoc genus, figuras et vasa e molli aut liquefacta materia fingendi, peperit sine dubio *statuariam*, e metallo liquefacto simulacra fundentem. PLIN. 35, 12.

10. Eius primos auctores faciunt *Rhoecum* et *Theodorum*, Samium, HERODOTVS 3, 60. PAVSANIAS l. VIII. p. 629; X. p. 896. et alii. Rhoeci filii, clari arte, *Telecles* et *Theodorus* fuere, Apollinis Pythii statua nobilitati: quorum de artificio vid. DIODOR. *Sic. L. l. extr.* Post a multis tractata, ad summam, vt aliae artes, perfectionem venit.

11. Materia statuarum talium aes, interdum Corinthium; ex quo genere Sphinx Hortensii fuit; aurum, argentum, etiam ferrum. Sed aeris quasi legitimus vsus fuit, auri et argenti serior ambitio Caesarum, vt Domitiani, induxit. De ferro supra exempla posuimus. adde IVNIVM *l. c. p.* 292.

12. In fundendo porro aere ratio habita est primum *temperaturae*, quae esset apta statuis: fuit enim varia et multiplex, PLIN. 34, 9. Massae centum pondo aeris admista duodecim pondo plumbi argentarii, i. e. stanni, cum selibra, vt facilius fusum flueret. Atque etiam varietate mixturae colores variauere. Nam v. c. Cyprio aeri admiscendo plumbo puro, colorem purpureum effecere in praetextis. Deinde aquae et aeris ratio habita est, vt duritiem et colorem iuuaret. De aqua supra dictum, in cap. de metallis. De modo fundendi artifices consulendi.

13. Ferrum, cum durius tractatu sit, raro vsurpatum est. Sed ei colorem aeris dedere illito aceto et alumine; aduersus autem rubiginem

nem muniuere cerussa, gypso et pice: quam temperaturam Graecis *antipathiam* dici, auctor est PLINIVS 34, 15.

14. Statuarum porro varia genera sunt ab varietate magnitudinis et habitus. Ex illa *iconicae* sunt SVET. *Calig.* 32. Gr. ἰσομέτροι, et *colosseae*; ex quo genere clarissimus colossus Rhodius: ex habitu aliae *pedestres* sunt, aliae *equestres*, quae nobilissima forma est, *togatae* aliae, *palliatae*, etc.

15. Artificii et forma, et vicissitudo eadem, quae in marmoreis fuit, iidemque saepe in eodem genere artifices. Nam et Phidias et Lysippus aereas quoque fecere. Artifices huius generis magno numero sunt apud PAVSANIAM et PLINIVM.

16. In principio per partes fusae sunt, vt etiam marmoreae interdum factae. Eae trunco clauis et fibulis deuinctae, PAVSAN. III. p. 251: cuius generis quasdam, in Herculano repertas, tradit WINKELMANNVS *H. A.* p. 258. etiam cui pallium extrinsecus adiectum esset fibulis. Sed etiam ferruminatione vsi sunt, vt capillorum, et cincinnorum in capite, exemplo ibidem reperto: cuius ferruminationis etiam in aliis operibus, per partes componendis, vsus fuit, vt calicibus apud HERODOT. 1, 25. qui auctorem rei Glaucum Chium facit.

17. Coeptae etiam sunt statuae inaurari, idque non modo testimoniis veterum constat, sed etiam vestigiis auri perspicuis, quae in statuis aeneis, vt M. Aurelii equestri, vt Veneris Mediceae, et Herculis in Capitolio (MAFFEI *Stat.* n. 20.) reperta sunt: nec ita tenuiter cusis, vt nunc, lamellis auri, sed bracteis crassioribus: quae

quae res etiam sub terra et humidis locis auri quid conseruauit.

18. Reliquiae statuarum aenearum maiorum non nimis multae sunt, auctae tamen nuper ex Herculanensibus cauernis. Princeps est ea, quam modo commemorauimus equestris Aurelii, cuius figura saepe expressa est, vt aliarum, inter statuas Museorum et locorum publicorum. Minorum signorum ex aere copia satis magna superest. Figuras signorum et statuarum, aere expressas, dedere multi. Huc pertinent MAFFEI *Collectio statuarum*, Romae 1704. f. *Musea, Capitolinum, Florentinum*, etc. et aliorum antiquaria opera plura. De vsu separatim dicere, nihil attinet; est enim idem, qui signorum marmoreorum.

## CAP. VII.
## DE PICTVRA.

1.

Pictura, quae proprie dicitur, a quo populo, et quo tempore, inuenta et exorta sit, incertum est, Aegyptiis et Graecis de inuentionis gloria certantibus, de aetate autem veterrimis Graecorum dissentientibus. PLIN. 7, 56; 35, 3.

2. In sacris quidem libris primum est vestigium eius apud Chaldaeos, EZECH. 23, 14. et quidem minio, vel rubrica, in pariete: apud HOMERVM autem omnino nullum: nam in peplis pictis, et clypeo Achillis frustra quaeritur.

3. Antiquissimas picturas valde rudes fuisse, communia omnibus ingeniosis artibus initia indicant, et necessitas adscribendi, cuius rei imago esset. AELIAN. *V. H.* 10, 10. ARIST. Top. 6, 2. PLIN. 35, 3. Ceterum cum artibus superioribus, eodemque tempore, hoc est, aetate Alexandri M. attigisse perfectionem videtur. Miltiadis quidem temporibus iam similitudinem oris exprimere potuisse, e NEPOTE colligitur non improbabiliter.

4. Inuentionem primam ductam esse credunt, ab vmbris rerum, quibus circumducendis species earum in plano efficeretur. Sed id *linearis* potius *picturae* initium fuerit, quae fit *graphide*; a qua *graphidos scientia* dicitur VITRVVIO *de Archit.* 1, 1. picturae ipsae μονόγραμμοι; vnde Epicuri Dii *monogrammi*, apud CICERONEM lepide appellati. De ea arte supra diximus, c. V. §. 1. f.

5. Pinxere ab initio coloribus singulis, quae picturae μονοχρώματοι Graecis dictae: paullatim variare colores, et coloribus imitari naturam coepere. In monochromatis illis picturis vsi sunt colore rubro, vel e testis tritis, vt PLINIO placet, 35, 3. post minio et cinnabari, ad extremum rubrica. *ibid.* 7. quod et sacris literis l. c. consentit. Postea cum pluribus, tamen quatuor modo coloribus, sed iis simplicibus et seueris, vsos clarissimos pictores, *Apellem*, *Echionem* (alio loco *Ectionem* habet PLIN. l. 33, 7.), et alios constat, (PLIN. 35, 10. n. 15.) atramento, Sinopide Pontica, melino, et sile, in primis Attico (PLIN. 26, 4). Etenim magis artificii subtilitate decus operibus quaerebant, quam colorum

rum exquisita specie, et nitore, seu hilaritate. Denique, velut per luxuriam, laetiores colores, purpuram, chrysocollam, cinnabarim, et alios adhibuere. Hoc nomine laudat Echionis tabulam Cicero, Parad. V. Hinc duplex genus picturae veteris; de quo egregius CICERONIS locus est *de Orat.* 3, 25. Item *Or.* 50.

6. Per illam colorum varietatem picturis accessere primum *lumen* et *vmbra:* nam lumen praestat color candidus, vmbram ater, per quam etiam excitantur colores ceteri; deinde *splendor* et veluti *vigor*, (Gr. τόνος) id est, coloris cuiusque ἀκμή, quae coloribus recte tractandis efficitur; *transitus* denique *colorum*, vt scite appellat OVIDIVS in descriptione arcus coelestis, *Metam.* 6, 66. *commissuram* PLINIVS 35, 5. Graeci ἀρμογὴν dicunt; in qua ipsa picturae perfectio est.

7. Colores non oleo, vt nunc fit, subegere, quod est nouum seculi abhinc tertii inuentum, sed aqua, admistis interdum aliis liquoribus, vt aceto, velut in atramento, ne elueretur. PLIN. 35, 6.

8. Etiam cera pinxere veteres, incertum, quo auctore (PLIN. 35, 11. pr.), genus picturae *encaustum* dicitur: nam *inurebant* ceras (id. 35, 4.), expansas super loco pingendo, vt cameris, foribus, etc. Etiam tingebantur cerae variis coloribus (ibid. 7.). Modus inurendi varie explicatur a recentioribus. In eo genere primus nobilis fuit *Pausias* Sicyonius. (ibid. 11.) Sed et liquefactis ceris, et penicillo pinxisse, Idem PLINIVS l. c. auctor est, quae pictura Graecis κηρόχυτος dicitur, quia fit κηρῷ ἐντακέντι καὶ διαχυθέντι. Vtrumque genus instaurare tentarunt
nostra

nostra aetate plures, non infeliciter, auctore CAYLO, cuius de *Encaustica pictura* libelli extant, ante non multos annos editi.

9. Alia *encaustica* pictura fuit in ebore, ductis graphide (veruculo, cestro,) candente sulcis linearum, super quibus, coloribus vsitatis, vt in tabulis, pingeretur. Huius generis picturas *cestrota* ab cestro vocabant, vt est apud PLINIVM 11, 37. vbi vulgo male *cerostrota* erant: artem ipsam Graeci κέςρωσιν, v. HESYCH. in h. v. Ad eundem modum cornu sectum in lamellas ad ornandos parietes, aut valuas foriuin, pingi solitum, tradunt PLINIVS, aliique. V. SALMAS. ad *Solin.* p. 164.

10. Picturae primum factae in parietibus, et fornicibus, f. cameris, super tectorio, vt in templis, in sepulcris, etiam in tricliniis: eiusque picturae crebra est mentio apud veteres. Ex eo genere sunt, quae in sepulcris, et obrutis terra aedificiis, vt nuper in Herculanensibus, repertae sunt, et editae in picturis Herculanensibus, de quibus v. et WINKELMANNVM in *Hist. Artis* p. 264. quamquam et tabulis pictis vestitos templorum parietes, clarum est e *Ciceronis Verr.* 4, 55.

11. Factae autem sunt tales picturae in sicco tectorio, et in vdo; quas hodie discernere haud facile datur. PLINIVS colores quosdam, ait, recusare vdo tectorio illini, l. 35, 7. et amare cretulam; vt caeruleum quendam colorem, 33, 13. vsus, inquit, in creta, calcis impatiens. Vnde fortasse e basi picturae, et genere colorum iudicari potest, in sicco, an vdo factae sint.

12. Sed has parietum picturas etiam cera obducere, mos fuit, et ad augendum colorum

F splen-

splendorem, et ad muniendos eos aduerſus vim aeris et humoris: cuius generis quasdam picturas in ſpecubus Retinenſibus repertas memorat WINKELMANNVS *H. A.* p. 286. In locis autem PLINII 33, 7. et VITRVVII 7, 9. quae adfert idem, tantum de minio ſermo eſt, eoque aduerſus vim ſolis et lunae, in locis apertis illinenda cera muniendo.

13. Nec inuſitatae in vitro picturae, quamquam inter Chriſtianos, in templis, in ſepulcris, etc. frequentiores; de quorum reliquiis etiam doctum *Bonarotae* opus extat (*Florent.* 1716. 4.), ſuntque rara, quantum ſcimus, artis melioris exempla. Sed artificii eius modus cum ad obliuionem veniſſe putaretur, in eo inſtaurando artifices quidam elaborauere, eumque praeceptis explicauere: de quibus dicere nihil attinet.

14. Pinxere etiam in marmore, non modo, vt marmorea opera circumlinerent, de quo ſupra diximus *P. I. c.* 2. §. 5. ſed etiam vt imagines in plano marmore fierent; cuius generis quaedam picturae, ſed monochromati reperiuntur in *Picturis Herculan.* T. I. non magni artificii. De hoc genere adeundus CAYLVS *Comm. Acad. Inſcr. T.* 29. *p.* 166. ſ.

15. Vſitatiſſimum et celeberrimum genus picturae fuit in *tabulis*, vnde picturae hae ipſae dicuntur tabulae pictae, fere e larice femina, quod id lignum non facile finderetur, et igni fortius reſiſteret, VITRVV. 2, 9. PLIN. 16, 10. 40. THEOPHRAST. *Hiſt. Plant.* 3, 10; 5, 8. eaque ratio ad proxima nobis tempora manſit. Nam CICERONIS *picturae in textili*, e *Verr.* 4, 1,

ex

ex alio genere funt. Sed tamen et Romae pingere *in linteo* coeptum auctore Nerone, PLINIVS 35, 7. 39. et funt etiam alia eius generis veftigia antiqua. Exemplum antiquiffimum in linteo picturae Aegyptiacae eft ap. CAYLVM in *Collect. Antiqu. T. V. p. 21. f.* Sed id non eft frequentatum. De *picturis vaforum figlinorum* fupra dictum.

16. In hoc quoque genere picturarum *circumlitio* vfurpata, eadem, qua in marmoribus, de cauffa inducendis coloribus, vt atramento tenui, quo Apelles vtebatur (PLIN. 35, 10. n. 8.), aut alio quo colore apto.

17. Prolufio pictoriae fuit, vt diximus, in lineari circumfcriptione corporum et partium fingularum exteriorum, vt capitis, brachiorum et pedum. Ab hoc initio coepere lineas intus fpargere, ad vmbram a lumine difcernendam, auctoribus rei *Ardice,* Corinthio, et *Telephane,* Sicyonio: picturae ipfius, quae proprie dicitur, initia in colore adhibendo: vnde primum facta funt monochromata; progreffus in varietate colorum, et diligentiori membrorum actionumque cum fymmetria expreffione. Nec tamen monochromata, perfecta arte, neglecta funt. Nam et Zeuxis pinxit ex albo, (hoc eft, albo colore in nigris tabellis) PLIN. 35, 10, *extr.* vt contra alii, in albis nigro: cuius generis fpecies eft in pauimento, in *Cayliana Collect. Ant.* T. 7. tab. 42. De toto genere monochromatum legendus CAYLVS *Comm. Acad. Infcr.* T. 25. p. 149.

18. *Monochromata* inter Graecos funt Candaule rege antiquiora; qui aequalis fuiffe creditur

tur Romulo. Nam is tabulam talem pictam habuit, in qua praelium expressum esset. *Eumarus*, Athenienfis, primus sexum discreuit; *Cimon*, Cleonaeus, *catagrapha* pinxit, (*figures de profil*) et oris varietatem tentauit, respicientes, despicientes, suspicientesque pingendo, articulos membrorum expressit, venas, et in vestibus sinus, plicas, etc. *Polygnotus* denique vultum emolliuit, os aperuit, dentes ostendit, etc. PLIN. 35, 8.

19. Hic ergo primus operae pretium fecit, post *Apollodorus*, Athenienfis, qui colorum mixturas et vmbrae vsum reperit. Secutus est *Zeuxis*, Heracleotes, iam perfectus pictor, et fiducia artis superbus, cum *Parrhafio*, Ephefino, etiam superiore, (v. CIC. Inu. II. 1. et PLIN. 35, 10. n. 4.) qui symmetriam in picturis perfecit, quae Zeuxi deerat, et *circumscriptionem* figurarum (*extrema lineamenta* appellat CICERO *Or.* 56. *extremas lineas* PLINIVS 35, 10.), in quo principatus artis, iudice eodem, vultus denique argutias et capillos. Ei par, vel superior, fuit *Timanthes*, cuius nobiles picturas veteres memorant, vt QVINTILIANVS 2, 13. et PLINIVS, et alii. Sed omnibus maior fuit *Apelles*, Alexandri aetate, in quo ad summum peruenit ars, et constitit. Nam tabulis eam venustatem, conseruata tamen simplicitate naturae, addidit, quam signis addiderat *Lyfippus.* V. PLINIVS 35, 10. Eodem tempore ηθη et παθη exprimere coepere *Ariftides*, Thebanus, et *Protogenes*, qui propylaeum Athenis pinxit. Vtriusque opera praeclara narrat PLINIVS, l. c.

20. Clariffima hinc genera *picturae*, vt diximus, *in tabulis:* minor honos *parietariae. ibid.*
quod

quod non ceperim sic cum WINKELMANNO *H. A.* p. 264. vt nullus magnus pictor in parietibus pinxerit: id enim falsum foret; nec id PLINIVS dicit: *rhyparographica*, et *chorographica*, qualia in picturis Herculanensibus occurrunt, longe infra illa genera, nec tamen ingrata, aut contemta fuere. PLINIVS 35, 10. *extr.* Vsus eorum, parietibus a VITRVVIO 7, 5. attributus, exemplis Herculanensibus firmatur.

21. Etiam regionibus, et locis, vt nunc, picturae discretum est ingenium. Nam aliud *Asiaticum* fuit, aliud *Helladicum*. Hoc genus etiam in *Ionicum*, *Sicyonium*, et *Atticum* diuisum. PLIN. l. c. Sed clarissima diu Sicyonia schola fuit.

22. Ceterum perfectio artis Graecae cognosci a nobis satis, aut aeque ac ceterarum artium, haud potest, toto prope genere tabularum, in quibus principatus fuit, sublato, reliquiis autem iis, quae nunc extant, suntque oppido paucae, auctae iam ex Herculanensibus specubus, iudice CAYLO (T. III. p. 106.), et ROSIO (*du Bos* in *Reflex. sur la poesie et la peinture* T. I. p. 201. s.), nulla parte attingentibus celebratam illam artis perfectionem: etsi facile crediderimus WINKELMANNO, in iis, quae Romae seruantur, et Herculanensibus, esse exempla praeclari artificii.

23. Neque tamen cum PERRALTO, et aliis antiquitatis obtrectatoribus, recte hinc colligas, inferiorem multo scalptura fuisse picturam, et veteres per vanitatem mentitos esse in iis, quae de operibus eius tradant: praesertim cum eos veros reperiamus in ceteris artibus, in quibus eorum traditioni res ipsa fidem adstruit.

v. C.

v. C. CAYLVM, l. c. add. et ALLATIVM ad *Antiqu. Etr.* p. 141. it. BOSIVM, l. c.

24. Apud Romanos picturae vfus ante fuit, quam Graeci pictores eo veniffent, ex Etruria eo delatus, vt credibile eft, quae a Lydis potuit accepiffe: extiteruntque opera pictoria in parietibus templorum non contemnenda; quae enumerat PLINIVS 35, 4. Graecae tabulae Romam venere primum per Mummium Corintho; fortaffe ante e Sicilia et Graecia magna; fed nulla certa teftimonia funt: poft per Sullam, Pompeium, Caefarem et Auguftum. Sua aetate *morientem artem* appellat PLINIVS, l. c. extr.

25. Veteris artis, fed *Italicae*, opera primum e fepulcris, et aedificiis, terra obrutis, prolata funt feculo fextodecimo, per quae ars reftitui coepit ingeniis et imitatione *Angeli* et *Raphaëlis*; poft paullatim et alia, quae aeri incifa fpectare licet: ipfa maxima parte interiere, per vim aëris deleta, vt nuper quaedam ex Herculanenfibus, nifi quae inducta funt vernice ad arcendam, vel debilitandam aëris actionem. v. *Reflexions fur la Poefie et la Peinture T. I. Sect.* 38.

26. Eae reliquiae et ad vfum artis carae effe debent, quae per eas, vt diximus, reuixit, et profunt ad qualemcunque veteris artis intelligentiam; denique etiam ad doctrinam liberalem, in multis rebus antiquitati adferendo lucem, cum ipfae viciffim accipiant a doctrina: in quo genere etiam barbarae aetatis quamquam rudes picturae, vt in libris fcriptis, in vitris, profunt. v. v. C. IO. IAC. REISKIVS in praefatione extrema ad *Conftantini* libros *de Cerim. Byz.*

27. Hae

27. Hae reliquiae editae sunt a pluribus: ex eoque genere sunt: *Picturae antiquae Cryptarum Romanarum*, a *Bartolis* delineatae, a *Io. Petro Bellorio*, et *Michaele Angelo* illustratae, *Romae* saepe editae, etiam latine a. 1738, quo pertinent etiam reliquae picturae e sepulcro Nasonum; *Picturae Herculanenses*, quae splendido opere editae sunt Tomis quatuor; *Collectio Cayliana*, et aliae.

28. Ad historiam artis antiquae cognoscendam e veteribus maxime prodest PLINII liber quintus et tricesimus, et in eum commentarii, qualis *Londini* prodiit a. 1725. f. quamquam et in ceteris libris quaedam, eo pertinentia, sparsa sunt. Propriis libris de antiqua pictura scripsere FRANC. IVNIVS, ad vsum doctrinae in primis et intelligentiae veterum scriptorum; ad artis ipsius cognitionem, magis TVRNBVLLVS, sermone anglicano *Lond.* 1740. f. quo maxime etiam pertinent WINKELMANNI et HAGEDORNII super historia artis et natura libri, et alii. De claris artificibus in hoc genere idem ille IVNIVS videndus, et FELIBIEN in vitis pictorum aliorumque artificum, *Treuultii* 1725. 8. De vitis pictorum etiam libellus est francicus, editus Parisiis 1745 et 1752. 4.

## CAP. VIII.
# DE ARCHITECTVRA.

1.

Architectura ab necessitate orta, ingenii humani et morum varietate, et ipsa varie vel emendata, vel perfecta, vel corrupta est.

2. Inuentionem eius et perfectionem seriorem esse sculptura, putant ruinarum Palmyrenarum editores. Argumento est discrimen vtriusque in veteribus monimentis, vt in templo Thesei et Mineruae Athenis, in quo sculpturae quidem perfectio animaduertitur, architecturae non item. Caussam esse, quod sculptor ob oculos habeat exemplaria, quae imitetur, et imitetur modo: architecti rem ipsam vniuersam, et proportiones iustas reperire et excogitare paullatim debuere. Tum perfectionem architecturae diutius durasse, quam sculpturae: quod proportiones facilius seruentur, vbi semel repertae et definitae sint, quam imitandi lex et ratio.

3. Initia ducunt e *Gen.* 4, 17. frustra verbum oppidi metientes serae posteritatis vsu. Nec e *Gen.* 10, 10. aut 19, 28. cum GOGVETO certius quid colligi, eandem ob caussam, potest. Nam et Athenis primum in specubus agebant, donec lateres inuenirentur, PLIN. 7, 56. Maiora iam ante diluuium Noachicum opera arguit Babylonica aedificatio, sed publica magis, quam priuata, quae diu simplicia et rudia fuisse, indicant

reli-

reliquiae illius ruditatis in Oriente et Occidente iam cultiori.

4. Prima aedificiorum, quae proprie dicantur, materia sine dubio lignum rude et lutum fuere, primum molle et vdum, post tostum sole, vel igni, vt in Aegypto tempore Mosis, vt Athenis antiquioribus temporibus, PLIN. 7, 56. Inuenta instrumenta ferrea demum dolare ligneam materiam, et saxa caedere docuere ad aedificandi vsum, incertum, quo tempore. Mosis tempore nondum vsum talem in Aegypto fuisse, mentio laterum ad aedificanda horrea regia arguit; nec bene ad ea tempora pyramides saxeae referuntur.

5. Ceterum maior illa et propria aedificatio ex arte debetur Aegyptiis et Graecis; illos inopia ligni, et copia saxi marmorisque inuitante; non modo ob lapicidinas immensas ad sinum Arabicum, sed etiam transuectionis per canales facilitatem. Graecos Cadmus fodinas saxi et marmoris instituere, et saxa caedere docuisse, allato instrumentorum ferreorum vsu, traditur, PLINIVS 7, 56. conf. CLEM. Alex. Stromat. I. p. 307.

6. Aegyptiaca architectura publicorum operum, (nam priuatorum nullae reliquiae sunt) sequebatur cum simplicitate magnitudinis admirationem, vt e Pyramidibus, Obeliscis et Labyrinthi reliquiis patet: Graeca cum simplicitate, pulcritudinis rectae et simplicis gratiam. Reliquus oriens Aegyptiacam rationem secutus est, Roma Graecorum, quae vna vera lex et norma est bene aedificandi.

7. Pri-

7. Prima cura in aedificando fuit firmitas, ex eaque orta eſt dimenſionum ratio et ſtructurae: acceſſit paullatim in ſingulis partibus et magnitudo, et forma delectans oculos; in qua et ipſa non pauca primum ad firmitatem quaeſita, vt in columnis, etiam ſpecie, paullatim elaboratiore, placuere.

8. Graecae architecturae opera, clara ex vltima antiquitate, commemorat PAVSANIAS 2, 31. et alibi. Iam Daedalo talia tribuuntur a veteribus, quae vel fabuloſa eſſe, vel incerta fama niti, putat GOGVETVS T. II. p. 386. ſ. HOMERVS quidem nihil habet, ex quo tuto colligas, ipſius aetate magnificentiam aedificandi vſitatam fuiſſe: nec oportet verba, vt porticuum, columnarum, interpretando ad poſterioris aetatis magnitudinem et magnificentiam trahere. VITRVVIVS autem 2, 1. in Areopagi veteris reliquiis nihil tale, omnia alia vidit, vt tectum, e luto factum: nec illa repentina perfectio artis rerum naturae, in primisque huius ipſius artis, conſentit.

9. Atque etiam magna illa et eximia architectura apud Graecos pariter in publicis modo operibus fuit, priuatis aedibus frugalitatem priſtinam, certe in aedificandi ratione, ſeruantibus, cum domini magis firmitatem et commoditatem ſequerentur, et ornatum internum ad vſus vitae et conuiuiorum, vt in ſupellectili; quod etiam ex Homericis aedium Menelai, Alcinoi et Vlyſſis deſcriptionibus patet, et aliorum ſcriptorum veterum teſtimoniis, in his *Dicaearchi* de *Statu Graeciae* p. 8. T. II. *Geographorum Hudſo-*

*Hudfonianorum*, etiam *Demofthenis Olynth.* 3. p. 38. ed. *Wolf.*

10. In principum aedibus atria fuiffe, et porticus ad defendendam folis vim et pluuiae, clarum eft *Homeri* locis: tecta plana, vt in Oriente, fuere: columnae porticuum ligneae. Sed ab hominum aedibus, in quibus neceffitas et commoditas porticus repererat, tractae funt ad templa, et alia opera publica, ad theatra, gymnafia, et fora, etiam *bafilicae* dictae; in quibus maxima pars magnificentiae fuere, propter altitudinem et pulcritudinem: quamquam hae etiam intus in templis, ad arcuata tecta fuftinenda, ftructae funt primum, propter aedium ipfarum laxitatem, deinde, ad ornatum. Templa etiam tecta elatiora, ad noftrorum modum, habuere, et in fummo faftigia (ἀετὸς, ἀετώματα) CIC. *Or.* 3, 46. SALMAS. ad *Script. Hift. Aug.* T. 1. p. 676, adde et noftra ad SVET. *Caef.* 81.

11. Atque hinc orta eft nobiliffima illa antiquae architecturae pars, quae eft de *ordine columnarum* triplici, *Dorico*, *Ionico*, *Corinthio*; de cuius originibus primis pariter incerta funt omnia; ne Vitruuiana quidem narratione, 4, 1. fatis certa, aut probata intelligentibus. v. GOGVETVS T. II. p. 405. f.

12. Illud certum eft, antiquiores effe Doricum et Ionicum, ortosque in Afia, in coloniis Graecis, Dorica et Ionica; inde ad Graecos Europaeos cum tranfiffent, exquifitius inftructos et ornatos effe ab Corinthiis artificibus. Sed in his quoque Doricus, vt fimplicior, ita antiquior eft.

13. In

13. In *Dorico* genere columnae non habebant bafes, vt patet ex earum reliquiis; quarum exemplum etiam nuper in DORVILLII *Siculis* (P. I. p. 54. 97. 99.) editum eft; nec earum apud VITRVVIVM in defcriptione eft mentio vlla: eas addidere Iones. Ratio diametri ad altitudinem non femper eadem fuit. In antiquiffimae fimplicitatis exemplo, in *Ruinis Graecis* (P. II. p. 2.) eft quintuplex; altera, et melior, fextuplex fuit; denique recentior et mollior feptuplex, in templo Augufti Athenis deprehenfa (*ibid.* p. 13.).

14. *Iones*, graciliores facturi columnas, diametro octauam primum altitudinis partem attribuerunt, poft octauam cum femiffe: additis in fuperficie ftriis, (quae tamen et in antiquiffimis Dorici generis repertae funt) in capitulo volutis, velut cincinnis capitis, aut arboris pendentibus foliis, cum noua trabeatione, et minori ipfarum columnarum interuallo.

15. Hanc gracilitatem et hunc ornatum columnarum auxere *Corinthii*, addito fuperne abaco, infra acantho hortenfi, vt fpecies calathi efficeretur, a qua capitulum ipfum appellatum eft. Paullatimque plura columnis ornamenta addita, quorum origines et cauffas narrat VITRVVIVS 4, 2. adde PHILANDRVM de columnis ad *Vitruuium:* In primis editorem *Ruinarum Graecarum*, P. II. vbi de architectura vetere, et columnarum ordinibus ex obferuationibus nouis differitur.

16. In columnis perfectis ad intelligentiam veterum oportet fcire, imam effe *bafin* cum *ftylobate*, medium *fcapum*, fummum *capitulum*:

in

in aedificationibus capitulo imponi, *epistylium* (*l'architrave*), huic *zophorum* (*la frise*), qui sustinet triglypha et *sculpturas* (*la corniche*), eaque dicitur in arte trabeatio (*l'entablement*). Ceterae partes artis studiosis cognoscendae relinquuntur.

17. Ordinis porro Dorici et Ionici vsus diutissime, etiam in Europaea Graecia et insulis Graecis mansit; nec id modo testibus antiquis creditur, sed etiam in ipsis templorum reliquiis cernitur: Corinthius, vt opinor, venustior et argutior visus est, quam pro dignitate et maiestate templorum, denique grauitate religionis; quod et VITRVVIVS 1, 2. agnoscere videtur. Nam omnino in sacris antiqua simplicitas et grauitas placuit: itaque et in hymnis Dorica fere dialectus probata est.

18. Sed praeter haec tria genera columnarum sunt duo alia, *Tuscanicum*, et *Italicum*: illud simillimum Dorico; sed simplicius Doricum antiquissimum. Haec similitudo, locum faciens confusioni in parum attentis, suadet conlicere, id genus antiquissimis temporibus ex Asia in Etruriam venisse. *Italicum* recentius est, vt cuius ne VITRVVIVS quidem mentionem facit, mixtumque e Ionico et Corinthio; vnde et *compositum* appellatur; nam in capitulo v. c. habet Corinthium calathum et Ionicas volutas; quae est manifesta κακοζηλία ornandi, officiens magis verae pulcritudini, quam seruiens.

19. Memoratur et a VITRVVIO 1, 1. *Ordo Caryatidum;* quae sunt figurae mulierum stolatarum pro columnis: cuius exemplum Athenis in templo

templo Erechthei reperit *Ruinarum Graecarum* editor. v. P. II. tab. 21.

20. Sed haec ratio exornandi opera per porticus migrauit paullatim in aedes humanas, palatia, et villas Regum, Principum et locupletiorum hominum, in primis apud Romanos, initio facto a Lucullis: funtque libri Latinorum pleni vestigiis huius magnificentiae, vt CICERONIS, PLINII, STATII *Siluae* (v. in *Tiburtinum Vopifci*, in *Surrentinum Pollii*).

21. Acceffit magnificentia e marmoris pulcritudine et varietate, columnarum altitudine et denfitate, porticuum ipfarum longitudine et laxitate; quippe et milliariae funt, (SVETON. *Ner.* 31.) item duplices ac triplices: a qua magnificentia, *bafilicae*, *regiae*, funt appellatae (v. *Excurs.* ad SVETON. *Aug.* 31.) Huius magnificentiae exempla funt in *Ruinis Palmyrenis*, et alibi, add. *Gothofr.* ad *Cod. Theod.* l. 45. de *oper. publ.* vbi et *tabulata*, (i. e. Maeniana) inter intercolumnia memorantur, vt ftatuae ad columnas fingulas, et in intercolumniis, apud CICERONEM *Verr.* 1, 19.

22. Alia magnificentiae et cultus genera multa in publicis priuatisque aedibus fuere, vt *fcalae*, fine quibus templum nullum, auctore CICERONE, *forium* exornatio in poftibus per teftudinem (PLIN. 9, 13.), in valuis per fculpturas, emblemata (CIC. *Verr.* 4, 56.), vt *trichora* (SALMAS. ad VOPISCI *Pefcenn.* c. 12. et MARKL. ad *Stat. Silv.* 1, 3, 58.), vt *tegulae* pictae, auro inductae, marmoreae (LIV. 42, 3.) *antefixa* (LIV. 26, 23.) *faftigia*, quae propria templis, CIC. *Or.* 3, 46. v. *Clav. Ciceron.* in h. v.

23. In

23. In interioribus aedibus cultus magnificentia fuit, primum, in pauimentis, quae vel marmoris varii maioribus fegmentis ſtrata eſſent, Graece *lithoſtrota*, vel teſſellis minutis, ad varias figuras rerum velut pictura quadam, (quo nomine et ars appellata eſt) exprimendas ſtructis arte, vnde et *teſſellata* dicta, itemque *vermiculata*, et *muſiua*: ſed muſiua haec opera e pauimentis in parietes atque cameras ſublata ſunt, PLIN. 36, 26. Marmoris loco, poſt Auguſti tempora, in parietibus et cameris vitrum figuratum et pictum, ſ. coloratum varie, vſurpatum, auctore eodem l. c. PLINIO: adde de vitreo genere CAYLVM T. III. p. 193. in pr. T. I. p. 293. ſqq. Operum muſiuorum reliquias multi edidere, SPONIVS, MONTEFALCONIVS, CAYLVS, etc. opere proprio CIAMPINVS, *Rom.* 1690. f. Vix clarius eſt Praeneſtino, quod et TH. SHAW *Itiner. p. m.* 354. exhibet, et illuſtrauit in primis BARTHOLOMAEVS V. C. libello ingenioſo in *Comment. Acad. Inſcr.* et ad calcem *Picturarum*, a CAYLO collectarum. De muſiuis operibus vniuerſis, praeter CIAMPINVM, et Furiettum, adeundum *Gloſſarium* CANGII in *Muſiuum Opus*. Pauimenta magnifici operis in templis etiam ap. S. BERNHARDVM occurrunt in Epiſt. ad Guil. Abb. S. Theodorici.

24. Sed in ornatu parietum etiam alius vſus marmoris et vitri fuit; nam et *cruſtis* marmoris varii, tum plani, tum caelati, inducti ſunt, auctore, vt PLINIVS tradit, 36, 6. Mamurra; et ſegmentis poſtea vitri; vnde *quadraturae vitreae* in parte magnificentiae e copiis diuitiarum commemorantur a VOPISCO in *Firmo*

c. 3. et *orbes pretiofi* in parietibus apud SENECAM Ep. 87. vbi tamen marmoreos vulgo intelligunt. v. et BONAROTAM praef. *Obs. in Fragm. vitri ant.* p. VI. Nec minus *eboris caelati* ad eum vfum et mentio eſt, et exempla reperiuntur, vt ap. CAYLVM T. V. p. 230. Alium parietum ornatum e picturis in tectorio fupra commemorauimus.

25. Sed eum habuere, ficut fuperiorem operis mufiui, communem cum camaris: *tecta laqueata*, f. *lacunaria*, et picta (Gr. φατνώματα) varie funt, et lita auro, diſtincta gemmis, margaritis. De eorum ſtructura bene VALESIVS ad *Eufeb. vit. Conſt. M.* 3, 32. quem compilauit fecure HARDVINVS ad *Plin.* 35, 11.

26. Defcriptio ipfa aedium priuatarum magnificentior fuit haec: primum aditum dat *veſtibulum* (Graecis προαύλιον), inde venitur in *atrium* (Gr. αὐλήν), quod porticibus circumcluditur (Gr. περίςυλον); in quibus bibliothecae, vt in Augufti atrio, et alia: hinc *aedes* ipfae; de quarum partibus dicere nil attinet: extat de iis liber GRAPALDI, faepe repetitus. Poſt eas *impluuium*; in quo ara Deorum penatium, v. *Clau. Cic.* in h. v. In villis diſtinctio eſt vrbanarum partium, i. e. ad fimilitudinem vrbanarum aedium ſtructarum, quae habitantur a Dominis, ab ruſticanis, ad vfum rei villaticae, vt apud VARRONEM de *Re ruſt.* In illis *trichora, praetoria, triclinia, cubicula, diaetae,* etc. memorantur. De ceteris generibus operum publicorum, vt theatris, circis, amphitheatris, etc. in quibus architecturae artificium expromtum eſt, dicere hoc loco non attinet.

27. Ar-

27. Architectura vt primum per Afiaticas et Graecas colonias in Italiam venit, i. e. Etruriam et Graeciam magnam; ita poſt ex iisdem locis Romam, viguitque Caefarum aetate prima: poſt, feculo fecundo, per κακοζηλίαν corrupta magis, indies vitiofa facta eſt; donec barbaries ingruentium populorum eam plane deleuit.

28. Inſtauratio bonarum literarum, dum totis viribus agerent hoc eius auctores, vt omnes antiquitatis reliquias indagarent, per quas lux affunderetur auctoribus latinitatis et literis, aditum fecit ad architecturae veteris primum cognitionem, et, bonitate eius animaduerfa, etiam imitationem.

29. Primum reliquiae illae Romanae per Italiam et vicinas regiones fpectatae funt modo ab eruditis viris, et libris vulgatae funt ad vfum literarum bonarum, donec a Mediceis incitati artifices eas figuras, et reliquias ipfas, fpectare coepere ad vfum artis. Poſt etiam in Graeciam et Orientem reliquum plures profecti funt ad quaerenda et infpicienda huius generis opera, in primis miſſu Ludouici XIV. Regis Franciae, vt formas eorum defcriptas reportarent; denique etiam quidam priuatim eo abierunt, et multa, ad architecturam veterem pertinentia, retulere.

30. Ex iis itineribus nihil pulcrius hoc in genere accepimus *Ruinis*, primum *Palmyrae*, Lond. 1753. et *Balbek*, 1757. ibidem magnifice editis, a Britannis duobus, WOOD et DAWKINS, deinde *Graeciae* per architectum Regis Francici, (LE ROY) Paris. 1758. f. *Athenarum*

G per

per ROD. SAYER, *Palatii Diocletianei* in Dalmatia per R. ADAM. 1764.

31. Sed et alia opera antiqua, vt templa, theatra, amphitheatra, porticus, arcus, aquaeductus, balnea, maufolea, pyramides, obelisci, et fimilia, a pluribus edita laminis aeneis, et illuftrata funt literis, quae in altero genere antiquitatum enumerari et explicari folent, magnoque numero dat FABRICIVS in Bibliogr. Antiq. c. 22.

32. Artifices, ex hoc genere claros, eorumque opera nobilia enumerant FR. IVNIVS ad calcem operis de pictura vetere, et FELIBIEN, eodem, quo de pictoribus fcripfit, opere. De vniuerfa architectura veterum eruditum Commentarium habemus WINKELMANNI.

# EXCVRSVS
## AD
## ARCHAEOLOGIAE LITERARIAE
### CAPITA SINGVLA
#### VEL POTIVS
## EORVM LOCA SINGVLARIA

# EXCVRSVS I.
## AD
## PROLEGOMENA.

Complures viri eruditi, Auctorem immortalem, ac de disciplinis aliis longe meritissimum, in explicanda et secernenda *Antiquitatis* in vniuersum, τῦ *Antiqui* sigillatim, adeoque etiam *Archaeologiae*, notione non satis subtiliter versatum esse, contendunt. Nec immerito, si quid video. Postremum enim vocabulum, si per se spectes, eiusque notationem siue ἔτυμον simul respicias, expositionem rerum antiquarum, siue disputationem significat de rebus antiquis, h. e. antiquitus vel gestis, vel institutis et sancitis, vel consilio diuerso diuersa ex materia factis efformatisque per homines satis ingeniosos, vt id, quod cupiebant, facilius et rectius consequerentur. Quo sensu latissimo si accipias vocabulum, de quo quaerimus, id complectitur ea omnia et singula, quae, ex priscis temporibus quocunque modo seruata, ad nos peruenerunt. Supersunt autem primo *scripta*, tam ἀπόγραφα in Codd. MSS. quam αὐτόγραφα in lapidibus, metallis, rebus aliis; tum *opera artificum manu facta*, eademque non solum qua rationem, sed etiam qua consilium vsumque maxime diuersa, vt, signa, simulacra, templa, aedificia, alia: quorum alia sola per se existunt, reique cuiuspiam imaginem sistunt, alia in materiis aliis aut caelata, aut incisa; alia denique rerum simulacra sola suppeditant, alia non sine litteris, ea quasi comitantibus; tandem varii generis vtensilia, vasa, instrumenta, sacra, domestica, bellica, chirurgica, mundus muliebris, cet. De quibus omnibus si qua disciplina recte et ordine, docte et ingeniose disputet, vel potius philosophetur, rerum priscarum origines et progressus, caussas, vsum, vicissitudines, singularum recte eleganterque fingendarum viam et rationem, et inde natam venustatem describat, et praeter haec populorum singulorum, quorum viris sapientibus, fabrisque ingeniosis, et artificibus haec omnia debentur, res gestas, instituta sacra, ciuilia, bellica domestica, cet. exsequatur; eam iure quodam suo Ἀρχαιολογίαν, sensu latissimo acceptam, vocare possis. Verum huiusmodi res tam multiplices, tam varias, et tam discrepantes nemo, quem quidem sciam, in disciplinae vnius formam redegit, nec sortasse redigere, et, qua decet, copia, dexteritate, intelligentiaque explicare potest. Hinc viri eruditi tam ingentem rerum priscarum vim et copiam in classes distribuere, et de nonnullis sigillatim exponere, quin τῷ Ἀρχαιολογίας vocabulo vim minus late patentem subiicere coeperunt. Id quod Ἀρχαιολογία duplex, quam habemus, satis demonstrat: alteram, Ἰουδαϊκὴν, scripsit Flauius Iosephus, alteram, Ῥωμαϊκὴν, Dionysius Halicarnassensis; eademque ille quidem de Iudaeorum, hic de Romanorum rebus, domi bellique gestis, ipsorum institutis sacris et profanis, ciuilibus et militaribus, legibus, moribus, exposuit, atque adeo vtriusque populi historiam persequutus est, neglecta, vel leuiter saltem tacta ratione ea, quam in operum antiquorum, affabre factorum, indagatione studioque sequendam esse censent viri, harum rerum prudentes. Alia ratio est Ἀρχαιολογίας Graecae, quam promulgauit Io. Potterus, Britannus, qua quidem *Graecorum antiquitates*, quae vulgo dicuntur, h. e. instituta sacra, ciuilia, bellica, publica, priuata, mores, leges et iura exposuit, neglecta ratione ea, quae ad ipsorum historiam, opera ingeniose affabreque

facta,

facta, et horum praestantiam, venustatem, vsus, cet. pertinet. De *Archaeologia Britannica* ea, quam compluribus abhinc annis diuulgare coeperunt Britanni quidam doctissimi, rei antiquariae studiosi, non attinet dicere; quoniam huius editores consilium longe aliud sequuntur, ac quod propositum est iis, qui hodie Archaeologiae rationem, vim, vsumque explicare adgrediuntur. Id quod demonstrare placet, enucleata *Antiquitatum* in vniuersum, et τȣ̃ *Antiqui* sigillatim natura, et notione. Priori vocabulo comprehendere iussit vsus,

quem penes arbitrium est, et ius, et norma loquendi,

ciuitatis cuiuscunque, vt, Atheniensis, Romanae, cet. statum omnem, adeoque rationem sacram, profanam, ciuilem, bellicam, publicam, priuatam, instituta, ritusque omnes, mores, cet. verbo, ea omnia, quae in Potteri, Bosii, Rosini, Nieupoorti libris, ac similibus, tradita et exposita legimus. Talium antiquitatum studium, quo ducentos annos, amplius, occupati delectatique sunt viri eruditissimi, ac cui libros, ingentium thesaurorum materiam, debemus, per se quidem necessarium est, et ad antiquitatis scriptores recte intelligendos atque interpretandos vtilissimum: sed id nihilo secius maximopere discrepat ab illa Ἀρχαιολογίας idea et ratione, quam hodie viri ingeniosi et acuti mente sua efformatam tenent, atque tuentur, et quam breui post explicare placet. Vtriusque studium in multis conspirat quidem, nec raro easdem *res antiquas*, siue antiquitus factas, sibi subiectas habet, quas tractet, et in quibus considerandis, comparandis, explicandis versetur. Quoniam vero hoc diuersa via et ratione, diuersoque consilio et fine fieri potest, et solet etiam: id, quod diximus, discrimen inde nascatur, oportet, diuersusque et scopus,

scopus, quem petere, et vsus, quem inde percipere
volunt viri docti, alterutrius studio vacantes. Posterius, i. e. τȣ̃ *Antiqui* κατ' ἐξοχὴν vocabulum,
coeptum est vsurpari a viris, harum rerum prudentibus, de opere quocunque, antiquitus ex materia quacunque ingeniose, eleganter, venuste facto, ita vt
non solum oculos suauiter feriat delectetque partium
singularum conuenientia et proportione, sed etiam
artificis intelligentiam, ingenium, manusque dexteritatem prae se ferat, et vsui, cui destinabatur, accommodatissimum sit. Quo pertinent nullius non
generis signa, et rerum variarum simulacra, eademque
fusa, scalpta, sculpta, ficta, caelata, picta, cet. siue
sola per se, siue cum aliis coniuncta, vt negotium
qualecunque simul peragere videantur (qualia Itali
*Gruppi*, et Franco-galli *des Groupes* vocare fuerunt);
siue litteris prorsus carentia sint, siue litterata, vt
numi antiqui, statuae et protomae, in quarum basi,
gemmae, in quarum ora, nonnunquam litterae reperiuntur; item integra aedificia, templa, vel eorum
ruinae superstites; tandem omnis generis vtensilia,
vasa, tripodes, lampades, cet. Interim ne haec quidem omnia sunt ita comparata, vt ad τȣ̃ *Antiqui*
classem referri soleant, sed ea tantum, quae artificis
ingeniosi manu, venusta forma, elegantia et quadam
quasi gratia sese potissimum commendant. — Huiusmodi *opera antiqua* qui indagare, et super eorum materia, statu et fabrica, recte conficiendi ratione, legibus, et instrumentis, attributis et horum inuentione,
consilio et significatu, venustatis caussa et quasi fonte,
item partium singularum concentu philosophari, et
quidquid in eis recens adiectum est, a vere antiquo secernere, sanamque criticen in toto hoc negotio adhibere discit: is *Archaeologiae*, qualem hodie dicunt plerique, operam dare censendus est. Eiusmodi autem
liber,

liber, quo haec omnia recte et ordine, prudenterque exsequendi praecepta certa, vera, ex rerum natura petita, et consilio satis idonea continentur, iure quodam suo *Archaeologiae* nomine inscribitur. Qualem libellum suum non esse cernens ERNESTI ὁ πάνυ, eum *Archaeologiae litterariae* nomine insignitum voluit: vtpote quo longe plura, ad varia litterarum genera vtilissima et necessaria, quam ad operum antiquorum praestantiam venustatemque videndam atque diiudicandam fructuosa traduntur. Quid? quod initio saltem, quo loco *antiquitatis cognoscendae duplicem rationem* esse contendit, non satis perspexisse videtur, aliam praeterea, nimirum *tertiam* inueniri posse, quin a nonnullis inuentam esse operum antiquorum reliquias spectandi, ac super illis hac, qua diximus, via et ratione philosophandi. Quod tantum abest, vt vitio vertendum et exprobrandum, vt potius ignoscendum esse censeam Viro, alioquin eruditissimo, et de alio litterarum genere immortaliter merito. Credibile etiam opinor, Ipsum, quae eius erat sagacitas et ingenii vis singularis, in hac τοῦ *Antiqui* spectandi, indagandi, diiudicandi ratione progressus facturum fuisse non vulgares, si Ipsi iuueni contigisset, vt magistros, praeceptiones similes, certamque viam ad hanc rationem consequendam, in scholis suis demonstrantes nancisceretur. Sed saeculi istius genius talia despiciebat, ratus, huiusmodi studium non nisi ad artifices pertinere. Quo etiam factum est, vt ante Ernestianum libellum exstaret nullus, quo haec ratio et praeceptiones, ad eam recte sequendam vtiles ac necessariae, traderentur. Libri fere similis rationem et σκιαγραφίαν suppeditauit quidem auctor Franco-gallus, IACOB. SPONIVS, medicus ac rei simul antiquariae amantissimus, in praefatione, qua *Miscellanea eruditae Antiquitatis*, Lugduni MDCLXXXV. fol.

fol. in lucem exire iuffit. Hic eiusmodi librum *Archaeographiae* nomine infcribi, et vniuerfam eius materiam octo capitibus explicari poffe ratus eft, ita, vt Cap. primum *numifmatographiam;* alterum, *epigrammatographiam;* tertium, *architectonographiam;* quartum, *Iconographiam;* quintum, *glyptographiam;* fextum, *toreumatographiam;* feptimum, *bibliographiam;* octavum denique, *Angeiographiam* vocando, perfequeretur. Quas fingulis capitibus res antiquas, veluti materiam, quam tractent, et in qua verfentur, fubiectas voluerit, hic copiofius exponere non attinet. Verum nec ipfe, libri confimilis auctor fuasorque, nec quisquam alius, quem quidem fciam, tale negotium fufcipere, atque haec omnia, fiue feruato, fiue mutato rerum ordine, fatis explicare voluit. Interim in hac ipfa litterarum vniuerfitate Lipfica, ante quinquaginta iam annos, iuuenum, res fimiles addifcere et hac ratione fpectare cupientium, inueniebatur magifter. Nimirum Io. Frider. Chriftius, vir multis nominibus celeber, ac doctor fingularis, qui, quam Ipfe in pictura lineari conficienda non parum exercitatus, fpectandoque et examinando, per itineris opportunitatem, complura vetuftatis opera ingeniofe venufteque facta, quafi imbiberat guftus elegantiam, atque intelligentiam, liberaliter transfundebat in iuuenes Generofiffimos atque Nobiliffimos, ipfo praeceptore vti haud dedignatos; quique, praeterquam multis aliis, mihi quoque omnem huius ftudii amorem, et talium deliciarum, fiquis in me ineft, fenfum inftillauit; eo quod in fcholis cum fuper antiquitate Rom. tum maxime fuper re litteraria in vniuerfum habitis, numos, idola, alia, e thefauro fuo deprompta, oftentaret, et eorum rationes explicaret. Verum vir eximius, vt plerorumque, qui ipfum audiebant, vtilitatibus confultum volebat, et pauciffimis

tantum

tantum contingere fciebat, vt τȣ̃ *Antiqui* ftudium in itineribus et diuturnis et fumtuofis perfequi poffent et quafi abfoluere: ita fuis in inftitutionibus litteraturae vniuerfae epitomen, quam *folius Antiqui* notitiam et rationes tradere et explicare maluit, ideoque multa fimul complecti, quae viro cuique erudito ad res multas prodeffe, illiusque fcientiam augere poffent. Id quod magiftro huic praeftantiffimo in primis propofitum fuiffe, plane demonftrant Ipfius praelectiones: vtpote cuius, docentis, verba et placita, per nonnullos calamo excepta, et deinceps in ἀπογράφοις cum aliis communicata, itaque fparfa, multis iamdudum et emolumento, et ornamento fuiffe conftat, ita tamen, vt horum non pauci fortem graculi illius (Phaedr. l. I. fab. 13.) commeruiffe videantur. Vnde non male feciffe iudicandus eft Io. Car. Zeunius, quod praelectiones iftas, multorum manibus iam tritas, et multis in ἀπογράφοις deprauatas, e pluribus libris manufcriptis, inter fe comparatis, defcripfit, variisque additamentis auctas, in lucem emifit, Lipfiae A. O. R. MDCCLXXVI. forma quidem octopartita. Libellus enim, publici iuris factus, impedimento iam eft, quo minus alii fimilis plagii culpam contrahere poffint. Quod autem Chriftio, in praelectionibus, quas dixi, habendis propofitum fuit; hoc idem fuiffe videtur Erneftio, tam in fimili praelectionum ratione, quam in libello, quem denuo edimus, fcribendo et promulgando. Vnde hunc *Archaeologiae litterariae* nomine infcribendum vidit: quo fefe litterarum potius vniuerfarum, quam operum, ab antiquitatis artificibus ingeniofe et affabre factorum, rationem habere fatis fignificauit. Aliquamdiu poft omnem *Archaeologiae, Antiquitatum*, et τȣ̃ *Antiqui* κατ' ἐξοχὴν rationem multo fubtilius indagauit et explicauit ὁ πάνυ Heynius, tum in Elogio Winkelmanniano, tum in *Introductione*

*ductione in τᾶ Antiqui ſtudium*, quam in ſcholis academicis plenius enucleare, et qua veluti duce, ſingulis, qui ipſum audiunt, inſtillare ſolet praeceptiones ac leges, quibus imbuti opus quodque antiquum ingenioſe et affabre factum, vere recteque et diiudicare, et aeſtimare poſſint. Huius generis Archaeologia paullo copioſius et enucleatius ſcripta nondum exſtat: et quamquam optabile eſt, vt vir quiſpiam eruditus et praeſidiis neceſſariis inſtructus hoc ſaxum voluere velit; tamen ob ingentes difficultates (v. Heyn. Elog. Winkelm. p. 32. f.) ſimilem librum, omnibus quidem numeris et partibus perfectum et abſolutum, hoc tempore exſpectare, quin ne ſperare quidem licet, propterea quod pleraque artificum antiquorum opera, huc, illuc diſſipata, adſeruentur, vel in oppidorum, miſere euerſorum, ruderibus ſub terra lateant. Viro litterarum optimarum ſtudioſo, ſufficere poteſt, ſi, quae eorum? et cur longe praeſtantiſſima ſint? quibus locis ſuſpendant vultum mentemque velut picta tabella? quibus in libris delineata reperiantur? didiciſſe haud grauatur. Cui per tempus, vitae inſtitutum, reique familiaris rationes licet, vltimas terras peragrare, et quae vbique locorum exſtent opera antiqua, intueri et examinare; is veris accommodatisque praeceptis imbutus, haud dubie inſignem ex eis ſpectatis conſideratisque capiet delectationem, quin ſenſum et guſtus elegantiam non illiberalem, aut homine docto indignam. Interim ne ille quidem, me iudice, reprehendendus eſt, qui, eiusmodi opera ſpectans, ſimul animaduertit, quae ex iis veluti mutuari, et ad ea, quae ab E R N. §. 2. memorantur, plenius intelligenda et explicanda prudenter vſurpare poſſit. Etenim priſcae artis monimenta vel eo ſingularem afferunt vtilitatem, quod res multas ſpectandas contemplandasque ſiſtant, quarum deſcriptiones vel
notiones

notiones satis claras et adaequatas ex scriptorum antiquorum verbis plerumque perpaucis haurire non possumus: quo ipso verum esse confirmant Horatianum illud (A. P. v. 180. ss.)

Segnius irritant animos demissa per aurem,
quam quae sunt oculis subiecta fidelibus, et quae
ipse sibi tradit spectator.

Id quod non temere et inconsiderate statuere mihi videor. Quantam enim vim habeat prudens operum priscorum spectatio, et quam fructuosa et efficax sit ad intelligentiam et gustus elegantiam quasi gignendam et animis instillandam, plane apparuit ex instauratione artium pulcrarum, non nisi inde initium ducente. Nimirum coeperant iam inde a Saeculo XIV. et XV. nonnulli picturae rationem emendare. Sed, quod sequebantur, tum demum felici successu assequuti sunt, quum in effossis variis monimentis sepulcralibus, maxime vero Titi, imperatoris, thermis, et harum quidem *septem fornicibus*, (quos Italice *le sette celle* vocabant, et in quorum vno Laocoontis σύμπλεγμα, stupendo prorsus artificio confectum, feliciter latuerat) reperissent *picturas parietarias*: quas idemtidem spectando, imitando, certas artis suae leges inde capiendo, et aliis in locis et laboribus prudenter ingenioseque adhibendo Sanctius Raphael, Vrbinas, hoc adsequutus est, vt vel hodie recentioris aetatis pictorum primus ac princeps censeatur. Et quamquam fornices illi, posthac prorsus neglecti, denuo variis ruderibus et ruinis obruti sunt ita, vt verus eorum locus hodie prorsus ignoretur: fructus tamen, quos, praeter Vrbinatem, alii ipsius aequales et successores ex istis ceperant, vel ad aetatem nostram pertinent: siquidem artifices ingeniosi, tum degentes, in tabulis a se pictis, veram artis rationem
osten-

ostenderunt, certissimasque praeceptiones ac veluti leges posteris tradiderunt. Praeterea eodem fere tempore *libri mss.* qui tum soli erant, aestimari sunt coepti, a Dante potissimum et Petrarcha, qui lectitandis operibus, quae veteris Graeciae Latiique scriptoribus, poetis potissimum, debentur, ipsi exstitere poetae singulares ac praestantissimi, carminibusque eleganter et ingeniose scriptis, effecerunt, vt alii quoque eadem priscae aetatis scripta, quaererent, colligerent, et lectitando gustus elegantiam pedetentim contraherent. Quod eiusmodi libros conquirendi legendique studium deinde ad Franco-gallos, Germanos, alios, transiisse constat: eoque facto litterarum elegantiorum splendor fugauit tristem barbariem et squalorem, quo, quasi foedatae, plane nullos, nedum mirabiles excitare potuerant sui amores. Et quoniam prudentes scriptorum veterum lectores in eis locos, ad architecturam et artes alias pertinentes, offendebant, quorum veram sententiam, quin ne singulorum quidem verborum vim peruidere poterant: aedificiorum priscorum rudera et columnarum reliquias effodiendas, indagandas, et cum dubiis auctorum locis comparandas esse intellexerunt, vt, quae vera similium locorum verborumque mens esset, perspicerent. Et quoniam hac via peruentum erat eo, vt priscae aetatis architecturam multo praestantiorem et venustiorem fuisse cernerent, quam quae in aedibus sacris et arcibus exstruendis adhuc dominata esset: praeter paucos alios, Laurentius, Cosmi F. Mediceus, Florentiae coepit scholas instituere, quarum magistris imperatum erat, vt iuuenes, futuros artifices, priscae artis opera, vt, signa, statuas, columnas, alia, graphide quam accuratissime delineare, picturaque lineari primum exhibere, itaque satis exercitatos statuas, columnas, tabulas pictas, alia, pro suo quemque

que ingenio, elaborare iuberent. Quibus ex
scholis non pauci artifices eximii, statuarii, pictores, architecti, tanquam ex equo Troiano egressi
sunt. Quorum omnium haud dubie primus et
princeps exstitit Michael Angelus Buonarottus. Ceterum hoc idem, quod supra diximus, Codd. MSCC.
conquirendi, atque operum vetustorum reliquias vel
e telluris latebris effodiendi studium, hunc simul attulit fructum, vt *lapidum titulos* adhuc neglectos, diutius negligere nollent viri litterarum amantes, sed eos
aut ipsi describerent, aut per alios describendos curarent: intellecto, multa iis contineri, quae ad historiam priscam, chronologiam, antiquitates, criticen,
linguae copias augendas pertinerent, item alia inde
peti possent. Progressi deinceps sunt ad *rei numariae*
studium; ita tamen, vt non nisi *numos Latinos*
maximi facerent, hosque in primis conquirerent, de-
scriptos interpretarentur et ad historiam Rom. illu-
strandam confirmandamque adhiberent. Quo in
studio erratum est, eo quod primum *numos Graecos*,
Latinis longe fructuosiores, si non despexerunt, certe
quidem non, vt par erat, aestimarunt; tum quod artificii, in numis conspicui, rationem habuere nullam.
Porro in pretio esse et conquiri coeptae sunt *gemmae*
tam *scalptae*, quam *caelatae*; quas non secus, ac reliqua vetusta artis opera, considerare et tractare aliquamdiu fuerunt. Tandem demum, qui poterant,
*statuarum* quoque integrarum rationem habere, eas,
vbi et quibus licebat, e terra effodere, colligere, redi-
mere, et locis satis accommodatis collocare coeperunt. Verum omnia haec vetustatis opera, quamuis
ingeniosa et stupendo artificio eximia, vsque ad Winkelmanni, popularis nostri, aetatem spectarunt homines, docti, indocti, non nisi velut *supellectilem*
*antiquariam*, lautam quidem illam, sumtuosam et
magni-

magnificam, sed non vt optimam et pulcerrimam, et vt opera, in quibus artificum immortalium ingenium, prudentiam, manus dexteritatem, et gustus elegantiam multo plus, quam eorum materiam, etiamsi pretiosissima sit, mirari et aestimare debeas. In quo quantum peccatum sit a plerisque, illustris Heynius loco, quem supra dixi, satis demonstrauit. Cuius viam et rationem propositam si hoc in studio tractando sequimur, iure quodam nostro sperare possumus, fore, vt tam egregiis artis priscae operibus spectandis, et penitus cognoscendis, veri pulcri sensum et gustus elegantiam adipiscamur, et quid artis, venustatis, ingenii, quin sapientiae, in eis insit, plane perspiciamus. Quae omnia tantum abest, vt solis ex libris aut simplici talium operum spectatione veniant, vt potius identidem ad haec artis monimenta redire, singulas eorum partes, vel minutissimas, recte scrutari, subtiliter inter sese comparare, talique ratione oculorum iudicium recte et vero conuenienter formare debeamus, antequam, quod volumus, reapse adsequimur. Cui haec omnia facere, et Corinthum, vt ita dicam, adire non contingit, eius cognitio rerum similium, et inde hausta *intelligentia* nunquam non manca et imperfecta sit, necesse est. Quid? quod ad haec ipsa spectanda et diiudicanda, praeter alia, simul adferre oportet facultatem criticam, multo vsu exercitatam, vt ingeniosam artificis antiqui manum et laborem a recentioris cuiusdam instauratione, ne dicam, fraude, secernere possis, nec te turpiter decipi sinas. Hoc tum in singulis operum similium partibus tenendum est, tum in nominibus, quae eorum multis temere, nec raro fallendi caussa, adscripta sunt; quin etiam in titulorum vere antiquorum litteris, quas saepenumero aut mutatas, aut inductas constat in numis, aut a

manu

manu recenti adiectas, vt, in gemmis, statuis, protomis, basibus, vasis, aliis, quibus impostor turpioris lucri amans, plerumque prisci cuiusdam viri celeberrimi, aut artificis clarissimi nomen addidit, vt emtoribus cupidis facilius imponere, suamque mercem carioris vendere posset \*).

\*) Quo pacto numi antiqui deprauari soleant, et reapse deprauati sint, satis indicauit Christius libello, Zeunii V. C. cura edito, p. 167. ff. qui etiam p. 169. eiusmodi imposto- res quosdam indicauit. Alium, eumque Romanum, et nonnulla eius opera ficticia, exposuit Illustriss. Caylus, Recueil d'Antiquités, Tom. V. p. 251.

# EXCVRSVS II
## AD
## PROLEGOMENORVM §. 4.

Opera antiqua non male, nec temere difpertiuit ERNESTI Celeberr. in *litterata* et *litteris carentia*: habebat enim, quo fe tueretur, effatum: *A potiori fit denominatio*, quod iam tritum fermone, et vulgare eft: recte etiam pofteriora interdum *litteris effe notata* obferuauit. Interea leuiter lapfus effe videtur, *numos* non minus, quam Codd. fcriptos, chartas, titulos, prioribus adnumerando. Verum eft, hos fine litteris non effe, quin ne animo quidem fingi poffe; numorum etiam antiquitus cuforum plerosque litteris infignitos effe. Sed nihilo fecius eorum complures, *litteris prorfus carentes*, hoc, illo loco percuffi funt, hodieque exftant: quod plane demonftrant libri, in quibus, adiecta fingulorum pictura lineari, recenfentur et explicantur. Cuiusmodi numos, fi opus effe crederem, proferre poffem e Siculis, quos Cels. Princeps Torremutius promulgauit, item ex numismatibus Mufei Honorii Arigoni, Veneti, A. MDCCXXXXI. Taruifii editis, alios vt filentio praetermittam. At enim vero, vt in numis, alioqui litteratis, non pauci reperiuntur litteris carentes; ita, ex altera parte, inter opera antiqua, vulgo litteris carentia, genus occurrit fere nullum, quod non interdum litteras prae fe ferat. Hinc Athenaeus (Deipnofoph. l. XI. c. 4. p. 466. f. et Cafaubonus in Animaduers. ad Athen. p. 785. ff.) ex Alexidis carminibus commemorat vafa et pocula γραμματικά, h. e.

h. e. litterata, eademque aureis litteris infignita (conf.
Martorelli de Theca Regia Calam. l. II. c. 4.
p. 392. f.): et in Winkelmanni Hiftoria Artium,
Italice facta, et Mediolani promulgata, in lucem
quafi exiit (Tom. I. p. 31.) vas vitreum, fingulari
artificio, tornique ope factum, in cuius collo, infra
oram fupremam, litteris, ferruminatis quidem, fed
vitreis et exftantibus, fcriptum eft BIBE VIVAS
MVLTIS ANNIS. Annulos, tefferas, quin lateres
coctiles vna cum litteris ibi expreffis, commemorauit
Illuftriff. Caylus (Rec. d'Antiqu. Vol. IIII. p. 266. et
alibi). Columnas, tabulas pictas, gemmas, alia
huius generis, quae praeter morem litteras in fronte
gerunt, de induftria omittere placet. Adeoque
verum eft, regulam vel legem, fine exceptione, effe
nullam.

H 2     EX-

# EXCVRSVS III
## AD PART. I. CAP. PRIMVM
### DE
# SCRIPTVRA ANTIQVA.

Complura quidem, quod nemo facile inficiabitur, scitu et iucunda, et necessaria, hoc capite complexus est, ac cum viris eruditis communicauit B. ERNESTI: quem his plura etiam in scholis, super hoc loco disputasse fatentur, qui Ipsum audiuerunt, omnes. Verum haec, maximam partem, iudicabit ἀπροσδιονύσως dicta esse, qui ex eiusmodi institutione non nisi τῶ *Antiqui* notitiam haurire auet ac percipere; etiamsi in alia omnia abeat, qui antiqua, ad vniuersam rem litterariam pertinentia, h. e. archaeologiam litterariam, sibi traditam cupit et inculcatam. Huiusmodi lectorem, reor, vel maxime tanget quaestio, hic loci agitata: nimirum de scripturae omnis, adeoque de litterarum ipsarum originibus, prima singularum figura, propagatione, vicissitudinibus, reliquis, quae coniuncta sunt cum eximio, quin plane diuino scribendi, h. e. animi sui sensa, cogitata, varia idearum et notionum genera et formas, paucis litterarum figuris, aliorum conspectui quasi subiiciendi, atque adeo cum ipsis absentibus et posteris communicandi, instituto. Quod diuinum appellari posse arbitror. Vnde adstipulor etiam Britanno illi ἀνωνύμῳ, qui nec prorsus absonum, nec a verosimili alienum, aut Deo o. m. indignum esse contendit, siquis hunc, sapientissimum rerum omnium auctorem, contendat, Mosem

per

per se, nulliusque alius interuentu, scribendi artificium docuisse (v. Some Enquiries concerning the first Inhabitants, Language, Religion, Learning and Letters of Europe. Oxford 1758. form. 4. p. 96. ss.). Verum vt secus existimes, id tamen dignum profecto est, quod vir quisque eruditus recte aestimet, et propter emolumenta longe maxima indaget ac demiretur. At enim quum idem hic locus, per se quidem ad historiam litterariam pertinens, tangatur a quouis ipsius auctore, neque ad τȣ *Antiqui*, quod proprie dicitur, naturam et rationem referri iure quodam suo possit: rectius, me saltem iudice, fecerit B. A. si, tali quaestione hoc in libello, si non penitus omissa, certe quidem non nisi ὡς ἐν παρόδῳ memorata, plenius ac copiosius, quae ad priscorum artificum opera ingeniose affabreque elaborata spectant, et ad horum elegantiam, venustatem, praestantiamque videndam necessaria sunt, exposuisset. Sed eum credo aliquid sequutum: loci grauitatem maxime, et multiplicem eorum, qui historiae litterariae ignari, ipsum audiebant, fructum et vtilitatem. Quod si Ipsius fuit consilium, vt videtur fuisse, tantum abest, vt hoc vituperare possis, vt potius recte et vere laudare debeas. Quo quidem ab loco perquam fructuoso, ne veluti asymbolus discedere videar: itidem nonnihil super eo disserere, quidque mihi videatur, paucis exponere placet. Ac primum quidem omnium, vt prorsus irritam, ita et inconsideratam, nequid grauius sciscam, opinor esse operam eorum, qui hodie in perscrutanda scripturae historia eo progrediuntur, vt, qui mortalium pro primo et principe eius auctore habendus sit, definire velint. Rem adeo vetustam quum ad liquidum explorare nec Graeci potuerint, nec Romani: qui istam nos, bis mille annos serius degentes, priuatique tot priscis monimentis, vere et recte expediamus?

diamus? Et vt reapfe expedias, ecquem inde fructum ad ipfam rem litterariam, huiusque florem et incrementum, redundaturum effe cenfes? Nomen, arbitror, prorfus inane noffemus, cuius fcientia viris eruditis non plus prodeffe queat, quam ignoratio obeffe. Praeterea fieri quoque potuit, vt homo non vnus, fed plures fimul, idque cafu, quod faepe accidiffe conftat, vel vrgente neceffitate, et prouidentia diuina adiuuante, prima artis tam fingularis, tam mirificae initia inuenirent, inuenta alii pofthac pedetentim perficerent. Quod fi acciderit, rei, de qua quaeritur, tam auctorem primum, quam certum exploratumque tempus, ne Oedipus quidem plane docere poffit. Quod idem de integris populis dicendum opinor. Sunt quidem plerique, qui artium et inftitutorum omnino omnium velut incunabula apud Aegyptios quaerenda effe contendant, auctoribus potiffimum Franco-gallis, Illuftriff. Caylo, Gogueto, aliis, adeoque fcribendi etiam artificium ab iis cogitatum, et pofthac cum Mofe, populi Iudaici legislatore, et fcriptore, cuius libri exftant, omnium vetuftiffimo, aliisque cum populis communicatum perhibeant: verum ego ipforum rationibus nondum potui perfuaderi, vt hanc in fententiam abirem. Aegyptiorum ingenium, mores, et reliqua vitae inftituta, qualia quidem Mofis aetate, non diu poft, Ptolemaeis regnantibus, fuere, me adducunt, vt ipfis adftipulari vehementer dubitem; in primisque cauffae iftae, quas Britannum ἀνώνυμον, quem fupra dixi, docte et ingeniofe perfequutum reperio (l. c. p. 104. ff.). Ac de ceteris quidem bellis, quas vocant, artibus, alio loco, quid mihi videatur, differam: hoc opinionem qualemcunque meam de fcripturae originibus breuiter ftrictimque exponere placet. Non temere Britannus eruditiffimus, Warburtonus, exiftimaffe videtur,

omne

omne scribendi initium factum esse per pictas rerum, in contrahendo quocunque negotio, vt, emtione, venditione, permutatione, cet. significandarum figuras, quibus veluti cogitatorum et sensuum signis vterentur primi homines: (v. ei. Divine Legation of Moses, Book IV. Sect. 4. vol. III. p. m. 69. ss. quo loco sententiam suam illustrat, confirmatque exemplo Mexicanorum, figuris similibus vtentium, vt populares suos, bellum sibi ab hoste peregrino inferri, docerent, l. c. p. 71. not. *d. e.*) posthac mera signa, velut ea, quae hieroglyphica vulgo dicantur, vsurpari coepta: tandem ad litteras ipsas, et scripturam propriam peruentum esse. Nec longe ab eo discedit Goguetus, initium fuisse ratus in scriptura hieroglyphica: sequutam esse syllabicam, qualis sit hebraica sine punctis, seu vocalium signis: tandem viam et rationem per consonantes et vocales simul scribendi stabilitam fuisse (De l'Origine des Loix, des Arts, et des Sciences, et de leurs progrès, Tom. I. Livr. 2. chap. 6. p. m. 361. sqq.). Altera sententia adeo non (quod visum est nonnullis) aduersatur repugnatquo alteri, vt potius vtramque, iusta earum contentione facta, eodem collineare appareat. Auctor enim Franco-gallus non minus, quam Britannus, scribendi initia contendit quaerenda esse in pictis rerum ipsarum figuris: id quod tuetur etiam ἀνώνυμος, quem dixi, huius popularis, scriptores alios antestatus (l. c. p. 93.). Verum Aegyptii pro obstinato, quo erant, ingenio et pertinaci antiquitatis amore studioque eas, veluti a Thauto sibi traditas, adeoque sacras, seruare, atque ad indicandas rerum plurium ac recens inuentarum ideas, nonnihil interdum mutare et augere, quin, litteris iam inuentis, ab aliisque communiter vsurpari coeptis, diutius adhibere, quam prorsus relinquere maluerunt: quas Graeci posthac, haud dubie per sacerdotes callidos

dos verſutosque decepti, et perſuaſi, eis res non vulgares ac publice geſtas, ſed arcanas et religioſas occultari, temere ac ſine grauiori cauſſa ἱερὰ γράμματα, et ἱερογλυφικὰ vocarunt. Qui opinionis error per eorum libros vel ad nos peruenit. Illuſtriſſ. quem ſupra dixi, Caylus, in Rerum antiquarum Collectione (Tom. I. p. 65. et V. p. 77.) efficere quidem ex quibusdam fragmentis Aegyptiacis adgreditur, plebem pedetentim ex hieroglyphicis iuſtas litterarum figuras deriuaſſe, et in ſcribendis rebus vulgaribus adhibuiſſe: quod iam ante eum Kircherus affirmauit (Hiſt. Obel. Pamphil. art. I.), aliique colligere voluerunt ex inſcriptione Aegyptiaca, in Monteſalconii opere (Antiquités expliqu. vol. II. Part. 2. pl. CXL.) promulgata. Quin ſententiae, ab hisce viris eruditis propoſitae, praeſidium et argumentum peti poſſe videtur ex verbis ſequentibus Diodori Siculi, qui, obſeruato, (Βιβλιοθ. γ'. p. 101. edit. Steph.) τάς τε τῶν ἀγαλμάτων, ſc. apud Aegyptios, ἰδέας, καὶ τὰς τῶν γραμμάτων τύπες αἰθιοπικὰς ὑπάρχειν, ita ſcribere pergit, ἰδίων γὰρ αἰγυπλίοις ὄντων γραμμάτων, τὰ μὲν δημώδη προσαγορευόμενα πάντας μανθάνειν, τὰ δὲ ἱερὰ καλέμενα παρὰ μὲν τοῖς αἰγυπτίοις μόνες γινώσκειν τὰς ἱερεῖς. Sed ne hic quidem locus rem dubiam ſatis probabilem reddit. Primum enim Diodorus, ſcriptor admodum recens, nec tempus deſignat, quo Aegypti vulgus γράμματα δημώδη vſurpare coeperit, et τὰ ἱερὰ καλέμενα, quae in Aegyptiis ſoli ſacerdotes diſcant et calleant, παρὰ τοῖς Αἰθίοψιν, ait, ἅπαντας τύτοις χρῆσθαι τοῖς τύποις. Tum figuras, quas in fragmentis, quae diximus, Aegyptiacis, admiſtas videmus aliis hieroglyphicis, pro veris litteris habere vix licet, propterea quod a cuiusque populi antiqui litteris nimium quantum diſcrepant. Et vt denique verae ſint litterae,

quas

quas illi viri doctissimi contendunt, nihil tamen certi ex eis effici cogique potest, propterea quod vera fragmentorum illorum aetas plane ignoratur. Recentiora esse possunt, et tempore scripta eo, quo Aegyptiis, regum Graecorum imperio subiectis, scribendi via et ratio iam satis cognita erat et peruulgata. Vnde illa, et similia fragmenta, vim probandi aliquam habere negat ἀνώνυμος Britannos, quem saepe iam diximus, (l. c. p. 108. f.). Id quod plenius adhuc intelligi potest ex V. C. Tychsenii commentatione super priscorum Aegyptiorum via et ratione litteris propriis scribendi, quam lingua vernacula exaratam, locum primum occupare iussit in der Bibliothek der alten Litteratur und Kunst, et huius quidem part. VI. Quid? quod hic non minus, (l. c. p. 61. ff.) quam ille, (l. c. p. 104. f.) nec Mosem, nec Cadmum, scribendi artificium ex Aegyptiis discere potuisse, caussis non leuibus adductus, contendit. Quamquam enim alter omni Aegyptiorum sapientia imbutus esse (Act. Ap. VII. 22.), alter primus litterarum plerarumque figuras Graecis attulisse memoratur: num ideo credamus, necesse est, Aegyptiorum aequalium scientiam et prudentiam comprehendisse, praeter artes alias, iustam et satis perfectam scribendi viam et rationem, populis, quotquot tum celebres erant, omnibus adhuc incognitam, nec vsitatam, ita vt homines omnino omnes, adeoque Moses pariter ac Cadmus, eam non nisi ipsorum in scholis discere potuissent, ac debuissent? Impetrare ab animo profecto haud possum, vt Aegyptios solos, vti aliarum disciplinarum omnium, ita scribendi artificii gnaros, reliquos populos omnes ac singulos artium prorsus expertes, verbo, aeque stupidos, stolidos, bardos ac barbaros fuisse existimem, ac multi hodieque in Asiae, Africae, Americae regionibus extremis et insulis prope adia-

H 5 centibus

centibus reperiuntur. Quam, Graecis quidem auctoribus, de singulari Aegyptiorum ingenio, prudentia
et dexteritate, animo et cogitatione fingimus ac
tuemur opinionem, et quam contra de reliquorum
populorum omnium stupiditate et ignorantia; ea haud
dubie non nisi praeiudicata est, nosque vehementer
impedit, quo minus id, quod verum et ab omni partium studio et cupiditate liberum est, videre possimus,
ac, si possimus, velimus. Quae ratio quantopere dedeceat viros prudentes et vnius veri studiosos, ecquis
est, qui non videat? Paucis eam perstringit ἀνώνυμος
noster (l. c. p. 57. 64. ff. et alibi) ideoque copiosius
refellere, non est necesse. Quo tempore in viuis
erant Moses et Cadmus, quos plerique aequales fuisse
statuunt, Asiae, australis aeque ac borealis, item Europae regiones et insulae, complures iam alebant homines, tum aliarum artium, ad vitae cultum necessa-
riarum, tum nauigandi et mercandi studio florentes,
quorum postremos, in primis rerum venalium con-
signatio, emtarum, venditarum, expensorum, ac-
ceptorum, nominum seu debitorum rationes non poterant non compellere, vt tot et tam diuersas res signis,
quam fieri poterat, paucissimis, in tabulas, quisque
suas, referrent, eis animi sui sensa et cogitata expri-
merent, et cum aliis in contrahendo qualicunque negotio communicarent. Qua ipsa via et ratione litterarum suarum figuras, rudes quidem adhuc illas, sed
ad rerum, sensus ferientium, imagines vtcunque exprimendas satis idoneas, populos alios docuisse, et
coloniis eo deductis impolitum scribendi artificium
tradidisse videntur. Haec coniectura qualiscunque
mea me adducit, vt ad Syros, sensu tam lato sumtos,
vt Assyrii, Phoenices, Arabes, quin Hebraeorum maiores, hoc nomine comprehendantur, eam pertinere
credam laudem: in primisque ad Phoenices, quos,

orae

orae maritimae opportunitate et beneficio inuitatos, a primis inde temporibus, animum ad mercaturam faciendam applicuiſſe, et eius melius ac tutius ſtabiliendae, et fructuoſius continuandae cauſſa, non ſolum naues aedificaſſe, iu eisque merces, hinc, inde, exportatas, trans maria miſiſſe, ſed etiam in Africae, Hiſpaniae, Galliae, Italiae, Graeciae, Aſiae minoris litroribus, et inſulis eo pertinentibus, colonias condidiſſe quam plurimas, inter omnes conſtat. Quod quum ita ſit, ecquis dubitare auſit, colonos iſtos litterarum figuras, in patria ſi non inuentas, certe quidem adhiberi ſuetas, ſecum attuliſſe ad veteres locorum iam occupatorum incolas; hos vero eas, intellecta illarum vtilitate, non grauatim accepiſſe, et in negotiis contrahendis poſthac vſurpaſſe? Quo pacto ſama de Syris, litterarum inuentoribus, in ipſam Cretam, inſulam, penetraſſe videtur. Nam Diodoro Siculo teſte, (l. V. p. m. 235.) ταῖς Μούσαις, aiebant Cretenſes, δοθῆναι παρὰ τοῦ πατρὸς τὴν τῶν γραμμάτων εὕρεσιν· — — — πρὸς δὲ τοὺς λέγοντας, ὅτι Σύροι μὲν εὑρεταὶ τῶν γραμμάτων εἰσὶ, παρὰ δὲ τούτων Φοίνικες μαθόντες τοῖς Ἕλλησι παραδεδώκασιν, ἦτοι δ' εἰσὶν οἱ μετὰ Κάδμου πλεύσαντες εἰς τὴν Εὐρώπην, καὶ διὰ τοῦτο τοὺς Ἕλληνας τὰ γράμματα Φοινίκια προσαγορεύειν· φασὶ τοὺς Φοίνικας οὐκ ἐξ ἀρχῆς εὑρεῖν, ἀλλὰ τοὺς τύπους τῶν γραμμάτων μεταθεῖναι μόνον, καὶ τῇ γραφῇ ταύτῃ τοὺς πλείςους τῶν ἀνθρώπων χρήσασθαι, καὶ διὰ τοῦτο τυχεῖν τῆς προειρημένης προσηγορίας. Ceterum ex his Diodori verbis, quibus Cadmus οὐκ ἐξ ἀρχῆς εὑρεῖν, ἀλλὰ τοὺς τύπους τῶν γραμμάτων μεταθεῖναι μόνον, narratur, et loco eiusdem ſcriptoris alio, (l. III. p. m. 140.) quo Dionyſium Mileſium narrat, παρ' Ἕλλησι πρῶτον εὑρετὴν γενέσθαι Λίνον ῥυθμῶν καὶ μέλους· ὅτι δὲ Κάδμου κομίσαντος ἐκ Φοινίκης τὰ καλύμενα ΓΡΑΜΜΑΤΑ, πρῶτον εἰς τὴν ἑλληνικὴν μεταθεῖναι διάλεκτον, καὶ τὰς προσηγορίας ἑκάςω τάξαι, καὶ τὰς χαρακτῆρας διατυπῶσαι. κοινῇ ἐν τὰ γράμματα ΦΟΙΝΙΚΙΑ κληθῆναι διὰ τὸ παρὰ τῆς ἕλληνας ἐκ Φοινίκων μετενεχθῆναι· ἰδίᾳ δὲ τῶν Πελασγῶν πρώτων χρησαμίνων τοῖς ΜΕΤΑΘΕΙΣΙ χαρακτῆρσι, πελασγικὰ προσαγορευθῆναι, ex duplici, inquam, hoc loco effici cogique poſſe cenſet ἀνώνυμος Britannus (l. c. p. 109. ſſ.), Graecos, ſi non omnes, certe quidem nonnullos, eo iam tempore, quo Cadmus appulerit, nonnulla animi ſenſa exprimendi ſigna, vel litterarum figuras habuiſſe, has tamen, auctore, quin duce Dionyſio Mileſio, cum Phoeniciis permutaſſe, eoque libentius, quod idem vir doctus et poeta, illarum nomina dura et peregrina, *Alph*, *Beth*, *Gaml*, *Dalth*, cet. in faciliora et Graecis auribus ſuauiora, *Alpha*, *Beta*, *Gamma*, *Delta*, cet. quaſi tranſire iuſſerit. Qua opportunitate Herodoti verba, (l. V. §. 58. p. 399. ed. Weſſeling.) quae ipſius coniecturam prorſus refellere putes, cum Diodori dictis ita conciliat, vt alter alteri non repugnare videatur. Sed vtcunque haec exiſtimentur, Graeci profecto plerique vno ore confeſſi ſunt, ſeſe debere Cadmo, et huius comitibus, ſedecim litteras; ideoque vel diu poſt, earum figuris nonnihil mutatis, numeroque ſimul adaucto, ΦΟΙΝΙΚΗΙΑ nuncupare haud deſierunt, plane perſuaſi, ipſum aeque ac ſocios itineris, ex Phoenicia oriundos, hanc ſcribendi rationem, in patria ſua traditam acceptamque, ſecum communicaſſe (v. Diodor. Sic. l. III. p. m. 140. et Britanni anonymi Enquiries, p. 110. ſſ.). Accedit, quod ex Alphabeto, Phoenicium quod vocatur, reliqua tantum non omnia populorum, qui litterarum ſcientia olim floruere, manaſſe contendunt ſcriptores complures, vt, Montefalconius

(Palaeo-

(Palaeograph. Gr. l. II. c. 1. p. 115. ff.), Ludouic. Ioseph. Velazquez, Hispanus, (Ensayo sobre los Alphabetos de las letras desconocidas, p. 23. ff.) qui de priscis litteris, in monimentis Hispanorum offendi solitis, vehementer contendit, eas legi et explicari non posse, nisi cum Graecis ac Phoeniciis, parum vel nihil inter sese dissimilibus, scite prudenterque comparentur: item Ludouic. Dutens, qui priscas litteras Graecas cum populorum Orientalium litteris comparauit (Explication de quelques medailles Grecques et Pheniciennes, Dissert. III. p. 167.), ac praeterea Alphabetum Phoenicico - Punicum, et Siculo-Punicum, ad numos complures rectius et verius interpretandos vtilissimum, suppeditauit (l. c. Dissert. I. tab. aen. 3.). Plures de industria silentio praetermittere placet. Quorum virorum argumenta et rationes quum non leues sint, nec contemnendae, et sententiam, ab iis propositam, valde verisimilem reddant; equidem causam video nullam, cur eis in quaestione tam difficili et obscura, adsentiri non liceat. Interim sedecim litterarum, a Phoenicibus acceptarum, figuras alii diutius vsurparunt, alii pedetentim nonnihil vna cum ipsa a dextra sinistram versus scribendi ratione mutarunt. Pelasgi et Athenienses eas diutissime adhibuisse, eisque Linus etiam, Orpheus, Pronapides ac Thymoetes, in poematis, quisque suis, exarandis, vsi dicuntur (v. Diodor. Sic. Βιβλιοθ. l. III. p. m. 140. it. Anonymus Britannus, l. c. p. 113.). Praeter hos alii quoque Graeci vetustam litteras, a colonis Ploeniciis acceptas pingendi, et collocandi rationem seruasse videntur, si non in rebus communibus, certe quidem in donariorum religiosorum titulis scriberdis. Vnde tam Herodotus (l. V. sect. 307. p. 400.), quam Pausanias (l. VI. p. 498. extr.; IV. p. 420; V. p. 435; VIII. p. 648.) memorat titulos complures γράμμασιν ἀρ-

ἀρχαίοις γεγραμμένους. Accedit, quod hoc cernere licet in duplici inscriptione hodie superstite: nimirum Amyclea (v. Caylus Recueil T. I. p. 63. pl. XX.), et arae antiquae Pembrochianae (v. Description of the Antiquities and Curiosities in Wilton-house, p. 4. f.): vtriusque litterae sunt peruetustae, illae βȣςοφηδὸν, hae more nostro collocatae. Res igitur addubitari nequit. Quin quoniam Pelasgi litterarum, ad se deportatarum, figuras omnium primi vsurpare coeperant: factum est, vt illae non tantum γράμματα Φοινίκια, sed etiam πελασγικὰ vocarentur. Quae posthac ab iisdem, per Deucalionem, huiusque filios et ipsorum comites, patria pulsis, et in Italiam profectis, simul eo delatae sunt, et cum Etruscis communicatae. Ex quo verisimile fit, monimenta Etruscorum peruetusta ob oculos lectorum ponere Pelasgicas tam litterarum figuras, quam dicendi formulas, adeoque Phoenicias, nihil, vel leuius modo, immutatas. Quod qui non ignorat, is Eckhelii, V. Celeb. adnotationem propositam (Choix de Pierres gravées du Cabinet Imperial des Antiques, p. 76.) ad tab. aen. XL. iudicabit ita comparatam esse, vt, quod erroris Italus, nescio quis (Novelle Letter. di Firenze, N. 1. per l'anno 1789. p. 3.) in ea inesse rebatur, ab ea longissime abesse, eiusque sententiam, temporum modo diuersorum ratione recte, et vt par est, habita, sine dubitatione amplectendam censeat. Ea litterarum, quibus Graeci vetustiores atque Etrusci in scribendo vsi sunt, similitudo et quasi cognatio vt magis appareat, exempla duo hic proferre lubet: alterum Graecum, quod exstat in ara illa vetusta, quam paullo ante diximus, et quae in Comitis *Pembrochiani* villa, *Wilton-house* appellata, et illius supellectili antiquaria adseruatur; alterum Etruscum, non ita pridem repertum in columella, vna cum aliis hypogei cuiuspiam ruderibus

effossa,

effusa, qua de re Ephemeridum litterariarum Florentinarum, (l. c.) auctores disputarunt. Arae titulus hic est:

*ΜΕΛΠΟΜΕΝ:ΔΙΟΝΥΣΟΝ ΑΓΛΑΟΜΟΡΦΟΝ: ΒΑΚΧΕΥΤΟΡΑ ΤΑΝΘΟΚΑΡΕΝΟΝ* quod est, μέλπομεν Διόνυσον ἀγλαόμορφον Βακχεύτορα τ' ἀνθοκάρηνον· quibus in verbis, postremum est pro ἀνθοκάρηνον, et primum pro μέλπωμεν, adeoque ε pro η, et ο pro ω positum; quae scribendi ratio tituli vetustatem satis comprobat. Columellae titulus, litteris, sinistrorsum positis, ita est scriptus:

**ΜΑΝΑΙΤΑΜΕΛΙΤΑΙΜ**

Sunt, qui haec ita legenda censeant: *Miasilem Apianam*, sed qui praeterea nihil ad eius sensum interpretandum, aut peruidendum adferant. Exspectatur Abb. *Lanzii* commentarius nouus super Etruscis, de quo mira sibi promittunt ipsius populares. Exitus num responsurus sit tantae expectationi, breui videbimus. Interim mutare has omnium primi Iones atque inuertere, vt facilius a sinistra, dextrorsum scribere possent: quae via et ratio ab omnibus Europae populis posthac accepta. Dignissima est, quam ad hanc rem lectites, τοῦ πάνυ Wesselingii obseruatio ad Herodoti locum eum (l. c. p. 400. n. 15.) quo omnis historiae profanae parens se vidisse ait, in Ismenii Apollinis templo, litteras Cadmeas in tripodibus quibusdam incisas, magna ex parte consimiles Ionicis. Hinc enim efficit consequens esse, vt ἐπὶ τὰ λαιὰ ἐκ δεξιῶν, a dextra in sinistram processerint, et vt Scaligero ad Euseb. et Salmasio in Inscript. Herod. qui in alia abeunt, haudquaquam adstipulandum sit. Est, qui Homerum et Hesiodum, primos fuisse censeat, qui poemata sua Ionicarum litterarum figuris, idque a sinistra dextram versus scripserint (v. Britanni
an.

an. Enquiries, p. 113.). Sed vtcunque haec sint, aut exiflimentur, Athenienses certe non nisi sero, Archonte Euclide, A. V. C. 350. sese adduci passi sunt, vt mutatam scribendi rationem calculo suo approbarent, et posthac vsurparent. Quid? quod ipsi Romani, primis reip. suae temporibus, perquam vetustis litterarum figuris vsi sunt, auctore Dionysio Halicarnassensi (Ἀρχαιολογ. Ρωμ. l. IV. p. m. 230.), qui in Dianae aede columnam superare testatur cum titulo inciso, qui prae se ferat γραμμάτων χαρακτῆρας Ἑλληνικῶν, οἷς τὸ παλαιον ἡ Ἑλλὰς ἐχρᾶτο. Sed Tarquinium Priscum, qui Damarati, exulis Corinthii, filius, litteras in Italiam attulisse dicitur Tacito (Annal. l. XI. c. 14.) credibile est, Ionicas, i. e. mutatas et litterarum figuras, et ipsam scribendi rationem, Romam secum attulisse, et omni studio propagasse. Quo facto, Plinius (Hist. Nat. l. VII. c. 37.) non sine caussa contendit, gentium consensum tacitum omnium conspirasse, vt Ionum litteris vterentur. Quo posito, facile videas, necesse est, cur idem Plinius (l. c. c. 58.) veteres litteras Graecorum easdem esse, ac Latinas, perhibeat, et qui Tacitus (Annal. XI. c. 14.) scribere potuerit: *formae litteris Latinis, quae veterrimis Graecorum.* Romanorum autem exemplum posthac sine dubio tam efficax ad populorum, imperio Rom. subiectorum, animos fuit, vt idem institutum, eandem scribendi rationem sequerentur. In quo ponendus videtur *tacitus* ille *gentium omnium consensus*, quem Plinium iactitasse paullo ante accepimus. Quaecunque posthac, in variis Europae cultioris partibus, scribendi instituto, eximiae vtilitatis caussa vbique locorum recepto, continuatoque acciderunt, ea tam copiose dicendo persequutus est E. ὁ πάνυ, vt Ipsius in libello nihil, nisi ordinem iustiorem, desiderare possis. Quare non est, cur plura

in

In medium adferre debeam. Quae ego de fcribendi originibus dixi, ea non fine infigni certoque fructu comparare poteft lector, rerum fimilium amans, cum his, quae eodem de argumento fcripfit Gattererus V. Celeb. (Kurzen Begriff der Weltgefchichte in ihreur ganzen Umfange, S. 41. u. 259.). Supereft, vt librum indicem, ad locum, de quo quaeritur, recte peruidendum, quin ad librorum Mfcriptt. et diplomatum aetatem diiudicandam, vtiliffimum, non ita diu Londini promulgatum: nimirum ASTLE's *Essay on the Origin and Progress of Writing and Printing*, 1784. in forma quadripertita, vna cum XXXIII. tabb. aeri incifis.

# EXCVRSVS IIII
## Ad PART. I. CAP. II
### DE
# MARMORIBVS.

Latinorum *marmor* fumtum eſt ex Graecorum μάρ-
μαρον· quo quidem vocabulo, temporibus antiquiſſimis, ad deſignandum quemuis lapidem vel fili-
cem, vſos eſſe Graecos, e locis non paucis Homeri
(Il. l. XII. 380; XVI. 734. ſ.) Callimachi (H. in
Apoll. 24.), item Euripidis, Ariſtophanis, aliorum
(v. Spanhem. Commentar. ad Callimach. p. m. 92. ſ.)
plane apparet. Intellecto poſthac, alterum ab altero
quam maxime diſcrepare natura, duritie, colore,
magnitudine, varia particularum quaſi textura, proprietatibus aliis: lapides in certa genera diſtribuere, a
vilioribus ſecernere praeſtantiores nobilioresque, et ad
varium vſum ornatumque adhibere coeperunt homines, a priſco et ſimpliciſſimo vitae genere ac cultu re-
cedentes. In lapidibus, ad vſus complures ac diuer-
ſos vſurpari ſuetis, praeter *gemmas*, quas dicimus,
ſecreuerunt eos etiam, quos ipſa natura diſtinxiſſe
videbatur ſingulari duritia, et firmitate, miraque
coloris pulcritudine: qui poſthac *marmora* κατ' ἐξοχὴν
appellari coepti ſunt. Quorum naturam et proprietates, colores potiſſimum, hoc loco indicare, et paucis, non vt phyſicos, ſed viros τῶ *Antiqui* amantes
ac ſtudioſos decet, explicare neceſſe eſt. Ac primum
quidem marmor proprie dictum natura ſua ſic comparatum eſſe intellexerunt Graeci, teſte Theophraſto,
(lib. de Lapidibus §. 9. quem Graece ſcriptum, vna
cum

cum Hillii, Britanni, obseruatt. physicis et criticis, Germanice vertit et promulgauit Alb. Henr. Baumgaertner, Norimberg. 1770. p. 64.) vt non liquescere, ( τῆς κεσθαι) sed comburi, et in puluerem seu calcem redigi (κατακαίεσθαι καὶ κονίαν ἐξ αὐτοῦ γίνεσθαι) soleat. Haec eius ratio facit, vt marmora, si non omnia, certe quidem pleraque, lapidibus calcariis vel gypseis adnumerent viri harum rerum prudentes; eoque magis, quod statuarum, columnarum, aliorum operum marmoreorum fragmenta ab Italis igne macerari, in calcem gypsumue redigi, et in aedificatione consumi, satis constat. Sed haec marmorum natura et proprietas ab hoc loco aliena est: vtpote cuius rationem prisci artifices in τῷ *Antiquo* fabricando habuere nullam. Spectabant potius in eiusmodi opere, siue id sua sponte meditarentur, siue meditari et conficere iussi essent, lapidis duritiem, colorem, splendorem, vt istud accommodatum foret tam loco, quem occupare, quam consilio, cuius prouehendi tanquam subsidium esse debebat. *Durities* requirebatur potissimum in opere, quod, vt quam diutissime firmum et stabile, et tantum non perenne esset, optarunt: nec *colorem* prorsus negligebant, si hoc idem in loco quodam publico expositum, spectatorum oculos nunquam non feriebat: siquidem cauendum esse videbant, ne quis eorum paullo fastidiosior et morosior, ingrato molestoque oculis marmorum colore, ab eis contemplandis deterreretur. Vnde ad huiusmodi opus non nisi vnius coloris, vt, candidi, viridis, nigri, marmor adhibebant; contra vero plurium colorum maculis sparsum, et quasi pauonaceum, non item (Plin. H. N. l. XXXVI. c. 6. p. m. 731.): quoniam horum varietas et discrepantia, si non prorsus absona et taedii plena, certe quidem valde iniucunda, spectatorum oculis non poterat non importuna esse, eoque ipso

fieri

fieri impedimento ad id confiderandum, examinandum, admirandum. Quod vt fequebantur, v. c. in opere omni, in quod incidendus erat titulus, legendus ac cognofcendus hominibus, ad id accedentibus, quos inamoena, ne dicam foeda, colorum diuerfitas haud dubie offendiffet: ita reapfe factum effe conftat in eiusmodi bafibus, aris, columnis, tabulis, quarum titulis infcriptis foederum leges, res quondam geftas, virorum clarorum egregie facta, honores, alia, commemorare et pofteritati tradere vifum fuit. Luculentiffima fimilis delectus exempla fuppeditant marmora Oxonienfia, Sicula, alia, quae colore non nifi candido nitent. Cuiusmodi marmor etiam ad ftatuas Deorum, hominumque fingendas deligere, ratio et fenfus fere communis fuafit. Eo autem deficiente, aliaue cauffa intercedente, ad aliud marmor coloris non nifi vnius, vt, bafalten, defcendebant ftatuarii: quod in Aegypto potiffimum, et Romae pofthac accidit, Hadriano imperatore, qui in Tiburtini recens aedificati ornatu et fupellectili, aemulatione nefcio qua abreptus voluit, vt in ftatuarum ibi collocandarum numero forent etiam, quae a veteris Aegypti legibus et rationibus perpauxillum modo recederent. Quod luculenter demonftrant figna, quae paucis abhinc annis ex illius ruderibus effoffa, in Mufeum Pio-Clementinum tranfierunt (Tom. I. n. 32. 47.; II. n. 16. coll. cum Vifconti, V. Celeber. et Eruditiffimi commentario, p. 39. n. 17. 18.). Neque minus fimile marmor candidum fuit neceffarium, vel certe vfitatiffimum, in conficiendis operibus caelatis, adeoque plurium hominum perfonis factisque, quantum fieri poterat, fimul exprimendis. Artificium enim, praeftantiffimum quidem illud, fed caelatum ex lapide, maculis multis mirisque variegato, qui fpectatoris prudentis et veri amantis oculos fuauiter afficere potuerit, et quafi fufpenfos tenere? in primis tum, quum in eas quasi cadebant simulacri artus, vel operis loca ea, quibus prorsus repugnabant, et aduersabantur, adeo vt ne aequissimus quidem iudex opus simile, quamuis alioqui non malum, aut ipsius artificem commendare potuisset. Tantum curae, tantum prudentiae impendere oportuit ἀγαλματογλύφους, si quod artis suae monumentum, aere perennius, conficere, idque viro cuiuis ingenioso, et talium rerum intelligenti, probare auebant. Vnde statuae, quas ex porphyrite Claudio Caesari procurator eius in vrbem ex Aegypto aduexerat, fuerunt non admodum probata nouitate, teste Plinio (H. N. l. XXXVI. 7.), nemo certe postea imitatus est. Et quae tres aut quattuor statuae porphyreticae Venetiis prope atrium aedis D. Marci, vel palatii Ducalis ceruuntur, eo demum tempore sunt factae ab artificibus Byzantinis, quo artes et pulcri venustique sensus quasi exulabant. Quod idem dicendum est de titulo quodam Veronensi, itidem in Porphyriten inciso. (conf. Christ. l. c. p. 77. ff. Illustriss. Caylus, Collect. Antiquitt. tom. III. ad tab. VIII. n. 2. item Visconti longe Celeberr. Obseruat. ad tom. II. tab. 17. p. 41.) At enim vero in caedendis poliendisque aedificiorum columnis, trabibus, zophoris, aliis, quae ad ipsorum firmitatem, stabilitatem, vel ornatum necessaria erant, dominorum voluntati obtemperandum fuit, et quod isti marmor vel desiderabant, vel iam parauerant, eorum consilio accommodandum. In conficiendis tandem crustis, vel operibus vermiculatis, fieri non poterat, quin plurium colorum marmora et horum fragmenta legerent; lecta ita iungerent ac compingerent, vt eiusmodi labor quam proxime accederet ad tabulae pictae rationem et venustatem. Quibus quasi praemissis, operae pretium me facturum reor, si marmorum, non omnium, quae prisci artifices ad conficienda varia artis suae opera adhibuere: talis enim de-

I 3. scriptio

scriptio iusto longior foret ac fastidii plena: sed praecipuorum tantummodo naturam, rationem et colores breuiter strictimque exponam, idque veluti duce et auspice viro, qui rerum, quae e tellure effodiuntur, peritissimus est, eademque singula curatius explorandi opportunitatem habuit in itineribus per Italiam institutis. Ex paucis enim illis, quae Plinius, Agricola, Caryophilus de ipsis scripsere, tantum abest, vt plenam, perfectam et adaequatam cuiusque generis notionem haurire possint lectores, vt potius saepenumero hallucinaturus sit, si quis eorum plura huiusmodi fragmenta, parum inter se dissimilia, recte ac vere discernere, et vnumquodque proprio nomine appellare iubeatur. Age igitur, rei arcem sine mora inuadamus, et ducem, quem dixi, sequamur certissimum, Io. Iacob. Ferberum, V. Celeberr. (Briefe aus Wälschland über natürliche Merkwürdigkeiten dieses Landes, an den Herausgeber derselben, Ignatz Edlen von Born. Prag, 1773. 8.), qui Ep. XVI. exposito, (p. 248.) quanta in fragmentis similibus emendis, inuestigandis, recteque nominandis, vt solita marmorariorum astutia, lucrique cupiditate ne fallaris, circumspectione ac cautione opus sit, praemissaque duriorum lapidum diuisione in octo quasi formas, quarum index scholis physicis, quam archaeologicis aptior est, atque accommodatior, (l. c. p. 250.) marmora octoginta, amplius, dinumerat, horumque naturam, colores, item macularum strias et alias conformationes luculenter describit. Verum vt eorum pleraque adhibita non sunt ad statuas Deorum hominumque elegantiores fabricandas, aut ad alia maioris ingenii et dexteritatis artificia paranda, sed ad bases tantum, postes, trabes caedendas, ad operiendos scenae aediumque parietes, et lacunaria, arcuum fornices et latera, ad opera vermiculata exsequenda: ita

nos

not etiam nexu omnia persequemur, ne iusto simus copiosiores. Sed ea tantum, quorum naturam quasi magis nobilitauit artificum manus in faciendis perpoliendisque eiusmodi statuis et simulacris, quorum intelligentia prorsus mirifica hodieque stupeamus, necesse est. Haec internoscendi principium a *candidis* facere placet. In eis excelluit (1) *Pentelicum*, quod e lapicidinis prope Athenas caesum, statuis, signis, et aliis rebus assabre faciendis aptum fuit. v. Theophrast. de Lapid. §. 14. p. 43. s. ed. Baumgaertner. Pausanias in Attic. f. l. I. c. 19. extr. p. 46; it. c. 32. p. 78. nec non p. 582. 590. 592. alibi, ed. Kühn.). Ex eiusmodi marmore caesum est *Palladis* simulacrum, in villa Albani Eminentissimi quod adseruatur. (v. Winkelmann. Anmerkungen über die Geschichte der Kunst. S, 4.). (2) *Parium*, (Itali vernacula sua *il Paro antico* vocant) cui vel primas detulisse constat Graecos ex ipsorum scriptoribus (v. Theophrast. l. c. et Hillii Obseruatt. ad h. l. Christ. l. c. p. 192.) propter coloris, lacti simillimi, (Ferber. l. c. p. 250.) suauitatem, et laeuitatem, qua perpolitum splendere solebat. Eius ex stratis trunci, sex vel septem pedes altiores, per creberrimas petrae rimas et fissiones non facile caedi in lapicidinis poterant, adeoque idonei fuisse dicuntur non nisi ad statuas iconicas elaborandas (Hill. obseruatt. l. c. p. 44.). Vtriusque marmoris, Parii et Pentelici, discrimen paucis verbis explicuit Winkelmannus (Geschichte der Kunst, S. 250. Dresd. Ausg. und Anmerkungg. S. 4.), qui simul memorauit, Romae superare opera varia, ex hoc marmore facta, vt, heroa aliquem Graecum, aetate prouectum, et necatum; Phrygem aliquem moribundum; Amazona iam mortuam; item heroa iuuenem, eumque vulneratum. Idem hoc marmor Ernestius scribit *Lychnicum* cognominatum; *Lygdinum* Christius, ex eoque caesa esse tum rudera, quae de

Vestae delubro superfint; tum tabulae illae sectae et affabre caelatae, quibus binae columnae longe celeberrimae, Traiana et Antonina, extrinsecus opertae sint et quasi vestitae (ibid. p. 71. 74. f.). Eruditorum, quos dixi, virorum posterior addit praeterea, id vocatum quoque esse *Coraliticum:* minus recte: nam cognomentum hoc deductum est ex fluuio *Coralio,* quem alii *Sangarium,* omnes vno ore Phrygiae flumen appellant (Liu. l. XXXVIII. 18. Arrian. l. I. c. 30. conf. Cellarii Not. O. A. L III. c. 3. p. 97. et c. 8. p. 177.). Id candore quidem proximum ebori, et quadam similitudine erat (Plin. l. c. l. XXXVI. c. 8.), sed fragmentorum excisorum mensurae bina cubita non facile excedebant. Vnde ea statuis maioribus faciendis minus accomnodata fuisse patet. Quod etiam de reliquis marmoribus candidis, ab A. immortali enumeratis, *Alabandico* (hoc tamen non *candidum,* sed *nigrum,* esse perhibet Plin. l. c. p. m. 735. quem sequutus est Christius, ib. p. 71.) *Synnadico* seu *Phrygio, Proconnesio, Hymettio, Cyziceno, Tyrio, Phengite* et *Onychite* dicendum videtur: ideoque lectorem, harum rerum amantem, adire oportet Plinium (l. c. l. XXXVI.), Winkelmanni Historiam Artium, Italice conuersam a Carolo Fea, et Romae promulgatam (tom. II. p. 10. ff. not. 1.). Supersunt huius generis alia, quae silentio praetermittere non licet. Nimirum *Lunense,* et quae Itali *Marmo Statuario* et *Marmo Cipolino* hodie appellant. Quorum primum, Lunae in Etruria caedi, hodieque vulgo *Carrarense (Marmo di Carrara)* vocari suetum, quam proxime accedit ad Parium, Ferbero quidem iudice, (l. c. p. 250.) nisi quod nec aeque compactum, et maioribus quasi squamis fibrisue textum sit; vnde opus qualecunque ex eo caesum, minus bene poliri et laeuigari queat. Interim veterum statuarum atque protomarum, in museo Capitolino collocatarum, tantum non omnes

ex

ex hoc marmore fabricatas esse, idem ille testatur. Alterum, quod dixi, marmor (vulgo nominant *Marmo Statuario*) itidem antiquum est, et Pario prorsus simile, praeterquam quod nec coloris lactei, nec opacum, sed semipellucidum sit; quod in fragmentis vel crassioribus obseruari possit. Tertium (*Marmo Cipolino* vocari suetum) non minus Graecae originis, candidique coloris est, sed simul ita comparatum natura, vt id striae, seu fasciae viridantes lucentesque quasi permeent, neque adeo, quantum superiora, splendeat et luminis radios repercutiat. De quo quid et Christius et Volkmannus tradiderit, et qua re alter ab altero diffentiat, ex vtriusque commentariis videre licet. His marmoribus candidis subiungere placet *Alabastriten*, lapidem pariter candidum, qui, si a mollitie discedas, ad marmor quam proxime accedit. Is qua velut nota et ratione ab *Alabastro* differat, expofuit V. Celeberr. Hillius (Obseruatt. phys. et crit. ad Theophr. p. 45. s.): qui eodem loco animaduertit, Alabastriten a Graecis non raro ὄνυχα, et a Latinis *marmor Onychites* vsurpari. Errorem complurium virorum doctorum inde natum et propugnatum arguit idem Britannus doctissimus. Pauca de hoc obseruat Ferberus (l. c. p. 258.) plura Ian. de S. Laurentio, qui in ea est baeresi, quae Alabastriten et Alabastrum discrepare negat (Dissert. sopra le pietre preziose degli Antichi, e sopra il modo, col quale furono lavorate, cap. I. et II. §. 17. ss. quae exstat in Saggi di Dissertazioni Accademiche, lette nell' Academia di Cortona, Tom. V. p. 22. ss.). Eum plerumque in tabulas sectum et vsurpatum esse, vt ei tituli inciderentur, paucis demonstrauit Christius, V. C. (l. c. p. 80. ss.). Ex eodem bases perquam venustas parati scribit Ferberus, in quibus protomae collocari soleant; quales multae reperiantur in Albani Eminentissimi villa. Quibus

bus omnibus duo addantur, necesse est. Alter est *Porus*, Πώρινον λίθον appellat Herodotus (Terpsich. f. l. V. sect. 308. p. m. 401.) quem, plerisque incognitum, idem in templo Delphico aedificando, ab Alcmaeonidis, redemtoribus, vsurpatum esse memorat. Plinius (L c. l. XXXVI. c. 7. Pario similem esse ait candore et duritia, minus tamen ponderosum: quae haud dubie ex Theophrasto (L c. §. 15. p. 51.) transcripsit. Pausanias (l. V. c. 10. p. 398.) templum aliud ex eo aedificatum memoriae prodidit. Quin ex eodem statuas caesas, quae Πώριναι essent vocatae, et specula parata esse, Hillius, quem saepe iam diximus, obseruauit (l. c. p. 47. s. conf. Iul. Pollux Onomast. L VII. sect. 123. p. m. 776. et VV. DD. nott. ad h. l. item Taylor Lect. Lysiac. c. V. p. 254. ed. Lips. qui Πωρίνυ Σελίνυ, per librariorum errorem natum, in Σιλίνυ mutandum, ac de Sileni statua, ex lapide porino, facta, accipiendum esse contendit). *Chernites* est alter, qui, ebori simillimus, a Graecis veteribus frequenter vsurpabatur ad sarcophagos parandos: in quorum vno Darium quoque conditum ferunt, teste Theophrasto (L c. §. 15. p. 51.), et Plinio, (l. c. l. XXXVI. c. 17. et 8.) quem haec ex illius libro transcripsisse credibile est (conf. Hill. Obseruatt. ad h. l. p. 47.). Atque haec quidem de marmoribus *candidis*. Iam ad alia progrediamur. Est marmor *nigri*, vel *ferrei* potius coloris, quod vulgo *Basalten* vocant: cui tamen non raro admistae sunt particulae prorsus disparis naturae diuersique coloris, quae eius discrimen efficiunt: id quod pluribus ostendit Ferberus (l. c. p. 270. ss.). Omnium frequentissimum appellatur *Basaltes orientalis niger*, admodum durus, granulis tenerrimis, iisdemque maxime homogeneis, concretus. Alterum dicitur *Basaltes orientalis niger crystallis minutis immixtis*, estque coloris cineritii, et eiusdem fere,

fere, cuius antegreſſum, naturae, niſi quod cryſtalli candidae, valde minutae, et granatis ſimillimae, in eo ſparſae cernantur. Statuas, ex hoc lapide caeſas, videre licet in villa Albani Eminentiſſ. Eſt tertium genus, *Baſaltes orientalis niger, vulgo fiorito* dictus, cuius maculae nigrae et candidae, flucticulisque confuſis ſimiles faciunt, vt marmoris ſpeciem prae ſe ferre videatur. Quartum vocatur *Baſaltes orientalis cum partibus conſtitutiuis granitis aequabiliter mixtis*, eſtque niger, admodum durus et granulis tenerrimis quaſi compactus. Cui qua via et ratione admiſſae fuerint particulae granitoſae, coniectura probabili docet Ferberus (l. c. p. 272.). *Iſidis ſtantis* ſimulacrum, ex lapide ſimili fabricatum, reperitur prope ianuae, in Muſeum Capitolinum deducentis, latus ſiniſtrum collocatum. Quinto nomen eſt, *Baſaltes orientalis, faſciis granitoſis*, qui eſt lapis ille, quem *nigrum l. atrum* vulgo nominant. Faſciarum, granulis rufis granitoſis effectarum, originem admodum veriſimili coniectura explicat Ferberus (l. c. p. 273.), qui duas Sphinges ad ſcalam palatii Capitolini, cubantes et aquam quaſi euomentes, ex iſthoc lapide fabricatas teſtatur. Ex reliquis, memoratu non magnopere dignis, nominare placet *Baſalten orientalem viridem*, qui lapis conſtat particulis non niſi homogeneis viridi colore, eisque ſpiſſe ac ſine vlla cryſtallorum admiſtione compactis. Ex eo ſtatuae ingenioſe et aſſabre factae tam in Muſeo Capitolino, quam in Albani Eminentiſſ. villa, reperiuntur. Eſt alius *Baſaltes viridis, punctulis cryſtallinis albis* adſperſus, quem vulgo *Baſalte pedocchioſo*, i. e. pediculis quaſi obſitum, vocant, ſed longe-rariſſimus, ex quo caeſae dicuntur duae columnae, in D. *Prudentianae* aede ſuperſtites. *Atris* marmoribus adnumeratur *Numidicum*, ſeu *Lybicum*, ex ſolo patrio dictum; quod M. Lepidus

omnium

omnium primus, adhibitum voluit ad domus fuae limina paranda (Plin. H. N. l. XXXVI. c. 6. p. 732.): tum *Luculleum*, quod in Nili infula quadam natum, L. Lucullus primus Romam deuehi et vfurpari iuſſit, et id cognomenti ab amatore adeptum eſt, (Plin. eod. l.). Sed quod hic domus fuae columnis caedendis deſtinarat, id M. Scaurus poſthac ad fimiles, in atrio collocandas, easque duodequadragenum pedum altas, impendit (Plin. l. c. p. 734.). Eo porro pertinet *Thebaicum*, interſtinctum granis flauis, vel, quod Plinius fcribit (l. c. p. 735.), aureis guttis; inueniri fuetum in Africae parte, Aegypto adfcriptae, vnde *Thebaici* cognomen exſtitit. Denique lapis *Taenarius* (Plin. l. c. c. 22.) feu *Laconicus*, *Lydius* alter, feu *Heraclius* (Plin. H. N. l. XXXIII. c. 8.), item *Obſidianus*, nigri quidem funt: fed duo priores inferuiebant metallis examinandis, et erant *Pietre di paragone*, vti ab Italis nominantur; poſteriores fpeculis conficiendis praecipue idonei erant, iudice Hillio (Obferuatt. ad Theophraſt. p. 48.). Interim opus aliquod, ex Obfidiano lapide caelatum, defcribit Caylus Illuſtriſſ. (Rec. d'Antiqu. T. IIII. p. 18.). Ex *viridis* coloris marmoribus non nifi duo recenfet b. ERNESTI, *Lacedaemonium* f. *Laconicum* alterum, et *Caryſtium*; tria alia non item. De fingulis nonnihil dicendum puto. Primum in Taygeti, montis in agro Spartano fiti, lapicidinis effodiebatur: erat valde durum, coloris viridis iucundique faturum, ac cunctis aliis hilarius, auctore Plinio (l. c. p. 733.): quod Itali vulgo *il verde antico* nuncupant. Ferberus commemorat quidem (l. c. p. 755.) itidem aliquod *Marmo verd' antico*, fed eius de folo patrio, et natura nihil difputat: vnde dubium eſt, num hoc idem, quod Chriſtius (l. c. p. 70.) an contra aliud intellectum velit. Alterum, i. e. *Caryſtium*, ex Caryſto, Euboeae oppido, vel *Euboicum*, eum, ex infula ipfa, vocatum, colore erat *viride pallenti*, adeoque cano, qualem falicis folia oftendunt. Hunc lapidem *il Cipollino antico* dici contendit Chriftius (l. c.), fed alio loco (p. 75.), quo decem columnas fuperftites templi, in Antonini et Fauftinae honorem aedificati, ex illo caefas effe memorat, eum fubcaeruleum ac venis candidis penetratum effe fcribit. Quod vtrumque fimul verum effe non poffe, quis eft, qui non videat? In Aegypto alia duo genera, Augufto et Tiberio imperantibus, inuenta cafu quodam funt, et alterum Augufti, alterum Tiberii cognomentum traxit. Difcrepabant tamen tam ab *Ophite*, quam inter fefe: *Auguſteum* enim candidas maculas vndatim crifpum in vertices colligebat, *Tiberianum* fparfa, non conuoluta canitie. His verbis admodum obfcuris defcripfit Plinius (l. c. p. 733.) horum binorum lapidum difcrepantiam: Harduinus in nota fubiecta eius fententiam nonnihil explicauit. Supereft poftremum, itidem valde durum, *viride et iucundum*, fed hic, illic, maculis fparfum, quales in ferpentibus confpici folent. Hinc etiam lapis ille appellatus eft *Ophites*; Italice *il Serpentino antico* vocatur. Similis cognominti lapidem defcribit Ferberus (l. c. p. 263.), aitque *Serpentino verd' antico* appellari: ac coloris diuerfi cauffam valde probabiliter exponit. Perfequi iam placet *rubei coloris* lapides, feu marmora, quantum confilio noftro conducit. In his primum teneat locum, qui prope Syenen, infulam et oppidum Aegypti, qua ad Aethiopiae fines pertinet, effodiebatur: quique ex folo patrio *Syenites*, vel *Aegyptius*, et ex punctis igneis, nigrisque valde lucentibus, quibus ipfius maffa et textura fubrufa diftincta eft, *pyropoecilos* (Graece πυροποικιλος) appellatus eft (Plin. l. c. l. XXXVI. c. 8. conf. Iannon di S. Laurent, l. c. §. 35. f. p. 37. f.). Itali eum *il granite orientale* vocant, auctore Chriftio

(l. c.

(l. c. p. 70.). Ferberus iftius aut plane nullam, aut alio fub nomine, fecit mentionem: Hillius contra eius meminit (Obferuatt. ad Theophraft. p. 44. f.), et artificia innumera, a Graecis et Romanis opificibus ex ipfo fabricata, fuperefle contendit. Chriftius non nifi fedecim columnas ad Panthei pronaon pertinentes, ex eo caefas memorat (l. c. p. 73. conf. Weinligs Briefe über Rom, Band III. Br. 32. S. 60.). *Purpureo colore* eft, quem itidem ex Aegypto petitum, plerumque *Porphyriten*, et ex punctis candidis, quibus ipfius mafla purpurea quafi obfita eft, *leucoftiston* vocarunt, hodieque vocant (Plin. l. c. c. 7.). Chriftius de eo differens (l. c. p. 70.) hodie ab Italis vfurpari ait, *il Porfiro antico*: et hic, nifi me omnia fallunt, idem ille eft, quem Ferberus (l. c. p. 260.) fub nomine *Porfido roffo* defcribit, adiecta fimul coniectura valde probabili, qua candidas rufi lapidis maculas texturamque mirificam, quantum fieri poteft, explicat. Lapides complures alios ex Porphyritarum genere, recenfet Ferberus (L c. p. 261.), vt, *atrum, fufcum, viridem*, ac varias cuiusque generis formas: fed fingulos dicendo perfequi vetat tam inftituti ratio, quam operum, ingeniofe affabreque ex eis factorum, inopia. Qui de lectoribus noftris fingulorum naturam et rationem, aeque ac difcrimen pernofcere auet, ei commentationem Ferberianam adire fuademus. Supereft marmor *flauum* feu *cereum*, idque multis nominibus commendabile, quod Chriftius (L c. p. 71.) in Aegypto intima, pone ipfas Thebas, prope Damafcum, in India, Afia minori, et Thafo, infula, effoflum; et Latine, *onycem, alabaftriten*, vocatum efle demonftrat. Super quo etfi cum viro harum rerum peritiffimo, contendere nolim; fateor tamen, me fubuereri, ne is leuiter hallucinatus fit, quum neque onycem, neque alabaftriten, flaui coloris efle conftet,

Sed

Sed fieri potest, vt τὸ *flauum* senſu proprio non acceperit, ſiquidem columnas Panthei interiores ex Alabaſtrite, contra in Traiani ac Conſtantini arcubus ſuperſtites, et ex Thaſio lapide caeſas, vno eodemque cognomine, i. e. *giallo antico*, ornat: quod in poſteriores recte et vere quadrat; in priores non item, niſi τὸ *flauum* pro eo, quod *ſubflauum* et *ſubalbidum* eſt, accipias. Reſtat id lapidum duriorum genus, quos vulgo *Graniten* vocant; et ex quo Obeliſcos Aegyptiacos non ſine labore et patientia incredibili caeſos politosque eſſe, nemo fere eſt, qui neſciat. Reperiuntur variae huius generis formae, quas Itali *Graniten rufum* (Granito roſſo) *griſeum*, vel *cinereum* (Granito grigio, o bigio) *nigrum* Granito ner' e bianco) *viridem* (Granito verde) vulgo appellant. Singulas graphice deſcripſit Ferberus, V. Celeberr. (l. c.), cuius commentarium lectitare iubeo lectorem, res ſimiles diſcendi cupidum. Hoc vnum monere placet, ex eo lapide caeſas eſſe octo columnas praegrandes, in Diocletiani thermis ſuperſtites: quales etiam fuiſſe conſtat in Caracallae thermis, hodie penitus fere collapſis, aut deuaſtatis. Atque haec quidem de marmoribus diſputare, ac veluti epimetrum aliquod ad ERNESTI τῦ πάνυ libellum adiicere viſum eſt.

## EXCVRSVS V

### AD PART. I. CAP. III

## DE GEMMIS c e t.

Sequitur, vt Capiti *de Gemmis et aliis lapidibus nobilioribus* Epimetrum, antegresso fere simile, subiiciam, et, quantum fieri potest, paucis attingam locum, ad explicandum non minus difficilem, quam superiorem de *marmoribus* fuisse patet. Auctor immortalis tres indicauit caussas (§. 2.) huius difficultatis; cuius, mihi quidem, plures esse videntur. Nimirum credibile est, gemmarum, quas scriptores antiqui enumerarunt, complures hodie aut non amplius inueniri, aut, si inuenias, cum non ita, vt quondam, parentur ac poliantur, gemmarios nostros cum viris aliis, rerum similium peritissimis, in eis non posse videre colores et characteres, quos iusta, qua decebat, ἀκριβείᾳ non indagatos, nec indicatos, illis temere attribuerunt. Sic censent plerique, qui gemmarum nomina, hodie vsurpari sueta, naturam et rationes, item colores, aliasque proprietates, comparare cum Plinianis, ac sententias discrepantes quasi conciliare adgrediuntur. Sunt quidem, qui Plinii potius, quam recentiorum vocem et auctoritatem sequendam esse contendant, neque eum, super hoc loco disputantem labi decipique potuisse, largiri velint; propterea quod is, vir tam eruditus ac celeber, tantum auctoritate pollens, et apud ipsos imperatores perquam gratiosus, plenam et accuratam, vt rerum aliarum, ita gemmarum quoque, notitiam habere debuisset. Verum ego horum in sententiam abire haud-

haudquaquam possum, plane persuasus, hominem, qualis Plinius fuit, nec omnia scire, et, vt permulta scierit, scribendo errare potuisse. Multiplicem huius viri scientiam, et libros ab eo conscriptos, quibus solis plurimarum rerum cognitionem debemus, maximi, vt par est, facio: sed credo etiam, nec eum ab omni errore prorsus liberum, ac paene diuinum fuisse, nec hos ita exactos esse atque perpolitos, vt plane nihil falsi, nihil errati, in eis exponatur *). In quo mihi facile adsensurum arbitror, qui animo satis expendit, quam studii et librorum scribendorum rationem, graphice ab eius nepote et filio adoptiuo descriptam (Epistol. l. III. ep. 5.) tenuerit; quam vastam, et quam immensam rerum longe diuersissimarum copiam, hominum plurimorum, nedum vnius, viribus vix aequam (vt Horatiano illo vtar) in eis tetigerit; et quam inopinata morte praepeditus, res ex amplius mille libris excerptas recte pensitare, comparare, diiudicare, eoque libros in iustum ordinem redigere haud potuerit. Accedit, quod credibile est, rerum tam variarum, tam incognitarum, de quibus in opere isthoc Pliniano disputatur, vocabula, itidem parum cognita et vsitata, librariorum saepe stupidorum culpa, negligentiaue, mutata vel deprauata esse, ita quidem,

vt

*) *Stephani Falconeti*, statuarii aetatis nostrae perquam celebris, versionem Gallicam l. XXXIV, XXXV, et XXXVI. Historiae Natur. Plinianae, notis illustratam, praeter commentationes alias, ad Artes elegantiores referri solitas, excipit Anonymi, nescio cuius, commentariolus ingeniosus, et sale multo plenus, inscriptus: Ce que c'est que Pline l'Ancien, p. 183. IT. vol. 2. edit. sec. quo luculenter demonstratur, Plinii auctoritatem non esse, nec esse posse ac debere, tantam, vt ei temere adsentiri oporteat.

K

vt auctor non raro secum ipse pugnare videatur. Id quod existimauit etiam Vir, omni laude mea maior, Vrbanus Frider. Benedict. Brückmannus, dux viae, quam ingressurus sum, peritissimus atque certissimus, qui in praefatione Commentarii longe praestantissimi atque ingeniosissimi super gemmis, cum duplici appendice promulgati, hoc idem recte vereque monuit, et Plinii patronis imprudentibus, iustoque cupidioribus inculcauit. Quae omnia quum ita sese habeant, tantum abest, vt Romanum hunc scriptorem solum, et qui post ipsum eodem de loco exposuerunt, vt, Isidorum, Marbodaeum, Anselm. Boetium de Boot, Ioann. de Laet, Boylium, alios, sequi possimus, vt potius Brückmanno potissimum duce et auspice, quaestionem hanc satis spinosam explicare velimus ac debeamus. Praeterea consulere placet Ian. de S. Laurentio dissertationem, quam supra diximus, et quae ad rem nostram conducunt, inde repetita hic simul afferre; hac tamen lege, vt non tam gemmarum, colorum, quibus splendent, ac reliquarum proprietatum origines et caussas physicas indagemus exponamusque, quam ea tantum breuiter strictimque dicendo persequamur, quae ad iustam τῦ *Antiqui* notitiam atque aestimationem necessario pertinent.

Gemmas, in vniuersum, easque *confessae nobilitatis*, appellant lapillos, qui lapides quoscunque alios superant eo, quod sunt pellucidi, in primis duri, firmi et durabiles, laeues ac mirifico, postquam bene politi sunt, splendore, perquam rari, et colorum suauitate iucundissimi. Huiusmodi proprietates omnes ac singulas in vno eodemque lapillo semper, simul, et eodem gradu iunctas, caue, exspectes: interim in quo earum plures adsunt, eo pulcrior et perfectior est censendus, eoque maioris est aestimandus. Sic gemmae, vt hoc vtar, non omnes sunt prorsus translucidae;

dae; sed multae non nisi *semipellucidae*, aliae prorsus *opacae*. Rursus aliae aliis sunt duriores vel molliores; aliae vehementius, aliae, quanquam valde politae, debilius radiant et nitent: alias color perquam suauis et hilaris, alias admodum pallidus, et quasi fugiens seu euanescens, alias plane nullus commendare solet. Quae earum proprietates admodum dissimiles vnde nascantur, in scholis physicis docetur, et lector, qui rem explorato scire auet, V. C. Brückmanni commentarium adeat, necesse est: in quo, quae illarum de solo patrio, de solita quasi matrice, de discrimine hinc nascente, de colorum varietate et caussis verisimilibus, de formandi, poliendi, et magis velut exornandi via et ratione, verbo, quaecunque de illis tenenda sunt, recte et ordine enarrantur. Nobis pauca inde delibata huc transscribere licebit.

Ab *Adamante* exordior, eo quod huic non solum ERNESTI ὁ μακαρίτης, sed etiam veterum recentiorumque mangonum iudicium, prae omnibus, quotquot sunt, geminis principatum deferre solet. Quae Plinius de eo scripsit (H. N. l. XXXVII. 4.), nec adamanti nostro conueniunt, ea fecerunt, vt lis non facile componenda exoreretur inter viros eruditos, quorum alii ipsum mendacii accusare non dubitarunt, alii, vt Lipsius (ad Senec. de Constant. c. 3.) et Christius (Mus. Richter. p. 210.) defenderunt, rati, ipsius adamantem a nostro plane diuersum esse. At enim vero vt duo, quos dixi, ingeniosos Plinii patronos verum vidisse largiar; tamen auctoritatem clientis, cuius caussam egerunt, hodie sequi non licet, quoniam ea momenti plane nihil habet nec ad τῦ *Antiqui* rationem et praestantiam intelligendam, nec ad lapillorum, quos hodie *adamantes* vocare, eoque nomine venditare solent, veram et exactam cognitionem, atque hinc pendentem cautionem, ne ficticiorum

K 2 specie

specie fallamur, prouehendam. *Adamas* igitur, qualem hodie habemus, et ex periculis quam plurimis nouimus, lapillus est durissimus, ponderosissimus, maxime translucidus et scintillans, ideoque etiam pretiosissimus. Is, natus ex Quarzo nobilissimo (sic appellat Generosissimus a Born, mihique, spero, licebit, vocabulis in hoc loco explicando vsitatis, breuitatis caussa, interdum vti) crystalli formam et rationem prae se fert, defractus e silice, aliaue quasi matrice, scintillat vitroque similis est, ad chalybem illisus reapse scintillas excutit, acie sua cum vitrum et lapidem quemque duriorem, tum semet ipse dissecat, nec vlla materia alia, nisi quae ex ipso, siue in crustas minutiores fracto, siue in puluerem contuso, parata est, tractari, poliri, consilioque vario aptari potest. Nec limae longe acutissimae atque durissimae, nec liquores acidissimi vehementissimique vel minimum eius demunt: verbo, nil nisi ignis flagrantissimo aestu, qualem specula, quae vulgo vstoria dicuntur, aut pilae crystallinae, seu vitra alia, aduersis posita solis radiis excitare solent; vel vasa vitrea et porcellana, in fornacibus coquenda requirunt, eum obscurandi, quin tandem prorsus macerandi, et in merum vaporem redigendi vim habere, hodie constat, (v. Brückmann. l. c. p. 61. ff. coll. Hill. Obseruatt. ad Theophr. p. 105. qui simul docet, quam adamantis superficiem igni vehementissimo, per specula vel vitra, quae dixi, excitato, recte opponere oportet, vt vim in eum suam exserere possit). Haec adamantis natura veteres prorsus latuisse videtur, (v. Theophr. l. c. §. 32. p. 99. Plin. l. c.). Istum adhuc rudem, necdum politum, figura duplici, crystallina aut silicea esse ferunt. Vtriusque generis rationem describit idem Brückmannus (l. c. p. 64. f.). Recte politi, maxime translucidi sunt, albi, et aquae limpidissimae similes; ita tamen,

tamen, vt complurium candor, mundities et claritas magnopere inter se different. Inueniuntur tamen, quamquam admodum raro, etiam virides, rubei, flaui; quin alii nigricante, fusco, subluteo, subuiridi seu cano et quasi liuido colore: quorum posteriorum natura et adspectus vt oculis minus iucundus est et hilaris, ita facit quoque, vt despiciantur, nulliusque pretii aestimentur; priorum contra color et splendor suauissimus, viridis potissimum et citreus, eiusmodi lapilli pretium insigniter augent, ita vt non nisi carissimo vendantur. Colorum, quos dixi, in adamante nitentium caussas probabili coniectura assequi voluit Hillius, V. Cel. (l. c. p. 104.). Ceterum quae praeterea de *adamantis* solo patrio, eius anquirendi, poliendi, scalpendi ratione, et pretio scienda sunt, ea copiose exposuit Brückmannus, V. Cel. (l. c. p. 66. ss. it. Append. I. p. 20. ss. et II. p. 34. ss.): cuius libros adeat lector, plura de hoc lapillo discendi cupidus. Vnum, quod de eo moneam, superest: nimirum priscos Graecorum et Romanorum artifices nihil aut scalpendo, aut caelando, ex eo parasse, ita vt vere *Antiquum* appellare possis. Id quod quisque, qui dactyliothecam coepit instruere, probe teneat, oportet, ne mangonum astutia deceptus, pseudo-adamantem, summum, Sapphirum candidam pro vero adamante, et quasi nubem pro Iunone amplectatur, (v. Hill. Obseruatt. ad Theophr. p. 133.). Ac non nisi talem esse plerique censent, quem Dux Bedfordiensis, Britannus, in dactyliotheca sua, ceu adamantem antiquitus sculptum iactare solet, (v. Mariette sur les pierres gravées, T. I. p. 91. et Büschings Geschichte und Grundsätze der schönen Künste und Wissenschaften im Grundriss, p. 8.). Adamas verus non nisi per recentiores quosdam gemmarios, ab exeunte fere saeculo XV. scalpi coeptus est.

Alterum in gemmis locum tribuere folent viri, harum rerum periti, *Rubino*, quem prifci fcriptores ἄνθρακα, *Carbunculum, pyropum, carbonem*, cet. appellarunt. Quae Theophraftus, Plinius, Hillius, Linnaeus, alii, de eo fcripferunt, legere licet in V. C. Brückmanni commentario (p. 88. ff. it. App. I. p. 44. f. et II. p. 49. conf. Iannon di Laurent, l. c. Cap. 17. §. 68. ff. p. 66. f.). Is eft lapillus igneus, ruber, natura quarzofus, qui e filice, fiue matrice, defractus vehementer fcintillat, cryftalli figuram prae fe fert, igni vel vehementiffimo affectus coloris fui nihil amittit, et chalybi allifus fcintillas fpargit. Huius generis lapilli vt colore et duritie, ita pretio etiam differunt. Eorum praeftantiffimus, rariffimus et pretiofiffimus, colore fcintillans purpureo, eoque faturo ac velut auftero, non nifi in regionibus, folem orientem fpectantibus, et ipfo adamante rarius, inuenitur. Sed quod maximum eft, lapillus fimilis ne per vehementiffimi quidem ignis aeftum liquefcit, nec coloris et nitoris quidquam amittit. Reliquorum alius colore eft fubrubro; alius violaceo, quem Plinii *amethyftizonta* effe credunt; alius coccineo; alius croceo feu luteo, eoque minus iucundo, quem funt, qui *Rubicellum* dicant, alii *hyacinthis* adnumerare malint. Reliqua, quae de ipforum natalibus, de probabili colorum diuerforum origine et cauffa, de poliendi ratione tradit dux, quem fequimur, praeclariffimus, attingere non neceffe eft, quoniam prifci artifices eos fcalpro caeloue caedere aut nequierunt, aut noluerunt (v. Büfching l. c. p. 9.), adeoque ad augendam τῆ *Antiqui* cognitionem nihil prodeffe poffunt.

Tertium locum, ex virorum, in hac difciplina verfatorum, decreto *Sapphirus* occupat; quam Linnaeus *Alumen lapideum caeruleum* nominandam cenfuit.

Is lapillus, quem nos hodie habemus, itaque appellamus, auctore V. C. Brückmanno (l. c. cap. 7. p. 96. ss. et App. I. p. 51; II. p. 53. ss.) est caeruleus, pellucidus, natura quarzosus, qui e silice, aliaue matrice, defractus, vitri speciem, cryslallique figuram prae se fert, illisus chalybi scintillas edit, igni impositus colore priuatur, nec tamen facile ita, vt liquescat, eius vi et impetu calefieri potest. Eadem fere, qua Rubinus, duritie est, ideoque proximum ab hoc locum tuetur. Quod Theophrastus (de Lapid. §. 43. p. 124.) et Plinius (H. N. L XXXVII. c. 9. p. 783.) de *Sapphiro* et *Cyano* tradunt, comparatum est ita, vt horum lapillorum neuter, pro *Sapphiro*, quàm hodie vocant, haberi possit. Quum tamen verisimile non sit, eos hanc penitus ignorasse: sunt non pauci, qui ipsorum *Amethystum* nil, nisi *Sapphirum* nostram esse contendant; quod tamen Brückmannus haudquaquam credibile existimat, cui aeque, ac Hillio (l. c. p. 130.), ipsorum *Beryllus aeroides*, lapillus pellucidus et aerizon, siue coloris caesii, aetheri simillimi, idem, qui nobis *Sapphirus* dicitur, fuisse videtur. Huius de patria, coloris caussa et figura (quamquam plerumque deformis, veluti silex, in arena et fluminibus inueniri solet), quae Brückmannus V. C. exponit, silentio praetermittere oportet: contra vero attingere, eius colorem diuersimode variare; siquidem in alia, eademque praestantissima et pretiosissima, nitet color cyaneus, purpureo perquam affinis; in alia mere caeruleus seu caesius, qualis in aqua limpida, et caelo sereno apparet; in alia caeruleus quidem, sed simul viridescens, et Smaragdo accedens, vnde *Sapphirus prasitis* appellatur; in alia denique caeruleus albescens, quin saepenumero paene candidus, et lacti diluto similis, qualem *Leucosapphirum* nuncupant. Earum color vitiosus ac minus aequabilis, ignis adiumento, emendari

dari quodammodo, et in candidum mutari folet: quo
facto, fi bene politae et annuli palae inclufae funt,
veluti adamantes debiliores fcintillant, et a mangonibus, quod paullo ante dixi, pro his iactitari, et emtoribus cupidis, nec nifi rariora amantibus, cariffimo
venditari folent. Ceterum Sapphiris fcalpendis multum operae impenderunt prifci artifices, quod e dactyliothecarum indicibus fatis apparet.

 Sequitur, vt de *Smaragdo* nonnihil exponam, cui,
viriditate fuaui hilarique bene faturo, mangones quartum inter gemmas locum deferunt, quemque *Nitrum
quarzofum viride* appellandum cenfuit Linnaeus. De
hoc lapillo difputat Brückmannus Celeb. (l. c. p. 101. fs.
et Append. I. p. 51. ff. II. p. 56. ff.) qui paucis perfe-
quutus, quae Theophraftus (l. c. §. 44. p. 134. fs.)
et Plinius (H. N. l. XXXVII. c. 1. et 5. p. 765. et 774.
coll. Iannon di Laurent l. c. c. 18. §. 70. ff. p. 69. fs.)
de eodem tradidere, gemmam effe ait pellucidam,
quarzofam, quae effracta e filice, feu matrice alia,
vitro fimilis, cryftalli figura, et colore gramineo ni-
tidiffimo fit, atque pulcerrime fcintillet, duritie tamen Rubino et Sapphiro multum cedat, ignique
vehementiori impofita colorem prorfus, et magnam
duritiei partem amittat, quin tandem, et per fe fola,
et per chryfocollam admixtam, colliquefcere et in
vitrum permutari foleat. Quae ad illius folum patrium, ad probabilem coloris, quo nitet, cauffam,
ad reliquas proprietates pertinent, de induftria non
tango, propterea quod ea libelli huius confilium non
neceffario requirit; ideoque hoc vnum reor memoratu
dignum effe, fmaragdos reperiri, alios viriditate
hilari et iucunda, pallente fere, fed nihilo fecius vehementer radiante; alios viriditate fatura, aufero, et
vere gramineo colore, fed propter hanc ipfam aufteritatem

ritatem minus fcintillante; illosque his longe praeferri
folere tam a mangonibus, quam a viris harum rerum
peritis. Ceterum eiusmodi Smaragdos praeftantiores
a prifcis artificibus fcalptos caelatosue non facile repe-
rias: quibus num per decretum, a Plinio indicatum,
(H. N. l. XXXVII. c. 5. p. 774.) pepercerint, an
aliam ob cauffam, non liquido conftat. Fieri poteft,
quod nonnulli pro vero affirmant, vt eis aeque ac
reliquis gemmis pulcerrimis, pellucidis et colore
fuauiffimo bene faturis, vt, Rubinis, Sapphiris, aliis,
de induftria parcere voluerint, nequid praeftantiae
fuae naturalis amittere viderentur, manu humana vel
minimum inde demente. Quodfi qui ex his Plinii
verbis (l. c.) *fcalpentibusque gemmas non alia gratior
oculorum refectio eft: ita viridi lenitate laffitudinem
mulcent,* opinionem plane oppofitam efficere folent:
ifti, me iudice, non peruiderunt, fcriptorem Rom.
verbis illis, qua via et ratione tales artifices oculos,
a diuturno fcalpendi labore et contentione feffos, re-
ficere et recreare fueuerint, indicare voluiffe. Qui
pictorum noftrorum morem non ignorant, eos mihi
facile adftipulaturos opinor. Tandem non verae,
fed pfeudo-fmaragdi olim fuiffe, aut hodie effe videntur, quarum altitudo et craffitudo praedicata eft,
et cum maxime praedicatur (v. Theophr. l. c. §. 44.
p. 135; §. 45. p. 142. ff.; conf. Hill. Obferuatt. ad
h. l. p. 139. et Baumgärtner. not. p. 142.).

*Hyacinthum,* quantum inftituti noftri ratio poftulat, defcribere adgredior. Eum, a Linnaeo inclyto
*Nitrum quarzofum fuluum* appellatum, ita definit V.
C. Brückmannus, (l. c. p. 109.) vt fit lapillus pellucidus, perdurus, rubedine flauefcente, ex quarzo natus,
qui defractus vitri naturam et cryftalli figuram prae fe
fert, chalybi illifus fcintillas igneas fpargit, igni
vehemen-

vehementiori aduftus colore natiuo priuatur, neque tamen in eo per fe folus liquefcit. Hanc gemmam veteribus fatis cognitam fuiffe, fed *Lyncurium* ab eis nuncupatam, exiftimauit Hillius (Obferuatt. ad Theophr. §. 50. p. 166. ff.), nec repugnat dux, quem fequor, intelligentiffimus. Is, defcriptionibus Theophrafti et Plinii nonnihil oppofitis, quantum fieri poteft, conciliatis, lapilli, de quo quaeritur, natales, varias proprietates, diuifionem duplicem, quin verifimilem coloris cauffam, ac poliendi rationem iudicat, et quintuplex ipfius genus, ex coloris diuerfi ratione nafcens, effe demonftrat. Primus eft *hyacinthus coccinei coloris*, qui haud dubie pulcerrimus, rariffimus, ac fplendore maxime igneo, quam proxime accedit ad coccineam fcintillantemque aufteritatem. Alter eft *coloris crocei*, antegreffo nonnihil cedens nitore igneo, fed pulcer tamen et gratiofus: tertius *citri coloris*, quem non male ad Topazii claffem referre poffis: quartus *colore fuccineo*, quo eft electrum, fiue fuccinum furuum, quem ideo Plinii *Chryfelectrum* effe, putant nonnulli: quintus denique *colore melleo*, qui propter coloris vitiofitatem minoris pretii eft, et tantum non defpicitur. Prifcos artifices *hyacinthos* ad fcalpendum et caelandum adhibuiffe, loquuntur gemmae in dactyliothecis compluribus adhuc fuperftites. Plura de hoc loco difputare non neceffe eft.

*Topafio*, feu *Topazio*, paucis iam defcribendo, cognomenta dediffe varia fcriptores veteres, ex eorum libris apparet: appellatur enim *Chryfolithus, Chryfelectrum, Leucochryfus, Capnias,* fiue *Morio* cet. Linnaeus eum *Nitrum quarzofum luteum*, et, mutata pofthac fententia, *Muriam lapideam pellucidam flauam* nominauit. Eft autem lapillus pellucidus, flauus, qui quarzi naturam, et defractus ex fua quafi matrice,

vitri

vitri fpeciem ac cryftalli figuram habet, igni aduftus
colorem amittere, neque tamen ipfe per fe liquefcere
folet. Sic eum defcribit Brückmannus V. C.
(p. 115. ff.): qui, allatis, quae de ipfo memorauit
Plinius, copiofe difputat (l. c. p. 67. ff. it App. I.
p. 67. ff. et II. p. 66. f) de eius folo patrio, et infigni,
qua colorem, bonitatem atque praeftantiam, difcrimine inde pendente, de figura varia, de probabili
colorum diuerforum cauffa, ac reliquis proprietatibus
mutationibusque, quas ignis vehementioris aeftu et vi
in eo effici, complura pericula chemica docuerunt.
Haec omnia vt ad *τȣ Antiqui* cognofcendi ftudium
non pertinent, ita hoc loco filentio praetermitti poffe
arbitror. Quare non nifi de vario Topafiorum colore pauca in medium profero. Qui in regionibus,
folem orientem fpectantibus, inueniuntur, colore
funt flauo, eoque auftero, flauo viridante, fuffufculo,
rufo fere diluto: quos Brafilia fert, igneo flauefcente
vel citreo: alii rubro, croceo, flauo viridante, fubflauo et albicante. Qui a multis *capnias, morio,
praemnion* vocatur, et Topafiorum generi adnumeratur
(Rauchtopas), is a Plinio (l. XXXVII. c. 10.) dicitur
gemma Indica, nigerrimo colore translucens: Brückmannus eum ait colore effe fufco, plus, minus, faturo. Omnibus quafi palmam praeripit Brafilianus
flammei et citrei coloris, propter fcintillantem, quo
radiat, nitorem et duritiem, ad Rubini et Sapphiri
quam proxime accedentem. Quos habuere, frequenter fcalpere non dubitarunt prifci artifices.

  Topafium illico excipiat *Chryfolithus*, eoque magis, quo faepius Graeci et Latini fcriptores vtrumque
nomen promifcue vfurparunt. Quem hodie *Chryfo-
lithum* appellant viri, harum rerum prudentes, is colore eft aureo viridante, ideoque a Linnaeo dictus
*Nitrum*

*Nitrum quarzosum pellucidum ex flauo viridescens.* Descriptionem pleniorem suppeditat V. C. Brückmannus (l. c. cap. 11. p. 124. f.): qui, Eft, inquit, lapillus quarzosus, pellucidus, colore flauo vel aureo viridante, qui defractus vitri naturam, et cryſtalli figuram habet, fed parum durus, ita, vt lima facile nonnihil ex eo abradere poſſit. Certiſſimus, quem fequor, viae dux plura de eius patria, natura, verisimili coloris origine, proprietatibus aliis diſſerit, quae transſcribere inſtituti noſtri ratio haud permittit. Superant in dactyliothecis Chryſolithi affabre ſcalpti.

*Granati* vocabulum, quo hodie ſingulare gemmarum genus deſignant, nec Plinius vſurpauit, nec Theophraſtus: qui, vterque, vt alii ſcriptores priſci, pleroſque lapillos rubro colore nitentes, atque adeo *Granatos* etiam nonnullos, *carbunculis* conſociaſſe creduntur: vt, carbunculis Mileſiis, Orchomeniis, Arcadicis, Chiis, quos Theophraſtus (l. c. §. 32. p. 99. §. 62. p. 194.); vt, *lithizontibus*, qui languidius ac liuidius lucent, *Carchedoniis*, et *Alabandicis* colore nigriori, quos Plinius (l. XXXVII. c. 7. p. 779. conf. Jannon di Laureut l. c. cap. 16. §. 66. p. 64. ſs.) deſcribit. Ita quidem iudicat Hillius (Obſeruatt. p. 100. 195.) atque Brückmannus (l. c. p. 127). Eiusmodi lapillus, *Borax granatus* a Linnaeo dictus, eſt colore rubro, pellucidus, natura quarzoſus, qui e caute vel ſilice defractus, adſpectu vitreus, et cryſtalli figura praeditus eſt; in flamma mediocri colorem non amittit, in vehementiori autem, per ſe ſolus liqueſcens, in vitrum transmutatur. Eorum de ſolo patrio, matrice communiori, proprietatibus aliis, per pericula chemica exploratis, qui plura cognoſcere auet, is commentarium Brückmannianum (p. 127.) et Append. I. (p. 80. ſſ.) item II. (p. 74. ſſ.) euoluat, neceſſe eſt.

Nos,

Nos, quoniam eis peperciſſe artifices vetuſtos credunt plerique viri, τῶ *Antiqui* peritiores, de iis, praeter colorum diuerſitates, nihil exponere volumus. Nimirum Granati alii ſunt colore rubro auſtero et nigreſcente, quo fere eſſe ſolent mora, ſed qui luci ſoliue aduerſus poſiti, nitore igneo radiant, adeoque probabiliter ii, qui priſcis carbunculi Carchedonici, Alabandici et Garamantici vocabantur: alii colore ſubfuſco rubenti, et hinc minus iucundi et aeſtimati: alii colore balauſtino, qui vt pulcerrimi, ita pretioſiſſimi putantur: alii colore fere croceo, vel hyacinthino, quales veterum granati Sorani, qui poſteriores, ſi bene translucidi ſunt, facile cum hyacintho permutari poſſunt: alii colore cyaneo vel violaceo, quos Itali maximi faciunt, et vulgo *Rubini di Rocca* vocare ſolent: alii denique colore nigricante, eoque nec puro, nec pellucido, et hanc ob cauſſam ex gemmarum numero excludendi. Atque haec de Granatis ſufficiant.

Progredimur ad *Amethyſtum*, quem *Nitrum quarzoſum pellucidum purpureum* vocat Linnaeus. Is lapillus eſt violaceus, translucidus, quarzo quam proxime accedens, qui effractus vitri adſpectu et cryſtalli figura praeditus eſt, ac ſi ignis vehementioris aeſtu afficitur, colorem quidem amittit, neque tamen per ſe ſolus liqueſcit. Ac quem hodie *Amethyſtum* vocant, eumdem priſci quoque ſcriptores hoc nomine ornaſſe videntur. Theophraſtus deſcribit eum (l. c. §. 54. coll. Hill. Obſſ. p. 175. 178.): plenius adhuc Plinius (l. XXXVII. c. 9. p. 788. ſſ.) quorum e verbis efficit cogitque V. C. Brückmannus, vtrumque granatos quosdam, aliosque lapillos, Amethyſtis adnumeraſſe. Idem vir eruditiſſimus de eorum ſolo patrio, diuerſa natura et figura, antequam poliantur, item colore et veriſimili huius cauſſa, duritie, aliis, copioſe diſputat;

tat; quae, a confilio noftro aliena, praetermittenda duco. Ceterum lapillorum iftorum alii colore funt rubro auftero vel purpureo, quos, funt, qui *Rubinos violaceos* appellare malint; alii violaceo, eodemque bene faturo, quos, fi quidem puriffimi funt et lucidiffimi, pulcerrimos effe cenfent; alii violaceo diluto et pallido, qui nonnunquam in candidum tranfit; alii tandem fubfufculo et ferreo, qui, vtpote vitiofi, defpiciuntur. Ac quoniam Amethyftus aeque, ac Sapphirus et Smaragdus, ignis vehementioris vi aeftuque colore fuo priuatur, is pofthac, fi quidem ex orientalium genere fit, e flammis prodit eodem prorfus, quo adamas, nitore et fplendore radians, et huic adeo fimilis eft, vt mangones et geminarii vel acutiffimi in eo difcernendo facile labi queant (v. Hill. Obff. ad Theophr. p. 179. et Brückmann. l. c. p. 139. f.). Quod eorum cauffa monitum volo, qui dactyliothecas inftruere parant. Superfunt *Amethyfti*, quos fcalpferunt prifci artifices: quin hos *Lippertus*, noftras, et vir prorfus fingularis, pluribus obferuat locis (vt, Dactyliothecae, vernacula ab eo ipfo fcriptae, vol. I. p. 195. 232. it. II. p. 206. alibi) fimili in lapillo fcalpfiffe figuras, quibus maximopere delectati effent. Vnum fi adhuc moneo, nemo, reor, me facile reprehendet. Nimirum lapilli, de quo quaerimus, nomen factum eft ex α priuatiuo, et μεθύω ebrius fum, propterea quod eum homines, a quibus in annuli pala geftabatur, aduerfus ebrietatem munire, temere credebant Graeci. Quo fpectat Platonis, iunioris, epigramma (Antholog. L IV. tit. 18. p. m. 350.) fcriptum in Bacchum, amethyfto incifum:

Ο λίθος ἐσ' ἀμέθυσος· ἐγὼ δ' ὁ πότης Διόνυσος.
Ἢ πιθέτω νήφειν, ἢ μαθέτω μεθύειν.

Neque

Neque minus hoc Asclepiadae, quod (ibid.) statim sequitur:

Εἰμὶ μέθυ τὸ γλύμμα σοφῆς χερὸς, ἐν δ' ἀμεθύςῳ
Γέγλυμμαι· τέχνης δ' ἡ λίθος ἀλλοτρίη.
Ἀλλὰ κλεοπάτρης ἱερὸν κτέαρ· ἐν γὰρ ἀνάσσης
Χειρὶ θεὸν νήφειν καὶ μεθύουσαν ἔδει.

Verum haec, velim, ὡς ἐν παρόδῳ, et ἀπροςδιονύσως dicta existimes.

Instituti ratio postulat, vt in gemmis describendis sequatur *Beryllus*, quem Itali *aqua marina*, Galli *aigue marine* vulgo nuncupant; Linnaeus ὁ πάνυ, nomine *Nitri quarzosi pellucidi ex viridi caerulei* ornauit. Est lapillus pellucidus, caeruleus viridescens, i. e. qui viriditatem puri maris imitatur, defractus vitri speciem ac crystalli figuram prae se fert, ignis aestu et violentia colorem amittit, et solus per se liquescit. Ex his, quae Plinius de illo (H. N. l. XXXVII. c. 6. p. 776.) memorat; Theophrastus enim ne nominat quidem: satis perspicuum est, veteres scriptores eumdem quem nos, hoc nomine designasse; alios eius colorem non temere cum eo, qui in anguilla cernitur, comparasse. Haec omnia demonstrat V. C. Brückmannus (l. c. p. 142. ff.), qui plura alia de eius natalibus, duritie perquam exigua, discrepantia a topasio, variisque affectionibus aliis tradit (l. c. p. 143. f. it. App. l. p. 93. ff. et II. p. 83. s.) quae ad institutum nostrum non pertinent. Ipsius viriditas discrepare solet: in aliis est color admodum satur et austerus, ideoque minus hilaris et scintillans; in aliis dilutior et iucundior. Quorum viriditas adeo diluta et pallida est, vt in candorem transiens vix animaduerti queat, ii, si quidem satis mundi beneque politi sunt, nitendo et scintillando itidem quam

proxime

proxime ad adamantas accedunt. Superfunt hodie
lapilli fimiles, artificum priscorum manu eximie fcalpti,
in dactyliothecis.

A gemma, de qua diximus, quam proxime abeft
*Chryfoberyllus*, re discrepans nulla, nifi quod ipfius
viriditas nonnihil caerulei flauique admixtum habet,
quod oculos fuauiter afficit. Theophraftus eius mentionem fecit nullam. Plinius (H. N. l. XXXVII. c. 6.
p. 776.) plura de ipfo et ipfius, qua colores, difcrepantia litteris confignauit; quae breuiter ftrictimque
perfequitur V. C. Brückmannus (l. c. p. 145.) vna
cum reliquis, quae de lapilli patria, natura, proprietatibus, cet. tenenda funt. Quem, vt et Hillium
(Obff. ad Theophr. p. 126. 130. 134. 176.) euoluant,
qui haec omnia prorfus perfcrutari cupiunt.

Gemmarios veteres ad figilla conficienda, in aliis,
*Cryftallos* fcalpfiffe, auctor eft Theophraftus (l. c.
§. 54. p. 175): itaque nonnihil de eis differendum
videtur. Viri, harum rerum intelligentes, Cryftallum effe dicunt *quarzum cryftallifatum*; Linnaeus,
*Nitrum quarzofum*: Itali *Criftallo di Rocca*, vt Franco-
galli *Criftal de roche*, folent appellare. Eam plenius
defcribit Brückmannus (l. c. cap. 16. p. 147. ff.), qui
gemmam effe ait pellucidam, quae Quarzi natura
praedita, et e fua quafi matrice defracta niteat, et vel-
vti vitrum fcintillet, figura hexagona fit, limae pro-
batioris vim facile fentiat, in ignem abiecta per fe non
liquefcat, et chalybi illifa, ficut lapilli huius generis
omnes, fcintillas excutiat creberrimas. Quo dicto,
defcriptionem eius Plinianam perfequitur, ex eaque
efficit, veteres lapilli huius naturam et proprietates
bene exploratas habuiffe, eum prudenter vfurpare, et
varios ad vfus recte aptare potuiffe: fuper quo ei adftipulari video Ian. di Laurent (l. c. §. 40. ff.). Tum
addit

addit multa, eaque valde exquifita, de ipfius ortu probabili. Solo patrio, multiplici, qua defrangitur, figura, variis, quibus hic, illic, inficitur coloribus, et inde factis cognomentis, aliis proprietatibus, et vario vfu, cui bene polita deftinari folet (l. c. it. App. I. p. 96. ff; et II p. 89. ff.): fed haec omnia, vt ad τῦ *Antiqui* rationem et praeftantiam cognofcendam parum faciunt, fiquidem non nifi *Ifidis protomen* ex ea Fabricatam nouimus (v. Borioni Collectanea Antiquitatum Rom. tab. II.), ita non temere, me quidem iudice, filentio praetermitti poffunt.

Sunt, praeter gemmas, de quibus adhuc expofui, aliae, itidem quarzofae vel filiceae, fed tantum femipellucidae, vel prorfus opacae, nec vnquam cryftallorum natura, figura et proprietatibus praeditae. Harum omnium rationem breuiter ftrictimque exponit Brückmannus Celeberr. (l. c. p. 180. ff.): qui fingulas pofthac recenfet. De his igitur etiam paucis differamus. Ac primum quidem in eis locum tenet *Prafius*, feu *gemma prafina;* quem lapillum Itali vulgo *Prasma*, et *Plarma* nuncupare folent. Quae, praeter Theophraftum et Plinium, Leffingius de eo fcripfit, dux nofter prudentiffimus (l. c. p. 182.) attulit. Eft autem viriditate diluta et fere candefcente, quam ex admixtis cupri, ferriue particulis habere, idem ille contendit, qui plura etiam de eius duritie, natalibus, affectionibus aliis tradit (l. c. p. 183. ff. it. Append. I. p. 129. ff; et II. p. 89. ff.). Superant in dactyliothecis complures, a priscis artificibus fcalpti.

Antegreffo prorfus fimilis, quin fimillimus eft *Chryfoprafus*, feu *Chryfopratius*, nifi quod eft flauedine plus, minus, hilari et iucunda; vel, Solino auctore, ex auro et porraceo mixtam lucem trahit;

L simul-

simulque rarior et pretiosior. De eo nihil habet Theophrastus; pauca Plinius (l. c. l. XXXVII. c. 5. p. 776.), quae V. C. Brückmannus vna cum aliis memorat, qui simul obseruat, veteres lapillorum complurium genera aut temere permutasse, aut ea habuisse, quae a nostris hodie plus, minus, differant (v. l. c. p. 187. it. App. I. p. 129. ff; et II. p. 89. ff.).

Est etiam lapillus, quem *Smaragdoprasum*, vel *Smaraldoprasium* vocant, et qui a duobus antegressis non discrepat, nisi colore, qui gramineus et Smaragdo similis est, atque raritate. Hunc prisci scriptores aut prorsus ignorasse, aut alio nomine ornasse videntur. Plura de eo disputare non est necesse (v. Brückmann. ll. cc.).

Contemplandus iam est *Chalcedonius*, quem ex *Chalcedone*, satis celebri Bithyniae oppido, nomen traxisse opinantur, auctore Plinio (l. c. l. XXXVII. c. 5. p. 775. conf. Ian. di Laurent l. c. §. 49. p. 48. s.), qui eum describit, vt lapillum semper vilem, minimum, fragilem, coloris incerti, et virentium in caudis pauonum columbarumque collo, plumarum similem, et quem se nescire ait, an aetate sua in totum exoleuerit, postquam metalla aeris ibi defecissent. Alii scriptores eum vocant *Cassidoniam* s. *Cassidonium*, vnde Franco-gallorum *Cassidoine* manauit: aliis tandem, ac verius quidem, *onyx candidus* siue *pellucidus* audit, iudice V. C. Brückmanno (l. c. p. 190), qui eum ait, a veteribus in onychum classe descriptum esse. Is, eodem auctore, est lapillus colore plerumque griseo, seu cinereo candescente, sed aliorum etiam, eorumdemque tantummodo reflexorum haud raro particeps, semipellucidus, paullulum opacus, et quasi nubecula quadam penetratus, ad quarzi, vel silicis, naturam propius accedens, et qui tam ex

venis

venis et ftratis defrangitur, quam veluti filex reperitur. Qua defcriptione allata, Plinii fententiam vno tangit verbo, et plura de eius formatione et natura, patria, duritie, aliis, differit. Praeter colorem, quem paullo ante diximus, alius alio veluti tinctus eſt: vt is, qui *Iris chalcedonia* vocatur, cuius color cinereus in caeruleum tranfit, et qui bene politus nonnihil fubcaerulei, fubflaui et violacei habere videtur, vnde id cognominis traxit. Eum, prifcis artificibus faepenumero fcalptum, fine iuſta cauſſa, *Amethyſtum* appellant varii viri docti, τȣ̃ *Antiqui* amantes. Alius eſt fubrufus, cuius rubor in alio, purpurae; in alio, fardae, fimilis eſt: alius fubuiridis, fed qui raro inuenitur, et ad Prafiorum claſſem pertinet: alius fubfuruus, admodum frequens, fed nullius fere pretii: alius denique colore lacteo diluto, itidem frequentior. Inueniunt praeterea lapillos, in quibus *Chalcedonius* cum *Onyche* quaſi concretus eſt, quos hodie *Chalcedonyches* vocant: eodem modo *Amethyſtum* cum *Chalcedonio* fociatum offendis. Ex huiusmodi Chalcedoniis grandiufculis, praeter lapillos annulares tam fcalptos, quam caelatos, conficiunt artifices hodie vafa, ornamenta diuerfa, alia.

In gemmis, quos priſci artifices in primis fcalpere, et annulis fignatoriis includere folebant, locum non poſtremum habuit *Sarda*, quam hodie *Carneolum*, *Carniolum*, vocant mangones gemmarii. Theophraſtus (l. c. §. 17. coll. Hill. Obiſ. p. 53. it. §. 43. coll. Hill. ib. p. 124. ff.) et Plinius (H. N. l. XXXVII. c. 7. p. 780. f. conf. Iannon di Laurent l. c. p. 49. f.) varia de ea tradunt, a V.C. Brückmanno transfcripta, quae, cui libet, cum huius commentario (l. c. p. 199. fs.) comparare poteſt. Hoc auctore, eſt lapillus ruber, isque femipellucidus, qui defractus, eſſe folet angulatus

tus et marginatus, qua vnam quasi frontem cauatus, qua alteram fere conuexus, ac qui non tantum cum aliis sui generis lapillis in cauis et stratis, calculorum et frustorum deformium more, sed etiam vt silex reperitur. Is, si superincreuit onyx, *Sardonychi* (v. Iannon di Laurent, l. c. p. 50. ff.), sin achates, *Sardachatae* nomen adipiscitur. Interim perquam raro accidit, vt Sardae, eiusdemque vno tantum et purissimo colore, fragmina tanta, quanta Chalcedonii, offendas: ceterum eadem, qua hic, duritie est; quin ea, quam oriens profert, nonnihil durior esse, ideoque bene polita vehementius scintillare videtur. Quare non magnopere falleris, si *Sardam* pro Chalcedonio rubricato habendam contendas. Quibus dictis, plura exponit eruditissimus viae dux de gemmae huius patria, natura, proprietatibus per pericula chemica exploratis, itemque de coloribus aliis, quibus nonnunquam tincta est. Vnde viri, harum rerum intelligentes, in eius diuisione dicunt, aliam esse colore *rubro diluto* vel *russeo;* aliam *subflauo,* vel *rubro in flauum vergente,* quarum neutra in honore et pretio est; aliam *purpureo;* quae bene polita, annulique palae ingeniose inclusa, saepe cum perpulcro et eximio quodam granato Bohemico de praestantia contendere possit; aliam *spadiceo,* quae bene, vt par est, pura et pellucida, non raro perpulcra et probata sit; alia *mixto,* in quo non solum rubor diuersus, sed etiam variorum colorum maculae, lineae, puncta, cet. appareant. Est denique, multorum e sententia, etiam *Sarda flaui coloris;* quam, a quibusdam pro veterum *Lyncurio* habitam, rectius ac verius *Chalcedonio flauo* adnumerabis: etiamsi gemmarii et mangones sint, qui ipsam *Carneoberyllum,* item *Beryllum,* iure prorsus nullo, appellent. Hunc lapillum antiquitus non minus, quam hodie solet, scalptum esse, testantur dactyliothecarum indices.

Qua

Qua' re veterum, a recentiorum, sententia de *Onychum* natura et proprietatibus diffentiat, paucis expofuit V. C. Brückmannus (l. c. cap. 24. p. 208. fs.), qui fimul animaduertit, ex Graeco, ὄνυξ, natum effe Latinum, *onyx*, poft *onychium*, et tum corrupte, *Nicolas*: vnde vulgaris Italorum denominatio, *Niccolo*, manauit. Quo facto, expofitaque Theophrafti et Plinii tam de hoc lapillo, quam de marmore, *onychite*, *onyche* feu *Alabaftrite* fententia, paucis tangit originem valde dubiam vocabuli *Camaeus*, (Italice, *Cameo*, Gallice, *Camée*), quo interdum *onychus* in vniuerfum omnes, aetate noftra non nifi lapillos caelo fcalptos nuncupare folent Itali et Francogalli; item reliqua, quae Plinius, Zenothemis, Sotacus, Satyrus de eo, et in primis de *Sardonyche*, Romanis quondam cariffimo, fcripferunt. Cuius rei documento vel id effe poteft, quod de Polycratis, tyranni, Sardonyche litteris mandauit Plinius (H. N. L XXXVII. c. 1. p. 764. f.). Quin ex eis luculenter apparet, prifcos et *onycha* et *Sardonycha* depinxiffe vt lapillos, quos diuerforum colorum annuli vel zonae quafi ambirent, aut eiusmodi ftrata, altera fuper alteris compacta et concreta efficerent: contra vero glaucum illum nubilumque lapillum, quem mangones recentiores *Chalcedonium* vocare malunt, a prifcis in *onychum* claffem adfcriptum effe (v. Iannon di Laurent, l. c. p. 55. ff.): qui quidem easdem, quas Chalcedonii, proprietates, vt, duritiem, nitorem, cet. eandem patriam, easdem origines, tam in cauis et cuniculis, quam in ftratis, habent, ita vt veluti filices non minus, quam fragmina deformia inueniantur. Diuerfitas lapidum cum *onyche* concretorum cauffa eft, cur, praeter *Sardonychum* (qui fi puris et aequabilibus vtriusque ftratis conftat, omnium rariffimus atque probatiffimus eft) *Chalcedonychem*, *Ifponychem*,

*nychem*, et *Achatonychem* mangones et gemmarii venditare foleant. In quibus fcalpendis, et caelandis potiffunum, quám ingeniofe artifices prifci verfati fint, hodieque verfentur prudentiores, expofuit Brückmannus (l. c. p. 215.). Eiusmodi gemmas ingeniofe et affabre fcalptas, vel caelatas, hodieque fupereffe in virorum principum dactyliothecis, demonftrant libri de eis fcripti et diuulgati.

Venimus iam ad *Achaten*, lapillum, quem ex Siciliae fluuio, Achate, nomen traxiffe fcribit Theophraftus et Plinius: quorum ille nihil fere, praeterquam hoc, effe fcilicet lapillum pulcrum et venuftum, qui magno pretio vendatur, de eo memorat (l. c. §. 58. p. 187. coll. Hill. Obff. ib.); hic vero eius folum patrium, genera longe diuerfa, virtutes ac vires varias, veras, fabulofas, alia, copiofius perfequitur (H. N. l. XXXVII. c. 10. p. 786. ff.), quae paucis repetiit V. C. Brückmannus (l. c. c. 25. p. 219, ff. conf. Jannon di Laurent l. c. p. 43.). Idem deinceps de illius natalibus, origine, natura, gemmarum aliarum particulis ipfi admixtis, et ipfum veluti efficientibus, proprietatibus, agit ita, vt lector, rerum foffilium ftudiofus, accuratam notitiam inde haurire poffit; is vero, qui non nifi τῦ *Antiqui* naturam perfcrutari vult, ea fi non omnia, certe quidem pleraque, ignorare queat. Vnde hoc vnum animaduertere placet, ipfum eadem, qua onyx, duritie, fundo, vt ita dicam, coloris plerumque cano et corneo effe, eoque difcrepare, quod variorum colorum maculae confufe et vndatim, tanquam vmbrae et nubeculae, ipfum permeent, nonnunquam naturae lufus valde lepidos et gratiofos, vt, arbufculorum, frutieum, plantarum, nubium, fluminum, filuarum, quin animalium fpecies reddentes. Qualis haud dubie fuit

fuit *Achates Pyrrhi*, in quo Apollinem vna cum nouem Musis videre sibi videbantur (Plin. l. c. c. 1. p. 764. coll. Brückmann. l. c. p. 234.). Eum a priscis Scalptoribus saepissime vsurpatum esse ad ingenii manusque dexteritatem significandam, gemmae in dactyliothecarum indicibus recensitae demonstrant.

Supersunt lapilli, qui ad Onychum vel Achatarum genera iure quodam suo quidem pertinent, sed quibus gemmarii et mangones peculiare imponunt nomen, ductum ex eorum, in rotunditatem globatorum ac bene politorum similitudine cum variorum animantium oculis; quosque adeo leucophthalmos, Lycophthalmos, cet. appellant. In aliis eminet, quem Itali *Bell' occhio*, i. e. *bellum oculum*, dicunt; Plinius *Beli oculum* dixit (H. N. l. XXXVII. c. 10. p. 788): quo auctore, iste albicans pupillam cingit nigram, e medio aureo fulgore lucentem. Sed cum huius, et similium lapillorum (quos Italico vocabulo *Occhi de' gatti*, i. e. *felium oculos* nuncupare suerunt) venustatem atque praestantiam omnem efficiant diuersorum colorum circuli seu annuli, medium orbiculum cingentes, qui per scalprum caelumue nonnihil detrimenti cepissent; eos scalpere recte dubitarunt prisci artifices, ideoque τŭ *Antiqui* copias augere nequeunt eiusmodi lapilli, etiamsi sua se specie et gratia valde commendent. Satis igitur de iis dictum opinor.

*Iaspidem* nunc considerare placet, quem lapillum Wallerius *Petrosilicem iaspidem*, Itali *Diaspro*, et Galli *Jade*, vulgo vocare solent. Brückmannus V. C. quem ducem sequimur, allatis, quae Theophrastus (l. c. §. 43. coll. Hill. Obss. p. 126. s.) et Plinius (l. XXXVII. c. 8. p. 782.) de ea perhibent, multo plura de ipsius solo patrio, diuersis pro colorum diuersitate generibus, lapidibus per aliarum particularum admixtionem inde ortis, horumque nominibus differit, quae omnia aliis in scholis explicanda sunt. Nos pauca inde delibata hic affundimus. *Iaspis*, et ea quidem orientalis ac praestantissima, viret ita, vt maculae venaeque sanguineae hic, illic, eam quasi permeent: quam, sic comparatam, credibile est, Plinii *heliotropium* esse, i. e. porracei coloris, sanguineis venis distinctam (l. c. p. 790. ss. conf. Iannon di Laurent l. c. p. 43. ss.). Sed reperiuntur, praeter hanc, genera alia, tot fere coloribus, quot natura monstrat, maculosa et veluti adsperfa vel penetrata. Hinc nascitur Iaspis lactea, ferrea, rubescens, flaua seu cerea, spadicea, caerulea, quam Plinius *Boream* vel *Aerizusam* dixit, atra, item variegata, capnias, onychipuncta, iasponyx, cet. Earum multas quidem, sed non nisi vnius, summum, duplicis coloris, scalpserunt prisci artifices, recte prudenterque perspicientes, colorum diuersorum maculas dedecori futuras figurae, in simili lapillo scalptae.

Ex iis, quae de *Opali* natura, generibus, proprietatibus, virtutibus ac vitiis, solo patrio memorauit Plinius (l. XXXVII. c. 6. p. 777. ss.), efficit cogitque V. C. Brückmannus (l. c. c. 34. p. 292), *Opalum* priscis cognitum et nominatum, lapillum esse eundem, quem hodieque mangones et gemmarii eodem nomine indicant, illumque olim magno in honore ac pretio fuisse. Is ab Italis *Girasole*, Germanis compluribus *Weese*, et forsan rectius *Waysse*, vocari suetus, ducis, quem sequor, iudicio quam proxime accedit ad vitri naturam, etiamsi alii aliter statuant. Quibus, quoniam ad institutum nostrum non pertinent, de industria praetermissis, varia tantummodo eius genera, colorum quidem ratione habita, recensebo. Alius est colore *candido*, vel potius *lacteo*, qui, luci aduersus positus, plus, minus translucet, ac nonnihil ex

caeru-

caeruleo, aureo, viridi et purpureo adfcifcere videtur: alius *atro*, qui ex flauo et violaceo quafi prodit: alius *fubflauo:* alius *cyaneo*, in flauum vel violaceum transeunte: alius *cinereo* feu *cano*, adeoque Chalcedonio perquam fimilis. Eodem tefte, prifci artifices opalum nullum, certe quidem optimum quemque non fcalpferunt.

*Coloris caerulei* feu *cyanei* lapillum, quem mangones et gemmarii cum maxime *lapidem Lazuli* appellant, fcriptores prifci *Sapphirum* vel *Cyanum* vocaffe videntur V. C. Brückmanno (l. c. c. 35), qui Theophrafti (l. c. §. 43. p. 124. coll. Hill. Obf. p. 128. fs.) et Plinii (l. XXXVII. c. 9. p. 783.) defcriptiones examinat obferuatque, quo quafi figno Cyanum a Sapphiro fecreuerint. Hoc non minus, quam quae de eius patria, natura, proprietatibus, per experimenta chemica exploratis dicuntur; vtpote ab inflituto noftro aliena, praetermittimus. Eius generis complures fuperfunt quidem, fed minus ingeniofe affabreque elaborati: vnde credibile fit, eos non tam artificum vetuftatis excellentiorum, quam rudi manu vel tironum, vel eorum fcalptos effe, qui barbaris, quae dicuntur, faeculis, lapidibus fcalpendis neceffaria vitae praefidia quaerere folebant.

Huic non multum praeftat lapillus ille *caeruleus*, quem vulgo *Armenium* vocant; vti et *Malachites* feu *Molochites*. De vtroque V. C. Brückmannus et ea, quae Theophraflus (l. c. §. 70. p. 221. coll. Hill. Obff.) et Plinius (l. c. c. 8. p. 782.) habent, et quae chemici recentiores periclitando didicerunt, adeoque ad vtriusque naturam, rationes et proprietates videndas pertinent, docte expofuit (l. c. c. 36. 37. p. 316. fs. it. App. l. p. 244; et II. p. 241. ff.): cuius commentarium euoluat lector, harum rerum amans.

Mangones et gemmarii vulgo iactitant *Turcoidem*, seu *Turchinam*, veluti lapillum nobiliorem, et Plinius eum *Callaida* vocauit, defcripfitque (l. c. L XXXVII. c. 8. p. 781. conf. Iannon di Laurent l. c. p. 60. fs.) velut lapidem, e viridi pallentem; et alio loco (ib. p. 788.) tanquam eum, qui Sapphirum imitetur, fed candidior fit, et litorofo mari fimilis. Brückmannus inclytus (l. c. cap. 39. p. 329. ff.) plura ex Theophrafto et Plinio adfert, docetque fimul, hodie prorfus liquere, quod fic appelletur, non effe verum lapillum, fed non nifi animalis cuiufpiam, et quidem haud dubie pifcis offiiculum, vel dentem; *Turcoidae* vero, feu *Turchinae* nomen ei datum effe propterea, quod merx fimilis primum e Turcarum prouinciis in reliquas Europae prouincias deuecta fit. Plura de huius gemmae, perperam ita vocatae, natura, colorum origine, mutationibus per ignem exploratis, proprietatibus aliis, in commentario, quem faepe iam diximus, Brückmanniano legenda exftant. Nos haec recte praetermittimus, quoniam antiquitatis artifices hanc quafi-gemmam aut fcalpfiffe, aut caelaffe, plane non verifimile eft: et, fi qua feu fcalpta, feu caelata, hodie in dactyliothecis exftet, ea non nifi a manu recentiori fabricata videtur.

Superioribus gemmis, plerisque vere talibus, addidit ERNESTIVS ὁ πάνυ, quas pro veris et probatis habere non licet, quasque a prifcis artificibus, ingenio et manu fatis exercitata firmaque claris, vnquam fcalptas effe, recte dubitant. Et quamquam eas ad ornatum tam hominum, feminarum maxime, quam aliarum rerum, adhibitas effe conftat; tamen res, ex iis confectae, ad τῦ *Antiqui*, vere talis, genus referri nequeunt, ideoque indignae funt, de quibus copiofe agamus. Igitur de hoc loco fatis difputatum opinor.

EX-

# EXCVRSVS VI
## AD PART. I. CAP. III
## DE METALLIS.

Quandoquidem quod de metallis, vti de marmoribus et gemmis, in vniuerfum dicam, non habeo, de eorum vno et altero nonnihil difputare placet, ratione quidem, vt inftitutum noftrum poftulat, operum illorum habita, ad quae ingeniofe affabreque facienda, prifcorum artificum intelligentia et dexteritas fingularis aptauit. Omnium primi ac principis metalli, *auri*, vfum in conficiendis rebus variis, immortalis ERNESTI breuiter ftrictimque indicauit. Hunc cur copiofius enarrem, cauffam video nullam. Igitur tria tantummodo, quae ad eum pertinent, pauciffimis tangam, neglectis aliis, quae expofita libellum iufto plus augerent. Ac primum quidem integra Deorum Dearumque figna ex pretiofiffimo hoc metallo facta accepimus, antequam ferior Imperatorum Rom. ambitio, quod E. immortalis alio loco (Part. II. c. 5. §. 11.) contendit, auri argentique vfum in ftatuis fibi collocandis, imperaret (Sueton. in Domit. c. 13). Qualis fuit *ftatua aurea*, in templo Anaitidis pofita: quam Plinius (H. N. l. XXXIII. fect. 24. p. 619. coll. l. V. fect. 20. p. 267.) item Strabo (Geograph. l. XI. p. 532.) ait primam omnium nulla inanitate, adeoque ὁλοσφύρατον, vel, interprete Hefychio, ϛερεὸν νατὸν, καὶ ὑδαμῇ διάκενον, fuiffe. Et hanc quidem M. Antonius, in expeditione Parthica, inde abftuliffe dicitur ab eodem Plinio (l. c. p. 619). Tum *Bendis, Anubis, Attidis* et *Mithrae* funulacra, quae Lucianus, si huic fides habenda est, vt ὅλους ὁλοχρύσας καὶ βαρεῖς, καὶ πολυτιμήτους describit (v. Iup. Tragoed. T. III. p. m. 420). Aureum itidem fuit signum *Matris Dindymenae*, teste Pausania (Arcad. s. l. VIII. c. 44. p. 694.) vti et *Apollinis*, eodem auctore (Phoc. s. l. X. c. 24. p. 858): qui praeterea mentionem iniicit duorum Tritonum, ex auro ad pubem vsque factorum, ceterum eburneorum (Corinth. s. l. II. c. 1. p. 113). Quid? quod Rhodios *sedecim Deos aureos* formasse memorat Lucianus (l. c. p. 422). Praeter Deos illos ficticios, mortales quoque nonnunquam statuis prorsus aureis mactatos esse constat. Vt, de Gorgia Leontino, rhetore longe celeberrimo, tradit Plinius (H. N. l. XXXIII. sect. 24. p. 619.), ipsum omnium hominum primum, et auream statuam, et solidam, Delphis in templo sibi posuisse: cui tamen aduersatur Cicero (de Orat. l. III. c. 32.) et Valerius Max. (l. VIII. c. vlt.) eo, quod vterque eam, non tam a semet ipso, quam ab vniuersa Graecia, isthoc in templo collocatam perhibeant; nec minus Pausanias, qui rhetoris, de qua quaeritur, statuam non nisi inauratam esse confirmat (Phoc. s. l. X. c. 18. extr. p. 842). Tum viri, historiae Rom. satis periti, non ignorant, in Romanorum complurium honorem statuas aureas paratas esse, et dedicatas. Vt, Bocchus, quum, Iugurtha tradito, Populi R. socius declaratus esset, Syllae vt gratificaretur, non solum ἀνέθηκεν εἰκόνας ἐν Καπιτωλίῳ τροπαιοφόρας, sed etiam, vna cum illis, χρυσοῦν Ἰουγούρθαν ὑφ᾽ αὐτῷ Σύλλᾳ παραδιδόμενον (Plutarch. in Sylla, p. m. 155. b.) vel quod idem loco alio (in Mario, p. m. 145. a.) memorat, Βόκχος ὁ Νομὰς, σύμμαχος Ῥωμαίων ἀναγεγραμμένος, ἔστησεν ἐν Καπιτωλίῳ νίκας τροπαιοφόρους, καὶ παρ᾽ αὐτοῖς ἐν εἰκόσι χρυσαῖς Ἰουγούρθαν ἐγχειριζόμενον ὑπ᾽ αὐτοῦ Σύλλᾳ. Quin Syllae

ipsius

ipsius statuam, *solido auro*, cum titulo: CORNELIO SYLLAE. FORTVNATO. IMPERATORI Romae exstitisse, Asconius Paedianus aliquo loco memorauit: cui tamen aduersari videtur Appianus, qui, narrato, omnia Syllae acta, rata ex SCto habita esse, addit, εἰκόνα τε αὐτῶ ἐπίχρυσεν ἐπὶ ἵππω πρὸ τῶν ἐμβόλων ἀνέθεσαν, καὶ ὑπέγραψαν ΚΟΡΝΗΛΙΟΥ ΣΥΛΛΑ ΗΓΕΜΟΝΟΣ ΕΥΤΥΧΟΥΣ (de Bell. Ciu. l. I. sect. 97. p. 136. Vol. 2. ed. Schweighaeuser.). Dubium igitur est, Syllae statua, eaque equestris, solidone auro fuerit, an solummodo aurata. Similem Octauiano etiam decreuisse Senatum R. idem testatur (l. c. l. III. sect. 51. p. 466.) quam credibile est, posthac auro solido factam esse. Praeterea Augusti statua aurea, triumphali quidem habitu, quo vrbem erat ingressus (ἐπινίκιος ἐν ἀγορᾷ χρύσεος — — μετὰ σχήματος οὗπερ ἔχων εἰσῆλθε) in foro R. collocata stetit, teste eodem Appiano (l. c. l. V. sect. 130. p. 879). Similem eius si non statuam, ἄγαλμα, certe quidem protomen, εἰκόνα, in Curia (βουλευτηρίῳ) positam fuisse, ex eo palam fit, quod haec ipsa, ἑτέρα δὲ ἐν τῷ βουλευτηρίου χρυσῆ, media inter duas alias, ipsius in pompa funebri portabatur (Dio Cass. l. LVI. p. 111. 591): quin Romae, dum eius templum aedificabatur, hanc εἰκόνα χρυσῆν in lecto, Martis quidem in aede (Dio Cass. ib. p. 600.) collocandam, et omni cultu eo, quo posthac ipsius simulacrum, afficiendam decreuit Senatus, Tiberio auctore et suasore. Tandem statuas etiam minutas, siue sigilla, auro solido, eodemque purissimo, formarunt artifices prisci: cuiusmodi Genium, serto e floribus facto redimitum, videre mihi nuperrime contigit, quem Generosissimus de Schellersheim, intelligentissimus rerum omnium, antiquitus affabre non minus, quam ingeniose factarum, amator, ex Italia

redux,

redux, in κειμηλίοις aliis, fecum attulerat, mihique amicissimus, quod gratus praedico, monstrare haud dedignabatur.

At enim vero prisci artifices eximios ingenii intelligentiaeque suae labores et artificia non tantum ex metallo, de quo quaeritur, primo ac principe fabricarunt, sed complures etiam, alia ex materia, vt, aere, ebore, marmore, ligno paratos, aureis lamellis obduxere, siue inaurauere. Quod, vti Lucianum, εἴρωνα ingeniosissimum, iam exagitasse reperimus (v. Iup. Tragoed. p. 420. T. III. opp.), qui Deos, artificum Graecorum manu formatos, esse ait χαρίεντας μὲν καὶ εὐπροσώπους, καὶ κατὰ τέχνην ἐσχηματισμένους· λιθίνους δὲ, ἢ χαλκοῦς ὅμως ἅπαντας· ἢ τούςγε πολυτελεσάτους αὐτῶν ἐλεφαντίνους, ὀλίγον ὅσον τοῦ χρυσοῦ ἐπίςιλβον ἔχοντας, ὡς ἐπικεχρῶσθαι καὶ ἐπιγανᾶσθαι μόνον. τὰ δὲ ἔνδον ὑποξύλους, κ.τ.λ. ita variis in operibus antiquis, adhuc superstitibus, hodieque animaduerti, et discerni posse testantur viri, quibus contigit, vt ea curiosius explorare possent (v. Winkelmann. Hist. Art. p. 207. ed. Dresd. et p. 428. Vienn.). His operibus adscribatur, necesse est, aurata *Bacchi*, e marmore Gr. facti statua, in Pompeiorum, oppidi, ruderibus, et in Isidis quidem aede reperta, de qua loco alio verba feci (Comment. de Pompeiis, p. 127. et 167). Verum vt ne leuissimum quidem huius rationis cum maxime cernatur vestigium; eam tamen tot scriptorum veterum auctoritates confirmant, ita vt, qui addubitare possis, non videam. Vnus Pausanias memorat similia monimenta non pauca: vt, *Bacchi*, seu *Liberi Patris*, signa duo lignea aurata (Corinth. s. l. II. c. 2. p. 115); *Dianae*, (l. c. c. 9. p. 133); *Apollinis* buxeum, capite tantum auro illito (Eliac.

post.

poſt. ſ. l. VI. c. 19. p. 499); aliud eiusdem (Arcad. ſ. l. VIII. c. 53. p. 708); *Mineruae Areae*, itidem ligneum, Phidiae opus (Boeot. ſ. l. VIIII. c. 4. p. 718); eiusdem aliud (Phoc. ſ. l. X. c. 15. p. 833); item *Phrynes* effigiem auratam (l. c.), plures denique huiusmodi ſtatuas (Achaic. ſ. l. VII. p. 574.) quas ſigillatim recenſere non opus eſſe opinor. Praeter maiora haec opera, ſcriptor idem commemorat auratos currus (l. c. p. 116), capram, (p. 141.) aquilas (p. 679): alii monimenta alia. Qui mos auratas Deorum hominumque ſtatuas dedicandi, ad Romanos quoque tranſiit: ſiquidem L. Stertinium, in porticu ad Fortunae et Matutae aedem, ſigna aurata poſuiſſe, memoriae prodidit Liuius (H. R. l. XXXIII. c. 27); atque aliquamdiu poſt, M' Acilium Glabrionem, patris in honorem, ſtatuam auratam in Pietatis aede collocandam curaſſe (l. XXXX. c. 34. coll. Val. Max. l. II. c. 5).

De victimarum cornua aurandi caerimonia, vel pueris notiſſima, copioſe vt diſſeram, nemo, reor, opus eſſe iudicabit. Ipſum opera qualiacunque auro linendi negotium qua ratione antiquitus peractum ſit, coniectura veriſimillima ductus, expoſuit Winkelmannus (l. c. p. 260. Dresd. et p. 534. ſſ. Vienn. ed.). Id tamen Homeri tempore, quo aurum haud dubie nondum ita, vt noſtro fieri ſolet, malleando tenuare aut poterant, aut volebant, via et ratione longe alia exſequutos eſſe reperimus. Vates enim, quem dixi, Neſtoris ſacrificium, et ritus tum alios, tum victimae cornua aurandi, ea opportunitate obſeruatos, deſcripturus (Odyſſ. l. III. v. 432. ſſ.), χρυσοχόον, aurificem, ait, cum variis inſtrumentis apparatuque neceſſario accerſitum eſſe, eoque dicto, ſic pergit:

— — — ἦλθε δὲ χαλκεύς,
Ὅπλ' ἐν χερσὶν ἔχων χαλκήϊα, πείρατα τέχνης.

Ak-

Ἄκμονά τε, σφῦραν τ', εὐποίητόν τε πυράγρην,
Οἷσίν τε χρυσὸν εἰργάζετο· — — Νέστωρ
Χρυσὸν ἔδωχ'· ὁ δ' ἔπειτα βοὸς κέρασιν περί-
χευεν, κ. τ. λ.

i. e. aduenit faber, arma fabrilia, officinae fuae inftrumenta, manibus geftans, incudem, et malleum, et forcipem affabre factam, quibus aurum aptabat confilio deflinato — — Neftor fuppeditauit aurum, quod ille bouis cornibus circumfudit. Qui apparatus omnis, me quidem iudice, non fuiffet neceffarius, fi iam tum lamellas auri tenuiffimas, quales nos hodie, habuiffent. Hic Graecorum mos victimarum cornua auro ornandi, deinde ad Romanos, vt inter omnes conflat, tranfiit: quod quum e fexcentis poetarum Lat. locis palam fit, tum ex hoc Liuii ( H. R. l. XXV. c. 12.) et Macrobii ( Saturnal. l. I. c. 17.) teftimonio: *decemque viris* ( per SCtum poft confultationem conditum) *praeceptum eft, ut Graeco ritu hisce hoftiis facrum facerent, Apollini boue aurato, et capris duabus albis auratis; Latonae boue femina aurata* cet. In quo vfurpando num Romani eundem, quem Graeci vetuftiffimi, apparatum, fcil. incudes, malleos, forcipes cet. adhibuerint? nec ne? nullibi relatum legi. Interim perquam credibile eft, Graecos rerum ufu condocefactos, fenfim peruidiffe, aurum diu multumque malleatum, in lamellas tenuiffimas fubtiliffimasque velut diduci, hisque victimarum cornua celerius et facilius illini poffe. Quo non mature animaduerfo, qui ftatuas marmoreas, aereas, eburneas, ligneas; opera alia, aurare potuiffent? Quod fi viderunt, et huiusmodi lamellas ad hoftiarum cornua non minus, quam ad opera alia, auro obducenda adhibuere Graeci; haec ratio, facillima fane ac commodiffima, haud dubie Romanis, Diis quibusdam Graeco ritu facrum facere iuffis, fimul eft tradita, vt adeo apparatu,

Hom-

Homericis temporibus necessario, in hoc negotio exsequendo, haudquaquam indigerent.

Tandem prisci artifices, Graeci potissimum, in Deûm simulacris aliisque vasis conficiendis, aurum ita vsurparunt, vt illorum vestimenta, horum ornamenta, ex auro fabricata, adderent. Quum enim populi illi, quos Graeci barbaros appellare fuerant, Deos suos auro solido fabricatos voluissent, quos propterea βαρβαρικοὺς appellat, et in concione, quam lepide fingit, προεδρεύσειν contendit Lucianus (l. c. p. 419): Graeci contra, eodem irrisore ingenioso et vaferrimo teste, ipsos venustate quidem et gratia plenos, vultu item honesto et liberali, et, qua artificii praestantiam, probe cultos et perpolitos, sed non nisi lapideos, aut aeneos, summum, eburneos et intus sublignoes fabricarunt, ita quidem, vt modicum ab auro, quo illiti et aurati erant, retinerent splendorem. Quod demonstrant duo Graecorum simulacra longe laudatissima, Iouis Olympii et Mineruae Athenienfis, Phidiae opera praestantissima ex ebore et auro facta, (Plin. H. N. l. XXXVI. c. 5. p. m. 735). Quanquam vero bina haec signa fere sola omnium in ore sunt, Graeca tamen oppida, non pauca, similia, eis fortasse, si artem et praestantiam spectes, nonnihil inferiora habuere: vt, signum *Bacchi*, siue *Liberi Patris* (v. Pausan. in Corinth. f. l. II. c. 7. p. 127); *Aesculapii*, eiusdemque imberbis (id. ib. c. 10. p. 134) opus Calamidis; aliud *eiusdem Dei* (id. ib. c. 27. p. 172.) Thrasymedis opus; *Veneris*, sedentis habitu (id. ib. p. 134.) opus Canachi Sicyonii; *Iunonis*, in solio sedentis, eximia magnitudine signum (id. ibid. c. 17. p. 148) Polycleti opus; *Hebes*, (id. ib.) Naucydis arte factum; *Dianae Laphriae* (id. in Ach. f. l. VII. c. 18. p. 569), cuius opifices Menaechmus et Soïdas fuerant; *Mineruae* (id. ib. p. 575); *eiusdem Deae* apud Pellenenses (id.

M          ib.

ib. p. 594). Complura alia, eademque singula ex auro et ebore facta, recenset Paufanias (Eliac. pr. s. L V. c. 16. f.), quae figillatim nominare nolumus; quoniam ex his iam fatis apparet, Graecos artifices ad Deorum Dearumque figna fabricanda quam faepiffime aurum et ebur adhibuiffe. Quo in negotio adgrediendo perficiendoque, qui veriati fint, effici cogique poteft ex Luciani verbis, quae fupra transfcripfimus; plenius docuit Heynius illuftris (v. eius Antiquarifche Auffätze, Th. II. n. 5. p. 149. ff.), cuius commentationem lector quisque, res similes difcendi cupidus, adeat, oportet. Quin figna integra ex ebore folo fabricata accepimus: quale fuit, apud Cyzicenos *Iouis*, quem Apollo marmoreus coronabat (v. Plin. H. N. l. XXXVI. c. 15. p. 741), ac *Dei eiusdem*, Pafitelis opus, quod Romae dedicatum erat in aede Metelli Macedonici (Plin. ib. c. 5. p. 731); tum *Veneris* signum, idque vetustissimum (Paus. in Attic. f. l. I. c. 43. p. 105); item *Mineruae Aleae*, opus Endii, totumque ex ebore fabricatum; quod Augustum in fori aditu dedicaffe fcribit Paufanias (Arcad. f. l. VIII. c. 46. p. 694). Omitto *Iouem Terminalem*, in Catacumbis Rom. vulgo dictis, feu cuniculis et meatibus fub terram actis, repertum (v. Caylus Récueil Tom. III. p. 156); *Puerum*, in collectione Hamiltoniana affervatum; alia miniora opera, vt, tefferas, bullas; cet. item anaglypha *), quorum permulta, non minus

affabre

*) Memorare hic placet non nifi vnum opus ex ebore caelatum, paucis abhinc annis in agro Cortonenfi, vel verius Clufino, effoffum; quod, fi genuinum eft, memoria dignum arbitror. Id eft forma et magnitudine fere ea, qua numi maximi, qui dicuntur, moduli effe folent. Cernitur in eo caput barbatum galeaque tectum, cum titulo, a dextra finiftram verfus, ac litteris peruetuftis fcripto, ex quo

LARS

affabre caelata, quam ingeniose cogitata, in medium protulit V. Celeb. Philippus Buonarotti (Offervazioni fopra alcuni frammenti di vetri antichi, pluribus locis), quoniam haec, fi quidem velim ac per inflituti rationem liceat, opportuniore loco perfequi poffum. Vnde non nifi vnum hic adhuc tangam. Nimirum non paucos, qui Phidiam et alios Graeciae artifices inmortales, Deorum figna ex ebore et auro fabricaffe norant, rem demiratos effe, atque opinatos, fignorum fimilium faciem non potuiffe non fpectantibus iniucundam, moleftam et paene faftidiofam. videri, eo quod eboris candori flauedo auri difpar et difcolor fit, nec fatis congruat, adeoque oculos offendat: verbo, materiarum tam diffimilium, tam difcolorum coniunctionem prodere faporem, feu guftum (venia fit vocabulis) prorfus deprauatum, minimeque probandum et imitandum. Sed quanquam varia, quae hic refpondere poffum, habeo: tamen duo tantummodo, non ad viuum refecare, fed attingere pauciffimis placet. Ac primum quidem fatis inter omnes conftat, non omnia omni et populo, et homini, nec omni tempore fimul placere, eoque nomine pulcra, venufta, gratiofa videri. Sunt, quae cum maxime iucunda fint plerisque, et tantum non omnes delectent: breui poft non item. Id quod in vtenfilibus, veftimentis, muficis, inftitutis publicis, quin difciplinarum placitis, verum effe, teftatiffimum eft. Vnde et prouerbium, communi fermone tritum, *de guftibus difpu-*

LARS PVRSNA efficit, adeoque vultum regis *Porfenae* in eo apparere credit anaglyphi poffeffor, Ludouicus Coltellinus. Eius picturam linearem vna cum poffefforis epiftola ad Celeb. Abb. Dominicum Seftinium fcripta, promulgauit Gnattanius in Notizie fulle Antichità e belle Arti di Roma, per il Febraro dell' anno 1787. p. 10. fs.

*disputare* vetat. Qui igitur Graeciae populum, omnis vere pulcri, et venusti arbitrum et quasi creatorem, nostra regula et norma, nostroque sensu metiri audeamus? idque in colorum delectu et consociatione, quae natura tam varia, tam mutabilis et inconstans est, vt eorum quidam non nisi singulos dies nobis arrideant, et verissime pariter ac significantissime *Couleurs du jour* a Franco-gallis appellentur. Accedit, quod signorum membris, ex ebore fabricatis et politis, auri appositi radiis maiorem splendorem ac claritatem conciliare, eoque Deûm simulacra augustiora et veneratione maiori digna reddere voluisse videntur. Quod enim opus, aut ornamentum qualecunque, eburneum, aeneum, argenteum, marmoreum, auro vel vndiquaque inclusum, vel hic, illic, quasi illitum opertumue, ex ipsius splendore mutuari crediderint nitorem magis radiantem, intelligi potest ex his Virgilii versibus:

Quale manus addunt ebori decus, aut vbi flauo
Argentum Pariusue lapis circumdatur auro,

(Aen. l. I. v. 593. f. coll. Heynii nott. ad h. l.). Quae si ipsorum fuit opinio, tantum abest, vt hanc rationem, a moribus nostris alienam, vituperare possis, vt potius laudare debeas. Tum eximia et incredibilis Graecorum veterum aduersus Deos pietas et reuerentia multum momenti habuisse videtur ad hanc rationem in ipsorum signis fabricandis vsurpandam. Norant nimirum, plerosque populos barbaros, auro in primis locupletes, aurea Deorum signa habere et venerari. Ipsi, lapidibus truncisque deformibus, quos vt Deos venerati erant maiores, quasi sepositis, quum simulacra venustiora et ingeniosius elaborata, publico omnivm cultui et venerationi destinanda censerent; fas et, qua erant, pietas praecipiebant, vt ea ex materiis tam

raris-

rariſſimis, quam cariſſimis, fabricata vellent. In quibus quoniam aurum et ebur raritate maxime eminebant; Dii cuiusque loci maximi, et quaſi Penates, Praeſidesue, digni ſunt viſi artificibus, quos ex illis ſumma, qua fieri poterat, intelligentia, dexteritate, arte formarent. De auri raritate apud Graecos nemo facile dubitabit: is in primis omnium minime, qui, quae Phidiae, Mineruae Athenienſis opifici, aliquamdiu poſt, quam fabricata erat, hominum nonnullorum inuidia acciderint, et quam facile calumniatores ſuos refellerit, haud ignorat. Eboris vero in Graecia raritas, et inde pendens caritas, non poterat non permagna eſſe, eo quod elephantes ibi reperiebantur nulli, et horum dentes in regionibus longe remotiſſimis quaerendi erant, emendi et in Graeciam deuehendi. Qua in ſententia Pauſaniam quoque fuiſſe, atque ex eboris vſu, de quo quaeritur, Graecorum pietatem ſtudiumque erga Deos itidem effeciſſe video. Ita enim de iis iudicat (Eliac. pr. ſ. l. V. c. 12. p. 405): Φιλότιμοι δὲ ἐς τὰ μάλιϛά μοι καὶ ἐς Θεῶν τιμὴν, οὐ Φειδωλοὶ χρημάτων γενέσθαι δοκοῦσιν οἱ Ἕλληνες, οἷς γε παρὰ Ἰνδῶν ἥγετο καὶ ἐξ Αἰθιοπίας ἔλεφας ἐς ποίησιν ἀγαλμάτων. Quae quum ita ſint, Graecos hoc nomine adeo non reprehenſos, et ſaporis peruerſi deprauatique accuſatos velim, vt ſumma potius laude digniſſimos exiſtimem. Atque haec quidem de hoc loco, et de metallo omnium primo atque pretioſiſſimo.

# EXCVRSVS VII
## AD EIVSDEM CAP. IIII. §. 10.

Metallo, de quo ante dictum, adiungere lubet nonnulla de *orichalco*, quod ERNESTI immortalis recte et vere in *natum* et *facticium* dispertitus est. Posterius vt describam, nulla exigit necessitas: de priore contra non possum, quin coniecturam aliquam meam hac opportunitate cum viris eruditis communicem. Huius meminere iam duo antiquissimi, quos quidem habemus, Graecorum poetae, Homerus et Hesiodus, idque non minus, quam aurum, ornatui vario aptatum esse testantur. Atque ille quidem (Hym. II. in Venerem, v. 9.) Horas ait, Deam hancce, e maris spuma egressam, vestimentis alioque mundo induisse, et inter reliqua, suspendisse in perforatis illius auriculis inaures,

ἄνθεμ' ὀρειχάλκου χρυσοῖό τε τιμήεντος·

qui versus etsi metalli, de quo quaeritur, naturam non explicet, argumento tamen est, id auro aequiparatum esse. Hic vero in Herculis πανοπλίᾳ describenda, heros ait induisse

— — — κνημῖδας ὀρειχάλκοιο φαεινοῦ,
Ἡφαίστου κλυτὰ δῶρα — — —

Quae quidem verba metalli, de quo quaeritur, non magis, quam Homerica, naturam illustrant. Eius interea praestantiam ex hoc quodammodo suspicari licet, quod ocreae, ex orichalco paratae, Dei cuiusdam, Vulcani, donum dicuntur eximium. Iam vero Deos non nisi optima et pretiosissima quaeque conficere

et

et largiri Colere, persuasum fuit priscis hominibus; vti complura scriptorum veterum testimonia demonstrant. Tum scholiorum auctor, Ioannes Diaconus, id λευκὸν χαλκὸν appellauit; caussa tamen, cur ita vocaret, adiecta nulla. Pari fere, quo Hercules, modo Turnus (Virg. Aen. l. XII. v. 87. s.)

— — auro squalentem, alboque orichalco
circumdat loricam humeris — — —

Quem locum Scholiastae Hesiodei sententiam de huius metalli colore plane confirmare statues, nisi cum VV. CC. Heynio (in nott. ad h. l.) et Bocharto (Hieroz. P. II. vi. 16.) existimare malis, id per se album non fuisse, sed ita dictum auri comparatione. Verum vt e Virgilii dictis nihil certi, qua colorem, effici cogique possit: insigne tamen illius pretium ex eo, quod vna cum auro ad loricae ornatum dicitur vsurpatum, luculenter apparere videtur. Mundus enim, ex orichalco facticio paratus, haud dubie male conuenisset vere aureo; cui dedecori potius, quam decori fuisset. Sed nihil adhuc decerno. Arrianus (Periplo Mar. Erythr. p. m. 45) praeterea orichalcum, ait, in emporium Adulitanum deportari vendendum: emto vti homines ad ornatum, quin etiam in frusta dissecto, pro numismatibus (καὶ ὀρείχαλκος, ᾧ χρῶνται πρὸς κόσμον, καὶ εἰς συγκοπὴν ἀντὶ νομίσματος). Numorum autem loco ecquis aut appendere, aut appensum accipere potuerit, vel voluerit, si pretio vel valore interiore prorsus caruisset orichalcum, nondum quidem

— — — concisum in titulos, faciesque minutas,

sed tamen in frusta et lamellas, quales Iapanenses cum maxime vsurpare alio loco demonstrabimus? Ergo hoc, natura ipsa paratum, facticio cuique multum praestiterit, necesse est. Quo loco, et qua occasione velim,

velim, vt Arrianus prouinciam, e qua exportatum, et in emporium, quod dixi, vendendi cauſſa, deportatum ſit, ſimul indicaſſet. Quod ab eo neglectum eſſe, viri eruditi complures, credo, mecum deſiderabunt. Nec Plinius in eius ſolo patrio anquirendo et memorando, diligentior fuit et curioſior. Deſcripta aeris, e cadmia, lapide aeroſo, et chalcite, qui in Cypro vocabatur, vulgaris natura, huius vilitatem ait eſſe, ſua certe aetate, praecipuam, reperto in aliis terris praeſtantiore, maxime *aurichalco* (cuius loco *Feſtus* ipſe, rectius *orichalcum* ſcribi putat) quod praecipuam bonitatem admirationemque diu obtinuiſſet; nec reperiri longo iam tempore, effeta tellure (H. N. L XXXVI. c. 1. p. m. 639). Haec vere ſcribere non poterat, ſi ipſius animo non niſi *orichalcum facticium* obuerſabatur: huius enim et patria, et conficiendi ratio, ipſum haud fugiebat: itaque de nato ipſum loqui oportet. Cuius melioris, praeſtantioris et admiratione dignioris patriam, vti non nominauit, ita ne indagaſſe quidem videtur: quippe quam, vel non explorato cognitam, paucis certe verbis deſignaſſet. Quod eius ſilentium haud dubie permouit Harduinum, vt haec ad verba ſuperiora animaduerteret: *nec forte vſpiam exſtitit*, (ſcil. orichalcum illud auro paene par) *praeterquam apud poetas, et in fabulis: vt Ariſtoteli perſuaſum olim fuiſſe auctor eſt Apollonii Scholiaſtes. Plautus in Mil. Act. III. Sc. I. v. 64 tres homines frugi, aequi ponderis cum aurichalco aeſtimat:*

*Cedo tres mihi homines aurichalco contra cum iſtis moribus.*

Quae praeterea obſeruat, a cauſſa prorſus aliena ſunt; ſiquidem non tam ad natum, quam ad facticium pertinent orichalcum. Res itaque omnis accuratiorem poſtulat diſputationem. Nimirum Apollonius Rhodius aeque, acHeſiodus,

ὀρει-

— — — ὀρειχάλκοιο φαεινοῦ
mentionem feciſſe reperitur, (Argonaut. l. IIII. v. 973): ad haec verba Scholiorum auctor (p. m. 236. a) obſeruat: ὀρείχαλκος, εἶδος χαλκοῦ, ἀπὸ ὀρείου τινος, γενομένου εὑρετοῦ ὠνομασμένος. In quo, numquid veri ſit, examinare non placet. Tum pergit: Ἀριστοτέλης δὲ ἐν τελεταῖς φησὶ, μηδὲ ὑπάρχειν τὸ ὄνομα (eius puto, qui id inueniſſe, et ex quo nominatum eſſe creditur) μηδὲ τὸ τούτου εἶδος. Τὸ γὰρ ὀρείχαλκον ἔνιοι ὑπολαμβάνουσι λέγεσθαι μὲν, μὴ εἶναι δὲ· τῶν δὲ εἰκῆ διαδεδομένων καὶ τοῦτο. Cui Ariſtotelis ſuſpicioni plures aliorum auctoritates opponit Scholiaſtes: Οἱ δὲ πολυπραγμονέςεροι, inquit, φασὶν αὐτὸν ὑπάρχειν· μνημονεύει καὶ στησίχορος καὶ βακχυλίδης. καὶ Ἀριστοφάνης δὲ ὁ γραμματικὸς, σεσημείωται τοῦτο. Ἄλλοι δὲ ἀνδριαντοποιοῦ λέγουσιν ὄνομα, ὡς σωκράτης καὶ θεόπομπος ἐν εἰκοστῷ πέμπτῳ· κ. τ. λ. Quae Scholiaſtae verba etſi rem, de qua quaeritur, non prorſus expediunt, neque vt multo, quam ante, certiores ſimus, faciunt: tamen ea temere et inconſiderate addubitare prohibent, ſiquae a poetis tradita, et, magis vt placeant, ingenioſius exornata, aut non amplius, aut multum mutata reperiamus. Namque vel ipſa eorum commenta et fabulae, adeo non merae ſunt fabulae, mera commenta, ab omni vero longe remotiſſima, vt potius in ſingulis veri nonnihil inſit, non nude ac more philoſophis ſollenni propoſitum, ſed ingenioſe mirificeque conuerſum, et verbis exquiſitis ac venuſtis ita deſcriptum, vt miraculi ſpeciem habere videatur. Quod quam verum ſit, ex vno Palaephati libello, plures vt taceam, iam ſatis intelligi poteſt. Ariſtoteles igitur non ita, vt par erat, et acutum prudentemque philoſophum decebat, ſeſe geſſit, dum ὀρείχαλκον, a poetis tantopere laudatum, praeterquam inane nomen, nil eſſe, nec
- niſi

nisi ex illorum ingenio effluxisse contendebat. Huic eius sententiae, praeter aliorum, quos πολυπραγμονεστέρους vocat Scholiastes, scriptorum testimonia, plane aduersatur Plato (in Critia p. 51. vol. X. ed. Bipont.) siue, quem hic loquentem induxit, Critias, qui id praesenti tempore solummodo nominari largitur, olim vero plurimum fuisse ait in multis *insulae Atlanticae* locis, suoque pretio metalla tum cognita, ab auro solo si discedas, omnia superasse (καὶ τὸ νῦν ὀνομαζόμενον, τότε δὲ πλέον ὀνομαςὸν ἦν τὸ γένος, ἐκ γῆς ὀρυτλόμενον ὀρείχαλκον κατὰ τόπους πολλοὺς τῆς νήσου, πλὴν χρυσοῦ τιμιώτατον ἐν τοῖς τότε ἔν, κ. τ. λ.). De qua Platonis sententia quid existimandum sit, ante multos iam annos Francogallus longe Celeberr. Baudelotius de Dairval, indagauit, et singulari libello exposuit in consessu Academicorum Parisinorum, titulis et bellis, quas vocant, litteris (Inscriptions et Belles-lettres) curandis prouehendisque creatorum (p. 60. ff. Tom. III. Commentt. vers. Godsched.). Atlanticam hanc insulam ὑπὲρ Ἡρακλείας ςήλας ἔξω, i. e. vltra columnas Herculis, vel fretum Gaditanum, olim exstitisse quidem, sed ex ea, per vehementiorem terrae concussionem submersa, nil nisi δυσανάπορον πηλὸν, seu coenum nauigantibus ineluctabile superesse, largitur Aristoteles aeque, ac Plato et scriptores alii \*), Eudoxus, Strabo, Philo,

---

\*) In his *Posidonius* maxime memorandus est, de quo in libro recentissimo: Geographie des Grecs analysée; ou les Systèmes d'Eratosthenes, de Strabon, et de Ptolemée, comparés entre eux, et avec nos connoissances modernes. Par M. Gosselin. A' Paris, 1790. form. quadripertita c. tabb. geograph. haec relata lego: Posidonius croyoit à l'Atlantide de Pluton, et pensoit, comme lui, qu'un tremblement de terre l'avoit fait disparoitre (Strab.

Philo, cet. Ecqua demum cauſſa eum, hoc concedentem, adducere potuit, vt orichalcum, quod priſcis monimentis, apud Aegyptios ſuperſtitibus, convenienter, eadem in inſula effoſſum, et inde exportatum fuerat, praeterquam merum et inane nomen, nihil eſſe contenderet? Fac, vt ipſe nihil eius nec viderit, nec tractarit; num hoc pro cauſſa ſatis graui iuſtaque rem negandi habere poterat, aut debebat? Equidem vehementer dubito : nam innumera eſſe, quae non videamus, neque tamen idcirco in dubium vocare audeamus, ecquis eſt, qui non concedat? Ipſe philoſophus Stagirites multis de rebus nec viſis, nec tractatis, in libris potiſſimum phyſicis expoſuit, neque eas ſimilem ob cauſſam, addubitauit. Sed quorſum haec omnia? Nimirum vt Ariſtotelis de orichalco ſententia admodum infirma, et aſſenſione noſtra vix digna appareat, nosque non temere, nec inconſiderate Platonis in partes tranſire videamur. Fuit olim haud dubie orichalcum, metallum auro non multum vilius et inferius, idque ad rerum variarum ornatum, quin, Arriano auctore, ad numos cudendos adhibitum: ſed id pedetentim vſurpari deſiit, hominesque penitus fugit, ex quo, vel in ſubmerſa inſula, eius ſolo patrio, non amplius effodi poterat, vel mercatores et nautae, diuturno pariter ac periculoſo per fretum Gaditanum itinere deterriti, et Hipparchi, de quo in obſeruatione antegreſſa nonnihil dictum eſt, auctoritate, in propoſito ſuo magis confirmati, eo proficisci, et ibi negotiando, in mercimoniis aliis, hoc

(Strab. Geogr. l. II. p. 160. ed. Almeloveen). Mais ce qui le rend plus recommendable en géographie, c'eſt qu'il fit tous ſes efforts pour prouver, contre l'opinion d'Hipparque, que l'on pouvoit naviguer tout autour de l'Afrique, depuis les Colonnes d'Hercule, jusqu' au golfe d'Arabie.

hoc metallum exportare, et in Graeciae Latiique provincias deuehere nolebant. Quin fieri potuit, vt non nisi per eiusmodi nautas et mercatores, iusto cautiores vel potius timidiores, rumor spargeretur, aut insulam prorsus submersam esse, aut orichalci venas tantopere exhauslas, vt iam aduehi posset nullum, neque ipsi ad eiusmodi iter suscipiendum adigerentur. Vtramque eius iam incogniti, nec amplius vsitati, caussam memorant scriptores. Cui coniecturae qualicunque meae, aliam de hoc orichalco subiungere liceat. Non ita diu innotuit metallum, auro fere par, quod *Platinae* nomine vocare solent viri harum rerum amantes. Id vltra Herculis columnas, in Americae regionibus reperiri, in Europam deportari, colore fere candido esse, maximique aestimari constat. Possintne haec omnia nos in opinionem adducere, vt hoc metallum, Europaeis breui abhinc tempore cognitum, si non pro ipso antiquorum *orichalco*, certe quidem pro genere ipsi simillimo finitimoque habere audeamus? Equidem decernere nolo: videant alii, me intelligentiores; simulque isti, quibus aditus ad Museum Herculanense patet, explorent pateras et instrumenta illa, quae, ex candida facta materia, in thesauro isto adseruari testatur Winkelmannus (Monumenti Antichi inediti, T. II. p. 172). Ea, reor, ad lapidem Lydium bene exacta et explorata, rei, de qua quaeritur, lucem affundere possunt, et coniecturam hanc meam vel refellere, vel magis confirmare. Quae si a vero non quam longissime abest, habemus in hac quasi massa, metallum, quod in locorum, vltra Herculis columnas sitorum, cuniculis effoditur, auro ipsi, qua praestantiam et pretium, paene par est, idque colore candido: quod Aristotelis, Plinii, aliorum aetate, non poterat non rarissimum esse, non tam eam ob caussam, quod terra tum, vt Plinius iudicat, eius esseta esset,

quam

quam quod nautae et mercatores prouincias, solum eius patria in, non amplius adirent, idque in ceteris bonis atque mercimoniis inde in Europam deportarent. Sed ego, quod paullo ante iam dixi, decernere non audeo: maxime quidem, quum me, quid coniecturae meae aduersetur, haudquaquam fugiat. Scio enim, id metallum admodum durum esse et asperum, ita vt malleo quasi attenuari deducique, igni per se liquefieri, et ornatum qualemcunque inde fabricari posse negent viri, qui eius naturam periclitando adhuc explorarunt: verum nec minus scio, eiusdem frusta non nisi longe minutissima, per Hispaniarum regis leges et decreta πολιτικά, in Europam importari, atque in manus peruenire virorum, qui ipsius naturam prorsus explorare, et aptam ad res complures rationem vsumque declarare possent. Quod interdictum donec legis vim habebit, vera ipsius natura et proprietas ignorentur, necesse est. Fieri potest, vt antiquitatis artifices viam et rationem certissimam habuerint eius ingeniose prudenterque ad mundum varium vsurpandi, sed quae non minus, quam aeris ad enses, hastas, secures, cet. parandi et indurandi ratio, pedetentim interierit, quamque cum maxime ignoramus, certe non adhibemus: sed potest etiam fieri, vt, quemadmodum adamantis segmenta, more nostro non polita, verum quasi bruta, ita et orichalci fragmina, vt erant, effossa, ad res exornandas applicarent. Plura hariolari non lubet: sed hoc vnum solummodo adiicere, R. Watsonum, Episcopum Landaffiensem Plurimum Reuerendum et Celeberr. in commentatione aliqua docuisse, *Orichalcum* veterum quam maxime diuersum fuisse ab eo, quod hodie hoc nomine vsurpamus. Eius Comment. exstat in Memoirs of the litterary and philosophical Society of Manchester, vol. II. comment. 3.

EX

# EXCVRSVS VIII
## AD PART. I. CAP. V
### DE
## VARIA MATERIA OPERVM ANTIQVORVM.

Hoc capite immortalis ERNESTIVS primum locum tribuit *ebori;* et de hoc fcripfit, quae repetere non necelle eſt: maxime quidem, quoniam de ipſius vſu in ſignis Deorum Dearumque, tum integris, tum artubus eorum praecipuis fabricandis, mundoque aureo exornandis, ſupra iam nonnulla commemoraui. Quin paucas minoris et intelligentiae et pretii opellas, vel minutias ex eo paratas indicaui, quarum numerum ex illuſtriſſimi Cayli Collectione facile adaugere potuerim, ſi me operae pretium facturum. credidisſem. Vnde hoc ſuper loco non niſi ſcriptoris cuiusdam Belgici, *Gallandati,* dum in viuis erat, multis nominibus meritiſſimi, commentarium aureum *de Ebore,* lingua eius vernacula ſcriptum, eundemque tam viris, hiſtoriae naturalis amantibus, quam mercatoribus et artificibus longe vtiliſſimum, in memoriam reuocabo: qui quidem exſtat in Commentariis Societatis Litterariae Vliſſingenſis (Verhandelingen vitgegeven door het zeeuwſch Genootſhap der Wetenſchappen te Vliſſingen) horumque vol. VIIII. Middelburgi a. 1782. diuulgato. — Teſtudinis vſus quoniam non adeo late patuit, copioſius qui exponatur, vix dignus eſt. — Lignorum genera complura eximiam priſcis artificibus attulere vtilitatem. Praeter eam, quam in ſtatuis, vel ex ebore ſolo, vel ex hoc auroque ſimul

fabri-

fabricandis, praeflitiffe fupra iam monui, habuere hanc etiam, vt ex eis folis figna integra conficerentur: quin prifci homines, auctore quidem Paufania (Arcad. f. l. VIII. c. 17. p. 633), qui fefe hoc ex antiquitatis monumentis didiciffe ait, non aliis, materiae generibus ad fimulacra Deorum vfi funt, quam ebeno, cyparis- fo, cedro, quercu, fmilace, loto. Quae ratio ab Aegyptiis inchoata, et pedetentim ad alios populos propagata videtur. Deorum enim, cultu religiofo ab eis mactatorum, figna ex ligno fabricata fuiffe, ap- paret ex eodem Paufania (in Attic. f. l. I. c. 42. p. 102.), quo loco *Apollinis, Pythii* vel *Decumani*, ftatuas nihil fere ab ligneis Aegyptiorum fignis difcrepare memo- rat: quod verum effe, alio loco (p. 633.) confirmat *Mercurii Cyllenii* ftatua, e citro fabricata, pedum haud minus octo altitudine. Tale quoque fuit *Apol- linis Archegetae*, totum ex ebeno, apud Megarenfes (Paufan. in Att. f. l. I. c. 42. p. 102); item eius aliud ligneum, nudum atque infigni magnitudine, quod Laphais, Phliafii, opus, Aegira in aliis iactitabat (id. in Achaic. f. l. VII. c. 26. p. 592): vti et eiusdem *buxeum*, capite aurato, quod a Locris ad Zephyrium promontorium dicebatur dedicatum (id. in Eliac. poft. f. l. VI. c. 19. p. 499): porro aliud eiusdem Dei, *Ismenii* cognomento celeberrimi, e *cedro* fculptum (id. in Boeot. f. l. VIIII. c. 18. p. 730); cuiusmodi *Apollo cedrinus* etiam Romae, Plinio tefte (H. N. l. XIII. c. 6. p. 686. T. I. opp. coll. l. XXXVI. c. 5. p. 728. T. II. not. 75) exftitit, Seleucia aduectus. Quo ex ligno *Aesculapii* fignum fculpendum curaffe dicitur Nicias Milefius, et manu quidem Eetionis (v. Theocrit. Epigr. VII. v. 4. fs.)

καὶ τὸ δ᾽ ἀπ᾽ εὐώδους γλύψατ᾽ ἄγαλμα κέδρου,
Ἠετίωνι χάριν γλαφυρᾶς χερὸς ἄκρον ὑποσὰς
μισθόν· ὁ δ᾽ εἰς ἔργον πᾶσαν ἀφῆκε τέχνην.

Porro

Porro *Bacchi*, seu Liberi Patris, signum e ligno, cinnabari illitum (Paus. in Ach. s. l. VII. p. 593): *Dianae Ephesiae*, ex ebeno, auctore Plinio (H. N. l. XV. sect. 79. p. 77): quod tamen e cedro fabricatum contendit Vitruuius (l. II. c. 9. p. 35) et alii; tum *Dianae Limnatidis* ex ebeno (Paus. in Arcad. s. l. VIII. c. 54. extr. p. 708): duo *Iunonis reginae* signa cupressea, quae Romae, singulis annis, in pompa sollenni per vrbem ferebantur (Liu. L XXVI. c. 37). Plura, quorum facies, manus et pedes ex marmore candido, aut ebore factos additosque memorat Pausanias (ll. cc. p. 514. 517. 592. alibi), de industria omitto. Atque vt Deorum signa antiquissima, ita et statuas heroum, et primorum victorum Olympicorum, non nisi ex ligno factas accepimus: vt, *Aiacis*, ex ebeno facta, quae Salamine collocata erat (Pausan. in Att. s. l. I. c. 35. p. 85); vt *Praxidamantis*, Aeginetae, e cedro, *Rhexibii*, Opuntii, e sico (id. in El. post. s. l. VI. c. 18. extr. p. 497). Ad quem morem spectasse videtur Virgilius in Pici regia describenda; cuius in reliquo ornatu interiore erant

— etiam veterum effigies ex ordine auorum
Antiqua e cedro.

Plura' etsi, quae de lignis, eorum coloribus, operibusque minoribus, ex eorum vnoquoque fabricatis, dicere possim, habeo: haec tamen, praesenti tempore et opportunitate, non sine caussa grauiori, praetermitto. Interim duo adhuc, ὡς ἐν παρόδῳ, monere placet: nimirum lignis ab Auctore Celeberr. memoratis addi posse, et debere *Sycomorum* et *laricem*. Namque ex huius, feminae quidem, Graece πεύκη dictae, trunco secabantur tabulae tenuiores, in quibus pictor optimus quisque et celeberrimus pingere solebat; si quidem ipsius lignum, auctore Vitruuio (de

Archi-

Archit. habet, (c. l. II. c. 9. p. 35. ed. de Laet) hoc proprium, vt *non folum ob* (Galianus, Marchio Neapolitanos edidit, *ab*) *fucci vehementi amaritate, ab carie aut a tinea non noceatur, fed etiam flammam ex igni non recipiat, nec ipfe* (fc. larix) *poffit per fe ardere, nifi — — aliis lignis vratur.* Quod idem fere teftatur Plinius (H. N. L XVI. c. 10. p. 9. Vol. II. opp. coll. Hard. not. ad h. l. et c. XXXX. p. 36). Cuperus etiam, dum in viuis effet, celeberrimus, per epiftolam ad Scheuchzerum miffam, docte, vt eius mos erat, fuper huius ligni proprietatibus differuit, quae in Schellhornii Amoenitt. T. II. p. 262. reperitur. Verum fi, quae Vitruuius (l. c.) de tempore et ratione, qua tam peculiares ipfius proprietates animaduerfae fint, memoriae tradidit, vera funt: Graeciae pictores in primis celebres huiusmodi tabulas haudquaquam vfurpare potuerunt. Vnde copiofius de hoc ligno et tabulis ex eo factis difputare, prorfus fuperuacaneum effe opinor. — *Sycomori*, ficus Aegyptiae, lignum Aegyptii potiffimum ad res plurimas conficiendas adhibuere. Deorum, quos ipfi colebant, fimulacra prifca quum lignea effent, tefte Paufania, quod fupra iam monui; in Cayli Illuftriffimi fententiam abire haud vereor, qui ipfos huius arboris ligno perquam duro, denfo, firmo, quin firmiffimo, in primis vfos contendit, vti ad mortuorum thecas et artificia alia, ita etiam ad eiusmodi figna fabricanda (v. eius Collect. Antt. T. I. p. 132; III. p. 6. f; IIII. p. 45. 50; VI. p. 14. ff. al.). Quae cum maxime fuperfunt figurae Aegyptiacae ligneae, quales diuerfae Romae exftant (v. Winkelmanni Hift. Art. p. 101. ed. Vien.) eas credibile eft, fi non omnes, certe quidem plerasque, quamuis auro vel coloribus illitas, ex arboris, de qua quaeritur, ligno fabricatas effe. Quin Ifidis figilla valde minuta, et alia Aegyptiorum idola lignea,

N eadem-

eademque coloribus picta, manibus tractare me meminui, quae haud dubie simili ex ligno erant sculpta. Sed plura, quae de lignis addam, nec habeo in praesenti, nec, si habeam, hoc loco addere velim; maxime quum opportunitate alia, eaque accommodatiori, nonnulla de iis adiicienda videam. Nec de coloribus in vniuersum, quidquam ad immortalis Auctoris dicta (§. y. p. 26.) reor addendum esse, nisi hoc vnum, quod admodum nuper prolusiones peculiares super iis commentari coeperit V. D. Frid. Guil. Doering, illustris, quod Gothae floret, Gymnasii director, cuius prolusio prima de Coloribus Veterum, A. MDCCLXXXVIII. in lucem exiit. Optabile est, vt auctor eruditissimus telam inchoatam, quam primum fieri potest, continuare et pertexere ne grauetur.

# EXCVRSVS VIIII
## AD PARTIS II. CAP. I
### DE
# LIBRIS SCRIPTIS.

Locum de libris fcriptis, hoc capite fic expofuit Auctor immortalis, vt, quod addam, equidem non habeam; eoque minus, quo certius huiusmodi quaeftio ad τȣ̃ *Antiqui* vim et praeftantiam intelligendam, nullo modo pertinere videtur. Cuius tantummodo ratione habita, non dubito, fore plerosque, qui eum a me tactum nolint: contra alios credo futuros, qui, inuenta non fine meditatione multoque vfu fcribendi ratione, fcire percupiant, ecqua tandem via ad libros fcriptos fcribendosue peruentum fit. Hanc igitur, quantum per monimentorum fide dignorum paucitatem licet, indagare, et hoc excurfu perfequi libet non aliam ob cauffam, nifi hanc, quod eam tum ad res alias, fcitu haud indignas, tum ad antiquitates in vniuerfum fane quam vtilem fore reor, et fructuofam. De quo plane perfuafus, qui non nihil laboris et ftudii hac in re, quam non nifi paucifſimis attigit, libelli A. (P. I. c. 1. §. 17.) magis explicanda, temere et inconfiderate collocatum cenfeam? — Coniectura qualiscunque mea, quam de fcribendi via et ratione inuenta pariter, ac propagata, fupra (Exc. III. p. 118. fs.) cum viris eruditis communicaui, fi non prorfus futilis eſt, ac contemnenda, fed aliqua, minimum, verifimilitudine fefe commendat; eam hoc etiam nomine affenfione dignam puto, quod, qua in materia haud

N 2    dubie

dubie scribi coeptum sit, commonstrare videtur. Quamquam enim Celeberrimus libelli, iam iterati, A. non minus, quam prisci scriptores, materiam plus quam vnam ad hoc negotium tradit adhibitam: credibile tamen est, principio hanc e reliquis esse potissimum selectam, quam facillime et nancisci, et consilio suo aptare, et secum gestare, et in qua verbula pauca pingere, seu vtcunque scribere possent. Vt enim artifices primi prima omnium signa non ex marmore, non ex aere, non ex ebore, sed ex materia molliori et facilius tractanda fabricasse constat: ita etiam verisimillimum est, homines primos non in tabulis lapideis, aeneis, plumbeis, vel in papyro membranisue, sed in materia, qualem quidem descripsi, scribere coepisse. Quod a fide eo propius abest, si homines mercaturae faciendae lucrandique studiosi rem, de qua quaeritur, inchoarunt. Tales enim diuersi generis mercimonia, e patrio singulorum solo terra marique exportantes, et in prouincias haud raro longissime remotas deuehentes, harum ciuibus significare oportuit, quae aduecta venditarent. Quod in primis necessarium erat, si quo casu ventisque aduersis, vel tempestatibus acti, offendebant homines, quibuscum recte et explicate loqui per linguae cuiusque populi vernaculae discrepantiam non liceret. Quo facto, huiusmodi nautis et mercatoribus confugiendum fuit ad tabellas, in quibus per certa signa, et litteras vtcunque pictas, mercimonia venalia, horum rationem, proprietates, pretium, alia, paucis indicarent, eaque via et ratione peregrinos ad merces vel emendas, vel permutandas inuitarent. Cuiusmodi tabellas vt in promtu haberent, eae debebant sic comparatae esse, vt ipsas in foris suis multo labore affigere, rursus tollere, earum scripturam mutare, et, si res ita ferebat, alia in naualia et loca, secum auferre, ibique rursus publice exponere possent;

possent; adeoque insigni nec pondere, nec pretio, sed potius maxime parabiles, leues, exiguae, vt earum et circumuectio, et iactura, molestiam crearet nullam. Quas proprietates omnes non nisi in tabellis ligneis, siue asserculis mediocribus extenuatisque, fuisse opinor. Has enim vel nunquam non secum gestabant ad repentinum nauis damnum sine mora refarciendum, vel facile nulloque non loco nancisci poterant: tum minus ponderosae erant et pretiosae: denique earum scriptura multo sine labore induci, eiusque loco alia pingi poterat. Verbo, tabellam similem, velut albi cuiuspiam loco habere poterant homines, et ex earum ratione vtilitates percipere non spernendas. Rem cognitam et peruulgatam alii quoque homines vsurpare quidem, sed longe alio interdum consilio, voluerunt: vt, Proetus, qui coniugis astutia deceptus, Bellerophontem cum tabellis ad Lyciae regem, ab hoc vt interficeretur, dimisit, teste Homero, (Iliad. l. VI. v. 168. f.) cuius verba haec sunt:

πέμπε δέ μιν Λυκίηνδε, πόρεν δ᾽ ὅγε σήματα λυγρά,
γράψας ἐν πίνακι πτυκτῷ θυμοφθόρα πολλά.
κ. τ. λ.

Ad τὸ γράψας versus posterioris notat Scholiastes (p. 161. edit. Villoison.), γράψαι hoc loco idem esse, ac ξέσαι, οἷον οὖν ἐγχαράξας εἴδωλα, κ. τ. λ. Quae nota, si a vero non aliena est, id, quod breui post indicabo, magis confirmat. In tabulis ligneis Orphei quoque incantationes, et morborum remedia fuisse scripta, testificatur Euripides (Alcest. v. 966. fs.) his versibus:

— — οὐδέ τι φάρμακον (scil. εὗρον)
Θρήσσαις ἐν σανίσι, τὰς
Ὀρφεία κατέγραψε
γῆρυς· — — —

Quae ad verba pertinet, quod Scholiaftes ad Hecubae Euripideae verfum 1267. vbi de Thracum vate, Dionyfo, fermo eft, memoriae prodidit (p. 59. vol. I. ed. Lipf.): οἱ μὲν περὶ τὸ Παγγαῖον ἄναι τὸ μαντεῖον φασὶ τοῦ Διονύσου, οἱ δὲ περὶ τὸν Λιμεν, εὖ εἰσὶ καὶ Ὀρφέως ἐν σανίσιν ἀναγραφαί· περὶ ὧν φησὶν ἐν Ἀλκήςτιδι, κ. τ. λ. Quo Euripidis verfu etfi τὸ καταγράφειν non minus, quam in Homerico, reperitur vfurpatum: tamen fieri poteft, vt id non tam proprio, quam translato fenfu accipiendum, et ex Scholiaftae Homerici mente per τὸ ξέειν fiue ἐγχαράττειν interpretandum fit. Sed hoc vrgere nolo, quia fimilem fcribendi rationem alia demonftrant exempla. Ea hoc fere de cauffa inuenta et propagata videtur. Nimirum iidem homines, quos lucri ftudium audaces faciebat et ingeniofos, quique primi in ligneis tabellis fcribere inceperant, cognito emolumento vario inde ad fe redundante, haud dubie fenfim fenfimque longius progreffi funt. Quum enim plures eadem mercimonia nullo non loco et tempore, iisdem in tabellis defcripta, venalia effe docerent, et litteras atramento, vel colore quocunque alio in eis pictas, idemtidem fugere cernerent, vt fcriptura ad legendum difficilior effet: easdem, vt per longius tenerent tempus, haud dubie fcalpro in tabulas incidere, incifas atramento quodam inducere inchoarunt. Quo inftituto prudentiffimo quum id, quod fequebantur, reapfe affequerentur, ipfiusque, ab his frequentati, vtilitas longe maxima percrebuiffet: accidit, vt alii quoque viri, in primis legum latores, quas fcripferant leges, in tabulis ligneis curarent incidendas. Quod vnum Solonis exemplum iam fatis demonftrat; quippe qui leges, Athenienfibus fcriptas, in *axibus ligneis* incifas voluit, auctore A. Gellio (Noct. Att. l. II. c. 12). Quae quoniam eiusmodi afferculis,

Graeco

Graece ἄξοσι, fuerant incisae (v. Plutarch. in Solon. p. m. 11. b.) idque litteris vncialibus seu quadratis (τετραγώνοις), leges ipsas ἄξονας vocare solebant Athenienses (v. Suidas s. h. v. p. 240. T. I. ed. Küster). Cuius legislatoris exemplum posthac imitatus est Ancus Marcius, rex Rom. IV. qui Numae commentarios de sacris rite faciendis conscriptos, in tabulas, δέλτους, transcribi, et in foro proponi iussit. Sed tempus, quod non male rerum edax appellatur, tabulas illas pedetentim absumsit: ἃς ἀφανισθῆναι συνέβη τῷ χρόνῳ, scribit Dionysius Halicarnasseus (Ἀρχαιολογ. Ῥωμ. l. III. p. m. 178) qui his dictis adiungit: χάλκεαι γὰρ στήλαι οὔπω τότε ἦσαν, ἀλλ' ἐν δρυΐναις ἐχαράττοντο σανίσιν οἵ τε νόμοι, καὶ αἱ περὶ τῶν ἱερῶν διαγραφαί. Eodem modo Servius Tullius leges, quas sanxerat, aequissimas, quia ius aequum faciebant vtrique ordini, nec plebeios sinebant a patriciis circumueniri, in tabulis incidi iussit. Quod effici cogique potest ex Tarquinii Superbi, successoris, ausu temerario, quo leges illas prorsus aboleuit, νόμους πάντας ἀνεῖλε (scribit idem Dionysius l. c. l. IIII. p. m. 245.) καὶ οὐδὲ τὰς σανίδας, ἐν αἷς ἦσαν γεγραμμένοι, κατέλειπεν· ἀλλὰ καὶ ταύτας ἀναιρεθῆναι κελεύσας ἐκ τῆς ἀγορᾶς διέφθειρε. Quo loco quamquam νόμοι dicuntur γεγραμμένοι· tamen credibile est, vocabulum hoc vsitatius positum esse pro κεχαραγμένοι, quod idem auctor, loco paullo ante allato, ipse velut solennius vsurpauit. Sed hanc coniecturam meam vt largiri nolis, ex antegressis tamen Dionysii dictis suspicari licet, quae maxime caussa priscos adduxerit homines, vt a tabularum lignearum vsu, ad aeneas adhibendas progrederentur, et res quascunque memoria dignas, his potius, quam illis, incisas vellent. Nimirum vel ligneis tabulis fiue fcriptum effet, fiue incifum, vna cum ipfis incendio, carie, aeris vi, aquarum impetu, cafibus aliis, facile deleri et interire poffe, ita vt maiorum res geftae, leges, facrorum ritus, ac caerimoniae, inftituta alia, ipfarum praefidio ad pofteros propaganda, his non poffent non incognita manere, ac prorfus ignorari. Quod ita effe, praeter alios, viderunt Romani, vrbe per Gallos capta et incenfa. Hac enim tempeftate, fi quae in commentariis pontificum, aliisque publicis priuatisque erant monimentis, ea, incenfa vrbe, pleraque interierant, auctore Liuio (H. R. L VI. c. 1). Quod idem publicis aliorum populorum monimentis euenifle credibile eft, oppidis ipforum hoftili furore captis, incenfis, deuaftatis. Cuiusmodi clades, adeoque fimilium monimentorum ligneorum iactura atque interitus, nullo modo farciendus, quum oppidorum omnium ciuibus metuendus effet: viri, patriae amantes, et rerum antiquitus tum geftarum, tum inftitutarum ftudiofi non potuere non videre, huiusmodi tabellas in pofterum alia ex materia, eaque magis durabili perennique, cui nec aeuum, nec caries, nec ignis, nec aquae et aeris vis tam facile nocere queat, parandas effe. Perfpecta huius rei neceffitas, vti et aeris, cuius vfum prifcis temporibus longe frequentiffimum fuiffe conftat, natura et proprietas homines ea, quae dixi, metuentes, facile adduxerit, neceffe eft, vt hoc ex metallo tabulas fabricarent, et, quae pofteris tradita volebant, in eis inciderent. Quod Romae vel ante Gallicam, quam dixi, cladem, iam fatis intellectum eft. Nam idem Seruius Tullius, cuius ligneas legum tabulas Tarquinium Superbum prorfus e medio fuftuliffe Dionyfiana, quae fupra transfcripfi, verba teftificantur, poftquam foedus inter Romanos et Latinos prudenti confilio fanxiffet, ac Dianae templum, in monte Auentino,

com-

communibus impenfis aedificatum eſſet, ciuitatibus leges foederis conſcripſit, ritusque celebrandi feſti et fori conſtituit. At vero vt μηδεὶς χρόνος αὐτοὺς, ſc. νόμους, ἀφανίσῃ, ςήλην καταςκευάσας χαλκὴν, ἔγραψεν ἐν ταύτῃ τά τε δόξαντα τοῖς συνεδρίοις, καὶ τὰς μεταςχέσας τῆς συνόδου πόλεις. Haec ſunt eiusdem Dionyſii verba (Ἀρχ. Ρωμ. l. IIII. p. m. 230.), qui columnam vel ſua aetate in aede illa ſupereſſe teſtatur. Idem apparet e verbis Polybii, qui (Hiſt. l. III. c. 26. p. 251. T. I. ed. Caſaub.) τηρεῖσθαι, ait, τὰς συνθήκας, ſc. foederum inter Poenos et Romanos ſancitorum leges, ἔτι νῦν ἐν χαλκώμασι παρὰ τὸν Δία τὸν Καπιτωλῖνον ἐν τῷ τῶν ἀγορανόμων ταμείῳ, κ. τ. λ. Nec minus Hannibal tam copiarum, quas ex Hiſpania ſecum in Italiam duxerat, et quae, ſuperatis tandem Alpibus, illi reſtabant incolumes, numerum, quam reliquum apparatum bellicum, quo et Romanos aggreſſus erat, et Africae Hiſpaniaeque ſecuritati proſpexerat, in eiusmodi tabula aenea deſcripſit, quam ſe Lacinii inueniſſe; et, quae ſcitu neceſſaria erant, in commentarios ſuos inde transſcripſiſſe memorat idem Polybius (l. c. c. 33. p. 261. et c. 56. p. 290). Quid? quod praeter hos teſtes longe grauiſſimos, etiam monimenta varia, quae hodieque ſuperſunt, rem plane demonſtrant. Vt, SCtum de Bacchanalibus, cuius αὐτόγραφον in tabula aenea, quae cum maxime in praeſtantiſſimis muſei Caeſarei Vindobonenſis κειμηλίοις eſt, Matthaeus Aegyptius, inter Siculos eruditos Graece doctiſſimis adnumerandus *), commentario illuſtrauit, et huuc vna

---

*) v. Vicende della coltura nelle due Sicilie, o ſia ſtoria ragionata della loro legiſlazione e polizia, delle lettere, del commercio, delle arti, e degli ſpettacoli, dalle colonie ſtraniere inſino a noi,

vna cum ἀπογράφῳ, litteras prifcas quam accuratiſſime ob lectorum oculos ponente, Neapoli ɔıↃɔccxxıx. promulgauit; item tredecim miſſionis honeſtae exempla, diuerſo et tempore et loco effoſſa, et in lucem prolata, quorum indicem in praefatione *Sylloges alterius Antiquorum Monimentorum*, p. XI. dedi, eo quod omnium antiquiſſimam, Claudianam, praeter alia, hoc libello interpretari mihi viſum eſt. Haec, quae dixi, exempla ſententiam meam plane confirmant. Sed praeter haec, diu ante Minois, Cretenſis, leges aeneis tabulis inſculptae feruntur: et Talos, ipſius quaſi adminiſter in iure dicundo, ἐν χαλκοῖς γραμματείοις ἔχων γεγραμμένους τοὺς νόμους, ter quotannis pagos omnes luſtraſſe, ac vidiſſe, vt eas obſeruarent homines, teſte Platone, (in Min. p. 139. vol. VI. ed. Bipont. conf. John Gillies Hiſtory of ancient Greece, its Colonies and Conqueſts, p. 30. vol. I. ed. Baſil.). Tum aliud memoratur a Pauſania (Eliac. pr. ſ. l. V. c. 23. p. 437): qui, ante Iouis ſignum, in Olympia collocatum, ἔςω, inquit, ςήλη χαλκῆ, Λακεδαιμονίων καὶ Ἀθηναίων συνθήκας ἔχουσα εἰρήνης, κ. τ. λ. ac paullo ante (l. c. c. 20. p. 428.) mentionem iniicit columnae peruetuſtae, quae ſola ſteterit ex Oenomai aedibus, fulmine incenſis ac combuſtis, cum tabella aenea, in qua hosce verſiculos videbat inciſos:

Καὶ γὰρ ἐγὼ κείνων εἰμ', ὦ ξένε, λείψανον οἴκων,
Στύλος ἐν Οἰνομάου πρίν ποτ' ἐνοῦσα δόμοις·
Νῦν δὲ παρὰ Κρονίδην κεῖμαι τάδ' ἔχουσα τὰ δεσμὰ
Τίμιος· οὐδ' ὀλεὴ δέξατο φλόξ με πυρός.

Verbo,

noi, divifa in quattro parti, di Pietro Napoli Signoretti, Napoletano, cuius volum. V. Neapoli 1786. in lucem edito, copiofe hoc de viro erudito difputatur.

Verbo, cognitam habebant prisci homines aeris et rerum, ex ipso fabricatarum rationem, idque sciebant quouis ligno, et res, ex eo factas, quibuscunque ligneis durabiliores esse ac perenniores. Hinc diuersi generis instrumenta et vasa aenea habuisse narrantur. In aliis quam plurimis, quae fugere, qui Homerum legit, possunt neminem, de simili poculo, seu ὑδρία χαλκῆ, disserit Pausanias, haneque ab Aristomene, qui Messeniorum dux et propugnator erat fortissimus, imminente patriae fato ineluctabili, noctu in maxime deuia desertaque Ithomes, montis, parte, insciis omnibus, defossam quidem, conditis in ea consilio longe prudentissimo sacrorum arcanorum ritibus, sed aliquamdiu post, ab Epitele quodam, accepto per visum nocturnum mandato, rursus effossam, et ad Epaminondam delatam esse memorat (Messen. f. l. IIII. c. 26. p. 343. f. coll. c. 20. p. 328). In ea per hunc, non manibus irreligiosis, sed sacris antea rite peractis, aperta quid repertum sit, post videbimus: hoc loco id tantum bene obseruatum velim, vasa quoque aenea priscis hominibus visa esse aptissima rebus, quas interire nolebant, conseruandis. Fieri quidem potuit, vt illi tabulas ligneas cum plumbeis, propterea quod hoc metallum facilius diduci malleo, stilusque acutus sine multo labore litteras in eis fingere poterat, permutarent, antequam ad aenearum vsum procederent: sed tempus exiguum eos docuerit, oportet, plumbi massam non esse satis durabilem, sed igni facile liquescere, aliaque ratione corrumpi solere. Ita Boeoti, proximi Heliconis accolae, Hesiodum ipsum, vel quemcunque hominem alium, vnicum vatis, quem dixi, opus genuinum, ἔργα καὶ ἡμέραι, plumbeis in tabulis scripsisse contendebant; quin ostendebant Pausaniae μόλιβδον, tabulam plumbeam, prope fontem, Hippocrenen, collocatam, in qua id

carmen

carmen exſtare perhibebant: ſed quam hic ſcriptor, τὰ πολλὰ ὑπὸ τοῦ χρόνου λελυμασμένα, vetuſtate, magnam partem, prorſus vitiatam fuiſſe teſtatur (Boeotic. ſ. l. VIIII. c. 31. p. 771). Quam plumbi, μολίβδȣ, metalli facile diſpereuntis naturam vt non ignoraſſe videtur praetor, quem paullo ante dixi, Meſſenius; ita tabulas, in quibus inciſa erat, τῶν μεγάλων Θεῶν ἐγέγραπτο ἡ τελετή, i. e. Deorum magnorum myſteriis initiandi et ſacris operandi ratio, quamuis e κασσιτέρῳ, albo et praeſtantiori plumbo, ſiue ſtanno, non e μολίβδῳ factas, credidit in poculo aeneo condendas, antequam in terra defoderentur: haud dubie veritus, ne nude ac ſine vllo veluti munimento defoſſae, a telluris humore, ſale, nitro, particulis aliis, breui tempore vitiarentur. Atque hac cautione adhibita, quod ſequebatur, reapſe adſequutus eſt Ariſtomenes, vir patriae amantiſſimus, eodem Pauſania auctore. Interim quo tempore hoc ab aliis hominibus aut populis factum eſt, eo fieri etiam potuit, vt alii res adhiberent alias, in quibus pauca animi ſenſa et verba ſcriberent: vt, folia maiuscula *arborum nonnullarum*, vt, palmae, populi, maluae, ſimilium, quae, ſucco per vim expreſſo, inſtrumento ligneo alioue laeuigari, et ad ſcribendum adhiberi ſolebant more fere Malabaris hodieque vſitato; *tabulas cera illitas*, quas, vulgo *pugillares*, Graeci κηρὸν (Pauſ. in Phoc. ſ. l. X. p. 898) vt Latini, *ceram* (Quinctil. I. O. l. XI. c. 2. §. 33) vocare fuerant; *plagulas linteas*, quarum binae ſemper, recte ſciteque conglutinatae, ſatis firmae erant, et ſcribendo aptiſſimae; *corticem*, et multo frequentius *librum* nonnullarum arborum, iuſta ratione praeparatum; *pelles caprinas ouillasue*, διφθέρας, ita vt pilis non abraſis, alterum tantummodo latus huic negotio aptarent: quae fuit cauſſa, cur τὸ *liber* apud Latinos, vt διφθέρα, apud

apud Graecos, Ionas potiſſimum (Herodot. Hiſt. l. V. p. 399. f. coll. not. 7. ad h. l.) βίβλος, ſiue codicem, ſignificaret. Alia, rarius ad ſcribendum vſurpata, vt et quae de papyro Aegyptiaca et charta Pergamena, ſeu membrana, ſunt dicenda, hoc loco de induſtria non tango. Verum etſi priſci homines tot et tam varias res in ſcribendi negotio, plus, minus, adhibuiſſe memorantur: nemo tamen facile erit, quin earum pleraſque partim ſcriptis longioribus excipiendis minus aptas, partim admodum imbecillas, fragiles et facillime perituras fuiſſe, peruideat. Ipſa aetas, ignis, aer, imber, caries, verbo, hoſtis non vnus eas vitiare poterat, adeoque impedire, quo minus res, in eis ſcriptae, poſteris, quorum eas non ignorare potiſſimum intererat, vſui forent. Vt igitur viri prudentiores, rerum ſimilium vel inutilitate, vel fragilitate intellecta, ad aeneas, quod ſupra demonſtratum eſt, progreſſi ſunt tabulas, et res geſtas, inſtituta, foederum leges, cet. in his memoriae prodiderunt, eo quod in locis ſacris tutiſque admodum facile adſeruari poſſent: ita contra ad ſaxa et marmora abierunt, ſi monimenta rerum, poſteritati tradendarum, in locis publicis collocari oportuit: quod Aegyptiorum, Graecorum et Romanorum ratio vſuſque, et tot lapides antiqui cum maxime ſuperſtites demonſtrant ita, vt rem in dubium vocare nequeas. Verum haec iam perſequi non placet, quoniam breui poſt hoc ſuper loco, ſi quidem velim, pluribus diſſerere poſſum. Ad id potius pro ſe quiſque mecum intendat animum, qua via et ratione ſatis probabili, ad volumina paranda et ſcribenda peruenerint priſci homines. Eam non tam affirmo, quam ſolummodo coniicio, talem fere fuiſſe. Nimirum ipſos conſtat ad ſcribendum, praeterquam alia, *libro*, ſiue interiore quarumdam arborum cortice vſos eſſe. Gran-

diorum

diorum et annis quasi prouectiorum *librum* vix credibile est, eos sumere potuisse; quoniam ex his non facile decorticari potest ita, vt integer et scribendo aptus sit. Ex tenellis contra, quasi iuuenilibus et teretibus, non solum exterior, i. e. cortex proprie dictus, sed etiam interior, certo anni tempore, et adhibita cautione necessaria, sine magno multoque labore deglubi potuit, et scribendo aptari. Sed tum talis *libri* plagulae per trunci teretis ramosique rationem non poterant esse nec admodum altae, nec latae, vt adeo non nisi pauca in eis scribere possent; donec sollertis ingenii homines, ratione huiusmodi plagulas consuendi aut conglutinandi excogitata, aliis materiam suppeditarunt, in qua longioris argumenti res exararent. Quas plagulas vt ex tereti deglubere solebant ligno, seu trunco, ita quoque non potuere non facile comprehendere, eas vna cum rebus ibi scriptis tum demum melius et certius conseruari posse, si circa idem illud, aut simile lignum volutas, et inuolucro tectas, in loco quodam sicco tutoque adseruandas curarent. Quin fieri potuit, vt postremam plagulae intimae oram e ligno non penitus decorticarent, sed in eo haerere sinerent; alteri vero et oppositae eiusdem orae plagulas, quotquot opus erat, adsuerent adglutinarentue, eoque modo docerent alios, quid facto opus esset, vt plagulas scriptas bene recteque conseruarent. Qua ex coniectura, si non prorsus futilis, absona et temeraria est, plane potest intelligi, qua via et ratione priscae aetatis homines ad volumina paranda peruenerint. Nimirum adipiscebantur, quo dixi modo, cylindrum, eundemque quasi naturalem: hic habebat vmbilicos, siue cornua: verbo, res tantum non singulas, quae in volumine integro adfuisse memorantur. Nil ipsis, nisi ornatus adsciticius defuisse videtur. Qua in coniectura me magis etiam confirmat,

mat, quod de tabulis, ε κασσιτέρα, feu plumbo candido, factis, ab Ariftomene, grauiffimas ob cauffas, aenea vrnula conditis, et in tellure defoffis, Paufaniam memoriae prodidiffe, fupra iam narraui. Epaminondas enim, cui nocte antegreffa, in fomnio, vir grandis natu, cum infulis et reliquo antiftitis ornatu adftiterat, cuique Epiteles, fimili vifo eadem nocte admonitus, vrnulam in loco defignato effoffam, attulerat aperiundam, in hac manibus caftis, piis ac religiofis aperta, reperit κασσίτερον ἐληλασμένον ἐς τὸ λεπτότατον· ἐπείλικτο δὲ ὥσπερ τὰ βιβλία. ἐνταῦθα τῶν Μεγάλων Θεῶν ἐγέγραπτο ἡ τελετή. Qua ex fcriptoris Graeci narratione, quid effici cogique poffit, quis eft, qui non facillime peruideat? Primum memoratur ftannum in tabulam vnam pluresve, easdemque tenuiffimas, diductum: quod metallum haud dubie antelatum erat aeri propterea, quod hoc non aeque, ac ftannum, in eiusmodi laminas diducere, et ad conuoluendum fatis idoneum reddere, vfu didicerant. In illa illisue laminis exarata erat *Initiorum*, feu *myfteriorum certorum* formula: qualis haec fuerit, hic anquirere non attinet. Satis pro confilio noftro eft, fi eam ftilo, vel alio inftrumento acuto, maffae huic molliori facilius, quam aeneae, infcalpi potuiffe notamus. Vnde in hac virorum rei antiquae intelligentium coniectura, a rerum molliorum vfu ad duriorum tandem peruentum effe, fi quid veri ineft, vt ineffe arbitror, probabile fit, tabulas iftas paratas et fcriptas effe, antequam ad aeneas progrederentur. Tandem ex hac hiftoria, vel, fi manis, fabula apparet, librorum fiue voluminum conuoluendorum rationem eo iam tempore, fi non vfitatam, certe quidem inchoatam effe: maxime quidem, fi Ariftomenes, neceffitate coactus, tabulas ab interitu feruandas propterea conuoluerat, quod eas

expan-

expanfas aeneum, quod fupra dixi, vafculum capere nequiret. Itaque ad volumina, quae proprie dicuntur, peruentum effe videtur. — Librorum quadratorum, quos vocant, alia eft ratio: quippe quorum origo ex διφθερῶν, fiue caprinarum ouillarumque pellium vfu, multis repetenda creditur. De hoc fupra dictum, et fimul monitum eft, prifcos homines non nifi id pellium latus, quod pilis natura carebat, ad fcribendum aptaffe, alterum, pilis quafi confitum, non item. Igitur in vna tantummodo earum parte quidquam fcribere poterant; et valde dubium eft, vtrum eiusmodi pelles conuolui, et quod in eis fcriptum erat, diu propagari et pofteris tradi potuerit. Inuenere pofthac homines ingeniofi viam atque media, pilos ex altera parte deglubendi, et hanc itidem fcripturae capiendae aptandi. Quod quo tempore, quaue occafione tentatum fit, non liquido conftat. Sunt, qui rei periculum factum exiftiment, quo tempore Attalus Pergami bibliothecam inftruere adgreffus, papyrum Aegyptiacam hoc confilio emendam nancifci non poffet, per Ptolemaei, bibliothecam Alexandrinam condere, et libris, quoscunque et vndecunque adipifci poterat, comparandis aut defcribendis locupletare auentis, inuidiam et legem, qua eiusmodi papyrum exportare vetabat. Cuius penuriam, et inde natam caritatem, aiunt, permouiffe aetatis illius homines, aliis fagaciores, vt non folum vtramque pellium partem mundare, et fcripturae capiendae idoneam redderet, fed etiam pelles fatis paratas in plagulas quadratas diffecare, in harum auerfa fronte non minus, quam in aduerfa fcribere, fcriptarum et iufto ordine collocatarum oram finiftram filis confuere inchoarent. In quo, fi res vere, quo perhibent modo, accidit, librorum noftrorum originem deprehendimus. Verum funt alii, qui membranae pariter

ac

ac quadratorum librorum inuentum alii aetati, aliis hominibus tribuere malint. Quam litem recte veroque conuenienter dirimere non licet per teflimoniorum fide dignorum defectum: hinc in ea cognoscenda vltra coniecturas, easdemque meras et inanes, reor progredi poſſe neminem. Quare ad locum, ab ERNESTIO τῷ πάνυ copiose tractatum, et ad criticen magis, quam ad τὸ *Antiquum* pertinentem, nihil amplius adiiciam, etſi de codicibus, quos *rescriptos* appellare solent, horum cauſſa et aetate probabili, detrimento etiam litteris optimis per eos illato, varia non adeo vulgaria, quae dicere poſſim, habeam. Fieri poteſt, vt alio et loco, et tempore, a me exponantur.

# EXCVRSVS X
## AD PART. II. CAP. II
## DE INSCRIPTIONIBVS *).

Excurſu antegreſſo monui, priſcos homines ad ſaxa et marmora deſcendiſſe, ſi qua monimenta rerum, ad poſteritatem pertinentium, in locis publicis collocanda erant ita, vt aeris, pluuiae, ventorum, tempeſtatum aliarum vis et impetus eis facile obeſſe poſſent. Neque tamen exiſtimandum eſt, eiusmodi ſaxa vel marmora, vt primum hoc conſilio vſurpari ſunt coepta, ingenioſe aſſabreque caeſa eſſe, et litteris inciſis, id, cuius memoriam propagare debebant, lectores docuiſſe. Sumebant potius principio communes et deformes, quos offendebant, lapides, et horum vel vnum, vel plures, erigebant, aut componebant ita, vt monimenti vim et naturam haberent (Gen. XXVIII. 18. ff; XXXI. 45; Ioſ. IIII. 8. 9. 20. ff; XXII. 10. 26. ff; XXIIII. 26. ſ.). Populi poſthac cultiores et inſtrumentis neceſſariis inſtructi, e ſaxis rudibus, cippos, columnas, pilas, pyramides, obeliſcos, aras, cet. caedere inchoarunt, ac locis ſatis conuenientibus, vt, vel ſine titulis inciſis, monimentorum loco eſſent, collocarunt. Inuenta tandem
ſcri-

---

*) Hoc de loco varia ſatis exquiſita, et nequaquam vulgaria, ſiue tralaticia, expoſuit Juuenel de Carlencas in libro gallice ſcripto: Eſſais ſur l'hiſtoire des Belles Lettres, des Sciences, et des Arts. Tom. 2. p. 101. ff. quae cum iis, quae hic traduntur, recte et vtiliter comparare poteſt lector prudens, et plura diſcendi cupidus.

scribendi via et ratione, figuris vel litteris incisis tum
cauſſas, tum conſilium huiusmodi ſaxa collocandi,
expoſuere. Quem morem tantum abeſt, vt ex Sethi
inſtituto conſilioque deriuandum exiſtimem, vt potius
ea, quae Ioſephus de duabus patriarchae, quem dixi,
columnis memorauit (Antiq. Iud. l. I. c. 2. ſ. 3. p. 11.
vol. I. opp. ed. Havercamp.), non niſi meris fabulis
Iudaicis accenſenda contendam. Interim ille perue-
tuſtus eſt, ſi quidem auctoribus priſcis fides habenda.
Nam Seſoſtris, rex Aegyptius, per regiones omnes,
quarum populos ſubegerat, collocaſſe narratur (Herodot. l. II. ſect. 102. ſ. p. 150) στήλας, ſiue cippos,
in eisque, qui manu ſtrenui, et libertatis amantes
fortiter pugnaſſent, iuſta laude cohoneſtaſſe; qui ti-
midi et imbelles fuiſſent, inciſis muliebribus genitali-
bus infamaſſe. Quin nonnullos huius generis cippos
ſeſe vidiſſe teſtatur Herodotus (l. c. ſect. 106. p. 151);
qui alio loco (l. VIII. ſect. 30. extr. p. 525) Xerxem,
Graecis bellum illaturum, veniſſe memorat ad confi-
nia Phrygum ac Lydorum, vbi cippus, a Croeſo de-
fixus atque erectus litteris indicaſſet vtriusque populi
fines. Quid? quod hic mos alios quoque populos
fere barbaros haud fugit, auctore quidem Plinio, qui
in Arabiae inſulis, Iſura, Rhinnea, et proxima,
cuius nomen haud expreſſit, exſtare ait ſcriptas ſtelas
(στήλας) lapideas, litteris incognitis (H. N. l. VI. c. 28.
p. 337. vol. I. opp.): quod idem memorat de Aethiopiae inſulis, vltra Iſidis portus ſitis, iisque interioribus; in quarum altera itidem ſtelas lapideas litteris
ignotis eſſe teſtatur (l. c. p. 342). Sed ignoti horum
cipporum tituli nos minus tangunt, quam notiores
eorum populorum, quorum res geſtas indagare et
cognoſcere, noſtra magis intereſt. Itaque ad horum
inſtituta progrediamur. Thucydides (Hiſt. l. V.
ſect. 47. extr. p. 347) foedere inter plures Graeciae
popu-

populos inito, simul constitutum esse perhibet, vt foederum, et iurisiurandi, et societatis pacta in lapideo cippo inscriberent: Athenienses quidem, in arce; Argiui, in foro, in Apollinis templo; Mantinei, in Iouis templo, in foro: quin aeneum quoque cippum, communi sumtu factum, statuerent Olympiae, quem sese adhuc reperisse testatur Pausanias (Eliac. I. s. l. V. c. 12. extr. p. 407). Similes ςήλας Athenis collocatas fuisse memoriae prodidit Aelianus (V. H. l. VI. c. 1.) πρὸς τῇ βασιλείῳ ϛοᾷ, τὰ τῶν μισθώσεων ὑπομνήματα ἐχύσας, elocationum monimenta continentes. Sed quid pluribus opus est auctorum veterum testimoniis, cum non solum tot titulorum, siue inscriptionum, συγτάγματα, sed etiam lapides ipsi cum maxime superstites, quasi loquantur, et legum, decretorum, foederum, aliorum, verba ipsa suppeditent, adeoque viris rerum antiquarum amantibus, nomine plus vno prodesse possint ac soleant? Immortalis auctor, librorum, quibus huiusmodi tituli continentur, indicem satis copiosum dedit (Cap. hui. §. 4. 5. 6); quem compluribus aliis, post priorem libelli editionem vulgatis, adaugere possum, si libris, quotquot sciam, et ipse habeam, ambitiose recensendis, gloriolam quandam aucupari velim. Quare, his omissis, ad alia progredi placet. Nimirum Aegyptii, postquam lapides ad rerum monimenta vsurpare coeperant, Basalten et Graniten potissimum legerunt, et incredibili immensoque prorsus labore et patientia lapides tam duros consilio suo aptarunt. Ex eis caesi sunt obelisci et columnae plures, qui Romae adhuc reperiuntur (v. Christ. l. c. p. 74). Animalium figurae et litterae, si quidem tales sint, in earum singulis incisae, vel scalptae sunt. Vnde profecto mirum est, quod de alio labore Aegyptiaco, e marmore, alioue lapide candido, facto, et figuras hieroglyphicae, phicas, easque caelatas fiftente, legere memini in commentatione Gallica \*), quam Guattanius diuulgandam non male cenfuit (in Monumenti Antichi inediti, ovvero Notizie fulle Antichità e belle Arti per il Febraro e Marzo dell' anno 1786, p. 9. ff.). De hieroglyphorum illorum fignificatione nihil dico. Quamquam enim Caylus Illuftriffimus, et complures ipfius populares eruditi, in ea indaganda et exponenda plurimum operae et ftudii poluere, nec progreffuum nihil hac in re feciffe fibi videntur: ego tamen in ea fum haerefi, quae viros illos ingeniofiffimos credit nihildum effeciffe, nosque aenigmata ifthaec hodie aeque parum, ac quondam, perfpicere. Et haud fcio, an operae pretium facturus fit, qui fcripturam adeo occultam recte veroque conuenienter extricatam et illuftratam euulget. Graeci et Romani quae lapidum genera principio legerint ad cippos, aras, bafes et monumenta alia, priusquam litteras in eis incidere coeperant, non conftat, nec indagare attinet. Hoc enim vel explorato fcire, neque ad rerum olim geftarum, vel inftitutarum, neque ad τῦ *Antiqui* cognitionem conducit. Intellecto pofthac, res litteris perfcriptas, et in fimilibus monimentis quafi proditas, verius et certius, quam per vfitata monimenta litteris carentia, ad pofteritatem effe peruenturas: coeperunt fi non vtrique, certe quidem Graeci, res commemorandas tabellis aeneis infcalpere, hasque eiusmodi

cippo,

---

\*) Memoire (de M. le Duc de Chaulnes) fur la veritable entrée du Monument Egyptien, qui fe trouve à quatre lieues du Caire, auprès de Saccara, et qui a été confacré par la fuperftition à la fepulture des Animaux adorés pendant leur vie: MONVMENT DONT TOVS LES AVTEVRS, QVI ONT VOYAGÉ EN EGYPTE, ONT PARLÉ, QVOIQV' AVCVN NE L'AIT CONNV.

cippo, arae, cet. affigere. Cuiusmodi exempla quaedam fupra iam indicata funt; plura apud Paufaniam reperiuntur. Id quod Etrufci imitati videntur eo, quod litteras ex aere fufas, aliaue ratione paratas, in rebus, quas monimentorum loco volebant effe, infigerent, ac veluti clauos impingerent ita, vt reapfe titulum conficerent. Cuius rei documento effe poteft augufta illa in Vaticano ilex, e cuius titulo, aereis, litteris Etruscis, arborem, iam ante Romam conditam, religione dignam fuiffe, demonftrat Plinius (H. N. l. XVI. c. 44. p. 40. vol. II. opp.). Hanc Etrufcam titulos exprimendi viam et rationem vel diu poft fequuti funt ii, quibus tam theatri Herculanenfis, quam templi a Nemaufienfibus in C. et L. Caefarum, principum iuuentutis *), honorem aedificati, infcriptiones parare, iuftoque loco collocare, mandatum fuerat. Vtriusque litteras ex aere fufas, et in aliqua aedificii fronte impactas, ferruminandoque firmatas fuiffe non ignorat, qui commentarios fuper vtroque fcriptos perlegit. Prioris tituli, eiusdemque nec defcripti ante, nec vna cum aedificii fronte, vt par erat, defignati, litteras qui fumma vi e muro effringi iufferit, illasque temere in fifcinam proiectas, prorfus confu-

---

*) Eft in Albani, Patris purpurati Eminentiffimi, villa, rerum antiquitus factarum locupletiffima, ftatua, heroum more nuda, et tantum non ἰσόμετρος quae, quoniam fimillima eft geminae in Mufeo Florentino adferuatae, et, Gorio iudice, C. Caefarem, Agrippae et Iuliae filium primogenitum fiftenti, hac de cauffa exiftimatur huius ipfius C. Caefaris, Iuuentutis principis, fimulacrum effe. Eam pictura lineari expreffam diuulgauit Guattanius in Notizie fulle antichità e belle Arti di Roma, per il Febraro dell' anno 1786. Tab. II. p. XVI. Hac in coniectura fi quid veri ineft, fimulacrum ifthoc prorfus fingulare vocari oportet.

confusas et perturbatas, ipsi Siculorum, et posthac.
Hispanorum regi monstrare, ac veluti rem egregie
gestam iactare potuerit, memorauit Winkelmannus
(Sendschreiben von den Herculanischen Entdeckungen, S. 19): posteriorem titulum credibile est, mediis iam, quae vocantur, saeculis per homines barbaros, et litterarum rudes, non sine violentia effractum
esse, eiusque litteras aeneas ad vsus qualescunque alios
adhibitas. Hinc per longum tempus non nisi foramina, quibus earum cuspides impactae, et plumbo
liquefacto infixae fuerant, in vna aedificii quadrati
fronte conspiciebantur, nec quisquam, num quid ex
eis effici cogique posset, ne hariolando quidem, suspicatus est. Tandem vero Seguierius, Franco-gallus
non minus eruditus et celeber, quam ingeniosus et
laboris patiens, incredibili adhibito studio, et singulari
animi sagacitate, ex hisce foraminibus, per lineas diuersas iunctis, coniectura assequutus est, quae singulis impactae fuissent litterae, et quem titulum effecissent. Qua via et ratione in difficili hoc negotio ingeniose exsequendo versatus sit, ipse exposuit libello
singulari, lectu dignissimo (Dissertation sur l'ancienne
inscription de la maison carrée de Nismes, par M.
Seguier, 1776). Qui vir ingeniosus quum vel sine
litteris, ex meris ipsarum olim infixarum foraminibus, coniectura felici et perquam verisimili, titulum
vetustum effecerit: ecquis est, qui non peruideat,
fieri potuisse, vt vnus alterue Neapolitanus eruditus,
simulque ingeniosus et laboris patiens, si aeneas, quas
dixi, litteras, temere et inconsiderate effractas proiectasque, ad foramina adhuc conspicienda prudenter applicare, et huc, illuc, transferre voluisset,
donec ipsarum cuspides singulis foraminibus et spatiis
aptae essent, ipsaeque simul sensum suppeditarent probabilem, vt, inquam, eiusmodi vir ingeniosus
pri-

priscum tandem demum titulum, ratione verisimilli-
ma efficeret, eoque Winkelmanni querelam satis ve-
hementem aeque, ac iustam, redderet irritam? Sed
haec ὡς ἐν παρόδω· et ad locum, vnde digressa est,
mea reuertatur oratio. Nimirum Graeci, et horum
imitatores, Romani, inchoarunt tandem in ipsis cippis, columnis, pilis, aris, cet. institutorum, legum,
foederum, rerum memorandarum verba incidere,
atque hac via et ratione posteris quasi tradere. Quo
consilio non poterant non adhibere lapides candidos,
ne diuersi et discrepantes aliorum colores legentibus
impedimento forent. Ac principio quidem, dum
Romana aeque, ac Graecae ciuitates facultatum et diuitiarum inopia laborabant, haud dubie lapides domesti-
cos et facile adipiscendos sumserunt: Graeci forsitan
eum, quem ipsos λίθον πώρινον vocasse, supra diximus; Romani saxum id, quod hodie *Peperino* vocant, et ex quo ipsa columna rostrata, siue Duiliana,
confecta memoratur. Verum vtriusque populi diui-
tiis insigniter auctis et quasi adfluentibus, marmora
candida et alabastriten legerunt, et in tabellas, ex eis
sectas politasque, res memorandas incidi curarunt.
Quod demonstrant tot tituli vetusti, in huiusmodi lapidibus adhuc legendi, vt rerum similium non possit
non prorsus ignarus esse, qui, quod dixi, negare,
vel addubitare audeat. Tandem manus artificum in-
geniosorum, et pulcri venustique sensu tactorum, hos
ipsos cippos, bases, aras, cet. pedetentim legibus
architectonicis conuenienter caedere, summo studio
elaborare, variisque rerum diuersarum figuris quam
elegantissime atque ingeniosissime exornare coeperunt.
Id quod, qui Boissardi Antiquitates, Monimenta
Matthaeiana, Museum Capitolinum, Museum Pio-
Clementinum, libros huius generis alios, non nisi
leuiter attigit et inspexit, latere potest neminem. Ve-
runi

rum praeter huiusmodi cippos, bases, aras, columnas, cet. venustate sua oculos suauiter ferientes, titulisque incisis commendabiles perutilesque, pararunt bases alias, non minus eleganter affabreque factas, in quibus Augustorum, Augustarum, philosophorum, oratorum, aliorum virorum principum protomas potissimum collocarent. Quae quoniam scripturam prae se ferunt nullam, non raro ex laspide, alioue plurium colorum lapide, vt caesae quondam sunt, ita hodieque caedi assolent: quod testantur omnes, quibus contigit, vt Romae aliisque Italiae locis thesauros, in quibus eiusmodi deliciae adseruantur, spectare recteque considerare possent. Quibus breuiter strictimque expositis, non nisi hoc vnum arbitror adiiciendum, optabile mihi videri, vt Iosephus Carcanius, Paschalis Celeberr. filius perquam eruditus, quod animo meditatur et molitur, consilium titulos, quotquot exstant, omnes colligendi et diuulgandi, feliciori successu, quam Muratorius, Donatus, alii, exsequatur; eoque facto, vir quispiam alius eruditus, improbique laboris patiens, Spanhemiano simile opus de vsu et praestantia titulorum veterum, adgredi; parique eruditione et studio conficere ne grauetur. Huiusmodi liber recte, prudenterque descriptus et elaboratus quantum vtilitatis vniuersae rei litterariae allaturus foret, dici vix potest.

EX-

# EXCVRSVS XI
## AD PART. II. CAP. III
### DE
# DIPLOMATIBVS.

Locus de Diplomatibus per se quidem longe vtilissimus est, et ad historiam recte et prudenter indagandam, addiscendam, exponendam, maxime necessarius. Vnde vir quisque eruditus, qui aut tabulariis virorum principum, vel ciuitatum singularium praefectus est, aut alios historiam docere iussus, locum, de quo quaeritur, quam accuratissime atque studiosissime exploret, necesse est, vt diplomata vera a falsis, genuina a suppositiciis, vetustiora a recentioribus, recte et vere discernere, verum cuique pretium statuere, in caussis et litibus cognoscendis atque dirimendis prudenter versari, iustamque et ab omni partium studio alienam sententiam ex iis efficere et concludere possit. Huiusmodi cognitio, non nisi diuturno rerum vsu adipiscenda, quam late pateat, et quantum momenti ad res caussasque ipsorum regum, principum, rerumpublicarum grauissimas habere soleat, norunt omnes, qui rerum vel nostra aetate gestarum non prorsus expertes sunt et ignari. Itaque omni laude et commendatione dignissimum est studium eorum, qui in litterarum, quas vocant, vniuersitatibus hanc disciplinam recte, et vt par est, aut aliis quasi instillando tradunt, aut ipsi diplomata conquirendo, comparando, et super singulis meditando, cum commentariis promulgant. Namque hi, tali
*via*

via et ratione condocefacti, et satis exercitati, non solum in historia persequenda rectius et prudentius versabuntur, sed etiam ciuitatibus, siqua controuersia super re simili nascatur, officium atque vtilitatem longe maximam praestabunt. Quamuis autem disciplinam diplomaticam plurimi, vt par est, faciam, et a litterarum optimarum studiosis non labris primoribus gustatam, sed quasi exhaustam velim: tamen satis mirari nequeo, qui et CHRISTIVS, et ERNESTIVS, VV. CC. eam ad archaeologiam litterariam trahere, et in libellis, quisque suo, de ea non nihil scribere potuerit. Credo, viros incomparabiles aliquid sequutos: eius in primis fructum latissime patentem, et non solum ad diplomata et historiam, sed etiam ad Codd. MSCC. quodammodo pertinentem, ita vt horum aetatem et praestantiam coniectura satis probabili assequi possimus. Interim quum ea neque ad antiquitates Gr. et Rom. intelligendas, neque ad τῦ *Antiqui* naturam et rationem videndam insigniter prosit; copiosius de ea disputare non placet, sed libros tantum nonnullos indicare, quos, qui animum ad hanc disciplinam applicare constituit, non sine fructu eximio versaturum esse, opinor. Vnus conducit ad illius rationem, naturam et leges peruidendas: nimirum, *Artis diplomaticae primae lineae*. *In vsum auditorum duxit Ier. Iac. Oberlinus.* Argentorati 1788. Quem Viri Celeberr. et eruditissimi libellum perexiguum quam maxime commendabilem reddit *Mantissa Obseruationum Miscellanearum*, et *Index auctorum* copiosissimus. Duo alii non parum vtilitatis adferre possunt ad veram diplomatum aetatem probabiliter discernendam et diiudicandam: nimirum *Astle's Essay on the Origin and Progress of Writing and Printing*. Londini 1784. forma 4. vna cum 33. tabb. aeneis; et *Io. Chrysostomi Trombellii* libellus, lingua Italica scriptus

scriptus et inscriptus: *Arte di conoscere l'età de' Codici latini ed italiani*, quem in primis commendarunt *l'Efemeridi letterarie di Roma*, per l'anno 1788 No. XXV. p. 199.

✤✤✤✤✤✤✤✤✤✤✤✤✤✤✤✤✤✤✤✤✤

# EXCVRSVS XII
## AD PART. II. CAP. IIII
## DE RE NVMARIA.

Quemadmodum mercaturae facilius, rectius et quaestuosius faciendae studium si non reapse peperit scribendi institutum, magnam certe quidem vim habuit ad id perficiendum, et cum hominibus, eius adhuc ignaris, et quibuscum negotia contrahenda erant, communicandum magisque propagandum: ita hoc idem credibile est, varias ob caussas, et maioris potissimum commoditatis gratia, pecuniae cudendae viam et rationem suasisse; cuius inuenti non minus, quam omnium reliquarum artium primordia, nec ingenium et intelligentiam singularem, nec manum satis artificem et exercitatam, prae se ferre potuisse, nemo non intelligat, necesse est. Donec enim res aliqua peragebatur inter vnius loci et agri ciues, aut ciuitatum finitimarum incolas, non opus fuit emtione, venditione, quae proprie dicitur, sed permutatione tantum rerum, quibus alter abundabat, alter indigebat. Quae haud dubie prima fuit via et ratio, negotium quodpiam contrahendi, et res aut superfluas quasi exportandi, aut ad victum cultumque necessarias ac deficientes alibi comparandi. Huiusmodi

rerum

rerum permutatarum exemplum apud Spartanos narrat Paufanias (Lacon. f. l. III. c. 12. p. 235. ed. Kühn.), apud Germanos Tacitus (de Mor. Germ. c. 5.), de Indis, idem Paufanias (l. c.) qui haec fimul memoriae prodidit: οἱ δὲ ἐς τὴν Ἰνδικὴν ἐσπλέοντες, Φορτίων Φασὶν Ἑλληνικῶν τὰς Ἰνδὲς ἀγώγιμα ἄλλα ἀνταλλάσσεσθαι, νέμισμα δὲ οὐκ ἐπίςασθαι, καὶ ταῦτα χρυσοῦ τε ἀφθόνου καὶ χαλκοῦ παρόντος σφίσι. Quem ad locum pertinent, quae Otho Sperlingius (Diſſert. de nummis non cuſis tam veterum, quam recentiorum cap. 27. p. 174. it. c. 37. p. 258.) et Io. Georg. Wachterus (Archaeolog. nummariae, cap. I. et II. p. 3. 6.) de eiusmodi mercibus inuicem permutatis, diſputarunt. Vnde Spartae Βοώνητα vocabatur Polydori, regis mortui, domus, quae bobus, pretii loco datis, vendita fuerat: alibi ἁλώνητα dicebantur mancipia, quae ſale permutabantur apud Thraces. At enim vero huiusmodi rerum quaſi venalium permutatio difficilior fieri, ſimulac ſuperfluae alterutrius res, vel loco moueri, exportarique ex hoc loco in alterum non poterant, vt, aedes, agri, cet. vel exportatae, in itinere diuturno, ſiue terreſtre eſſet, ſiue maritimum, facile corrumpebantur, adeoque emtores non offendebant cupidos, ſed perquam difficiles ac moroſos, qui res ſuas ſibi ſeruare, quam venditoris vitioſas et deprauatas ſumere malebant. Simile mercaturae vtiliter fructuoſeque faciendae impedimentum vt de medio tolleretur, breui poſt diluuium Noachiticum coepere homines metalla tam nobiliora, vt, aurum, argentum, quam ignobiliora, vt, aes, ferrum, cet. in mercatura facienda adhibere, et cum huiusmodi metallis, conſtituto ſingulorum pondere, magnitudine, valore, res ſuas ſuperfluas, nec neceſſarias permutare, vel hac ratione vendere (v. Sperling. l. c. c. 2. p. 13. et

Wach-

Wachter. ib. c. III. p. 18. ff.). Huius inflituti auctores vnde metalla, nobiliora potiffimum, initio acceperint, et cur ab antiquiffimis iam temporibus pretium eminens eis tribuerint emtores non minus, quam venditores, non eft, cur hoc tempore curiofius indagemus, indagatum exponamus. Id reapfe accidiffe, teftantur fcriptores et facri, et profani (v. Herodot. l. IV. fect. 196). Verum metalla ifthaec, principio quidem, fuere non nifi globuli, vel obeli, vel taleae, vel laminae lamellaeue, malleo percuffae, attenuatae et in particulas maiores, minores, fectae, nec fignis, fymbolis, vel impreffis rerum qualiumcunque figuris fignatae. Erant adeoque numi ἄσημοι, vel eiusmodi νομίσματα, quae in contrahendo quocunque negotio appendi oportebat. Id demonftrat Sperlingius (l. c. p. 17.), qui Ariftotelis, de numo, eiusque initiis loquentis, verba haec adfert: ὅτι τὸ μὲν πρῶτον ἁπλῶς ὁρισθὲν μεγέθει καὶ σταθμῷ, i. e. primo quidem omnem numismatis valorem, eius magnitudine et pondere definitum effe. Quod tuetur etiam Wachterus (l. c. c. 3. p. 18. et in primis p. 26. f.). Interim ad credendum facile eft, homines emendi cupidos, in eiusmodi globulis, obelis vel lamellis, nota qualicunque fingulorum pondus et pretium fignificaffe, vt, vel antequam appenderentur, ipfi eorum valorem noffent. Cuiusmodi notae, vel figna, vt ex libero cuiusque mercatoris feu foeneratoris arbitrio quafi emanabant, publica vero ciuitatis vel magiftratuum auctoritate carebant; ita pecuniam propriam veramque nullo modo efficere, nec numi, fimili hominum priuatorum nota fignati, iure quodam fuo ἐπίσημοι vocari potuerunt. Atque in eiusmodi globulis lamellisue, fi qui fupereffent, veterrimae fimplicitatis pecuniam, quam *penfilem* vulgo, fed minus latine, vocant, cerneremus. Cuius

inopiam

inopiam et interitum non eſt, quod vehementer deploremus: quoniam, ſi a metalli, nobis ſatis cogniti, natura diſcedas, nulla nec intelligentia, nec arte ſingulari et exquiſita, ſeſe probare poſſet. Eius rationem perquam rudem et ſimplicem videre licet in numis, apud Sinenſes, Abeſſinos et Iapanenſes hodieque vſurpari ſuetis: de quibus, quantum ſatis eſſe poteſt, diſputauit Sperlingius, quem ſaepe iam diximus (l. c. p. 267. ſſ.). Poſtremorum tamen numos, nuperrime diligentius et curatius deſcriptos, tabulisque aeneis inciſos, quaſi coram intueri ac conſiderare poſſumus in ſingulari commentario, ſuper eis ſcripto, quem debemus Carolo Petro Thunberg, Sueciae litteratae ornamento eximio, qui iſtum lingua vernacula expreſſum, Regiae Academiae Scientiarum Holmienſis ſociis celeberrimis A. 1779. recitauit: quem inclyta haec Virorum eruditiſſimorum ſocietas, propter inſignem rei, quam dicendo perſequitur, nouitatem vtilitatemque, eo ipſo anno, typis deſcribendum curauit, quemque, ex Suecico idiomate Germanice converſum, A. 1784. Stendaliae in lucem publicam exire iuſſit I. T. Pyl, M. D. Celeberr. atque Experientiſſ. Quos verbis planis ac perſpicuis deſcripſit numos Iapanenſium Thunbergius V. Celeberr. eos octo tabulae aeneae, in quas ipſorum figurae ſunt inciſae, ob lectorum oculos ponunt ita, vt non ſolum eorum rationem et ſimplicitatem, ſed etiam omnis omnino veterrimae pecuniae naturam ex iis ſuſpicari poſſis. Figurarum enim informium lineae, in ipſis conſpiciundae, ſiue ſtilo acuto inſcalptae ſint, ſiue malleo cuſae, produnt ingenium tam ſterile, et inanum adeo rudem, vt initia artis numariae, cuiuscunque demum hominis aut populi ſit, in his plane pervideas. Quemadmodum enim artificii omnino omnis primordia, et quaſi effecta, plane ſimplicia fuerunt,

omni-

omnisque elegantiae et venuſtatis expertia, quod tum
horum reliquiae ſuperſtites, tum auctorum priſcorum
teſtimonia ſatis comprobant: ita numariae quoque
artis initia non poſſunt non prorſus rudia et inepta
exſtitiſſe, ab omni elegantia et veneribus longe remotiſſima, adeoque penitus caruiſſe intelligentia et perfectione ea, quam in compluribus Graecorum numis
obſeruamus et demiramur. Interim Iapanenſes huiusmodi numos, quamuis imperfectos et rudes, hodie non minus, quam antiquitus, in rebus vendendis,
emendis, nominibus ſoluendis, vſurpare teſtatur
Thunbergius Celeberr. Ea autem, quam dixi, quamque in numorum non ita pridem vulgatorum figuris
ſpectamus, metallorum globulos, obelos, lamellas
et taleas, qualicunque vel ponderis, vel valoris,
vel denique puritatis nota ſignandi conſuetudo, a pri-
vatis inchoata hominibus, haud dubie a pluribus pedetentim adoptata eſt: eademque apud alios diutius
ſeruata et continuata, apud alios citius neglecta, et
intermiſſa, opportunitatem ſuppeditaſſe videtur, metalli nobilioris particulas ſigno aliquo, auctoritate publica impreſſo notandi, eodemque ſingularum γνησιότητα, pondus, et verum valorem publice teſtificandi.
Quo fieri coepto, ad pecuniam, quae proprie dicitur,
tandem eſt peruentum. Huius cudendae et auctoritate publica quaſi muniendae, qui populus, vel rex,
aliusue homo opibus et auctoritate pollens, princeps
auctor et ſuaſor exſtiterit, nondum liquido conſtat:
quamuis Graecorum ſcriptorum non pauci *Phidonem,*
Argiuum, rem ſi non reapſe feciſſe, certe quidem
ſuaſiſſe, perhibeant. Aeliano enim auctore, quem
ERNESTI ὁ μακαρίτης nominauit, populus Aegi-
neticus omnium primus initium fecit numorum fe-
riendorum: nam, καὶ πρῶτοι, inquit, νόμισμα
ἐκόψαντο, ſc. Αἰγινῆται, καὶ ἐξ αὐτῶν ἐκλήθη

νόμι-

νόμισμα Αγιναῖον. Et habebant profecto, caussam longe grauissimam, cur id facerent. Ipsi enim, insulae prorsus sterilis infructuosaeque cultores, vt nancifcerentur, vnde viuerent, nauigationi et mercaturae non poterant non dare operam, et necessaria vitae tuendae praesidia, ab aliis populis petenda, in patriam importare. Quae quum mercium aliarum, quas habebant nullas, permutatione adipisci haud possent, sed singula metallo nobiliori, argento potissimum, cuius venas longe ditissimas occultabat insula, comparare deberent: dura sane necessitas eos iam adducere potuit (v. Aristotel. de Rep. L. I. c. 6. cuius verba, latine versa, dedit Wachter. l. c. p. 28. vna cum loco, alio Paulli ICti, L. I. §. de contrah. empt.), vt argenteos globulos, obelos, lamellas, aliasque particulas minores, κέρματα vel κόμματα, signo quodam, auctoritate publica impresso, notarent, eoque illis publicam quasi fidem conciliarent. Sed sunt scriptores, quod iam dixi, complures Graeci, vetustiores aeque ac recentiores, qui *Phidonem Argiuum* scribant, numos omnium primos percussisse. Inuentum, de quo quaeritur, ei attribuit Marmor Arundelianum, seu Oxoniense, quod alii Smyrnaeum, alii Parium vocant, cuius versu 45. et sequenti (p. m. 158.) memoratum exstat

ΑΦΟΤΦ . . ΔΩΝΟΑΡΓΕΙΟΣΕΔΗΜΕΤΣ . . ΝΕ . . . . . .
ΕΣΚΕΤΑΣΕΚΑΙΝΟΜΙΣΜΑΑΡΓΥΡΟΤΝΕΝΑΙΓΙΝΗΙΕΠΟΙΗΣΕΝ

κ. τ. λ.

Quae verba, in commentario subiecto, partim suppleri, partim legi iubentur hoc modo: ἀφ᾽ οὗ Φείδων ὁ Ἀργεῖος ἐδημοσίευσεν ἐν Ἄργει, καὶ μέτρα καὶ σταθμὰ ἐσκεύασε, καὶ νόμισμα ἀργυροῦν ἐν Αἰγίνῃ ἐποίησεν, κ. τ. λ. Haec marmor, vetustate sua venerandum: cui adstipulatur Strabo (Geogr. l. VIII.

P    p. 549.

p. 549. ed. Almeloveen) qui — — Φείδωνα τὸν Ἀργεῖον, ait, δέκατον μὲν — — δυνάμει δ' ὑπερβεβλημένον τὰς κατ' αὐτὸν — — καὶ μέτρα ἐξεῦρε, τὰ Φειδώνεια καλούμενα, καὶ σταθμὰς, καὶ νόμισμα κεχαραγμένον τό, τε ἄλλο, καὶ τὸ ἀργυροῦν, κ. τ. λ. Idem confirmat quoque Ephori teftimonium, quod Graecus, quem dixi, geographus ab interitu quafi feruauit (Geogr. l. VIII. p. 577): Ἔφορος δὲ ἐν Αἰγίνῃ ἄργυρον πρῶτον κοπῆναι φησὶν ὑπὸ Φείδωνος. Ἐμπορεῖον γὰρ γενέσθαι διὰ τὴν λυπρότητα τῆς χώρας, τῶν ἀνθρώπων θαλαττουργούντων ἐμπορικῶς. Neque aduerfatur Iul. Pollux, nifi quod plures huius inuenti auctores fimul recenfet (Onomaft. l. VIIII. cap. 6. fegm. 83. p. 1062.) εἴτε Φείδων πρῶτος ὁ Ἀργεῖος ἔγραψε νόμισμα, εἴτε Δημοδίκη ἡ Κυμαία συνοικήσασα Μίδᾳ τῷ Φρυγὶ, — — εἴτε Ἀθηναίοις Ἐριχθόνιος, καὶ Λύκος, εἴτε Λυδοὶ καθὰ φησὶ Ξενοφάνης, εἴτε Νάξιοι, κατὰ τὴν Ἀγλωσθένους δόξαν. Locum hunc tranfcripfimus ita, vt Hemfterhuis ὁ πάνυ eum emendauit, cuius notae fimul legendae funt. Quod Xenophanes Lydis attribuifle hoc loco dicitur, id Herodotum quoque, fed valde dubitanter, fecifle conftat: qui (lib. I. fect. 94. p. 48. ed. Wefleling.) πρῶτοι δὲ ἀνθρώπων, inquit, τῶν ἡμεῖς ἴδμεν, νόμισμα χρυσοῦ καὶ ἀργύρου κοψάμενοι ἐχρήσαντο. Tandem marmoris, quod dixi, Strabonis, aliorum fcriptorum fententiae, fecundum Phidonem dictae, fubfcribit etiam Euftathius in Commentar. ad Il. B. cuius verba, a Scheffero ad Aeliani locum, a b. A. indicatum, iamdudum prolata transfcribere nolumus, hoc vno obferuato, quod antiftes Theffalonicenfis, qui alio dixit loco: ἐκόπη — — ἀργύριον πρῶτον ὑπὸ Φειδίου κ. τ. λ. alio fcripferit: ἐπειδὴ Φείδων, Ἀργείων βασιλεὺς — — πρῶτος ἔκοψε χρυσοῦν νόμισμα. Vocabulum Φειδίου in

mendo

mendo cubare, necesse est: Phidias enim nuspiam
memoratur numos percussisse. Hoc idem Schefferus,
eodem loco, contendit assirmari a Pindari scholiaste
antiquo: minus vere, si quidem ipsa, ad quae respi-
cit, verba offendere mihi contigit: namque ad
Olymp. od. XIII. p. m. 112. reperio haec: Φησὶ δὲ
ταῦτα, nimirum poeta, ἐπειδὴ Φείδων τις Κορίνθιος
ἀνὴρ εὗρε μέτρα καὶ σταθμια. καὶ ἄλλα πολλὰ λέ-
γονται εὑρηκέναι οἱ Κορίνθιοι· ac breui post, p. 113.
memorato complurium inuentorum numero, subiun-
gitur: διατί δὲ Ἵππεια αὐλὰ εἶπεν; ὅτι Φείδων ὁ
πρῶτος κόψας Κορινθίοις τὸ μέτρον, Ἀργεῖος ἦν·
τὸ δὲ Ἄργος, Ἵππειον λέγουσιν οἱ ποιηταί, κ. τ. λ.
Quibus in verbis equidem nihil argumenti video, quod
Phidonem pecuniae, auctoritate publica signatae,
auctorem et suasorem fuisse demonstret. Sed haec
vrgere, et ad viuum resecare non placet: sunt enim
verba scriptoris recentioris, quem vel ipsum, vel
librarium in eis describendis, lapsum esse credibile est.
Rei cardo, quod aiunt, in eo potissimum vertitur,
quo pacto sententia Aeliani, nonnihil diuersa a narratione tum Strabonis, vel potius Ephori, tum auctoris
ἀνωνύμου, cui marmoris scriptura debetur, inter sese
conciliari queat: siquidem ille Aeginetas ait primos
fuisse, a quibus numi sint cusi; hi vero Phidonem
perhibent, praeter inuenta et sancita mensurae et ponderis genera, primum numum argenteum in Aegina
percussisse. Phidon, si Aeginensium rex fuisset, iure
quodam suo, tam mensurarum et ponderum, quam
pecuniae publice signandae leges in ipsorum ciuitate
ferre ac perferre potuisset; eoque facto, recte et vere
Aeginetae non minus omnium primi numos argenteos, Phidonis scilicet iussu, quam Phidon primus
νόμισμα ἀργυρεοῦν in Aegina, per Aeginetas nimirum
sibi obtemperantes, scriisse diceretur. Verum quum

P 2   hic

hic Argiuorum rex effet, eorum non item, qui fieri potuit, vt in ciuitate peregrina, libera, fuoque imperio haud fubiecta, de menfurae, ponderum et numorum ratione ac conditione leges fanciret, eiusque ciuibus has obferuandas quafi obtruderet? Haec difcrepantia, opinor, non inepte tolli, vel conciliari poteft ab eo, qui infulanos, de quibus quaeritur, meminit folum fterile, lapidofum, infructuofumque habitaffe, et commeatum, ad vitam tuendam neceffarium, fere omnem, aliis in prouinciis conquirere, argento fuo, telluris e venis effoffo, coemere, et domum fubuehere debuiffe. Quem fi non omnem, maximam tamen illius partem, ex oppidis et agris, ad Phidonis quidem regnum Argiuum pertinentibus, fed fibi quam proximis, petere confuerant Aeginetae; Argiuorum rex, quem diximus, opibus praepotens, ideoque iufto imperiofior, quem Herodotus (l. VI. fect. 127. p. m. 427.) fcribit ὑβρίσαι μέγιϛα δὴ Ἑλλήνων ἁπάντων, i. e. longe omnium Graecorum infolentiffimum fuiffe, et Paufanias (l. VI. cap. 22. p. m. 509.) τυράννων τῶν ἐν Ἕλλησι μάλιϛα ὑβρίσαντα, teftatur: hic, inquam, rex, talis quum effet, animum facile inducere potuit, vt populo finitimo, fuisque e prouinciis maxime neceffaria victus cultusque praefidia petere fueto, de menfurae, ponderum et numorum ratione ac conditione quafi leges quasdam praefcriberet, easdemque in emtione, venditione, ac negotio qualicunque, cum ciuibus fuis contrahendo, migrare vetaret, ac, fi refragari vellent, eos aditu et commercio cum fuis prorfus excluderet. Cuiusmodi legi, fiue aequa effet, fiue iniqua, fi Aeginenfes obtemperandum effe cernebant, metu, ne ab omni cum eius ciuibus commercio exclufi, annonaeque inopia preffi, rebus ad victum quotidianum neceffariis priuarentur; vel commeatum omnem, non

nifi

nisi maiore pretio, et maiore cum periculo, ex oppidis vel agris multo remotioribus petere, et in patriam deuehere deberent: facere non poterant, quin praeter introductas mensuras tales et talia pondera, quales et qualia rex ferox et impotens, satis pro imperio, constituerat, argenteos etiam globulos, obelos, et lamellas, vt iussi erant, nota quadam, fidem et auctoritatem publicam testificante, signarent. Quo facto, Aeginetae vere dici poterant, πρῶτοι νόμισμα κόψασθαι, i. e. numum publicae fidei et auctoritatis signo percussisse, si non iussu, certe quidem hortatu suasuque Phidonis; Phidon autem ἐν Αἰγίνῃ ἄργυρον πρῶτος κοπῶν, et νόμισμα κεχαράξαι τό, τε ἄλλο, καὶ τὸ ἀργυροῦν, quoniam Aeginetis, vt id facerent, opibus praepollens praeceperat. In quo etiam, nisi magnopere fallor, quaerenda est caussa, cur Graecorum reliquorum numos, mensuras et pondera multum superasse dicuntur Aeginetarum numi, pondera et mensurae. Credibile enim est, eos rationem et normam, veluti legem sibi praescriptam, migrare non ausos esse, Phidoni vt placerent, quos parabant numos, mensuras, pondera. Sed vtcunque haec aut reapse sint, aut existimentur, mihi multis de caussis perinde est: in rebus enim tam vetustis, tanta antiquitatis caligine inuolutis, nulloque rerum, olim gestarum, monimento plenius patefactis et posteritati traditis, qui verum liquido explorare et demonstrare possit, reor fore neminem. Quum interea Phidon, Argiuus ille rex, Lydiato quidem iudice (v. eius Commentar. in marm. Arundel. p. m. 41.) annos 920, et quod excurrit, ante Christum natum vixerit, Wachterus autem (l. c. p. 33), Seldeni rationes et auctoritatem sequutus, regem, quem saepe iam diximus, anno A. C. N. 895. numum argenteum in Aegina, insula, percussisse scribat, trecentos fere annos ante, quam

P 3     Alyattes.

Alyattes, Lydorum rex, ciuitatem adminiſtraret, cuius poſt mortem ipſius populares numos aureos et argenteos habuiſſe narrat Herodotus; et quum non niſi aliquamdiu poſt, Darius apud Perſas, numos Daricos, ex auro quidem puriſſimo, et eius praeſes Aegyptiacus, Aryandes, in Aegypto, argenteos ex argento itidem puriſſimo, rege tamen prorſus inſcio et inuito, percuſſiſſe memoretur (Herod. l. IV. ſect. 166. p. 355. conf. Roden progr. de Daricis): lector quisque, me vel non monente, videat, neceſſe eſt, numos in Aegina, Phidone ſiue iubente, ſiue ſuadente, ſigno quodam, tamquam ſidei et auctoritatis publicae nota, primum ſignatos, pro pecunia omnium antiquiſſima habendos eſſe; qualecunque demum ſignum iſthoc fuerit, et quodcunque inſtrumentum ad id in globulo, ſeu lamella argentea imprimendum, ſtilumne acutum, quem Pollucis vocabulum, γράφειν, vti Strabonis, χαράττειν requirit, an cuneum, forcipem et malleum, inſtrumenta ad τὸ κόπτειν, quod Geographus Graecus itidem vſurpat, neceſſaria adhibuerint. Quisque pro ſe decernat quaeſtionem, difficilem quidem illam et ſpinoſam, ſed cuius ex ſolutione vel definitione, vtilitatis nihil ad reliquas litteras redundare poteſt. Hoc vnum reor me affirmare poſſe, primos illos numos aeque, ac reliqua artificioſe facta omnia, vel potius prima pericula, ſingularem nec intelligentiam ingeniique vim, nec manum ſatis exercitatam et artificem prae ſe ferre potuiſſe. Signum illud, ſi forte inſtrumento quodam acuto inſculptum erat, faciebat ſine dubio, vt numi tum cuſi Sinenſibus, vel Iapanenſibus ſimiles eſſent: ſin impreſſum cuneo et malleo, is primum excogitatus et paratus non poterat non valde rudis eſſe, notamque ſatis deformem (huiusmodi videmus in nullo non numo veterrimo) eamque in vna tantum numi fronte

expri-

exprimere. Sed hac de quaestione satis disputatum arbitror. — Scriptis iam, quae de Phidone supra leguntur, accepi nouam *Chronici Parii* editionem, hoc ipso anno curatam a Carolo Francisco Christiano Wagnero, V. A. in qua (p. 10.) vocabulum illud inutilum, quod in exemplo meo est ΕΔΗΜΕΥΣ . . . legique ἐδημοσίευσεν, et verti iubetur, *regnum sibi vindicauit atque administrauit* (v. nott. historicae ad hoc marmor p. m. 195.) vidi editum esse ἐδημ(εύθη, et latine versum, *Phidon proscriptus fuit*. Sequitur editor, quem dixi, eruditissimus recentissimam *Chandleri* lectionem. Sed hanc coniecturam credo priori vix anteferri posse. Primum enim nescio, an τὸ δημεύεσθαι, quod de *bonis vel agris publicatis* vsurpatum inuenio, de *hominibus proscriptis* itidem recte dicatur. Porro Argiui non Phidonem solum, sed omnes Temeni posteros regno deposuerunt, et sine dubio proscriptos exulare iusserunt. Quod si verum est, cur horum non meminit Chronici auctor? Tandem editores antegressi in versu, inutilum vocabulum continente, post N aliud E exstare viderunt, quod postremus plane neglexit. Haec faciunt, vt posteriorem priori anteponere dubitem lectionem. Sed rem hoc loco ad viuum resecare vetant caussae complures.

# EXCVRSVS XIII
## AD PARTIS II. CAP. IIII
# DE RE NVMARIA.

Exeunte superiori saeculo, et ineunte hoc, quod itidem magis magisque inclinat, viri exstitere doctissimi, reique numariae scientia excellentissimi, qui, praeterquam quod Phidonem, Argiuum, tuebantur primos in Aegina numos argenteos cusisse, contenderent etiam, eorum vnum hodieque superare, et in gaza numaria Berolinensi adseruari. Huic qui tum praeerat, Laurentius Begerus, vir summus, eum in Thesauro Brandenburgico (Tom. I. p. 279.) promulgauit, aeri incisum, sed orbe multum maiori, quam reuera esse dicunt alii, quibus eius spectandi et contemplandi opportunitas haud defuit. In commentario, eius caussa scripto, multis verbis vincere adgressus est vir inclytus, numum hunc reapse e Phidonis officina prodiisse, adeoque certum et eximium thesauri, quem diximus, κειμήλιον esse. Quam sententiam quoniam Otho Sperlingius, (l. c. p. 11. et alibi) et illustris Spanhemius, rei numariae scientia in primis excellens (De praest. et vsu Num. Antt. T. I. p. 20.) impugnabant: Begeri nepos et successor, Io. Carolus Schottus, suo ne deesse videretur officio, aduersarios non spernendos refellere, et pro sententia Begeriana, tamquam pro aris et focis, pugnare voluit (Miscell. Berolinens. T. I. p. 33. 59). Neque Wachterus (l. c. p. 38. s.) ab huius partibus stare dubitauit. Eodem fere tempore alii numum aliquem Amyntae, Macedonum regis (Spanhem. l. c. p. 17. et alibi); Harduinus tandem, in Cyrenaicis numum eum, qui

ΔΑΜΩ-

ΔΑΜΩΝΑΚΤΟΣ nomen in fronte gerit, omnium, quotquot hodie superfunt, veterrimum esse contendit (Memoir. de Trevoux, Aout, 1727. p. 1444. conf. Bimard Remarques sur la science de Medailles du P. Jobert, T. I. p. 26. ss. qui hac de contentione plura tradit). Qui viri eruditi, ac de re numaria optime promeriti, rectius profecto et consideratius in hac quaestione examinanda et dirimenda versati essent, si non sola nomina, in numis, quos dixi, caelata spectassent, sententiaeque suae argumentum primum ac princeps inde sumsissent, sed, quod par erat, reliquarum quoque rerum, quae ad numi cuiuspiam αὐθεντίαν, veramque aetatem designandam necessariae sunt, rationem habuissent. At enim vero isti, Phidonis, Amyntae, Demonactis nomine, in altera numi fronte expresso, temere abrepti, susque deque habuerunt eas quasi leges; et certis enuntiatis, seu axiomatis numariis (sic fari liceat) prorsus posthabitis, temere et inconsiderate sententiam suam dixerunt, et argumentis non nisi leuibus, summum, chronologicis, confirmare annisi sunt. Qua in quaestione exigenda et decernenda, praeterquam alia, hoc ipsos fugit, virorum olim celebrium, et de ciuitatibus optime meritorum nomina, vna cum cuiusque facie, siue vera, siue imaginaria, frequenter expressa esse in numis, quarto, quinto, et quod excurrit, saeculo post eorum obitum percussis: id quod ignorare non potest, qui Romanorum numos, quos Consulares vocant, examinauit. Atqui hoc idem in eis, quos paullo ante dixi, numis, et nominibus, quae in illis leguntur, accidisse, per se iam credibile est. Accedunt caussae aliae, eaedemque grauiores, quibus eorum nullum pro antiquissimo habere vetamur. Nimirum vultus, si quis in vno cernitur, litterarum et has scribendi, ac reliquarum in eis expressarum rerum

rerum ratio et forma, plus ingenii manuumque exercitatiorem produnt, quam significare poterant, qui prima numos feriendi pericula facere adgrediebantur. Quod de Phidoniano in primis dicendum videtur. Quae quum ita sint, tota illa super numi cuiuspiam antiquitate concertatio fuit inconsiderata et temeraria: virique, quos dixi, eruditi non nisi andabatarum more pugnarunt. Exstitere post eos duumuiri alii, multo prudentiores ac sollertiores, qui viam tutiorem certioremque hac in quaestione versandi viderent, monstrarent, ac commendarent hominibus, priscae rei numariae studiosis. Quorum alter est Vir Celeberr. Bartholomaeus, Abbas Franco-gallus, et bibliothecae regiae praefectus, eruditissimus et elegantissimus auctor libri anno superiore promulgati, quem Nouum Anacharsis Secundi, seu iunioris, iter per Graeciam factum inscripsit, ac quo rerum Graecarum statum faciemque ingeniose non minus, quam graphice, et ornatissimo dicendi genere persequutus est. Hic ante complures iam annos, Commentarium ingeniose eruditeque scriptum in Parisina Inscriptionum Artiumque ingeniosarum, quas vulgo *Bellas* appellant *litteras*, Academia recitauit, quem, propter exquisitam eruditionem in eo demonstratam, et certissimos fructus, inde ad rem numariam redundantes, nomine Palaeographiae numariae inscriptum, vna cum aliis Societatis illius litterariae commentariis diuulgari iusserunt viri, huic negotio curando praefecti ( Memoires de l'Acad. des Inscr. et de Belles-Lettres, Tom. XXIIII ). Alter est Ludouicus Dutens, V. Celeberr. et tam philosophiae aliarumque litterarum, ad philosophiam et humanitatem politiorem pertinentium, quam priscae rei numariae peritissimus, qui telam ab illo inchoatam, quasi pertexuit scripto et promulgato libro, *Explication de quelques médailles Grècques*

*Grécques et Phéniciennes, avec une Paléographie numismatique*, cuius editio altera. Londini 1786 in lucem exiit. Quorum duumuirorum prior quum in Palaeographiae numariae specimine, quod ante dixi, non nisi fabricandi rationem, i. e. numi cuiusque manum artificem, in vtraque fronte apparentem, eius intelligentiam vel ruditatem, elegantiam vel simplicitatem, pulcri venustique studium vel negligentiam, spectare et recte contemplari iusserit vnumquemque numi sibi traditi, vel obuenientis, iudicem cautum et prudentem, neglecta vel posthabita tituli in eo exstantis ratione, et litterarum, quibus est scriptus, figura, simplicitate, collocatione; posterior vidit, simili in quaestione et quasi iudicio, litterarum etiam rationem habendam esse, ideoque recte et prudenter contendit, probe simul examinandum, earumne figura rudior sit et simplicior, an elegantior? infantiamne scribendi sapiat, an virilem et perfectam aetatem? a dextrane sinistrorsum collocatae sint, an βεςροφηδόν, vel, more nostro, a sinistris dextram versus procedant litterae? (v. Dutens l. c. p. 158. f.). Ac simile quidem consilium ante iam dederat Winkelmannus noster (Hist. Art. p. 213. 215), quod hunc scriptorem latuisse videtur. Sed vtcunque hoc sit, ex eo certe, quod de duplici hac veluti lege breuiter strictimque dixi, satis et plane apparet, in ea Lydium quasi lapidem numi cuiusque recte ac vere exigendi suppeditatum esse; et qui decretum, quod vterque sciuit, ingeniose cauteque sequatur, nec reliqua numorum γνησιότητα dignoscendi praesidia ignoret, vel temere et inconsiderate despiciat, eum numi cuiusque sibi oblati veram rationem et antiquitatem coniectura certe probabili assequuturum. Iam si numos, de quibus quaesitum esse supra dixi, cum duplici hoc, quod exposui, decreto, eodemque verissimo, et rei naturae conue-

conuenientissimo comparare, et ad id, veluti regulam aliquam, exigere volueris, nullum eorum, simulac conspexeris, omnium antiquissimum esse posse, affirmatum ibis. Rerum in duplici cuiusque fronte effictarum forma elegantior, atque litterarum, qui titulos efficiunt, ratio, venustas et collocatio te adducent, vt secus statuere nequeas. Hinc in duumvirûm, quos dixi, sententiam iam abierunt nonnulli viri eruditi, rei numariae scientia Celeberrimi, vt, Generosissimus de Schachmann, Eckhelius, Neumannus, alii, qui numos antiquos ex aliquo tempore promulgarunt, nec temere in Harduini, Begeri, Wachteri, aliusue magistri verba iurarunt. Vnde et ego, data hac opportunitate, binas illas leges et regulas paene aureas, cuiuis viro, et tironi potissimum, priscae rei numariae amanti et studioso, quantum possum et par est, commendo et inculco. Quid? quod qualicunque mea sententia optabile est, vt homo quidam eruditus, linguae Franco-gallicae bene gnarus, vtrumque librum, rariorem quidem illum, sed ad numos antiquos recte et vere diiudicandos perutilem, quin maxime necessarium, latine vertere, versum cum viris eruditis communicare velit, vt multo plures eum diurna nocturnaque manu versare, et, quantum fieri potest, vtilitatis ex eo capere possint.

EX-

# EXCVRSVS XIV
## AD IDEM CAPVT
## DE NVMIS.

Antiquorum numorum praestantiam et vtilitatem insignem, eandemque latissime patentem, nemo, reor, in dubium reuocabit, qui aureum Ezech. Spanhemii opus perlegit. Quod qui recte, et iusta, qua decet, animi contentione fecit, is intellexerit, oportet, commoda et plurima, et maxima, inde ad historiam et chronologiam, ad grammaticam et criticen, geographiam, ritus solennes, antiquitates, quin artes alias, redundare. Cui vero haud contingit, vt, quod dixi, opus carius aeque, ac rarius, manu diurna nocturnaque versare queat; is profecto, quam verum sit, quod affirmo, perspicere potest ex operis huius eximii quasi compendio, quod Pl. Rev. P. *Froelichius* tironum in vsum confecit, et sub nomine ficticio *Debiel* vulgauit: plenius ac luculentius ex eiusdem viri, rei numariae antiquae peritissimi, libro, quem Notitia elementaris numismatum antiquorum illorum, quae vrbium liberarum, Regum ac Principum, cet. appellantur, inscriptum, Vindobonae 1758. cum tabb. aeneis publici iuris fecit. Quare de tot tantisque numorum antiquorum emolumentis copiosius disputare, prorsus superuacaneum esse opinor. Est, quod ERNESTIVS immortalis vidit, et ὡς ἐν παρόδῳ monuit (§. 15. p. 53.) eorum vsus alius: qui nimirum pertinet ad iudicium artis et elegantiae in figuris personarum ac rerum, ad artem pictoriam, praesertim linearem, et architecturam, propter

artifi-

artificium exquifitum, quod in figuris, et qua picturam linearem, et qua elaborationem, temporibus bonis, h. e. feculo vrbis (Romae) VII. VIII. et VIIII. vel a temporibus Philippi atque Alexandri M. Macedonum, vsque ad vtriusque Antonini, Imperat. R. aetatem, cernitur: ipfe tamen plane nihil de hoc disferuit, ratus, eum non negligendum quidem effe, fed minus late patere. Hoc quodammodo verum effe, equidem infitiari nec volo, nec poffum etiam. At enim vero quum numi prifci non minus, quam alia vetuftatis monumenta, ad τε̃ *Antiqui* claffem pertineant, et vfus ille, quem ὁ πάνυ E. non nifi per transennam adfpexit, aliosque adfpicere iuffit, ad probabile artis et elegantiae iudicium, multum momenti habeat: de hoc quoque paucis disputare, nec nifi extremas illius quafi lineas ducere placet, quoniam iuftam loci huius defcriptionem atque explicationem conficere, hocque libello promulgare, vetant anguftiores excurfus limites, aliaeque rationes complures. Eius genera iamdudum expofuit, idque fummatim, immortalis IOSEPH. ADDISONVS, Britannus longe celeberrimus (Dialogues upon the Ufefulnefs of ancient Medals, p. 9 — 142. vol. III. opp. Londini 1746. vulgatt.): et huius e dialogis, docte non minus, quam ingeniofe fcriptis, hic, illic, mutuabor, quae ad rem pertinere exiftimo: addam vero et alia, quae, multiplici rerum vfu conducefactus, credo, fententiam qualemcunque meam illuftrare poffe, et confirmare. Cernimus in numis antiquis, eisdemque non male detritis, nec rubigine fere confumtis, Deorum figuras eleganter et affabre delineatas caelatasque; neque folum illorum, quorum ftatuae cum maxime fuperant, et quibus funt fimillimae, fed eorum etiam, quorum mentionem non nifi in veterum auctorum libris reperimus. Cernimus in eisdem vultum,

quin

quin totam faciem virorum, rebus antiquitus geſtis celeberrimorum: tum perſonas, allegoricae quae vulgo, ſeu imaginariae vocantur, definitasque earum notas, actiones, geſtus, inſtrumenta: porro vrbium et oppidorum ſymbola, quae dicuntur, ſeu ſigna et indicia, quibus tam oppida, quam numi, ab aliis et aliorum numis, facile certoque dignoſci ſolebant: tandem aedificiorum variorum, hodie prorſus aut collapſorum, aut vi dirutorum, ſtructuram et rationem ſingularem, quorum formam in ſolis huiuscemodi monimentis ſpectare poſſumus. Haec omnia recte, et, vt par eſt, artis ad leges examinata et exacta, non poſſunt non ingenii et oculorum ſenſum aciemque ita conformare, vt in homine prudenti, nec cupiditate obcaecato, probabilis elegantiae ſenſus et intelligentia gignatur. Quae vt in artificibus ſunt maxime neceſſaria, ita in homine quouis ingenuo, multoque magis in viro erudito, probanda et commendanda: vtpote quae facient, vt de rebus aſſabre ingenioſeque elaboratis, ſententiam non ineptam et deridendam, vt Megabyzus (Aelian. V. H. l. II. c. 2.) aut ipſe ille Alexander M. (id. l. c. c. 3. Plin. H. N. l. XXXV. c. 10. p. 696. vol. 2. opp.) de pictis quibusdam tabulis, ſed iuſtam prudentemque pronuntiare poſſit. Iam vt viris eruditis vel maxime videndum eſt, ne ipſis hoc idem, quod duumuiris, quos dixi, eueniat; ita eos ſingulos omnem impendere decet operam, vt ex antiquis numis non minus, quam e fontibus aliis, hanc prudentiam atque intelligentiam hauriant, itaque auctoritatem ſuam ſtabiliant, ſtabilitam confirment. Quibus praemiſſis, in ipſam rei arcem inuadamus.

Statuarum priſcarum, quae quidem hodieque ſuperſunt, quatuor praeſtantiſſimae atque elegantiſſimae cenſencenfentur *Herculis Farnefiani*, *Veneris Mediceae*, *Apollinis Vaticani*, et *M. Aurelii*, equo infidentis: quas affabre delineatas formatasque antiquis in numis fpectari fcribit ADDISONVS ingeniofiffimus (L c. p. m. 25). Cui tantum abeft, vt aduerfari velim, vt potius multis de cauffis adftipulandum exiftimem, propterea quod celebratas aliorum Deorum Dearumque ftatuas in eis itidem delineatas reperimus. Pervetuftam *Dianae Ephefiae* ftatuam, qualis Mufei Pio-Clementini Vol. I. tab. 32. cernitur, prae fe ferunt numi *Ephefiorum*, aliorumque oppidorum, quorum ciues ipfam cultu tantum non infano (Act. Ap. cap. XVIIII. 27.) profequebantur: videfis Numismata aenea moduli maximi e mufeo Pifano, (tab. X. 3; XXIII.!2; LX. 2.) it. Morelli Specimen vniuerfae rei numariae antiquae, (tab. II. 1. 2; XVI. 6; XXI. 8.); Les Céfars de l'Empereur Julien traduits du Grec par feu Mr. de Spanheim, (p. 82). Plures Deae huius in numis expreffae figuras memorare non eft necefle. Eximiam *Mercurii* ftatuam cernimus Mufei Pio-Clement. vol. I. tab. 6; eandem, huic admodum fimilem vides in Numismatt. Pifan. (tab. XXI. 2.) it. in Valentis (Vaillant) Numis Imperatorum, cet. a populis Graece loquentibus, percuffis (p. 193. 203. et Append. tab. h. 2. et k. 2). *Apollinis citharoedi* ftatuam venuftam fiftit Mufei Pio-Clement. vol. I. tab. 16: cuius effigiem fere fimilem fubminiftrant numi, quales protulit Spanhemius, (Les Céfars de l'Emp. Julien, p. 54. et in append. p. 121.) it. Valens (Num. Imperatorum, cet. in Coloniis, municipiis, cet. iure Latino donatis, percuffis, Part. alt. p. 157. et 192.) qui tamen Deum vefte muliebri indutum efle, temere iudicauit. Simili vefte indutum ac delineatum fefe voluit ridiculus ille Apollinis imitator, Nero, (v. Mufellii Numism. antt. Imperatorum, tab. XXV. 1. et

Spanhem.

anhem. l. c. p. 53). Nec minus eximia *Veneris Gnidiae* ſtatua, qualem oſtendit Muſei Pio-Clement. T. I. tab, XI. cernitur in *Gnidiorum* numo, quem protulit Haym (Teſoro Britannico, Part. II. tab. XVI. 3. vel in verſione lat. tab. XLI. 2); ac nuperrime etiam Bartholomaeus (Recueil de cartes geographiques, plans, vues, et medailles — — relatifs au Voyage du jeune Anacharſis, tab. 27. n. 3.), qui ſimul animadvertit, ſimilem Deae figuram et ſtatum apparere in aliqua Ducis Aurelianenſis gemma iam delineata et explicata (Deſcription Tom. I. pl. XXXI. pag. 135). Verum praeter Deorum ſigna, in ſtatuis adhuc ſuperſtitibus viſenda, offendimus in numis etiam ſimulacra, quorum ſtatuae prorſus deſiderantur. Huc pertinet *Iupiter Labradenus*, ſeu *militaris*; quem cuſum voluerunt Myſalenſes in numo aereo, prolato in reliquis Numismatt. muſei Pis. (tab. XLV. 1.), cuius rationem vt recte intelligas, adeas, neceſſe eſt, Alb. Mazzoleni Commentar. p. 128. Dei eiusdem faciem, nonnihil diuerſam, ſubminiſtrauit e numo Neronis Haym (l. c. Part. II. tab. III. 11; et huius verſ. lat. tab. XXVIII. 5). Praeterea priſcis in ſcriptoribus memoratum legimus *Iouem* Φιλαλήθη, item Ἀεραεων. Neutrius ſtatua, quam quidem ſciam, hodie exſtat: vtriusque tamen ſimulacrum, quale diuino mactatum eſt honore a populis antiquis, verae religionis expertibus, in numis conſpicari licet. Priorem *Laodiceenſes* venerati, in numis caelatum voluerunt (v. Numismata maximi moduli de Camps, p. 17. n. 2. et p. 55. n. 2. it. Spanhem. les Céſars de Iul. p. 135): poſteriorem, Ἀκραιον dictum, *Smyrnaeenſes*, in ipſorum numis conſpicandum (v. Numism. de Camps p. 17. n. 3). Diſcrepans vtrumque ſculpendi ratio non tam ex auctorum deſcriptionibus, quam potius e numis aut ipſis, aut intelligenter delineatis, et prudentibus horum interpretipretibus peti potest et addisci. Similis ratio est *Iunonis Samiae*, non paucis scriptoribus antiquis memoratae: cuius faciem itidem non nisi in numis conspicaris: vt, in Numism. Mus. Pisani (tab. XXIII. 2; XXXIX. 3; XXXXVII. 3; LIV. 4; LXI. 3.), de Camps (p. 83. n. 1; 97. n. 3.), de Wilde (tab. XXIII. 136.), Seguini (p. 171.) et Valentis Imperatt. cet. Graec. (append. tab. *h.* 2.), qui editor postremus, quae Dea haec sit, p. 206. non iudicauit, aliis locis *Iunonem pronubam* appellare solet. Nuperrime insignem e gaza regia numum, in quo eadem Dea a Samiis expressa est, produxit etiam Bartholomaeus eodem loco (tab. 27. n. 4), qui praeterea plura, nec tralaticia, de Deae simulacro et templo exposuit (Voyage du jeune Anacharsis Chap. LXXIV. Tom. VI. p. 286. ss. ed. octopert.). Quod idem de *Luno*, Deo, dicendum. Huius simulacrum, quod quidem meminerim, hodie exstat nullum. Sed qua ratione eum fingere fuerint artifices, complures nos edocent numi. Eorum vnum reperimus in Seguini Selectis Numismatt. antt. p. m. 94. plures protulit Valens in Num. Imperatorum. cet. Lat. (Part. I. p. 166; II. 20. 30. alibi), qualem etiam edidit Haym (Tes. Brit. P. II. p. 145. et vers. lat. P. II. t. 21. n. 3). Qui Ducis Aurelianensis gemmariam, ita dicere si licet, gazam descripserunt duumuiri longe celeberrimi atque eruditissimi, data sibi per Sardain, in qua artifex *Luni* caput crinitum, tectumque Phrygia, quae vulgo appellatur, mitra, eademque stellis veluti consperfa, eleganter scalpsit (vol. I. p. 81), data sibi, inquam, occasione peropportuna, disseruere de Deo hoc ficticio, et *Lunam* pro femina et mare simul habitam esse instiati sunt: sed Valens, Eusebii, et Diodori Siculi testimoniis permotus, Aegyptios reuera credidisse contendit, Lunam marem et feminam, simul esse: quin locum Strabonis (Geograph.

graph. _ l. XII. p. 835. et 864. ed. Almeloveen), item Macrobii (Saturnal. l. III. c. 8.) affert, ex quo hoc idem effici cogique poteſt. Diis, quos dixi, complures alios poſſem adiungere, et meam confirmare opinionem: ſed metu, ne iuſto longior forem, nihil amplius hoc de loco dicam, praeterquam quod in numis non raro ſpectantur Deorum ſimulacra, vel capita, qualia omnium primi et vetuſtiſſimi artifices ſculpſerint, ideoque plebeculae ſuperſtitioſae veneratione cultuque in primis digna viſa ſunt. Vnde eorum facies, quamuis admodum rudes, ac tantum non deformes, in numis quoque ſuis delineatas et caelatas voluerunt: vt, *Epheſii*, qui Dianae ſuae ſignum coelo delapſum, ſeu διοπετὲς (Act. Ap. XIX, 35.) eſſe credebant; *Samii*, qui Iunonis ſuae ſimulacrum ab Argonautis eo delatum (Pauſan. Achaic. l. I. VII. c. 4. p. m. 530. conf. Mazzoleni commentar. ad Numism. Piſ. p. 153.) vel potius *Smilidis* Aeginetae, Daedalo qui aequalis ſuit, manu fabricatum exiſtimabant, (v. Valentis nott. ad Num. de Camps. p. 83. it. Athenagoras, Apolog. pro Chriſtianis, p. 134. ſſ. ed. Rechenberg.); *Siculi*, qui in numis non paucis *Proſerpinae*, vel *Dianae* caput, more antiquiſſimo formatum, delineari caelarique iuſſerunt. Taceo rudem *Aſtartes*, *Veneris Paphiae*, cet. formam, non niſi in numis conſpiciundam: qui certis auctorum priſcorum locis multo plus lucis affundunt, quam virorum κριτικοτάτων commentarii copioſiſſimi: vt, verba Taciti, *Veneris Paphiae* figuram ſic deſcribentis (Hiſt. l. II. c. 3. extr.): *Simulacrum Deae non effigie humana, continuus orbis, latiore initio, tenuem in ambitum, metae modo, exſurgens*, multis, credo, obſcuriora erunt; ſed qui, ſi non numos ipſos, certe quidem libros tractat, in quibus eius picturae lineares exſtant, vt, Valentis Numism. Imperatt. cet.

Q 2

lat. (Part. I. p. 93. alibi) item Andr. Morellii Specimen rei num. ant. (tab. XVI. n. 7.) eum scriptoris Latini mentem vel sine commentario peruidere oportet.

Porro complurium virorum antiquitus celeberrimorum faciem in numis considerare, et tantum non venerari licet: id quod non parum oblectamenti adferre satis conflat. Non dico iam regum, imperatorum et horum coniugum, liberorumque, cet. sed eorum vultum, qui philosophia colenda, legibus scriptis, aliarum artium optimarum studio, de humano genere quam optime promeriti sunt. Cernimus itaque in numis Samiorum *Pythagoram* (Morell. l. c. tab. XII. 7. it. de Wilde l. c. tab. XXIII. 139), Pompeiopolitanorum *Chrysippum*, Stoicorum principem, (Morell. l. c. t. XXV. 2.) Mytilenaeorum *Lesbonactem*, philosophum (Cary Dissertations sur la fondation de la ville de Marseille, cet. p. 131. ff.) in aliis, *Archytam*, Tarentinum (Haym Tes. Brit. P. I. p. 137.) *Antisthenem*, Cynicorum parentem (Haym l. c. p. 128), *Thespidem*, comoediae auctorem (ib. p. 197.), *Lycurgum*, Spartanorum legislatorem (ib. p. 125.) alios: quorum adspectus viro cuique ingenuo, artium et honestatis amanti, non potest non gratus ac iucundus, quin veluti stimulus esse, vt eos pro meritis veneretur, et, quantum licet, imitetur.

Tum offendimus in numis *allegoricas*, quae vocantur, *personas*, non minus affabre scienterque delineatas, quam ingeniosissime cogitatas. Harum et indicem satis copiosum, et explicationem doctissimam, e poetarum verbis petitam, suppeditauit Britannus, quem supra dixi, immortalis ADDISONVS (l. c. p. 37. ff. et 170 ff.). His addere possem alias, non solum earumdem formas, aliis in numis delineatas;
sed

sed etiam quasi personas, ab auctore Britanno praetermissas, vt, *Patientiam*, in numo Hadriani (v. Seguini Num. Sel. p. 141. et Morell. Spec. tab. VIII. 8), *Monetam*, *Vbertatem*, *Nemesin* vel *Nemeses*, *Constantiam*, *Hilaritatem*, *Prouidentiam*, cet. si consilii mei ratio id permitteret.

 Tandem de regionum, prouinciarum, ciuitatum, vrbium, institutorum ac caerimoniarum symbolis, aut instrumentis, in numis populorum antiquorum conspiciendis, probeque notandis, non pauca, nec tralaticia, memorare possem, si mihi per eandem, quam dixi, caussam liceret esse copiosiori. In OISELII *thesauro* numismatum antiquorum plura, quae ad hanc caussam pertinent, iam exposita sunt. Sed vt is non nisi Romanos tractauit numos, et, quae ex his poterat, Symbola collegit, et delineanda curauit; ita cuique liberam hoc idem de Graecis faciendi permisit potestatem. Iam vero accuratior symbolorum scientia in examinandis secernendisque posterioribus numis tanto magis necessaria est, quanto rariores per se sunt, et quanto maior est copia signorum, quae Graece loquentes in illis expressa voluerunt. Hinc opus non inutile aggressurum esse reor eum, qui symbola, siue signa, de quibus quaeritur, ex eiusmodi numis colligere, paucis describere, et eorum caussas breuiter strictimque exponere velit. Qui si diuersas insuper populorum et oppidorum singulorum ἐποχάς, quas vocant, addere non grauetur; is profecto de rei numariae antiquae studio, huiusque amantibus, immortaliter mereatur, necesse est. Sed ad rem redeamus, et eum numorum vsum, quem ab Auctore immortali non nisi ὡς ἐν παρόδῳ indicatum, supra dixi. Nimirum in eorum, bonis quidem temporibus cusorum, figuris consideranda est, et animo expendenda harum inuentio

inuentio perquam prudens et ingeniosa, qua artifices monetales sequebantur hoc, vt in aliis oppidorum origines, in aliis Penatum patriorum beneficia et cultum, in aliis ciuitatum, vel maiorum res, hoc illoue tempore egregie gestas, in aliis personarum, ἀλληγορικῶς delineatarum, effectus in vtramque partem docerent spectatores. Quae omnia, mente sagaci examinata et considerata, quantum vtilitatis ad res quam plurimas adferant, qui non facile perspiciat, reor esse neminem. Tum in eiusmodi figuris recte et solerter contemplari decet iustam, artisque legibus conuenientem delineationem, qua meliorem, accuratiorem probatioremque cogitando assequi vix possis. Accedit, quod figurae, quibus nihil exactius eruditiusque animo fingere, nedum graphide pingere queas, in ferreas numorum formas a scalptoribus tam affabro incisae sunt, vt, cum numorum recentiorum figuris comparatae, incredibile, quantum in antiquis eminere videantur. Quas si oculus sincerus, necdum deprauatus, idemtidem contemplatur; fieri non potest, quin elegantiae sensum, siue intelligentiam adipiscatur, ad res quam plurimas pertinentem. Quemadmodum igitur gemmas, ingeniose solerterque scalptas, vel caelatas, artificibus, aliisque viris ingenuis et venusti amantibus quamplurimum vtilitatis adferre inter omnes constat: ita numos quoque ingeniose excogitatos, manu exercitata scalptos et percussos, fructus eosdem, quin vberiores etiam, propter maiorem rerum, in eis expressarum, copiam et varietatem, cuique homini, pulcri venustique studioso, largiri posse, non temere, non inconsiderate contendo. De quo singulari numorum antiquorum emolumento quum persuasum esset praestantissimis recentioris aetatis pictoribus, Raphaeli Sanctio, Vrbiuati, Lebrunio, Rubenio; non est, quod mireris, si huiusmodi artifices,

quot-

quotquot poterant, numos collegiſſe, ſolertiſſime examinaſſe, imitandoque eorum figuras, hic, illic, in tabulis pingendis produxiſſe memorentur A D N I S O N O celeberrimo ( l. c. p. 15). Haec breuiter ſtrictimque expoſita, ſi quis, quo decet, ingenio, ſtudio, et rerum neceſſariarum cognitione ornatus, dicendo perſequi velit; eum, capto ſimili conſilio, iuſtae magnitudinis librum, eundemque perutilem, conſcribere poſſe, quis eſt, qui non intelligat?

# EXCVRSVS XV
## SVPER PRISCA RERVM FIGVRAS LINEIS CIRCVMSCRIBENDI RATIONE.

Artis nec leuis, nec inutilis, de qua nonnihil diſputare adgredior, origines, progreſſus et perfectionem viros eruditos, τȣ̃ Antiqui naturam indagantes, adeo non exponere, quin ne tangere quidem video, vt id, quod de huiusmodi rebus ſciendum eſt, ſilentio prorſus praetermittere, vel labris non niſi primoribus, quod aiunt, guſtare ſoleant. Quo lecto, caue, exiſtimes, me a viris eruditis poſtulare, vt totum locum veluti artifices perſequantur, et artis bene recteque diſcendae, colendae et exercendae praeceptiones inculcent. Hoc, tantum abeſt, vt ab eis petam et flagitem, vt potius videam et contendam, eorum haud eſſe, totius artis vim et naturam inueſtigare, erudite explicare, in eaque recte verſandi praeceptiones docere. Haec ſunt eorum, qui artem ipſam profitentur. Verum poterant tamen, quin debebant, viri

viri docti, artium hiftoriam confcribere adgreffi, huius ipfius, de qua quaeritur, artis cauffas et origines in prifcorum fcriptorum libris anquirere, et quae in illis relata legerant, aut coniectura non temeraria et iufto audaciori, fed modefta, affequuti erant, in commentariis, quisque fuis, exponere, et cum aliis communicare. Quum enim toreutice, plaftice, pictura, verbo, artes *bellae* feu *fingentes*, quas appellant quidam, omnes ea, tamquam fundamento quodam fuo nitantur; non video, qui, quum harum hiftoriam fcribere decreuiffent, eius rationem habere voluerint nullam. Quod tamen ita effe, res ipfa loquitur. Vnum noui virum egregie doctum, A. RIEMIVM, qui in commentario fuper pictura veterum (*Ueber die Malerei der Alten. Ein Beitrag zur Geſchichte der Kunſt. Veranlaſst* von B. Rode: verfafst von A. Riem, Pr. zu Berlin 1787. forma quadripertita) initium differendi fecit a prifca rerum figuras lineis circumfcribendi ratione. Quod vt hominis cuiusque prudentis laudem et applaufum meretur, ita viri eruditiffimi veftigiis infiftere, perfona mea non indignum arbitror; et, quum in libello Erneftiano, cura qualicunque mea iterando, de artibus, quas dixi, differatur, itidem nonnihil de figurarum lineis circumfcribendarum artificio dicere, et hoc excurfu breuiter ftrictimque explicare. Id haud dubie antiquiffimis iam temporibus natum, et vtcunque exercitatum eft ab hominibus fcribendi et pingendi prorfus ignaris; etiamfi per monimentorum fide dignorum inopiam tum ignoretur, qui ifti fuerint homines, tum populus, cuius ifti fuerint, certo explorari nequeat. Fieri poteft, vt iam ante diluuium, quod litterae diuinitus patefactae memorant, in primis Afiae populis exftiterint nonnulli, qui rem non infeliciter tentarent. Quo pacto enim artibus quibusdam, quae iam tum inuentae

et

et exercitatae dicuntur, recte et probabiliter vacare potuissent, nisi dexteritatem rerum figuras delineandi, non dico perfectissimam, sed aliquam certe, ingenio studioque, vel, si mauis, forte fuerant assequuti? Opus erat hac, de qua quaeritur, arte ad aedificandum qualecunque oppidulum; ad conficienda instrumenta et res varias, quas Iubal et Thubalcainus inuenisse et parasse memorantur (Gen. IV. 21. s.); ad parandum vestitum mundumque muliebrem, quem huius sororem, Naemam, primum excogitasse suspicantur interpretes quidam, propterea quod Moses eius solius, hoc quidem loco, quo plura recenset inventa, mentionem fecerit. Sed haec vtcunque sint, tamen nihil certi et explorati de primis eorum periculis affirmari, neque ex eis effici cogique posse, nemo est, qui non videat. Hoc vnum non sine grauiori caussa coniicere licet, prima illa pericula admodum rudia et deformia, sine iusta singularum partium ratione, proportione ac dimensionibus fuisse: adeoque acrius studium et inuestigationem copiosam non mereri. De hominibus igitur, qui post stupendi eius, quod dixi, euenti tempora, terram coluere, oppida, societates, ciuitates, cet. condidere, quaeritur, et quaeri tantummodo potest, ecquis eorum, vel qui populus, omnium primus, rerum figuras lineis circumscribere inchoarit, aliosque docuerit? Equidem eiusmodi quaestionem semper existimaui non solum vanam et infructuosam, sed etiam temerariam et inconsideratam esse: vnusquisque enim, qui illam mouet, per se ipse potest animo praecipere, qui certam, luculentam, veroque prorsus conuenientem dare queat responsionem, reperiri hodie neminem. Igitur temere ac nequidquam quaeris, quod a nullo vnquam mortali vere explicari posse, tu ipse non ignoras. Interim vt homines, qua alias quoque rea et cauſſas, vana ſciendi cupiditate laborant, neglectis iis, quae magis ad ipſos pertinent: ita huius quoque artis, quae profecto longe praeſtantiſſima, et ad res quam plurimas vtiliſſima eſt, auctores omnium primos explorare auent, aliosue iubent, etiamſi vtilitatis nihil inde capiant, eosque indicari non poſſe, bene ſciant; multo minus de ea perficienda atque prouehenda laborent. Ea igitur, quam dixi, cupiditas fecit, vt homines vel eruditi quaererent, a quonam populorum paullo celebrium, artis huius originem et initia repetere oporteat. Sunt plerique, quod alio loco iam monui, et aliis in poſterum monebo, qui Aegyptios, vt artes omnes, ita hoc quoque figuras lineis circumſcribendi artificium inueniſſe, per hieroglyphorum ſtudium excoluiſſe, et populos alios docuiſſe, contendant. Sed non ita pridem exſtitit vir alius, non exiguo ingenii acumine, et exquiſita eruditione ornatus, RIEMIVS, quem paullo ante dixi, ſacrorum apud Berolinenſes oratorum eximius, qui commentatione, quam itidem indicaui, demonſtratum iuit, Aegyptios artis, de qua quaeritur, non auctores et magiſtros, ſed tantummodo imitatores fuiſſe. Scriptor hic eruditus, tam architecturae, quam picturae, adeoque huius pariter artis principia et leges Aegyptios ſumſiſſe cenſet ab Iudis, quorum coloni fuiſſent. Huius ſententiae confirmandae cauſſa adferuntur non ſolum argumenta, ex ſimili aedificandi ratione, quam populus vterque vetuſtiſſimo iam tempore ſequutus ſit, et cuius veſtigia hodieque ſupereſſe et animaduerti teſtentur viri, itineribus per ea loca factis celebres, deſumta et ingenioſe expoſita; ſed etiam figurae nonnullae, lineis circumſcriptae et aeri inciſae, quae documento eſſe creduntur, Indorum pingendi et delineandi viam et rationem a priſca Aegyptiorum conſuetudine haudquaquam diſcrepare.

Neque

Neque infitias ire possum, inter hasce figuras, et complures Aegyptiacas similitudinem esse singularem, quin longe maximam. Sed talis quoque est inter has vtriusque populi figuras lineis circumscriptas, et eas, quas prisci Graeci atque Etrusci delinearunt; quin adeo inter illas, quas egomet ipse saepenumero vidi a pueris tenellis et artis prorsus ignaris, delineari. Quem vero huiuscemodi similitudo vnquam adducet, vt Graecos et Etruscos veteres, ac multo magis puerulos illos, propterea Indorum posteros, colonos et discipulos esse credat? Similitudinis talis et tantae, qua figuras certe lineis circumscriptas, longe alia caussa sit, necesse est, quam quae scriptori illi perquam erudito atque ingenioso visa est, et quam verbis exquisitis ornauit. Adstipuletur ei, cui lubet: mihi profecto argumentatione simili persuadere non potuit. Persuasissimum mihi contra est, quidquid alii viri eruditi existiment, summum rerum omnium auctorem hominibus primis, per totum terrarum orbem spargendis, facultates tribuisse et varias, et necessarias, ad cogitanda, exsequenda et paranda ea, quae vitae tuendae studium, quod pariter cum omni animante nascitur, et inde pendens rerum complurium necessitas exigebat. In diuersis, quas dixi, facultatibus, est etiam ea, quae nos ad imitandum adducit. Hanc imitandi facultatem vel pueruli, alii alia via et ratione, significare solent. Eorum non pauci, si otiosi sunt, et vel exigua phantasiae vi pollent, quidquid alicubi viderunt, in charta vel tabula aliqua delineant extremis lineamentis, vt, milites, equos, canes, currus ab equis prouectos, cet. et rerum conspectarum figuras vtcunque factas sodalibus ostendunt. Quarum aliae, aliis multum anteponendae, non obscure docent, qui de pueris compluribus figuras delineandi pingendique artificio maxime idoneus futurus sit: quandoquidem

praestan-

praestantiores illae rei delineatae similitudinem ita exprimunt, vt ipsam rem intueri putes, easdemque pluribus fere Etruscis, Graecis, Aegyptiacis et Indicis figuris anteferre possis, quin debeas. Quod quum ita sit, et rerum vsus quotidie doceat; in ea sum haeresi, quae inter primos Indos, Aegyptios, Graecos et Etruscos fuisse nonnullos credit, qui, puerulorum more, res aspectabiles, lineis circumscribere, et ob oculos ponere tentarent, nec opus fuisse, vt Etrusci ex Graecis, Graeci ex Aegyptiis, Aegyptii ex Indis, prima haec elementa discerent. Populus, me iudice, quisque produxit homines quosdam, naturali hac figuras delineandi facultate praeditos, qui eam, opportunitate sibi data, per se ipsi, et sine magistris, excolerent, et, quantum per suas et ciuitatis suae res, instituta, religionem, coeli temperiem, alia licebat, perficerent. Cuiusmodi homines, si cuius nationis exterae opera, suis praestantiora, viderant, recteque examinauerant; si ingenio, si iusto, nec iam deprauato, pulcri venustique sensu, si intelligentia praecipua, atque phantasiae impetu multum valebant; facile efficere potuerunt, vt rerum figurae, manu sua lineis circumscriptae, aliorum operibus multum antecellerent: quas statuarii, pictores, marmorum sculptores vel caelatores, velut protypa, siue exemplaria, intueri et imitari, sibi gloriae ducebant. Ex quo, mea quidem sententia, luculenter apparet, non esse, cur artifices Etruscos et Graecos ex Aegyptiorum, Aegyptios ex Indorum quasi scholis prodiisse credamus, nec sine contentione quadam affirmemus. Quod quidam hoc modo accidisse putant, id, credibile est, alio etiam euenire potuisse. Hoc de loco eadem fere, quae ego, scripsit Italus doctissimus ac clarissimus, GREGORIVS PIERLI, Academiae Cortonensis sodalis celeberrimus, in commentatione,

qua

qua fcalptorum Etrufcorum et Graecorum virtutes inter fefe comparauit (*Sopra il merito degli Scultori Etrufchi, paragonato con quello dei Greci*, vid. *Saggi di Differtazioni Accademiche, lette nell' Accademia di Cortona*, Tom. VIII. Differtaz. XIIII. p. 271. ff.): quam vt legant recteque expendant, fuadeo fingulis, qui probabilem de hac re fententiam pronuntiare auent. Hic recte et prudenter diftinguit diuerfa tempora, diuerfosque gradus, quibus et per quos ad altiorem perfectionis gradum fenfim fenfimque euectum eft delineandi artificium. Rudiorum hominum, fiue Indi fuerint, fiue Aegyptii, fiue Graeci, fiue Etrufci, pericula omnium prima fuerunt fimpliciffima, quorum lineae, pleraeque rectae, v. c. in defcribenda figura humana, nec caput, nec corpus, nec brachia, nec crura, nec reliquos artus, articulos aut mufculos, naturae conuenienter, et ita ob oculos ponerent, ac ponere poffent, vt in ea quafi vitam, habitum, geftum, motum, cet. multo minus animi affectiones, et faciei fimilitudinem animaduertere poffes. Verbo, ea parum, vel nihil prorfus, fuperabat figuras, quales ludendo fingunt pueri tenelli. Similis ratio erat figurarum, quibus miselli tirones alia, fiue animalia effent, fiue inanimata, lineis circumfcripta exprimere fibi videbantur. Poftquam vero tempus, rerum vfus, et, quod maximum eft, folers prudensque ipfius naturae, i. e. rerum, quas terra procreat et alit, contemplatio illos quafi erudiiffet, et meliora docuiffet: quidquid naturae minus conuenire videbant, nonnihil emendare coepere populorum, quos dixi, omnium artifices. Sed, vel hoc facto, figurae humanae defcriptio fuit durior et affectata: idem adhuc in eis cernitur habitus, h. e. compreffus ad lineae rectae anguftias; veftimentorum plicae vel lineis parallelis recta defcendunt, vel

vndatim

vndatim ductae omnes eodem modo sinuantur; capilli in fronte et temporibus comti et dispositi sunt minutulis cincinnis; faciei, iusto longioris lineamenta, nasi, oculorum, aurium, oris, menti collocatio et forma, multum a naturae exemplari et quasi formula discedunt. Quibus in figuris, Etruscis et Aegyptiacis non magis, quam Graecis, veritatem aeque ac varietatem desiderabis, quin ignorantiam fere rusticam non poteris non animaduertere, propterea quod earum artifices, hoc nomine vix digni, corporis humani rationem et structuram, diuersum in negotiis variis exsequendis habitum, gestum, flexum, cet. haudquaquam intellexere, vel delineando recte et naturae conuenienter graphide assequi, et exprimere non potuere. Quos errores, vbi in figuris a se delineatis, et cum ipsis rebus naturalibus solerter et, qua par erat, animi contentione comparatis, aut ipsi perspexerant, aut ab aliis, se prudentioribus, reprehendi audierant; primam illam figuras delineandi viam et rationem despouere, depositaque consuetudine adhuc vsitata, non nisi hominum vestibus indutorum figuras lineis exprimendi, easdem nudas lineamentis extremis describere, eodemque modo pingere, scalpere, caelare coeperunt Etrusci. Sed hac ratione inita, delapsi sunt in errorem, antegresso prorsus oppositum et contrarium. Quas enim figuras adhuc lineis, quod dixi, tantummodo rectis, parallelis et compressis, maxime graciles, macilentas et veluti exsiccatas, vitaque carentes, formarant; eas iam quasi luxuriantes, actione, habitu, gestu corporis affectato, brachiorum, pectoris, ventris, crurum musculis iusto crassioribus et tantum non circularibus, articulis admodum tenuibus, ossibus nimis eminentibus atque per cutem fere penetrantibus, delineare et formare placuit. Quam rationem artifices Etrusci posthac nunquam

non

non tenuisse videntur. Graeci contra, qui primum, quem dixi, errorem emendaturi, itidem in alium, prorsus oppositum, delapsi erant, et figuras veluti luxuriantes non minus, quam Etrusci, aliquamdiu formarant, caussis compluribus adducti, vel ab altera hac via et formula discesserunt, atque figuras tandem, humanas maxime, lineis extremis ita circumscripserunt, vt ex eis pulcri venustique sensus, et intelligentia maxima, quin paene diuina, eluceret. Sed antequam ad hunc venustatis, pulcritudinis, elegantiae gradum peruentum est, artifices vel celebriores alteram illam delineandi rationem aliquamdiu tenuere, et itidem figuras formarunt, quarum nulli proprietas sua constaret; non Apollo a Marte, non Hercules a Vulcano, non Iuno a Venere, vel Minerua, discreparet. Huiusmodi erroris ipse ZEVXIS arguitur ab Aristotele (Poetic. p. 230. edit. Sylburg.): et id genus opera recte et vere *dura* appellauit Cicero. Quibus expositis, satis pro instituti mei ratione, de prisca figuras lineis circumscribendi via modoque dixisse mihi videor. Ceterum ex his, quae adhuc disputata sunt, simul apparere opinor, Indos et Aegyptios a prima et paene puerili figuras delineandi et formandi ratione et consuetudine parum vel nihil discessisse; Etruscos contra et Graecos eam pedetentim deseruisse, et pari fere gradu aliquamdiu progressos esse, ita, vt maxima inter vtrorumque figuras similitudo intercedat, et Graeca ab Etruscis opera interdum vix ac ne vix quidem discernere possis: vnde fieri potest, vt Etrusca, quae Graecorum; Graeca, quae Etruscorum artificum opera sunt, saepenumero censeantur. Tandem vero Graeci, philosophando, meditando, in primisque ipsam naturam et pulcerrima quaeque ipsius opera, recte et prudenter imitando, artem deduxerunt ad tam altum perfectionis gradum, vt sese

ad

ad fummum venifle, vere gloriari poflent. Ad quod efficiendum, multum momenti habuiffe videtur confilium *Pamphili*, Macedonis, qui, Apellis magifter, fuafit, et popularibus fuis per totam Graeciam perfuafit etiam, vt pueri ingenui, ante omnia, graphicen, hoc eft, picturam in buxo docerentur, recipereturque ars ea in primum gradum liberalium, (vid. Plin. H. N. l. XXXV. c. 10. p. m. 694). — Quibus expofitis, ad alia progrederetur oratio, nifi ante pauciffimis indicare placeret antiquitatis monimenta ea, ex quibus diuerfi quafi gradus, per quos infigne rerum figuras extremis lineamentis circumfcribendi artificium tranfire oportuit, antequam ad fummum perueniret, cum maxime perfpici poffunt. Tabulae pictae, figna lignea, eburnea, et fimilia, per rerum naturam hodie fupereffe non poffunt, neque adeo eiusmodi rudimenta prima ob oculos ponere. Ea tantum, quae ex marmore vel metallo quodam fabricata erant, et gemmae fcalptae, aetatem ferre, et ad pofteros peruenire potuere, et reapfe peruenere. Exftant gemmae non paucae, rudem, quae illas delineauit et fcalpfit, manum fatis indicantes. Etrufcas vulgo quidem appellant, et funt certe, fi litterae fimul incifae, hanc appellationem confirmant: alioquin a Graecis quoque fcalpi potuerunt, eoque magis, fi figurae fcalptae ex fabula vel hiftoria Graeca fumtae funt, et ad hanc pertinere videntur. Signa marmorea a primis Graeciae artificibus, vt, Daedalo, Similide, aliis, facla, quae ipfa delineandi tirocinia monftrarent, itidem non fuperfunt, fi quidem eos talia perfeciffe quidam exiftiment: vnde non nifi in vna alteraque tabula marmorea, eaque caelata, artificii, de quo quaeritur, rudimenta prima quaeri poffunt et inueniri. E metallis facta funt figna, figilla et numi: priorum numerus non adeo magnus eft, et quam rudis et imperita

manus

manus eorum vetustissima delinearit et confecerit, ex Illustriss. Cayli Collectione, et figuris ibi delineatis luculenter apparet. Plurimum lucis quaestioni huic affundunt numi, et in his artificii progressus, etiamsi documenta desint alia, quodammodo animaduertere possumus. Quos vulgo Hispano-gothicos vsurpant, si reapse sunt veterrimi, rerum figuras sistunt tales, quales puerulus quisque facile fingit. Eis non multum elegantiores sunt, quas in antiquissimis Graecorum numis delineatas et expressas offendimus. Horum duos tantummodo nominare lubet: alter a Corcyraeis cusus, exhibet bouis vitulum lactantis figuram, quam in lucem exire iussit V. Celeberr. Bartholomaeus in libello, quem latine versum quam maxime velim, inscriptum, Essay d'une paléographie numismatique, ex quo eum repetiit V. Cl. Pellerinus, Récueil de Med. Tom. I. tab. XI. n. 7; alter a V. Eruditiss. Witzleben primum promulgatus in Sel. quibusdam numismatt. Gr. ineditis, Lips. 1744. in quo caprae cubantis figura cernitur. Plures alios ab Eckhelio, Neumanno, VV. CC. promulgatos silentio praetermitto. Sed vt Graeci primam delineandi rationem emendarunt, ita etiam numi ab iis percussi petedentim elegantiores fieri inchoarunt, donec Alexandri M. fere aetate et aliquamdiu post, artificum ingenium et manum praestantissimam atque exercitatissimam recte et vere indicarent.

R        EX-

# EXCVRSVS XVI
## AD PART. II. CAP. V
### DE
## TOREVTICE

Capitis huius argumenta singula qui me non temere, sed prudens ac sciens, magis explicare, et quae ad ea perspicienda recteque enucleanda necessaria sunt, plenius, eorumque rationi conuenienter enarrare iubeat; is sese sciat onus mihi, viribus meis non aequum impositurum esse, et loci non minus difficilis, quam latissime patentis, explicationem postulaturum. Quod quum ipse non ignorem, sed prae multis aliis plane perspiciam; tantum abest, vt iustum capitis, super quo nonnulla sunt dicenda, commentarium, rebus exquisitis refertum, atque artis, de qua quaeritur, rationem et ambitum omnino exhaurientem polliceri, vt eius non nisi duo velut articulos paucissimis illustrare possim, et velim etiam. Agit Auctor immortalis primum de signis et statuis e marmore factis, et posthac de gemmis, tam scalptis, quam caelatis: verum de priscorum artificum ratione, materiam ipsam praeparandi et poliendi, atque opera ipsa ingeniose affabreque ex iis formandi, nihil disputat, caussatus, huiusmodi quaestionem non tam ad viros eruditos, vel litterarum amantes, quam ad artifices pertinere. Quod etsi per se verum est, nec quisquam facile poscit, vt homo litteratus artis vtriusque viam et rationem tam recte scienterque, quam ipse artifex, calleat, et tantum non exercere possit:

ei tamen, si non maxime necessarium et fructuosum, certe quidem honorificum est, si ne huius quidem negotii indagationem prorsus negligit, atque vel ex libris, quibus artium illarum initia, easdemque recte et prudenter exsequendi praeceptiones traduntur, vel ex artificibus ipsis, et in horum officinis, quantum opus est, sensim sensimque discit, vt recte et vere super his statuere, et multa scriptorum antiquorum loca melius intelligere, atque interpretari possit. Huiusmodi enim cognitione imbutus, multa in artificiis ipsis videre, et iure quodam suo vel laudare, vel vituperare potest, quae spectatores, rerum similium expertes, prorsus fugiunt, et faciunt, vt iustum rebus pretium statuere nequeant, ideoque temere de iis statuendo saepenumero turpiter sese dare soleant. Vnde hoc loco nonnihil adferre placet, quod tali in negotio in primis necessarium videtur.

Ac primum quidem de marmorum parandorum, et statuarum ex iis caedendarum ratione, quantum satis fore opinor, disputabo, paucis de artificum Graecorum educatione et institutione expositis. Quos Graecia vidit aluitque artifices, non erant serui, a prima iuuentute in officinas, tamquam in pistrina vel ergastula detrusi et compacti, vbi, sine vlla praemiorum aut honorum spe, nolentes, et inuita manu aeque, ac Minerua, opus imperatum perficiebant, quod dominus durus et inhumanus, nec nisi lucri cupidus, ab eis exigebat; sed homines ingenui, liberaliter educati et instituti. Horum ad institutionem in primis requirebatur, vt graphicen discerent, auctore et suasore Pamphilo, Macedone, Apellis magistro. Rem narrat Plinius, quod in excursu antegresso iam ostensum est. Vnde semper honos fuit graphicae, vt ingenui exercerent, mox honesti: perpetuo interdicto,

dicto, ne feruitia docerentur. Qui poſtquam, vt iu-
genuos decuit pueros, inſtituti, ex ephebis exceſſe-
rant, tam publicis ciuitatum, quisque ſuae, concio-
nibus atque conſultationibus ſuper negotiis ad remp.
pertinentibus, quam rhetorum et philoſophorum diſpu-
tationibus intereſſe poterant, eisque artificis cuiusque
officinam libere adire, et virorum prudentum ſuper
operis ab hoc confecti ratione, et vel praeſtantia, vel
vitioſitate, in vtramque partem diſputantium audire
licebat. Cuiusmodi diſputationes non poterant artificis, iuuenis quidem illius, ſed ingenioſi ac ſolertis,
mentem non acuere, atque ſic afficere, vt certiſſimas
artis praeceptiones ſenſim perciperet, ac penitus videret, quid ſibi in artificio qualicunque deſcribendo et
conficiendo ſpectandum eſſet, atque moliendum, vt
id cenſori cuique intelligenti, ſeuero, et paene mo-
roſo probaret. Accedit, quod in gymnaſio, in pa-
laeſtra, aliis in locis, quotidie cernere et contemplari
poterat pulcerrimas corporum humanorum formas,
geſtus, habitus, flexus, cet. atque ex his, quid vel deceat, vel dedeceat, quid naturae conueniens ſit, quid
repugnans, obſeruare, eoque pacto phantaſiae vim et
nutrire, et inflammare. Quae omnia, in ſcholis
praecepta et quaſi inſtillata, in artificum officinis laudata, vel reprehenſa, in variis iuuenum pulcerri-
morum corporibus reapſe ſpectata, viam artifici, iu-
veni gloriaeque cupido, monſtrabant et pandebant,
qua incedendum eſſet, vt iudicibus ſeueris, quin
ſaepenumero faſtidioſis, quales in cuiusque ciuitate
non pauci erant, in opere qualicunque inchoando et
perficiundo, nihil reprehenſione grauiori dignum videretur. Artifex igitur, tali via et ratione inſtitutus,
eximia oculorum acie, pulcri ac decori ſenſu intelligentiaque, ingenio ſolerti, manu etiam firma et
exercitata praeditus, ſi quod opus marmoreum, aut

ſue

suo ingenio, aut aliorum defiderio obtemperaturus, moliebatur, ante omnia eius picturam in buxo delineare, pofthac proplasma, tum minutum, tum grandius et tantum, quantum rei dignitas, aut loci fpatium requirebat, non poterat non e materia quacunque molliori, vt, creta, gypfo, argilla, cera, cet. conficere, et aliis diiudicandum oftendere, vel publice exponere (vid. Plinius H. N. l. XXXIV. c. 7. extr. p. m. 648. et L XXXV. c. 12. p. 711. coll. FALCONETI notis ad vtrumque locum, ipfius verfioni fubiectis). Audita aequa, iniqua, iufta, iniufta, vel laude, vel reprehenfione cenforum, rei tam intelligentium, quam expertium, fuper opere inchoato philofophari, quod recte reprehenfum videbat, emendare, quod laudatum, in ftatua fculpenda magis expolire poterat, adeoque artificium tam fcienter et affabre elaboratum in lucem proferre, vt fpectatoris cuiusque perinde mentem, atque oculos veluti captos teneret. In quo conficiundo, ipfum hoc modo verfatum probabile eft.

Inuento, apud eos, qui hoc mercium genus aut effodiebant, aut impenfis fuis effoffum aduectumque vendebant, marmoris fragmento tali et tanto, quale et quantum proplasmatis maioris ratio poftulabat; vtrumque, nimirum proplasma et marmor, in officinae fuae machinamento, tignis et tabulis bene compacto, alterum prope alterum collocari oportuit, vt in hoc figurae totius facies, et partium fingularum dimenfiones, recte, et protypo conuenienter, defignari, lineisque circumfcribi poffent. Quod dum fiebat, per lineas fimul tam ad perpendiculum, quam transuerfim ducendas, in trunco marmoreo quafi rete aliquod fingebatur, quod plurimis quadratis conftans, hunc fere totum obducebat. Quo facto, artifex opus deſtinatum, itaque delineatum, per homines operarios, aut tirones, exaſciari ſuebat, ita tamen, vt numquam non adſtaret, videretque, ne quid detrimenti ex eorum ſocordia, imprudentia, vel improbitate, caperet cum marmor ipſum, tum figura in eo delineata. In recidenda eius ora ſuperflua, labor illi potiſſimum ſolebat feliciter cedere, qui ipſius naturam et quaſi texturam e primis ſtatim ictibus et quaſi caedibus diuinare poterat. Qua dexteritate, quo ingenii acumine in primis valuiſſe memoratur *Michael Angelus Buonarottus*, celeberrimus aetatis recentioris ſtatuarius, et architectus, ita quidem, vt ipſe, homo ſexagenarius, marmoris redundantis multo plus tribus horulis, quam tres iuuenes robuſti, tribus integris diebus, praecideret. Quod *Vigenerium* oculis ſuis vidiſſe, et in notis ad Philoſtrati verſionem Gallicam memoraſſe ſcribit *Iannon di Laurent* in Diſſertatione de Antiquorum lapidibus pretioſis, et eorum modo artificia ex illis formandi et elaborandi. ( vid. Li Saggi di Diſſertazioni Accademiche, lette nell' Accademia di Cortona, Tom. V. Diſſert. I. §. XXXI. p. 34). Quae *Buonarotti* facultas dexteritasque plane ſingularis, duo, quos dixi, viros eruditos adduxit, vt Graecos artifices crederent, animo valde fidenti manuque longe certiori, firmiori atque ſecuriori verſari potuiſſe in tractando ſcalpendoque marmore Pario ; quippe cuius ratio, natura et textura ipſos, propter vſum varium et multiplicem, haudquaquam latere potuiſſet. Quae eorum ſententia mihi quoque a vero quam proxime abeſſe videtur. Verum eo, vnde digreſſus ſum, redeundum eſt. Opere ſatis exaſciato, et ſingulis figurae membris caelo terebraque leuiter indicatis, et a reliqua maſſa nonnihil ſeparatis, manum tandem admouit ipſe artifex, atque inſtrumentis ferreis chalybeiisque, omnis generis, diuerſaque ratione

tempe-

temperatis, craffis, fubtilibus, obtufis, peracutis, teretibus, cet. leuiffime caedendo, terebrando et radendo, fimulque nunquam non adhibitis et applicatis perpendiculis, regula, norma, circino, ea omnia et fingula pedetentim ita formauit manu fua longe exercitatiffima, vt tam ad proplasmatis, quam ipfius naturae pulcritudinem, quam proxime accederent, et iuftiffimas, exactiffimasque dimenfiones, rationes, geftus, cet. prae fe ferrent, adeo, vt nihil exactius, nihil eruditius, nihil naturae conuenientius, ne cogitando quidem affequi poffes. Tum vero totum opus radula limisque variis atterendo, pumice et Naxio tandem lapide poliendo, ac cera et aliis laeuigando perfecit, eique nitorem conciliauit, oculos fere perftringentem. Ceterum in huiusmodi ftatuis perpoliendis hoc difcriminis obferuatum effe ferunt, vt eas, quae mares quafi fiftebant, ferreisque inftrumentis fatis finitae erant, minus, contra, quae feminas, multo plus expolire atque laeuigare folerent. Quo ipfo ipfam naturam, veluti ducem, fequuti videntur. Atque haec fere habui, quae de marmorum parandorum, et ftatuarum ex iis fculpendarum ratione dicere poffem. Quod reliquum eft, de his adhuc memorandum puto, quod nec laude dignum videtur, nec imitatione. Nimirum fuere artifices prifci, in primis Aegyptii, qui huiusmodi ftatuas et opera anaglyptica, colore aliquo illinerent. Quod vt rei naturae aduerfatur et repugnat, ita impedit etiam, quo minus imponatur oculo fpectantium. Alii vel fua fponte, vel aliorum iuffu, ftatuas marmoreas deaurarunt: cuius inepti et ridiculi, nec tam laude, quam vituperio, digni moris veftigia in ftatuis nonnullis hodieque fuperftitibus reperiuntur. Vetus autem inaurandi ratio difcrepabat a recentiori: illam defcripfit *Plinius* (H. N. l. XXXIII. fect. 20. p. 616. vol. 2. opp.) his verbis:

verbis: *Marmori, et iis, quae candefieri non poſſunt, qui candido illinitur, gypſo ſimul inducto:* hanc *Winkelmannus* (Geſchichte der Kunſt, Th. I. Kap. 4. p. 261. edit. Dresd.). Denique hoc etiam praetermittere non poſſum, vetuſtiſſimorum Graeciae artificum non paucos, teſte Pauſania, fabricatus eſſe complures ſtatuas ἀκρολίθους, i. e. quarum capita, manus et pedes tantum e marmore, reliqua omnia e ligno erant ſculpta, et veſtibus nonnunquam opertа. Quam rationem, a multis vituperatam, excuſare poteſt nihil, niſi cognita Graeciae vetuſtae paupertas, et marmoris raritas, qua artifices omnium primos laboraſſe credibile eſt. Iam quoque de operibus ἀναγλυπλικοῖς e marmore caelandis et conficiundis diſputandum foret. Sed quae hoc de negotio dicere poſſem, ea hoc loco ſciens et de induſtria non attingo, propterea quod alio, eoque magis opportuno, paucis tangi et explicari poſſunt. Adeoque haec hactenus.

EX-

# EXCVRSVS XVII
## AD IDEM ILLVD CAPVT PERTINENS
### DE
## GLYPTICE
### SIVE
## SCALPENDIS CAELANDISQVE GEMMIS.

De gemmis iam supra generatim et vniuerse loquutus sum, idque duce et auctore incluto, et harum rerum intelligentissimo: qui, praeterquam quod de singularum natura, colore, et discrepantia docte scripsit, scienter etiam et copiose de recentiorum gemmariorum via et ratione, praesidiúsque eas poliendi, et hac politura nitorem illarum scintillantem augendi disputauit. Quae qui ignorare nolunt, eis auctor suasorque sum, huius libros adeundi, et cum iis comparandi, quae *Mariettus*, *Natterus*, *Lippertus*, *Klotzius*, *Büschingius*, alii, minus clari, super hoc argumento scripserunt. Prisci artifices iam peruidere, surdum gemmarum colorem, nisi angulorum repercussu excitetur, plane hebescere; ideoque nonnullas, vt, beryllos, sexangula figura polire coeperunt, quoniam hi aliter poliri eundem non haberent fulgorem. Hoc ex eo apparet, quod *Plinius* (H. N. l. XXXVII. sect. 20. p. 776. vol. 2. opp.) memoriae prodidit. Vnde, reor, coniectura perquam probabili effici cogique potest, ipsos in aliis etiam,

etiam, quod in Beryllis, vidisse ac tentasse; idque tritu puluris tenuissimi ex adamante, vel Smyride lapide, liquore quodam humectati, perfecisse. Verum quamuis hoc ita sese habeat, vel certe habere videatur; id tamen de omnibus ac singulis, atque adeo de adamante etiam, pro certo affirmare nolim sine luculentis scriptorum antiquorum testimoniis. Prudentius me facturum reor, si haec dubia viris, me longe prudentioribus, indaganda et decernenda relinquam, et ad certiora progrediar, quae de gemmulis, quas aut scalpere, aut caelare vitium erat artificibus, ex earum reliquiis recte concludere licet. Nimirum ad huiusmodi negotium destinabant gemmas non maiusculas, et pondere tantum suo eximias, sed minusculas, fabae vel ciceris ambitum vix aequantes, easdemque coloris claritate, nitore et praestantia excellentes, ad intuendum iucundissimas, oculoque gratissimas, et suauissimas, quas tantum non omnes poliendo praeparabant ita, vt clypeo similes, i. e. ellipseos fere forma, et conuexae essent. Quo quidem hoc sequebantur, vt singulas cuiusque figurae partes peraeque excauare, et nihilosecius brachia ac crura, a corpore nonnihil distantia, dextre scienterque exprimere possent, nec ea, perangustis areolae finibus coacti, in arctum contrahere deberent: quod facto opus fuisset in planae et aequae areae lapillis. Tum vero, in exsequendo negotio suscepto, eadem via et ratione, qua hodie solent scalptores, versati videntur. Credibile enim est, priscam illam quasi formulam et legem nullo vnquam tempore prorsus interiisse, sed per homines, huius artificii peritos, vna cum imperio Rom. delatam esse Constantinopolin, ibique seruatam, exercitatam atque propagatam per eorum successores, siue discipulos, qui tamen maiorum immortalium vestigia, complures ob caussas,

premere

premere haudquaquam potuere, ideoque ab ipforum elegantia atque intelligentia, mirum, quantum, defciuere. Id quod gemmae, ab ipfis fcalptae, luculenter demonſtrant. His nihilo fecius fcalptores recentiores accepta referant, neceſſe eſt, tam inſtrumenta ad rem neceſſaria, quam ipfam gemmas fcalpendi caelandique viam et rationem: fiquidem eorum nonnulli in Italiam abierunt, quum Muhammedis adfeclas, imperio orientali potitos, artes optimas et ingeniofas odiſſe viderent; ibi contra eſſe audirent, qui homines, harum bene peritos, amarent, fouerent, remunerarentur. Ex quo tempore inter Italos, Franco-gallos, Germanos, alios, exſtitere non pauci, qui gemmis egregie fcalptis vel caelatis, immortalem meruere laudem. Sed haec in praefenti ad viuum refecare non licet: adeoque ad explicandam veterum fcalptorum μέθοδον feu formulam reuertor. Nimirum fiquis eorum lapillum, qualem dixi, adeptus erat, aut ipfe fibi poliendo parauerat, ante omnia Dei, Deae, herois, facti, fabulae, verbo, eius argumenti, quod fcalpro aut caelo in ipfa effingere cupiebat, vel debebat, graphide picturam linearem in buxo, feu tabula alia, et poſthac proplasma tantum, quantum gemmulae area capere poterat, confecit, et ad artis fuae leges tum ipfe exegit, tum alios exigere iuſſit. Vbi fefe id iudicibus, harum rerum intelligentibus, probaſſe videbat, in ipfam quafi rei arcem inuadere coepit, inſtrumentis variis ac multiplicibus (quorum figuras in *Marietti* libro, Traité des Pierres gravées infcripto, delineatas et aeri incifas videre licet, Vol. I. p. 208.) et *terebra* potiſſimum, vulgo *rotam*, vel *orbem* appellant, quafi armatus. Eorum fingulorum, pro re nata adhibitorum, acie, illita vnguento eo, quod ex puluere adamantino, vel fmyride ac πέτρελαίῳ temperatum erat, primum extremas figu-

figurae vel figurarum lineas, summo studio iustaque ἀκριβείᾳ in lapilli area scalpsit, et cum pictura in buxo, ante delineata, solerter comparauit: quod effici cogique posse credidit LIPPERTVS ex eiusmodi lineis extremis (contours) in gemma non vna comparentibus, etiamsi partium reliquarum, vt, capitis, manuum, carnis, vestium, cet. confectio et quasi absolutio non nisi tironis cuiuspiam manum admodum rudem, nec satis exercitatam, prodere videatur. Huius discriminis caussa quae sit, coniectura valde probabili assequutus esse videtur vir, quem paullo ante dixi, celeberrimus (vid. Eius Praefatio, Dactyliothecae, lingua vernacula scriptae, praemissa, p. XXIX. s.). Scalptis huiusmodi lineamentis extremis, opus inchoatum continuauit reliquis instrumentis, pro negotii necessitate, et laboris efficiendi ratione, vsurpandis, ponendis, resumendis et terebrae applicandis, vt huius quam velocissime currentis feruore, quam volebat, figuram sensim sensimque excauatam, in gemmae areola conspicere posset. Quam, tandem aspectabilem, cerae aut argillae molliori, identidem imprimebat, vt de figurae ectypo, ibi expresso, iudicare posset, num illud per omnia simillimum sit protypo, seu proplasmati? nec ne? item, num satis? nec ne? in cera emineat: vt, quod minus conuenire, quod parum elegans, exactum et perfectum esse videret, in tempore mutare atque emendare posset. Quod quidem fieri et continuari oportuit, donec ipse, incredibili prorsus patientia et singulari pulcri venustique sensu exornatus, in gemmula scalpta absoluerat opus, quo exactius eruditiusque nemo facile vel mente fingere, vel manu efficere posset. Denique vbi figuram, vel figuras, quantum cupiebat et par erat, exstare atque eminere cernebat; totum opus instrumentis aliis, obtusis, acutis poliri oportuit atque laeuigari,

*ita*

*ita*, vt eiusmodi polituram folertiffimam et nitorem, inde pendentem, mirificum non pauci pro certiffimo manus Graecae, eiusdemque exercitatiffimae, documento habere iubeant. Et tantum quidem de hoc gemmarum genere difputare per cauffas multas mihi licet. Progredior ad alterum, in quo figura, vel figurae caelatae, adeoque in gemmae areola eminentes vifuntur: *Camei* Italice vocantur, Gallice *des Camées*. De huius vocabuli notatione quid vtramque in partem difputatum fit a viris eruditis, et hoc litterarum genus amantibus, equidem perbene noui, fed prudens fciensque praetermitto rem nec neceffariam, nec fructuofam. Ipfam potius cauffam, de qua quaeritur, fine mora explicare adgredior. Nimirum fcalptor, vbi id negotii fufcepturus erat, itidem ante omnia figurae, vel figurarum, quam vel quas poftulabat argumentum, fiue fua fponte lectum, fiue ab eo flagitatum, picturam in buxo, atque pofthac proplasma, huic fimillimum, e cera vel argilla conficere debuit, vt tum ipfe, tum alii viri intelligentes atque ingeniofi, id fatis contemplari, et recte, vere, artisque legibus conuenienter diiudicare poffent, ac videre, num compofitio membrorum, num conformatio lineamentorum, num figurae vel figurarum fpecies, ftatus, actio, geftus, reliqua, tam in argumentum caelandum quadrarent, quam inter fefe conuenirent et quafi confpirarent? nec ne? Huiusmodi anquifitio, feuera quidem illa, et quafi cenforia, fed ingeniofa fimul, iufta, et maxime neceffaria, fcalptori non poterat effe non fructuofiffima: in his enim, quae pulcra et recta vifa erant et probata, caelo elaborandis, manu certiori et quafi confidentiori verfari; in eis contra, quae minus, addendo vel demendo, mutare et emendare poterat, quod fieri non licuit in gemma iam caelata: idque omnium minime in gem-

nuis

mis, quae conflabant venis et ſtratis plurium colorum: quorum vnus ſi in caelando non adhibitus fuiſſet rei, cui per naturam ſuam conueniebat, indicandae atque exprimendae, vt, capillis, carni, veſti, laureae, cet. artifex opus ſuum, licet alioquin haud ſpernendum, nullo probaſſet modo judicibus acutis, et harum rerum intelligentibus. Tum proplasmatis ſatis examinati emendatique picturam chryſocolla, inſtrumenti ad rem idonei ope, in gemma agglutinabat: agglutinatae lineas terebrando leuiter indicabat, et hoc modo extremis figurae vel figurarum lineamentis deſignabat earum quaſi terminos, vt, quousque caelando, et ex gemmae ora demendo, progrediendum, vel non progrediendum, quo loco vnaquaeque figurae vel figurarum pars collocanda, quo ambitu, qua magnitudine formanda caelo eſſet, et elaboranda, ipſum haud lateret. Hoc facto, proplasma tam ſeuere et quaſi adamuſſim examinatum emendatumque immittebat in vaſculum ſatis capax, repletumque aqua, lacte alioue colore quaſi tincta, ita vt ſumma illius ſuperficies huic innare videretur. Huius ex aqua emergentis quantum eminere vidit, tantum in gemma exſcalpebat, demto per inſtrumenta varia ex ipſius margine, quidquid ſuperficiem illam cingebat. Hac ratione effingebat ἀνάγλυφον, ſed altitudine tam exigua, vt in gemmae areola vix eminere videretur. Tum emiſſo per emboli extracti foramen, aquae, quam paullo ante dixi, aliquantulo, maiorem proplasmatis ſuperficiem iam conſpiciendam, eadem via et ratione imitatus, in gemma caelauit, ita vt paullo maior τοῦ ἀναγλύφου altitudo oculos feriret. Itaque opus prudenter inchoatum, ſumma induſtria, patientia incredibili, et ſtupenda intelligentia continuauit, donec, aqua pedetentim emiſſa, protypi ſuperficiem magis comparentem, ac denique totam imitando, tam

omnes

omnes omnino figurae vel figurarum partes, quam dimensiones, ei conuenienter, recte atque exactissime praecidendo, iusta oculorum acie, manusque satis exercitatae firmitate ac dexteritate praeditus, exigeret ingenii artisque suae monimentum omnibus numeris absolutum, adeoque aere perennius, et auro ipso fere pretiosius. Huiusmodi via et ratione priscos artifices credibile est versatos esse in gemmis caelandis, et ita perficiendis poliendisque, vt eas vel hodie maximū faciant et demirentur viri eruditi, harumque rerum intelligentes: et maxime quidem gemmarum similium genus id, quod colorum plurium venis aut stratis, altero alteri quasi superinducto, constans, tam scienter poliebant ac caelabant, vt, colore alio ad capillos, alio ad carnem, alio ad vestes figurae, vel figurarum effingendos adhibito, in eis veluti tabulam pictam conficere et suppeditare solerent (v. Büsching's Geschichte und Grundsätze der schönen Künste und Wissenschaften im Grundriss. Zweytes Stück, S. 133). Gemmas sic caelatas hodieque superesse norunt omnes, qui vnius LIPPERTI, viri eximii, dactyliothecam perlegerunt: quam lectitasse poenitebit neminem. Immortalis, quam prisci illi artifices gemmis adeo scienter et ingeniose caelandis adepti sunt, gloria recentiores quoque sculptores adduxit, vt rem non intentatam sinerent. Prae reliquis tamen, nisi vehementer fallor, excelluit NATTERVS praestantissimus, qui e gemma, quinque diuersorum colorum stratis coagmentata, longe ingeniosissime atque exactissime caelauit *Britanniam victricem*, ita vt spectator quisque, harum rerum intelligens, tam insigne opus demiretur, laudibus extollat, paene veneretur, quoniam id veluti

Suspendit picta vultum mentemque tabella.

Vnde

Vnde, THOMAS HOLLIS, Eques Britannus, gemmam cenfuit dignam, cuius picturam aeneae tabulae incifam, promulgaret in libello auglice fcripto, qui *Memoirs of Thomas Hollis* infcriptus, anno MDCCLXXX. in lucem exiit. Indicare poffem complures alias, huic fere fimiles: fed qui eiusmodi indicem pleniorem hoc loco defideret, reor, fore neminem. Adeat, qui defiderat, KLOTZII libellum, fuper gemmarum fcalptarum emolumentis et fructibus, rectoque vfu, germanice fcriptum, vbi (p. 53.) nonnullae aliae memorantur. Duo alia fubiungam, quae magis ad rem pertinere opinor. Nimirum quanquam fupra, virorum intelligentium auctoritate et argumentis adductus, prifcos Graeciae artifices non minus, quam recentiores, terebram et puluerem adamantinum ad gemmas fcalpendas caelandasue adhibuiffe contendi: tamen eos, verifimile eft, adamantem quoque acuminatum, fiue natura, fiue arte, fiue forte, dum pulveris cauffa tundebatur, ita factum, quod pofterius Plinii verba (H. N. lib. XXXVII. c. 4. p. 773.) indicare videntur, inftrumentis quibusdam inclufiffe; inclufum vfurpaffe ad finiendas particulas et lineas tenuiffimas, quae terebrarum feruore, nondum filo fatis tenero et fubtili, fed quafi craffiori ductae, nec fatis adamuffim praecifae et elaboratae erant: qua in haerefi quoque fuit KLOTZIVS, dum in viuis effet, celeberrimus (l. c. p. 48). Quid? quod non minus fieri potuit, vt eiusmodi adamante acuminato, idoneisque manubriolis inclufo, extrema figurae, vel figurarum lineamenta in gemmis ducerent, et partium fingularum dimenfiones, iuftumque locum defignarent, antequam eas terebrando tentarent. Manus enim firmior et exercitafior fimile quafi telum facilius et rectius gerere, fine vllo errandi metu dirigere, eodemque lineas extremas in gemma fidentius ducere,

quam

quem illas terebra, quae minus in ipsius erat potestate, leuissime designare potuisse, mihi certe videtur.
Quin probabile est, quas pluribus in gemmis extremas
figurarum lineas, easdemque artis legibus conuenientissime, exactissimeque ductas, sese animaduertisse
testatur LIPPERTVS, (Praefat. Dactyliotb. p. XXIX.
f.), eas non terebrae feruore, fed eiusmodi adamante
acuminato scalptas fuisse. Quam coniecturam meam
diiudicent, ac vel probandam, vel improbandam
statuant lectores me prudentiores. — Alterum,
quod hoc loco tangendum existimaui, ad vasculi,
quod supra dixi, rationem et vsum pertinet: quem
multi aetatis nostrae artifices deserunt, despiciunt, ac
velut ridiculum cauillantur. In quo quam recte,
quam prudenter agant, ipsi videant. Nobis perinde
esse potest, siue hanc gemmas caelandi viam et rationem sequantur, siue relinquant, modo artis suae monimenta exigant talia, qualia aetatem ferre possunt,
et Graecorum artificum opera si non superant, certe
quidem aequant. Habent, qui vasculi similis vsum
non aspernantur, inter aetatis recentioris sculptores
ducem, eumque non postremum, nec contemnendum, qui hanc ipsam rationem, nullo non tempore,
et successu prosperrimo, sequutus est vel in ἀναγλύφοις
e marmore caelandis: nimirum *Michaelem Angelum
Buonarottum*, vti in eius vita memorauit VASARIVS
(Vite de' più eccellenti Pittori, Scultori ed Architetti,
1586. Part. 3. p. 27). Huius e libro repetiit narrationem, et Germanice versam Dactyliothecae praefa-
tioni inseruit (p. XXI. ss.) LIPPERTVS, qui rem
adeo non improbauit, vt potius maximo opere com-
mendarit. Talium virorum, alterius quidem mos et
institutum, alterius iudicium et encomium, omnino
dignum est, quod lectitent, animoque recte expendant tum artificii tirones, tum viri docti, harum

S                                        rerum

rerum amantes. Atque iam satis, pro meo consilio, de priscorum artificum formula vel ratione marmora et gemmas tractandi, exposuisse mihi videor. Quo facto, lector quisque per se intelligat, necesse est, prorsus superuacaneam fore narrationem copiosam, qua eorumdem μέθοδον opera anaglyptica e marmore caelandi, explicare adgrediar. Quam *Buonarottus* tenuit et sequutus est, eadem, vel certe perquam simili, simile negotium eos adgressos esse, valde probabile videtur. Iam vero quoniam alteram satis, vt reor, explicaui, alteram simul exposuisse, et de eadem fidelia, quod in prouerbio est, duos dealbasse puto parietes.

## EXCVRSVS XVIII
DE
### ARTIFICVM GRAECORVM, CAVSSIS DEORVM DEARVMQVE SIMVLACRA TALIA, QVALIA OMNIVM CELEBRATISSIMA FVERVNT, ELABORANDI.

Legenti mihi descriptionem Graeciae, eximium PAVSANIAE opus, quo, praeter alia memoratu digna, vetustiores Deorum Dearumque figuras, non nisi lapides deformes, palos ligneos, βαίτυλια, βρέτη, fuisse, sed nihilo secius cultu diuino affectos testatur (v. c. p. 132; 253; 228; 300; 302, alibi) et cogitanti posthac, quam artificiosa, quam exquisitae stupendaeque pulcritudinis et maiestatis plena fuerint eorum simulacra, recentioribus artificibus fabricata, et in templis collocata; mirum profecto visum est, qua tandem ratione adducti, eiusmodi simulacra, humanae figurae simillima, licet arte exquisitissima et paene diuina, tum animo fingere et delineare, tum manu elaborare coeperint. Βαίτυλια enim ac βρέτη, et ξόανα illa, i. e. lapides vel palos deformes, quod honore diuino prosequuti sint homines adhuc rudes, nec philosophia aliisque artibus exculti, id equidem non magnopere miror, propterea quod ipsis persuasissimum erat, ea antiquissimis iam temporibus caelo delapsa, adeoque Deorum dona esse, et veluti signa, sub quibus ipsi coli vellent, et honore

S 2   mactati

mactari diuino. Cuiusmodi opinio, a primis maioribus credita, et ipsorum posteris tradita, instillata, itaque propagata, facile perinouit homines philosophiae ignaros, tantum non stupidos, ideoque ad superstitionem procliuiores, vt in rebus adeo brutis, adeo deformibus, sancti et diuini quid inesse temere censerent, easque hoc nomine venerarentur. Quin earum cultus, plura per saecula continuatus, ne tum quidem prorsus destit, quum artes liberales omnes, et philosophiae studium apud singulos fere Graeciae populos maximo in honore essent, omnesque ingenui homines eas primoribus certe, quod aiunt, labris gustare solerent. Quod quamuis ita esset, opinio tamen ipsis, adhuc puerulis, instillata et inculcata, variis hominum aetate prouectiorum narratiunculis nutrita et aucta, et tandem in superstitionem absurdam et ridiculam degenerans, vim in eorum animos tantam habuit, et tam efficacem, vt plerique errorem, quam verum, sequi, cum plebecula absonam, foedam, turpemque superstitionem, quam certissima philosophiae placita amplecti, et exsequi mallent. Atque hanc ob caussam in non paucis Graecorum templis, similia βαιτύλια et βρέτη exstare, diuinoque affici honore vidit *Pausanias*, eius aetatis scriptor, qua artes liberales, et philosophia potissimum, trecentos iam annos, amplius, per Graecos homines excultae, et, quantum fieri poterat, propagatae erant. Interim hoc ipso temporis spatio exstitere artifices, qui prisca Deorum signa, quae antiquissimis temporibus et hominibus veneranda erant visa, mutare, eisdemque humanam faciem attribuere auderent. Qui quibus caussis ad id audendum impulsi videantur, iam indagare, quantum fieri potest, atque explicare placet, eo quod huiusmodi quaestionem ad artium historiam pertinere, mihi persuasissimum est. Tantum autem

abest,

abest, vt, significato hoc meo consilio, me rem luculenter declarare, itaque demonstrare posse credam, vt in ea dubitationis plane nihil supersit, vt potius non nisi coniecturam qualemcunque a me prolatum iri largiar. Vnde in sententia mea nec perstabo ipse, nec quemquam alium perstare iubebo, si quis veriora et rectiora super hoc loco disserere, certisque argumentis confirmare potuerit. Nimirum quum homines philosophiae probabilis praeceptionibus et placitis nondum imbuti, Deum esse crederent quidem, sed de Deo, eiusque natura et proprietatibus, notionem iustam, perfectam, distinctam, illiusque maiestate conuenientem, animo sibi fingere nequirent; et quum humanam speciem quacunque alia longe praestantiorem esse viderent; quin ab ipsis philosophis pulcerrimam esse eam nunquam non audirent (v. Cic. de Nat. Deor. l. I. c. 47): homines perquam rudes et ignari facile induxerunt animum, vt Deum itidem humana specie, vtpote reliquarum omnium, quas norant, praestantissima atque pulcerrima, esse existimarent *). In quo opinionis errore ipsos magis etiam confirmarunt poetae fabulis illis, quas de Deo, vel potius de Diis, et horum originibus, temere et inconsi-

derare.

---

*) Hoc nomine Graecos insaniae accusarunt Persae, qui neque statuas, neque templa, neque aras ponere et consecrare fas putarunt, auctore Herodoto (l. I. sect 131. p. 66): qui, hoc scripto, subiungit, ὡς μὲν ἐμοὶ δοκέει, ὅτι οὐκ ἀνθρωποφυέας ἐνόμισαν τοὺς θεούς, κατάπερ οἱ Ἕλληνες εἶναι. conf. Wesseling. not. ad h. l. it. *Warburtoni* Divine legation of Moses, l. II. Sect. I. not. p. m. 150. ff. ac *Gillies* History of ancient Greece, Cap. II. p. 51. ss. vol. I. qui ex hac Deorum mythologia et fingendi ratione non parum vtilitatis redundasse contendit ad Graecos mitigandos, colendos atque expoliendos.

derate fpargebant, et tenellis puerorum, carmina ipforum lectitantium, animis mature et fenfim inftillabant. Qua in opinione alios etiam populos plerosque fuiffe verifimile eft. Aegyptiorum Dii quidam, Deaeque prae fe ferebant figuram fere humanam *): et quo quidem ab hac difcrepabant, eo fingularem cuiusque proprietatem, vel egregium aliquod eius facinus, fignificatum ibant. Ipforum Ifis, Serapis, Harpocrates, Anubis cet. rem demonftrant. Nec minus Philiftaeorum *Dagon* (1. Sam. V. 3. 4.) Ammonitarum Molochus (2. Reg. XVI. 2.), aliorum alii (l. c. c. XVII. 29 — 32). Eos admodum graphice depingit auctor hymnorum facrorum (Ps. CXV. 4 — 7; CXXXV. 15 — 18.), item libelli eius, qui vulgo *Solomonis Sapientia* dicitur (Cap. XV. 15). Exftant et aliorum Deorum figna, a populis ignotioribus et obfcuris cultu diuino mactari fueta, quae figuram prae fe ferunt humanam. Eorum diuerfa protulit *d' Hancarwillius*, eques et fcriptor Franco-gallus, cum rebus aliis, tum dictis factisque παραδόξοις perquam famofus, (Supplément aux Recherches fur l'origine, l'efprit et les progrès des Arts de la Grece; fur leur connexion avec les arts et la religion des plus anciens peuples connus; fur les monumens antiques de l'Inde, de la Perfe, du refte de l'Afie, de l'Europe et de l'Egypte. A' Londres 1785, forma quadripertita. vid. tabb. 1. 2. 3. 4. 11. n. 2. alibi). Ex his, quae auctor ille Franco-gallus efficiat cogatque, equidem in praefenti nec curo, nec hic adferre volo, quippe quae prorfus ἀπροσδιονύσως forent dicta: hoc autem praetermittere nequeo, effe in his etiam, quae
ab

---

*) Sed antiquiffimi eorum maiores, Herodoto tefte (l. II. fect. 142. p. 173.) aeque ac Perfae, ἔλεγον Θεὸν ἀνθρωποειδέα ἰδέαν γενέσθαι.

ab humana, qua ceteroqui funt, figura nonnihil discedant. Aliud enim simulacrum plura habet capita, aliud brachia complura, pluresque manus, quibus res tenet diuersas, alia instrumentis gestuque singulari discrepant. Quae, me iudice, non temere, nec inconsiderate sic fabricata videntur. Nimirum mihi super his mecum meditanti, haec tandem nata est suspicio, priscos talium idolorum auctores, suasores et fabros, quum in Deo viderent non posse plura attributa, plures facultates atque proprietates non inesse, vt ad hoc vniuersum creandum, conseruandum, prudenter gubernandum aptissimus esset; haec autem omnia in figura humana, eaque sola et veluti solitaria, simul significari nequaquam posse; non male sese facturos existimasse, si id, quod in Deo singulare, praecipuum et eximium est, pluribus artubus, eius corpori vel simulacro appositis, significarent: vt, maximam intelligendi facultatem pluribus capitibus, quoniam eius sedem in cerebro esse rebantur; maximam potestatem pluribus lacertis, brachiis et manibus, propterea quod his, quidquid volumus, efficimus; infigne iustitiae studium gladiis, quos manibus gerunt; attributa alia aliis quasi instrumentis, siue signis. Quae quamquam nobis, philosophiae sanioris et litterarum diuinitus patefactarum luce collustratis, recte et vere inepta et ridicula, oculisque nostris, ob formam nec venustam, nec naturalem, monstra potius, quam Deorum simulacra videntur: tamen haud scio, an Graeci homines in vniuersum, et, praeter poetas, artifices sigillatim, magis laudandi sint, quod, polytheismo dediti, Deos Deasque, et talia eorum facinora commenti sint et tradiderint, qualium accusari et conuinci vir quisque καλὸς κἀγαθὸς erubescat. Foeda, qualia dixi, Deorum simulacra oculos offendant, necesse est: sed magis offendunt mentem integram

gram castamque detestanda, Deorum atque Dearum flagitia, quos Graeci, populos, cui alioqui tot et tam vtiles artes, philosophiam, et omnem in vniuersum pulcri venustique sensum debemus, deuenerari sunt. Interim haec eorum superstitio, hic error aeque vulgaris ac detestabilis, tantum abest, vt artibus ingeniosis, de quibus quaeritur, vllo modo obfuerit, vt eis potius quam maxime profuisse, eas adiuuisse, multumque momenti ad eas magis excolendas perpoliendasque habuisse videatur. Poetae quantum vtilitatis inde ceperint, in praesenti non tango: id haud ignorant ingeniosi et prudentes scriptorum poeticorum lectores. Contra quem fructum insignem artificibus, et artibus ipsis attulerit idem ille error, hoc loco praetermittere vetor et consilii mei ratione, et, quo teneor, promisso supra dato. Nimirum peruulgato, quem paullo ante dixi errorem, oppidorum fere singulorum ciues Deos Deasue singulares, quos tamquam praesides tutelares a primis conditoribus, aut aliis maioribus acceperant, et satis diu in lapidibus et palis deformibus coluerant, venustiora, praestantiora, atque splendidiora simulacra, circa quae ipsorum cultus religiosus versaretur, et quae tum materiae pretiosioris, tum eximiae pulcritudinis nomine, templorum suorum ornamenta forent, poscere inchoarunt: maxime quidem, posteaquam sculptores et statuarii progressus opinione omni maiores in arte excolenda fecerant, nec dubia ingenii manusque suae documenta, hic, illic, exstabant. Singulorum fere oppidorum paullo locupletiorum ciues, specie quidem, pietatis erga Deos studio, reapse famae et gloriae cupiditate ducebantur ad ea poscenda, et in templis collocanda. Quod commune et peruagatum studium, velut contagio quaedam, pertinuit etiam ad artifices, et hos

perpu-

perpulit, vt simili laudis gloriaeque desiderio acti, itidem omni animi contentione in simulacris, quae poscebantur, fabricandis laborarent, ea maxima, qua fieri poterat, arte fingerent ac perficerent, eoque modo non tantum ciuitatum, quae ea desiderabant, sed etiam suae, famae et gloriae consulerent. Namque per eiusmodi opera longe splendidissima, quibus, quid ipsorum ingenium paene diuinum, et manus longe exercitatissima possit efficere, docuissent, et vna cum ipsis, immortales sese futuros rati, nihil studii, nihil laboris, nihil operae non adhibuerunt, vt, quod sequebantur, assequerentur. Quod vehementius vtrorumque, tam popularium, qui eiusmodi signa requirebant, quam artificum, qui ea formabant, famae studium, quae valde probabilis aemulatio, plurimum certe momenti habuit ad praestantissima quaeque artis opera conficiunda, siue hodieque supersint, siue iniquo rerum humanarum fato iamdudum interierint: opera, omnibus numeris adeo perfecta, venusta, et simul gratiarum plena, vt vniuersa natura nihil simile commonstrare, sed mens sola, non sine contentione aliqua, fingere, ipsorumque tum exemplar, siue ideam et imaginem concipere, tum eius tamquam effectrix et opifex esse possit. Quae mentis agitatio, quae feruidior concitatio, difficillima non minus, quam inusitatissima atque simul ingeniosissima, quasi peperit foetus illos, forma et pulcritudine sua excellentes, quos superstites, vt quondam Graeci, ita nos hodie, cum stupore aliquo demiramur: eosque conspicientes, tam polytheismi errorem ineptum atque perabsurdum, quam foeda Deorum Dearumque, quorum simulacra ob oculos ponunt nostros, facinora aliquamdiu obliuioni dare solemus. In quo negotio exsequendo ita versati sunt artifices ingenio, intelligentia manuque praestantes, vt in singulis Diis,

S 5           Deabus,

Deabus, heroibus, aliis perfonis illuftribus, proprias et fingulares vniuscuiusque facultates, proprietates, et interiores fenfus per oris et vultus lineamenta, et habitum defignarent ita, vt de fingulorum ingenio, indole, mentisque ftatu recte et vere iudicari poffet. Sed quae generatim et vniuerfe dicta funt, ea iam nominatim, non quidem de fingulis (quod nec necesfarium, nec confilio meo conueniens foret) fed de nonnullis tantummodo docere placet. Qualem Phidias, quod inter omnes conftat, Iouem illum Olympium fabricauit, talem quidem non inter homines, et in rerum natura confpexerat, fed phantafiae tantum vi et concitatione, lectis tribus Homeri verfibus (Il. L 528. ff.), animo confictum vidiffe fibi vifus erat: vnde ipfum eiusmodi oris vultusque lineamentis, et ea expreffit maieftate, vt immenfam terrae ac ponti mouendi poteftatem, folo capitis et capillorum nutu, fignificaffe et expreffiffe putaretur. Artifex alius formauit Iunonem, et in huius oris et vultus lineamentis, ac reliquo habitu et ornatu expreffit feminam, pulcritudine tanta, quanta ne in pulcerrimis quidem mulieribus cernitur, quantamque mentis tantummodo et phantafiae vi et concitatione, cogitando affequutus, ingenii manusque dexteritate finxerat, ita tamen, vt in eius vultu matronam maieftate et dignitate plurimum pollentem videre crederes. Alia funt Veneris, alia Minernae lineamenta faciei, in earum fignis, quae artifices ingeniofiffimi atque exercitatiffimi formarunt, expreffa et confpicienda: in vtroque cernis feminam adeo pulcram atque formofam, vt in omnibus, quotquot tellus nutrit, mulieribus tam eximia, tam venufta, et numeris omnibus abfoluta non reperiatur, fed tanta pulcritudine praeditam et excellentem, quanta non nifi animo fingi et concipi poteft. At enim vero quamquam vnaquaeque longe formofiffima eft;

vtrius-

vtriusque tamen pulcritudo eſt diuerſa, et multum diſcrepat. Oris et vultus lineamenta Deae poſterioris produnt quaſi animi magnitudinem, conſilium, robur et fortitudinem; in prioris lineamentis obſeruando examinandoque animaduertis puellam vixdum puberem atque modeſtam. In Apollinis, Mercurii et Bacchi ſignis contemplari exiſtimas non niſi adoleſcentes longe pulcerrime, et arte exquiſitiſſima formatos: verum ſi ea ſingula propius et attentius conſideras, in vultus lineamentis et corpore primi denuo conſpicaris et os et integrum corpus, qualia vniuerſa natura haudquaquam, ſed ſola mentis et phantaſiae vis ac concitatio tibi ſiſtit, idemque iuuenta adhuc florentiſſima, animo magno, auctoritate diuina, et interdum ſuperbiae geſtu praeditum: in alterius habitu, et forma pulcerrima atque nitidiſſima, itidem adoleſcentem, pulcritudine et venuſtate plus quam naturali vel mortali excellentem, ſed cuius e corpore, mirum, quantum agili et veloci, qualia ſunt eorum, qui exercitiis gymnaſticis et palaeſtricis omnem dedere operam, animus elucet actuoſus, aſtutus et tortuoſus: in tertii tandem ſimulacro cernis itidem adoleſcentis pulcerrimi, florentiſſimi et gratiarum omnium pleniſſimi corpus, idque tam eleganter, venuſte et aſſabre factum, vt mera ſolius naturae vis ei, qua omnia, par et ſimile haudquaquam producere poſſit; quod tamen ab antegreſſorum corporibus et habitu differt, eo quod eſt ſolito carnoſius, ſucci plenum et tactu tenellum, ita vt molleſcere et effeminari videatur. Poſſem de Marte, Diana, Vulcano, Cerere, aliis, pari modo et ratione diſputare atque demonſtrare, quo pacto artifices illi ingenioſiſſimi in horum ſimulacris fabricandis eo peruenerint, vt humana quidem ſint figura, ſed ea, quae omni humano, incredibile, quantum, nobilior ſit atque excellentior.

lentior. Possem de heroibus, vt, Hercule, Castore, Polluce, Meleagro, cet. de hominibus illustribus, vt, Laocoonte, Niobe et huius familia, Leda, Helena, cet. itidem similia, obseruatione digna, scribere, ac docere, artifices in eorum statuis fabricandis non simplicem meramque naturam imitatos esse, sed phantasiae suae vi, concitatione, et quasi oestro agitatos, tales eorum omnium species et formas, mente primum concepisse, et deinceps manu exercitatissima finxisse et elaborasse, quales natura solitaria, et solis vnisque eius viribus efficientibus nullo nec loco, nec tempore gignere possit. Quod idem non solum statuarios, sed etiam pictores, vt eorum quisque erat ingeniosissimus atque solertissimus, fecisse constat. Parrhasii Hercules, Rhodi, insulae et vrbis monimentum et ornamentum spectatu dignissimum (Plin. H. N. L XXXV. sect. 35.) et Zeuxis Helena, Crotoniatarum rogatu picta (Cic. de Inuent. l. II. c. 1), opinionem qualemcunque meam satis confirmant. Verbo, exempla, quae memoraui, omnia luculentissimo sunt argumento, antiquitatis artifici cuique prudentissimo atque praestantissimo persuasissimum fuisse, quod nihil in simplici genere omnibus ex partibus perfectum natura expoliat, ideoque ars requirat, vt ingenium legendis scriptorum et poetarum maxime descriptionibus praestantissimis veluti nutriatur, eoque modo phantasiae vis excitetur et inflammetur ad eiusmodi ideas et imagines rerum fingendas et componendas, quas natura quidem per se sola haud subministrat, pulcritudinis tamen exquisitae et perfectae leges postulant; hisque adeo conuenienter cogitare, coniungere, et opera sua formare debeat ingeniosus et probabilis artifex. Atque haec quidem hoc de loco, vel potius hac de coniectura sufficiant: plura addere nolo, partim motu, ne excursus sues temere migrare videar,

et

et Apellis de Protogene dictum (Plin. H. N. l. XXXV. c. 10. p. 695. vol. 2. opp.) in me magis etiam quadret; partim quod alio forfan loco et tempore haec rectius ac plenius dicendo perfequi potero.

✱✱✱✱✱✱✱✱✱✱✱✱✱✱✱✱✱✱✱

# EXCVRSVS XVIIII
## AD PART. II. CAP. VI
### DE
## PLASTICE.

Capitis huius initio ὁ πάνυ ERNESTIVS recte et vere expofuiffe videtur de Plaftices origine perquam rudi et fimplici, de prima, in qua tractanda verfabatur, materia, de eius progreffu et perfectione, item tranfitu a molliori materia ad duriorem, i. e. metalla, quae tam ad vafa diuerfa, et alia opera caelanda et fcalpenda, quam ad figna, ftatuas, et protomas conficiendas, prifcos artifices frequentiffime adhibuiffe conftat. Verum quanquam plura hoc de loco ingeniofe et vere dicta effe largior; res tamen breuius, quam eius ratio poftulat, explicata videtur. Vnde eft, quod, praeter me, multo plures rerum fimilium arbitri in ea exfequenda cenfeant varia omiffa, quae fi non docte et copiofe enarrata, certe quidem breuiter ftrictimque indicata velint. Nimirum lectores plerique in fimili commentatione putant fefe relatum lecturos, qua via et ratione artifices illi in duriori, (de molliori enim iam non quaeritur,) materia tractanda verfati fint, vt ex ea tam perfecta, tam eximia, et, quod ex paucis illis, quae hodie fuperant,

luculen-

luculenter apparet, artis tam ſtupendae opera formare
poſſent. Quam eorum exſpectationem quum decipiat
libellus; operae pretium me facturum arbitror, ſi hac
de via et ratione, quantum quidem poſſum, et par
eſt, dicere, idque in qualicunque hoc excurſu cum
lectoribus, res ſimiles ſciendi cupidis, communicare
adgrediar.

Ad credendum facile, ne dicam neceſſarium, eſt,
antiquitatis artifices, quotquot operibus ex metallo
quocunque liquefacto ingenioſe, affabre et venuſte
formandis, operam ſtudiumque impendere, et iſta
viris, pulcri venuſtique ſenſu, et certa intelligentia
praeditis, probare voluere; eiusmodi formis, quas
Franco-galli *des moules* appellant, haudquaquam ſu-
perſedere, nec ſine eis, quod ſequebantur, aſſequi
potuiſſe. Capto igitur tale quid formandi conſilio,
ante omnia de iuſta aptaque forma, ad id recte confi-
ciendum maxime neceſſaria, cogitare oportuit; ideoque in hoc negotio, ea fere ratione, qua hodie figuli,
κασσιτερυργοὶ, σιδηρυργοὶ, in officinis, quique ſuis,
verſari. Nimirum quoniam tornum, ſcalprum,
caelum, vel inſtrumentum id, quod rota ſeu orbis
figularis dicitur, in metallo, quale dixi, tractando
vſurpare nequaquam licebat; non potuere ex argilla,
creta, gypſo, alia terra et materia, aqua humectata
et bene ſubacta, formam ſiue exemplar rei eius, quam
meditabantur, non parare, in qua metallum liquefactum, fluens et infuſum iſthoc acciperet ectypum,
quod in forma adhuc humida, ſiue protypo ligneo
impreſſum, ſiue radio et rudi tantum manu deſcriptum et excauatum erat. Tum forma, ſic facta et
praeparata, vt duabus, minimum, partibus conſtaret
inter ſe iunctis atque ita cohaerentibus et aptatis, vt
commiſſura pelluceret nulla, nec metallum infuſum

per

per eam, veluti rimam, effluere posset, salis aut ignis calori exponenda fuit, vt satis recte que durescerет. Quo facto, si artifices huiusmodi formam, et quasi protypon, consilio suo adamussim conuenire videbant, eam maximi aestimarunt, itaque asseruarunt, vt ectypa longe plurima eius praesidio perficerent. In quo negotio quemadmodum porro versati sint, iam paucis explicatum ibo. Quod antequam facio, hoc vnum rebus adhuc monendum, in parandis ac conficiuudis formis, ad statuas equestres fundendas necessariis, multo plus ingenii, studii, laboris ac temporis requiri, vt tuidem mallae aeris seu metalli liquefacti, excipiendae capaces fiant. Quin facta aeris futura, et successu quidem (quod non semper contingit), felicissimo peracta, statuae, ex forma isthac exemtae, purgatio, politio, laeuigatio rursus plurimum et operae, et temporis exigit, antequam perfecta et omnibus numeris absoluta dicatur. Possem totam hanc rationem, ex libris variis desumtam, hic inserere: sed talis descriptio vt iusto longior, ita etiam plerisque minus iucunda foret. Hinc eam de industria omitto. Adeat, qui illam scire percupit, libros eos, quibus statuarum equestrium Luteriae Parisiorum, Hauniae, Petropoli, alibi, aetate fere nostra, positarum confectio, et omnis apparatus necessarius graphice descriptus legitur. Quae mihi, per caussas varias, hoc loco tangere licet, ad vniuersum, non ad singulare hoc negotium pertinent. Ac primum quidem nonnihil dicam de huius generis vasis: tum disseram de operibus in metallo quocunque vel scalpendis, vel caelandis: et tandem de ipsis signis, statuis et protomis fabricandis. Aes Cyprium, Aegineticum, Deliacum siquando liquefaciundum erat, artifices huic lapidis aerosi, siue cadmiae, stanni alibi, plumbi, ferri, quin argenti et auri, plus, minus, diuersa

ratione

ratione et proportione, admiscuisse constat; quae est caussa, cur hodieque reperiantur nummi, vasa, idola, albicantia, subfusca, rubicunda, flaua, alia. Aurum tamen et argentum credibile est, non nisi artifices Corinthios, qui huiusmodi vasis fabricandis potissimum vacabant, aeri addidisse: et per hanc admissionem valde ingeniosam, non vero in Corinthi per Romanos, L. Mummio imperatore, expugnatae incendio, quod vulgo quidem, sed falso dicitur, natum est celebratum illud aes Corinthium, quod tanto maioris vel minoris esse oportuit pretii, quanto plus, minusue auri, siue argenti, ipsi erat admixtum. Metallum, prout visum erat, comminutum et liquefactum infundebat artifex per aptum foramen in formam, in qua excauatum erat protypum vasis, cuius ectypon formare decreuerat, simulque insertus quidam quasi embolus, (populares nostri *den Kern* appellant) quo interior ipsius cauitas nasceretur. Vas in forma satis frigefactum, et ex ea, cautissime separata, exemtum, si totum laeue esse oportuit, torno intrinsecus et extrinsecus fricando, terendo et poliendo laeuigabat; sin asperum, i. e. figuris siue sculptis, siue caelatis splendidum et spectatu dignum, instrumentis ad vtrumque necessariis vtebatur, horumque adiumento figuras quascunque, rudi tantum manu in protypo delineatas vel impressas, plane perficiebat et effingebat ita, vt manupretium non raro pluris aestimatum sit, quam ipsa metalla, e quibus vas erat conflatum atque fusum. In quo genere Corinthii potissimum artifices excelluere: qui cogitando et feliciter audendo, eo perfectionis rem deduxerant, vt natae ex admisto auro vel argento venae, striae, suaues maculae, flosculi, figurae aliae, in reliqua aeris massa, adeoque in ipso vase laeuigato et polito, inesse viderentur. Et quanto speciosior, hanc ob caussam, erat eius adspectus,

tanto

tanto magis placuit, tantoque carius et aeſtimatum, et emtum fuit. Tum ſiqua id genus opera in columnis, faſtigiis vel ianuis templorum, aedium, clypeis, aliis exornandis neceſſaria, erant conficienda; artifices eadem, qua dixi, via et ratione rem adgredi oportuit. Opus erat forma tali, qualem deſcripſi, in eademque totius argumenti, et ſingularum figurarum, ad id pertinentium, protypon, rudi certe manu e ligno factum, imprimendum, aut radio quodam delineandum, et poſt excauandum. In illam, bene ſiccatam, infundebatur metallum liquefactum: quod refrigeratum, inde exemtum, et oculis acutis ingenioſisque examinatum, manus ipſius exercitatiſſima ſcalpro vel caelo, ſi quo loco neceſſe erat, effinxit et perpoliuit ita, vt artiſici quidem laudi et gloriae, aedificio vel inſtrumento, cui affigebatur, ornamento eſſet ſingulari. Denique ſiquod Dei Deaeue ſignum, hominis ſtatuam, vel protomen aeneam conficere ſua ſponte volebat, vel quodammodo iuſſus erat artifex celeber et ingenioſus; hic ante omnia fecerit, neceſſe eſt, Dei, vel hominis eius, cuius os et vultum exprimere debuit ipſius ectypum, protypon, ſiue proplasma, idque adamuſſim ei ſimili, eaque magnitudine et altitudine, quam ipſius formandi cauſſae et rationes poſtulabant. Tum ex maſſa bene praeparata, qualem ſupra dixi, vel huic ſimili, negotioque prorſus apta, conficiunda fuit forma paullo altior et latior, quam qua eſſet ipſum protypon, ſiue exemplar ligneum, et hoc ei, adhuc humidae et molli, recte et prudenter imprimendum, vt in ea Dei, vel hominis figuram et faciem quodammodo agnoſcere poſſes. Ac ſiqua eius lineamenta ex protypo, ſeu exemplari impreſſo, non ſatis conuenire videbantur figurae formandae; artifex radio, ſcalpro, vel inſtrumento alio, in forma adhuc molli et humida, emendare, addere,

T  deinere,

demere, poterat et folebat, quae a vero aberrare, et tam Dei, vel hominis ori et vultui, quam artis legibus, aduerfari cenfebat: in quibus emendandis tanto plus ftudii, et folertiae adhibebat artifex, quanto ingeniofior atque eruditior erat, et laudis fimul appetentior. Qualis fuiffe videtur Lyfippus, a quo folo fingi voluit Alexander Magnus (Plin. H. N. l. XXXV. c. 7. Cicero ad Diu. l. V. ep. 2. Horat. Epp. l. II. ep. 1. v. 239): cuius mirum in hoc rege fingendo ingenium et artificium celebrauit Archelaus, hoc epigrammate (Antholog. l. IV. c. 8. p. m. 314):

Τόλμαν Ἀλεξάνδρου καὶ ὅλαν ἀπεμάξατο μορφὰν
Λύσιππος· τίν' ὁδὶ χαλκὸς ἔχει δύναμιν;
Αὐδάσοντι δ' ἔοικεν ὁ χάλκεος ἐς Δία λεύσσων,
Γᾶν ὑπ' ἐμοὶ τίθεμαι· Ζεῦ, σὺ δ' Ὄλυμπον ἔχε.

Nec minus elegans eft in eiusdem Alexandri ftatuam, a Lyfippo factam, epigramma Pofidippi (Antholog. l. c.):

Λύσιππε, πλάστα σικυώνιε, θαρσαλέη χείρ,
Δάιε τεχνῖτα, πῦρ τοι ὁ χαλκὸς ὁρῇ
Ὃν κατ' Ἀλεξάνδρου μορφᾶς χέες. οὐκ ἔτι
        μεμπτοὶ
Πέρσαι· συγγνώμη βουσὶ λέοντα φυγεῖν.

Forma igitur recte et folerter parata ficcataque, aes necefsarium vna cum terra Cadmia et aliis admifcendis liquefactum eft, et, quo fupra dixi, modo in formam fufum. Signi, ftatuae vel protomes figuram, intrinfecus plerumque inanem, refrigeratam et e forma extractam ftatuarius deinceps accuratiffime examinabat, errores leuiufculos fcalpro, vel caelo emendabat et tollebat, lineamentorum ductus non fatis profundos vel latos, inftrumentis idoneis imprimendo, terebrando, praecidendo, adamuſſim formabat ita, vt ne acutiſſimi quidem et ſeueriſſimi cenſoris oculus quidquam in opere ſuo recte et vere vituperare poſſet. Quo facto id haud dubie politum et laeuigatum eſt, nec raro etiam vernice illitum, et aduerſus rubiginem quaſi munitum. Huiusmodi ſtatuas quasdam inauratas eſſe, obſeruauit ERNESTIVS longe celeberrimus. Poſſem, ſi opus eſſet, exemplis ab eo indicatis addere multo plura: ſed non niſi hoc vnum memorare placet, Illuſtriſſimum Caylum (Récueil d' Antiquités, Tom. V. p. 63.) deſcripſiſſe caput hominis Aegyptii, cuius os inauratum fuerit. Quae ratio profecto ſic comparata eſt, vt probabilem pulcri et venuſti ſenſum et intelligentiam haudquaquam demonſtret, adeoque non laude vel imitatione, ſed reprehenſione digniſſima videatur. Id quod declarauit hominum peritiſſimorum iudicium, quum Alexandri Magni ſtatuam, a Lyſippo ſictam, inaurari iuſſiſſet Nero, imperator, ea admodum delectatus: iudicarunt enim, etſi auro addito ſtatua facta eſſet pretioſior, eius tamen hoc ipſo periiſſe artis gratiam (Plin. H. N. l. XXXIV. c. 8. p. 652). Quibus, de toto hoc negotio diſputatis, duo reor adiici et poſſe, et debere. Nimirum Lyſippum, Phidiam, alios Graeciae artifices celeberrimos, ſi legis ſtatuas ex aere finxiſſe, caue, exiſtimes, eos ipſos aeris liquefaciendi, miſcendi atque fundendi negotium in ſe ſuſcepiſſe, et curaſſe. Hic labor ad ipſos haudquaquam pertinuit, ſed ad operas inferiores; ipſi potius, quod longe difficillimum erat, perficiebant: ſcilicet proplaſma, vel exemplar, et formam, in quam metallum erat infundendum, recte et exacte conficiendi curam gerebant, ac reliquo tandem negotio praeerant, videbantque, vt ſingula recte, ordine, et artis legibus conuenienter adminiſtrarent operae rudiores, vel tirones. Alterum, quod adhuc

T 2 moneumonendum esse opinor, spectat singularem artificum nonnullorum rationem, qua operis suscepti partes non omnes simul fundere, sed quasdam sigillatim fictas et elaboratas, ferruminando reliquis tandem addere solebant. Quod vti in statuis colossalibus fieri oportuit, vt in Apollinis Rhodii colosso, quem *Chares*, Lysippi discipulus, et *Laches*, vterque Lindius, ille inchoasse, hic tandem perfecisse memoratur (v. Büsching's Entwurf einer Geschichte der zeichnenden schönen Künste, S. 96): ita hoc idem in variis, quae ex oppidi, eructatis a Vesuuio cineribus et scoriis liquefactis, siue *Lava* (sic vocant Itali), velut obducti et obruti, nimirum Herculani, tanquam sepulcro, in lucem prolata sunt, operibus factum esse plane apparet (v. Pitture di Ercolano, Tom. V. tab. 27. 28; tab. 61. 62; tab. 71. 72); siquidem in eorum capitibus capillorum atque cincinnorum ferruminatio prorsus aspectabilis est, adeoque id, quod dixi, in dubium reuocari nequit. Quibus breuiter expositis, qualicunque huic excursui terminos constituere visum est.

# EXCVRSVS XX

AD

PART. II. CAP. V. ET VI

DE

VASIS ANTIQVIS.

*Thericleorum* vaforum mentionem duobus quidem libelli fui locis (p. 82. et 90. pr. fed p. 67. et 74. poft. ed.) iniecifle video ERNESTIVM immortalem; fed neutro de eorum ratione, elegantia, praeftantia, ac multo minus de vaforum prifcorum varietate, formis ingeniofiffimis, rei naturae aptiffimis, et ad adfpiciendum iucundiffimis, generatim atque vniverfe quidquam expofuifle. At enim quum in eorum tantum non omnium fabrica, plurimum ingenii, intelligentiae, et pulcri venuftique fenfus eluceat: confilii fane, quo excurfus qualecunque meos, iterando libello Erneftiano fubiiciendos duxi, ratio poftulat, quin flagitat, vt fingulares eorum proprietates pauciffimis tangam, et quod de iis in vniuerfum eft tenendum, cum lectoribus communicatum eam. Ac primum quidem, quoniam fupra *Thericlea vafa* nominaui, de horum cognomento nonnihil differendum erit. Hoc eis impofitum eft ex auctore, fiue artifice, qui vafa fimilia primus cogitauit atque finxit. Plinius haec de eo memoriae prodidit (H. N. l. XVI. c. 40. p. 35. vol. 2. opp.): *Celebratur et Thericles nomine, calices ex terebintho folitus facere torno*, cet. Sed caue, ne eius auctoritate permotus, hominem

T 3 credas

credas gyratorem, τορευτὴν, fuiſſe. Namque non
tantum *Harduinus* in nota ad h. l. obſeruauit, *Thericlem* ab aliis ſcriptoribus *figulum* vocari, ſed etiam
*Richardus Bentleius*, philologus et criticus Britannus
doctiſſimus, teſtimoniis allatis compluribus hoc idem
reſtatum fecit (v. Diſſertation upon the Epiſtles of
Phalaris: with an Anſwer to the objections of the
Honourable Charles Boyle, Lond. 1699. p. 109. ſs.).
Quin hic erroris Pliniani fontem ſimul animaduertit,
ipſumque oſtendit manaſſe ex eo, quod *Theophraſti*,
ducis ſui, verba, et verum eorum ſenſum, non recte
intellexerit: ſiquidem hic generatim et vniuerſe aſſir-
mauit (Hiſt. Plant. l. V. c. 4.) τορνεύεσθαι ἐξ αὐτῆς
(ſcil. Τερμίνθου) κύλικας Θηρικλείους, ὥςε μηδ᾽ ἂν
ἕνα διαγνῶναι πρὸς τὰς κεραμέας, i. e. *torno fabricari ex illa* (terebintho) *ſolere calices Thericleos, quos
nemo dignoſcere poſſit ab eis, quos figuli finxiſſent.*
Quae Theophraſti verba ab interpretatione Pliniana
quam maxime diſcrepant. Poſthaec teſtimonia adfert
clariſſima, ex Heſychii Lexico, ex Etymologico M.
ex Eubuli reliquiis apud Athenaeum, et huius ipſius
verbis, quae *Thericlem figulum Corinthium*, et Ariſto-
phani, comico, aequalem fuiſſe, plane demonſtrant.
Ex his omnibus efficit cogitque Bentleius, idque rectiſſime atque veriſſime, ſiquid intelligo, effici cogique
poteſt, *Thericlem*, figulum, eiusmodi vaſa, et horum formam elegantiſſimam, partes et dimenſiones,
ornatum, cet. primum excogitaſſe, atque ex argilla
quam pulcerrime finxiſſe, ideoque *Thericlea* nomi-
nata eſſe vaſa: alios vero artifices, quum haec cernerent hominibus tantopere placere, ab eisque cupidiſſi-
me emi; eorum rationem et formam ingenioſe imitantes, e ligno, aere, aliis pretioſioribus metallis,
confeciſſe et vendidiſſe. Quod idem vidit et aſſirma-
vit etiam ὁ πάνυ ERNESTIVS (l. c. p. 90. vel 74.
ed.

ed. post.): quorum duumuirum longe eruditissimorum in sententiam abire nec ego dubito, nec quisquam alius, opinor, dubitabit. His super vasis disputasse quoque *Larcherum*, Franco-gallum perquam celebrem, et ipsius dissertationem in Academiae Reg. Parisinae Inscriptionum et Bellarum Litterarum commentariis exstare, noui quidem, sed mihi nondum contigit, vt eam legere, et quae viri eruditissimi de ipsis sententia sit, inde perspicere possem. Quare de hoc vasorum genere nihil amplius addam: contra vero ad ea progrediar, quae de vasis in vniuersum dicenda esse arbitror. Nimirum prisci homines, Graeci potissimum, qui Gratiis numquam non egregie litasse dicuntur, quum abundare coepissent diuitiarum copia, non tantum aedificia et alia monumenta publica, sed etiam vasa et vtensilia, sacra, profana, domestica, omnia, tanta arte, tanta elegantia, tanto ornatu exstructa et confecta voluerunt, vt vel his in rebus, per se minutis ac fere spernendis, multa inesse videas, quae discere et imitari, et ex quibus pulcri venustique sensum et intelligentiam probabilem deriuare possis. Quare huiusmodi reliquiae non minus, quam maiora illa artis stupendae opera, ad τοῦ *Antiqui* classem, iure quodam suo, referri possunt ac debent; et hoc nomine dignae sunt, quas, quibus fortuna fauet, colligant, in museis suis vel publicis adseruent, dataque occasione interpretentur, aut viros, harum rerum peritos, interpretari iubeant. Quod *Borgiam*, purpuratum curiae Romanae patrem eminentissimum cum maxime facere constat, qui exteros adeo viros eruditos, Germanos, Danos, alios, adducit, vt similia thesauri sui, rerum exquisitarum locupletissimi, κειμήλια interpretentur, interpretata in lucem exire, ac diuulgari sinant. Cuius generis commentarios plerosque mihi per viros celeberrimos meique amantissimos, Morellium et Marinium, ex Italia miſſos eſſe, gratus agnoſco et praedico, eoque nomine non ſine cauſſa mihi plaudo. Plurima igitur hominum priſcorum vaſa, quae aetatem tulerunt, et integra ad nos peruenerunt, tum forma et ſtructura, qua laborata ſunt, elegantiſſima, tum figurarum, arte ſingulari in eisdem ſiue pictarum, ſiue caelo ita, vt emineant, quaſi praeciſarum, praeſtantia, iuſtaque collocatione, dimenſione, actione et geſtu, non ſolum artificem, ſed etiam virum quemque eruditum, delicias ſimiles haud ſpernentem, delectare poſſunt, et ad res non paucas prodeſſe. Vt enim ab eorum forma et ſtructura longe ſuauiſſima diſcedas, figurae, ornatus cauſſa, in eis pictae, vel caelatae, ſubminiſtrant multa, quae ad Graecorum μύθους et hiſtoriam, Winkelmanno certe iudice, quin ad multa poetarum et aliorum ſcriptorum loca rectius intelligenda atque interpretanda conducunt. Forma tamen et ſtructura vaſorum et vtenſilium, de quibus quaeritur, in primis digna eſt, quam omni, qua fieri poteſt, animi contentione idemtidem contemplemur; vtpote cuius cauſſa et origo non tam ex caſu et euentu inopinato, vel artificis phantaſia temere concitata, quam ex ipſa rei natura, repetenda eſt. Etenim ſingularis veterum artificum pulcri et venuſti ſenſus, haudquaquam vituperandus, atque limata et ſubtilis intelligentia ipſos eo ferebant, vt vel in illis formandis, quantum et quo modo fieri poterat, naturam imitarentur. Ex quo ſolo pendet omnis eorum elegantia et venuſtas, quam aetatis noſtrae artifices nimiis argutiis, ſaepenumero ſatis operoſis, ſed e natura haud petitis, nullo modo aſſequuntur; quamque in eis vel maxime ſpectare et conſiderare decet eum, cui contingit, vt aliquam eorum copiam videndi, contemplandi et examinandi opportunitatem adipiſcatur. Id quod facere iuſſerunt

Chriſti-

*Chriſtius*, *Winkelmannus*, *Lippertus*, triumuiri nequaquam ſpernendi, quorum auctoritatem in hoc loco explicando, recte, opinor, ſequi licet. Nimirum ſingulae vaſorum priſcorum formae, quin partium ſingularum, ea efficientium, vt, pedis, corporis, marginis, operculi, anſarum, cet. rationes, ornamentorum denique, non minus ingenioſorum, quam aptiſſimorum proportiones atque dimenſiones, quibus vel ſurgere et accreſcere, vel decreſcere et conſidere videntur, omnes luculentis, iuſtis certisque probabilis et exquiſite boni guſtatus (liceat mihi hoc vti vocabulo) praeceptis nituntur ac legibus: quo fit, vt adoleſcentulo pulcro et venuſto aſſimiles ſint, cuius nec ſcientis, nec cupientis e geſtu vel habitu quocunque, gratioſiſſimi quid elucet, ac ſpectantes mirifice delectat. Vaſorum illorum partes, quas dixi, omnes et ſingulas conformat linea non niſi vna, quae nec circulus eſt, nec ellipſis, nec hyperbola, ſed parabola, quam geometrae vocant, quamque vel in minutiſſimis ipſorum particulis animaduertere poteſt oculus a natura bene informatus. Qua quidem linea cogitari et reperiri poteſt nulla magis idonea et accommodata ad deſignandum et exprimendum id, quod oculos molliſſime et leniſſime ferire, ac veluti vndae, aura placidiſſima concitatae, ſenſim, ſine ſenſu fere, iam aſſurgere, iam deſidere videtur. Huiusmodi parabolae, maiores, minores, et ſingulae earum particulae, ingenioſe, apte, et pulcri venuſtique ſenſui conuenienter coniunctae ac conſociatae, efficiunt omnes talium vaſorum partes, vti pulcriora adoleſcentulorum corpora, et ſingulos horum artus, ita vt potius pedetentim adhuc ſuccreſcere, quam reapſe perfecta et abſoluta eſſe videantur; neque oculi, eiusmodi corpora et vaſa contemplantis, inſpectio ſemicirculis plene ductis quaſi concludatur, aut per angulos minus iucundos coarctata, in horum apicibus velut haerens et affixa perstare debeat. Quare vasorum, eiusmodi arte, ratione et intelligentia fabricatorum, spectator in eis animaduertat, necesse est, tam simplicitatem, non humilem et paene feruilem, sed ingenuam et grauem aeque, ac nobilem, quam vicissitudinem et varietatem oculis iucundam, neque tamen a naturae veritate, exquisitaque elegantia aberrantem: siquidem singulae eorum partes, haec omnia efficientes, quam optime, et ipsorum naturae consilioque, quam fieri potest, conuenienter et accommodate copulatae ac consociatae, spectatoris oculos specie, praeterquam rei spectandae pulcritudine atque elegantia, afficiunt nulla. Hinc longe iucundissimus oculorum, eiusmodi formas elegantiores intuentium sensus, admodum assinis est sensui voluptatis eius, qua, cutem molliusculam et tenellam mulcendo, frui, et suauiter perfundi solemus: atque ideae nostrae, quoniam ex vno simpliciqe corpore velut emanant, fiunt tam faciles et explicatae, vt eas illico et sine multo labore comprehendamus. Quum autem omne id, quod facile et explicatum est, hoc ipso sese, et quod comprehensibile est, commendet ac placeat; contra quod arduam, operosam, affectatamque difficultatem sapit, haud secus, ac iusto maiores alterius laudes, quibus nos ei vnquam pares futuros desperamus, maximopere displiceat, eo quod priori aduersum et prorsus oppositum est; quin, quum ipsa natura, impensarum etiam ratione habita, viam ad prius appetendum veluti pandat et muniat, quandoquidem id, quod natura suppeditat, plerumque vilioris esse solet pretii, quam quod non sine multo difficilique labore vel arte paratum est: is, quem dixi, oculorum sensus iucundissimus, iusta rei inuestigatio, ac sumtuum non leuis, non exigua discrepantia, caussae quam

effica-

efficacissimae esse debeant ad animos nostros permovendos, vt tandem in eiusmodi vasis conficiendis ad priscorum simplicitatem pulcram, elegantem, reique naturae aptam reuerti ne dedignemur. At vero hoc vix sperare licet. Graeci enim isti, homines arte atque ingenio plurimum pollentes, in eo, quod pulcrum, quod elegans esse peruiderant, propterea quod vere pulcrum non nisi vnum est, persistere volebant, nec in eo, vti in corporis vestiendi more et ratione, quidquam mutare: nos contra, vt aliis in institutis, ritibus atque moribus, ita in hoc quoque vasorum formandorum negotio, mentem nostram figere nec possumus, nec volumus, sed inepto alios imitandi studio occaecati et abrepti, temere oberrare, ac puerulorum more, quod hoc temporis momento quasi aedificamus, proximo rursus diruere solemus. Qua mentis mutabilitate quum nos praeditos esse inter omnes constet, qui vnquam fiat, vt in vasorum conficiendorum ratione simplici et eleganti perstare velimus? Verum vtcunque haec vel existimentur, vel accipiantur tam ab artificibus, quam ab hominibus vasorum copia delectari suetis, mihi perinde erit: ego, quam exorsus sum, rem dicendo persequar, et quid, praeter dicta, hoc de loco sciendum reor, paucis exponam. Nimirum ad credendum facile est, priscos artifices, vbi vas adeo pulcrum, venustum et eximium, non tantum ex argilla, et Samia potissimum terra, sed etiam e metallis variis, marmoribus, gemmis, formare adgrediebantur, non sine proplasmate aliquo rem inchoasse; quin hoc idem, vt recte politum ac laeue foret, tandem tornasse. Quod in aliis LIPPERTVS noster assirmauit: qui sese, Henrico, Principi atque heroi Borussorum immortali, vendidisse memorat duas amphoras, ex Alabastro duriore, siue Alabastrite, fabricatas: easdemque non solum linearum,

rum, parabolae quae vocantur a geometris, more modoque curuatas et finuatas, fed etiam tornatas; fiquidem ipfe, vti et alii, in eis accuratius confideratis, hic, illic, leuia torni vefligia, vsque ad anfas pertinentia, animaduertiffe fibi vifi funt. Talia etiam apparere dicuntur in vafe vitreo, fingulari arte et ratione fic fabricato, vt vafculum extrinfecus, tamquam reti quodam cinctum, muniatur. Cuius figuram auctor inclutus, qui Winkelmanni Hiftoriam Artium prior Italice vertit, et Mediolani in lucem exire iuffit, omnium primus, quod quidem fciam, defcripfit, et tabulae aeneae incifam fimul diuulgauit (vol. I. p. 31). Simili certe proplasmate, fiue protypo, pofthac opus fuiffe credo, quum argumenti cuiufpiam figuras, fiue ornamenta alia, fcalpello, fcalpro, vel caelo, in eis formare atque penitus elaborare vellet, aut deberet artifex; vt ante oculos haberet exemplar, quod ipfius manus firma et exercitata fcalpendo vel caelando imitaretur. Eiusmodi exemplar, vel certe pictura in buxo, non minus requirebatur, fiquod vafculum in geminis fcalpendum erat, vel caelandum. Exftare enim lapillos, in quibus vafcula, ingeniofe et arte exquifita, incifa et formata reperiantur, demonftrat *Lippertus* compluribus Dactyliothecae locis. Eorum autem, quibus figilla περιφανῆ, emblemata vocari fueta, extrinfecus illigari folebant ita, vt etiam reuelli poffent, alia erat ratio: huiusmodi enim figilla, antequam illigarentur, protypis fingularibus, quodque fuo, conuenienter formari oportuit. Atque haec quidem de eleganti vaforum prifcorum forma, eademque formandi ratione.

Varia et diuerfa erat, quam eorum artifices vfurparunt, materia. Omnium prima haud dubie fuit argilla, aut terra alia, ab ipfo *Thericle*, qui κεραμεύς

a fcria scriptore non vno vocatur, recte praeparata et subacta, atque huiusmodi vasis elegantioribus formandis destinata. In quo ipsum imitatores non paucos habuisse, ecquis est, qui dubitare possit? Satis celebrata sunt vasa e terra Samia, Campana, cet. eleganter ficta. Verum vbi operum figlinorum ratio et vsus, breui tempore, homines condocefecerat, ea, quamquam summo ingenio, artificioque mirifico formata, facile frangi solere, adeoque artificis monimentum vna cum ipsis interire: alii aes, argentum et aurum, tam vnumquodque purum et simplex, quam haec tria varia ratione et proportione mista (vnde aes, quod Corinthium vocabatur, fuit conflatum) huic consilio adhibere, et ex his fabricari coeperunt vasa, quae non perinde frangerentur, ac figlina. Artifices alii, siqua eorum ex marmore, alabastrite, vel gemma alia formabant, hoc tantum sequuti videntur, vt in eis artis suae singularis documentum exstaret, et simul foret, quod homines lautiores in deliciis habere possent. Eis quotidie et inconsiderate vsum esse, credo neminem. Ditiorum et elegantiorum in abacis, vna cum deliciis aliis, non nisi ornatus et munditiei, quin vanae gloriae caussa, apposita videntur: siquidem satis inter omnes constat, et vel ex vnius Trimalchionis descriptione Petroniana (p. m. 48. ss.) apparet, luxum Romanorum, si non omnium, certe locupletiorum, eo progressum esse, vt vel matulas, lances, lares argenteos haberent. Sed plura de hac re, quoniam Romanorum luxum non de industria dicendo persequor, hic addere non est necesse.

Vasorum illorum vsus varius erat et multiplex. Alia omnis generis liquoribus adseruandis erant destinata, vt, dolia, amphorae; alia frugibus aliisue nutrimentis siccaneis: alia horum mensuras efficiebant.

Porro

Porro alia vfurpabantur in facris faciundis, vt, tripodes, praefericula, paterae, aquaminaria, acerrae, thuribula, cet. alia accommodata erant negotiis domefticis curandis, vt, coquendis et apponendis cibis, potui adferendo et porrigendo, cet. eademque vel tironibus notiffima: alia noctu inferuiebant aedibus vel cubiculis luce neceffaria illuftrandis et complendis, vt candelabra, lampades; alia ad veftimentorum ornatum; alia ad mundum muliebrem; alia ad lufum, muficam, cet. pertinebant: alia mortuorum offibus cinerique condendis apta, in fepulcris et columbariis deponebantur: alia denique, quod iam dixi, non nifi mundi pompaeque cauffa in abacis collocanda, hominum ditiorum lautiorumque vanam inanis gloriae ac fplendoris cupiditatem palam faciebant. Eorum nonnulla de tempore, in tempore, hic, illic, effoffa funt, et a viris, harum rerum amantibus, ftudiofe adferuata, vel in mufea publica illata: copiam tamen tantam et tam eximiam, vno loco hodie non facile invenies, quantam et quam eximiam continet mufeum longe ditiffimum, quod duo vtriusque Siciliae reges potentiffimi, pater et filius, inftruere et locupletare coeperunt ftatuis, protomis, tabulis pictis ex aedificiorum parietibus, hic, illic, refectis, operibus mufiuis, et omnis generis vafis, quae omnia per duodeviginti fere Secula in oppidis, Herculano et Pompeiis, fato prorfus fingulari et deplorando obrutis, latuerunt, et tandem demum ex eorum quafi fepulcro in lucem prolata funt. Et optabile profecto eft, vt vaforum (quorum nonnulla iam indicauit Winkelmannus) aeque, ac tabularum pictarum, protomarum, aliorumqne monimentorum aeneorum picturae, tabulis aeneis incifae, diuulgentur, eaque via et ratione opus fplendidiffimum, ante complures annos inchoatum perficiatur, et tam viri eruditi, quam artifices,

quod

quod et delectare, et prodesse quam maxime possit, adipiscantur.

Superest, vt de officinis, quae propter eiusmodi vasa ingeniosa et affabre facta, potissimum celebratae sunt, nonnihil dicam. In eis haud dubie excelluit *Corinthia*, quae Thericlem, figulum, auctorem, et praestantissimos posthac artifices habuit, qui e varii generis metallis eodem ingenio, eadem arte formarunt, quod ille ex argilla primum fingere inchoarat. Hinc *vasa Thericlea* et *Corinthia*, longe celeberrima fuisse, et summa cupiditate conquisita esse, nemo facile est, qui ignoret (v. Sueton. Aug. c. 70. et Tiber. c. 34). *Delus*, insula, Apollinis templo celebris, ideoque a Graecis tam singulis annis, quam quarto quoque anno adiri sueta, vt ludis solemnibus ibi statis interessent, itidem nutriuit artifices ingeniosos, qui vasa exquisitioris artis et venustatis, ex varia materia fabricarent, propterea quod illa, quam dixi, solennitas, vndiquaque homines peregrinos, ludorum visendorum gratia, allexit; qui, vt merces alias, ita vasa coemere solebant, et domum secum reportare (v. *Barthelemy* Voyage du jeune Anacharsis, Tom. VI. p. 354. 363. ed. formae octopertitae). Quae res fecit, vt Delos emporium esset non contemnendum, atque *Deliaca vasa* et *supellex* ab hominibus lautioribus conquirerentur (v. Cic. pro Roscio, c. 46; Verrin. II. 34. 72. it. Plin. H. N. l. XXXIV. c. 2). Alios praeterea Graeciae artifices, vt, *Athenienses, Sicyonios, Augineticos, Thebanos*, itidem vasa elegantiora finxisse, licet ex eo suspicari, quod Corinthios et Deliacos hoc nomine in primis celebrari viderent: quorum gloria homines laudis studiosissimos appetentissimosque haud dubie perpulit, vt eandem rem intentatam ne linquerent. Sed quaestionem copiosius dicendo persequi iam non placet.

In

In Italia reperiuntur etiam vafa formae non fpernendae, quae pondere funt leuiſſimo, et pictura, non excellenti quidem illa, fed tamen ad difcendas res quam plurimas fructuofa. Reperiuntur alia in Etruriae agro, alia in Campano: et aetate noſtra viri quidam eruditi controuerfiam de eo, num vtraque, an priora tantum, recte et vere *vafa Etrufca* appellare poſſis et debeas, habere coeperunt. Qui poſteriora negant recte Etrufca dici, ea Graecis artificibus, propter Magnae Graeciae vicinitatem, tribuere malunt: qui vtraque contendunt Etrufca eſſe, figurarum in eis pictarum fimilitudinem, veluti documentum luculentiſſimum in primis vrgent. Verum enim vero meum, qui eiusmodi vafa nec contemplari et tractare, nec inter fefe, et altera cum alteris contendere poſſum, non eſt, hanc litem componere: nec res mihi tanti videtur, vt multum temporis et operae in ea indaganda et dirimenda confumatur. Atque haec quidem de vafis antiquis, quorum ERNESTIVS immortalis mentionem folummodo fecit; iuſtam vero et doctam loci inueſtigationem inſtituere Viro Summo aut non libuit, aut per negotia plura et grauiora non licuit.

EX-

# EXCVRSVS XXI
## AD PART. II. CAP. VII
### DE
## PICTVRA.

Quod IOANNES GILLIES, Britannus eruditissimus, in Graeciae antiquae historia, lingua ipsius vernacula descripta (The history of Ancient Greece, its colonies and conquests, from the earliest accounts till the division of the Macedonian Empire in the East. Including the history of Litterature, Philosophy and the fine Arts) primis statim verbis, de hominibus, alicuius societatis ac reipublicae conditoribus pronuntiat, hos tum quidem non nisi de eo, quod praesens sit, cogitare, quod iam praeteritum, obliuisci, quod futurum, nihil pensi habere, quin res a semet ipsis, et magis etiam a maioribus gestas, prorsus negligere, atque obliuioni dare: hoc idem recte et vere potes etiam dicere de artis qualiscunque inuentoribus, primisque cultoribus; quippe qui nec ipsi memoriae produnt, nec alios memorare iubent, num forte quadam (quod saepenumero accidisse constat) an caussa qualicunque necessaria in eam inciderint; quae prima illius initia et quasi elementa fuerint, quae posthac incrementa, et per quos viros, quibus praesidiis, ac quo tempore ad altissimum perfectionis gradum ea denique peruenerit. Id quod, vt artium aliarum, ita picturae, historia plane demonstrat: cuius origo vera tam densis premitur tenebris, vt ne populum quidem, nedum hominem omnium primum, cui eius debeatur inuentio, indiciis certis, nec addubitatis, ostendere, et velut digito monstrare possis. Sunt quidem, qui, quoniam artium omnino omnium principia solent ab Aegyptiis repetere, picturam quoque ab eis inuentam, et aliis cum populis posthac communicatam, a Graecis vero ita excultam perfectamque esse contendant, vt hi non temere, sed iure quodam suo, exclamare potuerint:

Venimus ad summum.

Qua in haeresi fuit Caylus Illustrissimus, vna cum plerisque popularibus: quorum quidam sunt, qui Graecis adeo ingrati animi notam inurere haud vereantur, propterea quod sese illam ex Aegyptiis didicisse, non quouis loco, non quauis opportunitate fateantur. Quae reprehensio cui iusta videtur; is Aegyptios non minus vituperet, necesse est, si RIEMII, viri eruditissimi et ingeniosissimi sententiae, paucis abhinc annis in commentatione *super pictura veterum* (v. Excurs. XV. p. 205.) pronuntiatae adstipulandum esse censeat. Hic enim Aegyptios, quos negat esse αὐτέχθονας, suas non tantum origines, sed etiam architecturae et picturae exemplar, rationem, atque praeceptiones ab Indis, stirpis suae parentibus, accepisse contendit. Vnde inanis gloriae, vanaeque iactantiae studium, quo populus Aegyptiacus nunquam non laborauit, hic, illic, infectatus est, atque superbos Isidis cultores non nisi Indorum imitatores, eosque parum ingenuos et ingeniosos, sed non nisi *seruum pecus* (liceat mihi hac in caussa Horatianum illud adhibere) fuisse, argumentis nonnullis comprobatum iuit. Quorum vim et robur fateor mihi non tantum videri, quantum ea habeant, necesse est, quae assensum qualemcunque meum efficere, et quasi cogere possint ac debeant. Sed nouae huius coniecturae caussam et argumenta
nolo

nolo in praesenti accuratius aestimare: satius, reor, est, fateri, rem mihi nondum liquere, eamque integram lectori cognoscendam esse, quam multis verbis vtramque in partem disputare, neque tamen sententiam iustam, veroque conuenientem dicere posse. In quaestione super euento tam vetusto et tam dubio, quisque per se videat, examinet, decernat, necesse est: ne cui veluti praeiudicio aliquo meo effecisse videar, vt a vero sit aberratum. Ceterum hanc viri eruditissimi sententiam; quae hac opportunitate tangi tantummodo potest, leuique agi brachio, dignissimam esse censeo, quam quispiam vir eruditus, et rerum antiquitus gestarum amans, curiosius et seuerius indagando persequatur, nec, quid in ea vel verum sit, vel falsum, docere alios grauetur. Hoc equidem facile largior, parum, vel nihil fere inter Indicae et Aegyptiacae architecturae picturaeque priscae viam et rationem interesse: sed exempla, ab auctore ingenioso allata, tum pauciora sunt, tum ita comparata, vt mihi certe rem nullo modo conficere videantur. Res similis meris conclusiunculis philosophicis, quantumvis acutis, effici ac demonstrari nequit. Verum ego nihil decerno: neque etiam per instituti mei rationem debeo.

Praeter hanc nouam et ingeniosam, quam dixi, sententiam, eodem commentario inquirit RIEMIVS celeberrimus in opinionem eorum, qui plasticen artium reliquarum omnium aetate primam fuisse, quia vel ipsum rerum figuras lineis describendi inuentum antegressam esse contendunt. Hanc olim iam *Pasiteles*, teste Plinio (H. N. l. XXXV. c. 12.) hanc nostra aetate *Winkelmannus* immortalis, hanc alii, ducem illum sequuti, affirmarunt. At enim vero ipsam addubitat, quin probabilem esse negat, idem ille scriptor recen-

recentior, ratus, neminem quidquam bene, recte et artis naturaeque legibus conuenienter fingere e materia molliori posse, adeoque in plastice exercenda prudenter ac feliciter versari, nisi antea rei, quam fingere adgrediatur, figuram et formam lineis descripserit; adeoque velut exemplar habeat, quod intueri, et imitando, iusta partium singularum magnitudine et proportione, iussisque dimensionibus, formare possit. Id si de probabili opere plastico, eodemque perfecto et omnibus numeris absoluto, accipiendum est, nemo, reor, erit, qui ipsius in sententiam abire dubitet. Contra vero si ad plastices origines, et quasi infantiam, retro descendimus, et opera plastica tum ficta (quorum haud dubie superest nullum) mente tantummodo fingimus: admodum credibile est, eorum omnium prima homines rudes, sine exemplari, lineamentis extremis designato, ac forte magis et phantasiae vi, quam intelligentia exquisita ductos, formasse. Ita hodieque infantes agere videt, qui ipsorum lusibus adesse, eosque ludentes obseruare, persona sua non indignum existimat. Quorum vt quisque ingeniosissimus est, et natura sua ad fingendam e materia quacunque molliori, hominis, equi, vituli, aliorum, figuram aptissimus; ita maxime pulcram, et naturali speciei conuenientem, vel absque eiusmodi exemplari, vtpote quod lineis depingere nec curat, nec potest, e materia, circa quam versatur, producet. Quod multo magis existimandum de homine, rudi quidem illo et artis imperito, sed tamen adulto, viuidiori phantasiae impetu, et acrioris iudicii vi praedito. Qui si casu, seu forte, ferebatur ad rem quamcunque adspectabilem e molliori materia fingendam, haud dubie magis adhuc, quam puerulus, qualem dixi, rei, quae ipsius animo et phantasiae obuersabatur, faciem fingendo assequutus est, eamque formae naturali

rali propiorem et conuenientiorem effecit. Sed quum plaftice fenfim fenfimque ad altiorem perfectionis gradum eueheretur per viros ingeniofos, pulcri venuftique fenfu ornatos: haud dubie perfpectum eft, hanc artem fine exemplari, lineamentis extremis iuflisque defcripto, nihil perfecti, nihil omnibus numeris ac dimenfionibus abfoluti, efficere poffe; fimulque coeptum, huiusmodi exemplaria ante accurate delineare, quam negotium, e molli materia quidquam fingendi, reapfe inchoaretur, ne eius iam confecti vitia emendare neceffe effet. Ex quo fatis apparere arbitror, plaftices negotium hodie rectius ac prudentius ab exemplari, quale faepius iam dixi, quam absque eo, inchoari. Sed vt hanc aetatis noftrae artificum viam et rationem maxime probabilem, quin neceffariam, effe ftatuam; tamen non video, qui ex ea effici cogique poffit, plaftices auctorem omnium primum, ne primum quidem laboris fui periculum fine exemplari tentaffe. Vt aliis in rebus efficiendis, ita in plaftices quoque negotio, inuentorem aliter, ac hodie folent artifices, verfatum effe, longe verifimillimum videtur. Neque alia ratione rem adgredi poterat, cui omnia et inftrumenta, et praefidia quaecunque neceffaria, non nifi per diuturnum vfum pedetentim inuenta, penitus defuiffe oportet. Multi, quos his de rebus difputare videmus, eiusmodi penuriam animo non expendunt, ac temere exiftimant, ea omnia homini, rem primum periclitanti, in promtu fuiffe, adeoque operum fimilium omnium primum, facile, et qua hodie via et ratione folet, perficere potuiffe. Rem multo aliter accidiffe, Daedali, Athenienfis, hiftoria (fi quidem vera, non merum commentum fit, quod Gallis, duumuiris celeberrimis, qui Ducis Aurelianenfis gemmas fcalptas caelatasque commentario perquam erudito et eximio

illuftrailluſtrarunt, viſum eſt, Tom. I. p. 287. ſſ.) luculenter comprobat: quippe qui demum, et ipſius ex ſorore nepos, Calus, ſerram, aſciam, perpendiculum, terebram, glutinum, ichthyocollam; contra normam et libellam, et tornum et clauem, Theodorus, Samius; figlinas Coroebus, Athenienſis; in eis orbem, Anacharſis, Scythes, vt alii, Hyperbius, Corinthius, inueniſſe dicuntur, (Plin. H. N. L. VII. c. 56). Quae inſtrumenta ad conficiendas res vtiliſſimas maxime neceſſaria, quum non niſi pedetentim ac ſero demum inuenta ſint: qui exiſtimare poteris, ea, quae plaſtices facile, recte et ordine exercendae negotium poſtulat, in promtu iam habuiſſe, aut extemplo cogitaſſe principem ipſius inuentorem? idque hanc potiſſimum ob cauſſam, quod ad luxum potius et ſplendorem, quam ad neceſſaria vitae tuendae praeſidia, pertinerent fictorum opera ingenioſe et affabre facta? Sed nolo cum quoquam contendere ſuper loco, nec admodum graui, et maxime dubio: merae coniecturae, quin concluſiunculae vel argutiſſimae, quod ſupra iam dixi, nihil efficiunt in cauſſa, quae priſcorum auctorum teſtimonia clara et luculenta requirit. Igitur ad alia progredi placet. Idem auctor eruditiſſimus, quem ſaepe iam dixi, eadem commentatione diſputat etiam de *pictura et lineari, et encauſtica:* cuius vtriusque rationem paullo aliter, ac ſcriptores quidam antegreſſi cenſuere, ipſi explicare viſum eſt. De illa primum breuiter ſtrictimque diſſerendum. Omnis picturae initium haud dubie effecere lineamenta rerum extrema, quae hominibus ſubminiſtrabant lineae, quibus rei qualiscunque vmbram in pariete, in arena, in aliis conſpectam circumſcribebant (v. Quinctil. Inſt. Or. l. IV. c. 2). Ex quo hoc genus σκιαγραφίας nomen duxit, quod vſurpauit Athenagoras, ſcriptor non temere ſpernendus, qui Sauriam, Samium, hanc delincdelineandi rationem inueniſſe et introduxiſſe teſtatur (Legat. pro Chriſtian. p. 130. ed. Rechenberg). Quo viſo, longius, eodem auctore, (l. c.) progreſſus eſt Crato, Sicyonius, qui in tabula dealbata, viri et mulieris vmbram colore, neſcio quo, delineauit; quique hoc ipſo primam picturae μονογράμμου tabulam feciſſe putandus eſt. Haec ratio quum hominibus ignaris et valde rudibus mirifice placeret, nec pauci exacta facierum ſimilitudine delectarentur: artifices ingenioſi exſtitere, qui eiusmodi picturas in tabulis, quisque ſua, meris lineis extremis circumſcriberent, rerum delineandarum vmbram in puluere, pariete, aqua, aliis obſeruatam, non amplius imitantes. Inde factum, vt Nonius Marcellus (Cap. I. num. 168. ed. Gothofred.) ſcriberet: *monogrammii dicti ſunt homines macie pertenues ac decolores: tractum a pictura, quae prius, quam coloribus corporatur, vmbra fingitur;* et vt Tullius Epicuri Deos ingenioſe ac lepide appellaret *monogrammos* (Nat. Deor. l. II. c. 23. conf. Lucretius de Rer. Nat. l. V. v. 149. ſ.): quos etiam, niſi me omnia fallunt, reſpexit Lucilius, his verbis: *Quae pietas? monogrammii quinque adducti pietatem vocant;* quae Nonius (loc. cit.) ſeruauit. Quibus ex figuris monogrammiis poſthaec natum eſt picturae genus id, quod monochromaton appellarunt ſcriptores. Cuiusmodi picturae μονοχρώματοι ſingulis tantum coloribus fuere pictae, quod recte et vere affirmat ERNESTIVS ὁ πάνυ· eas vero etiam *lineares* vocari poſſe, ac debere, qui hoc exiſtimauerit, praeter RIEMIVM eruditiſſimum, equidem ſcio neminem, ſi ab *Harduino* diſcedam, quem ille contendit in nota ad haec Plinii verba: *iam tum ſpargentes lineas intus* (H. N. l. XXXV. c. 3. p. 682.) veram, vel certe veriſimilem huius picturae rationem quodammodo vidiſſe atque deſcripſiſſe. Auctorum, qui de artium ingeniolarum originibus, progreſſu, incrementis, rationibus

tionibus fcripferunt, plerique, et in his immortalis
ERNESTIVS (Part. II. c. 5. §. 1.), *picturam linearem* exiſtimant nihil amplius fuiſſe, quam *artem rerum fingularum lineas extremas recte et intelligenter
circumfcribendi (l'art à deſſiner)*. Contra STEPHA-
NVS FALCONETVS, ſtatuarius eo nomine celeber,
quod Petropoli vocatus, Petri I. feu Magni, imperatoris Ruſſici, ſtatuam equeſtrem ex aere fundere
iuſſus erat, et quod Plinianos Hiſtoriae Nat. libros
XXXIV. XXXV. et XXXVI. gallice factos, notisque
illuſtratos, vna cum aliis commentationibus, ad Artium,
quas vulgo *fingentes* appellant, rationem pertinentibus, vulgauit, in eo, quem paullo ante dixi, Pliniano loco vertendo, vfurpat *la peinture lineaire;* verba
fequentia, per Harduini notam illuſtrata, ſic reddit:
*mais pourtant ils répandoient déjà quelques traits en
dedans* (l. c. Tom. I. p. 125): fed in obſeruationibus
nihil, fententiae fuae explicandae cauſſa, addit. Vnde
ad ipfum *Harduinum* atque RIEMIVM celeberr. ab-
eundum eſt, ſi, quid ipſi per hoc picturae genus intelligendum cenfeant, difcere velimus. Alter in nota
ad verba fupra indicata, haec ſcripſit: „Altera haec
„pictura linearis eſt, rudiore illa perfectior, quae
„primo loco explicata eſt: nam illa lineis tantum
„fiebat comprehendentibus exteriorem pingendae rei
„ambitum:" (quas lineas Franco-galli *les contours,*
Itali, *li contorni,* nos vernacula noſtra, *die Umriſſe,*
appellamus): „haec plurimas addebat alias, intus pro
„vmbrae ratione ſparſas. Nominatur haec alias etiam
„graphis, Graeca imitatione. Vitruuius l. 1. c. 1. vbi
„loquitur de architecto, Debere ait, graphidos ſcien-
„tiam habere, quo facilius exemplaribus pictis, quam
„velit operis fpeciem, deformare valeat." Haec
*Harduinus:* quae plerisque, arbitror, non multo
clariora, quam ipfa Plinii verba, videbuntur. *Falconeti* vocabulum, quod *lineas* reddit, *quelques traits,*
fcripto-

scriptoris latini mentem, me iudice, et significantius, et simul apertius indicat: hoc enim lineas non meras, nec qualescunque denotat, sed eas, quibus rei exprimendae proprietates, oculos illico ferientes, vt, in pingendo aliquo homine singularia illa, quae faciunt, vt hic a quibuscunque aliis discrepet, indicare decet pictorem probabilem artisque bene peritum. Haec interpretatio non admodum diuersa est a notione, quam *de pictura lineari* animo sibi formauit Riemius Celeber, quamque ex ipsius commentatione huc transcribere placet, exposito, quam τῷ *graphidis* vocabulo vim et potestatem subiiciat. Nimirum *graphida* fuisse, ait, non stilum, ex metallo factum et scribendo aptum, qualem vulgo intelligere solemus, sed instrumentum pictoribus, antequam penicillum parare et vsurpare norant, vsitatum: stilo quidem admodum simile, sed e ligno quodam molliori ita sectum et temperatum, vt ex altera parte per obliquam ligni sectionem, latitudinem et aciem quandam, neque tamen fissuram haberet; ex altera vero acuminatum, vel obtusum, vel prorsus teres esset. Nonnullorum (plura enim semper in promtu esse oportuit) extremum latius, vel dentibus, vel malleolo macerari solebat, quo vel colores, veluti penicillo quodam, facilius inducere, vel, sicubi erratum erat, delendo sine mora emendare possent. Huiusmodi graphide picturas tam μονογράμμους, quam μονοχρωμάτους pingi oportuit, penicillo nondum inuento. Vnde *graphidos scientiam* Vitruuius pro ipsa bene pingendi dexteritate, dixisse videtur loco, quem supra transscripsi. Quin eadem potissimum opus fuit in *pictura lineari*, RIEMIO certe iudice, cuius mens et notio de eius conficiendae via et ratione, iam lectoribus aperte et, quantum fieri potest, latine exponenda est. Nimirum tabula, plerumque lignea, colore tantum vno, albo, atro, alio, bene illita, siccata et laeuigata, ta, latiore graphidos similis extremo in colorem, ab eo, quo illita erat tabula, diuersum tincto, fingebant in hac rei pingendae figuram integram, cuius lineas extremas vtroque eius extremo quam exactissime, reique naturae conuenientissime, circumquaque ducere, eoque ipso errorem vel leuissimum emendare poterant. Quo facto, ea in figurae loca, quae obscuriora esse decebat, eiusdem instrumenti praesidio, colorem, quo quidem pinxere, inducebant toties, quoties artis ratio, et rei pingendae similitudo postularet; vel ex illis, quae lucidiora fieri necesse erat, colorem iusto densiorem, deterendo exigebant in obscuriora; seu denique digito, vola, spongia premendo mitigabant, demebantue ita, vt in pictura finita et absoluta, lumen et vmbram quasi cerneres. Verbo, hac via et ratione pingebant vnis tantum coloribus opera, qualia Franco-galli hodie *en camayeux*, populares nostri, *roth in roth*, *grau in grau*, cet. vocare solent. Quin illam non inepte comparare possis cum horum instituto et labore, qui figuras rerum integras tabulis aeneis primum incidunt, tum vero in locis, quibus opus est, plus, minus, malleando quod adesse non debet, ita quasi exigunt et delent, vt figurarum, in charta impressarum, lumen et vmbra plane appareant. Quam rationem populares nostri *die schwarze Kunst* vsurpant. Idem illud efficiendi viam et rationem, praeter hanc, aliam proponit RIEMIVS, quam non tango, metu, ne multis iusto copiosior esse, adeoque reprehendendus videar. Adeat, qui haec scire percupit, viri doctissimi librum, mole non adeo magnum, sed variae eruditionis, et bonae frugis plenum, atque ingeniose scriptum. Igitur ad *picturam encausticam* progredi, et pauca, quae ad hunc locum pertinent, eadem ex commentatione repetita, hic adferre lubet. De quibus antequam expono, monendum est, omnia fere, quae rem, de qua quaeritur, illustrant, auctori suppeditata esse a pictore iam mortuo, cui cognomentum *Calau* fuit, et quem quondam Lipsiae vixisse sciunt nostrates non pauci, vel potius a quodam mortui amico. Nimirum is, quem dixi, pictor, Illustrissimi Cayli, Generosissimi Taubenhemii, aliorum studio et periculis, hoc picturae genus non solum explicandi, sed etiam instaurandi, excitatus, ad eandem rem ac negotium animum applicuit, et per pericula multiplicia et varia, saepissime instituta et repetita, tandem eo peruenit, vt, quod sequebatur, reapse assequutus, atque aemulis multum superior esse iudicaretur a viris nec cupidis, et harum rerum bene peritis. Hic ante omnia de coloribus, simili picturae generi aptis atque idoneis cogitauit, et saepe multumque periclitatus, intellexit tandem, requiri in primis ceram aliquam singularem, quam *punicam*, item *eleodoricam* appellare fuerat. Quam quo pacto, et quibus ex materiis temperauerit, velut arcanum aliquod mysterium occultauit: exstat tamen eiusmodi cera, et diuersorum quidem colorum, apud ipsius heredes, vt, qui quidquam eius, et quantum desiderant, ab his emere possint. His dictis, exponitur eius, quem iam ex vita discessisse dixi, pictoris via et ratio, ceram inuentam et temperatam recte et prudenter vsurpandi; et variae enumerantur tabulae, ab ipso, vel ab aliis, eo siue simili modo depictae. Quae quidem luculenter demonstrant, vana esse, et certo fundamento destituta, quae *Harduinus*, Plinii commentator, *Caylus* Illustrissimus, ipse *Winkelmannus*, de pictura encaustica, cestro, vericulo, et reliquo apparatu ad eam conficiendam necessario, tradiderunt. Quin ex eis tandem liquere dicitur, τὸ ἐγκαίειν, vel ἐγκαίεσθαι, in hoc picturae genere, non vi et potestate propria esse accipiendum; sed translata, de materiis tantum, per τὸ ἐγκαίειν, vel ἐγκαίεσθαι, quasi decoquendo, bene et recte temperandis, et ad pingendum

dum accommodandis. Defcribitur pofthac totum negotium, et quid in fingulis eius quafi gradibus, fcilicet in iaciendo tabulae pingendae quafi fundamento, in figura artis legibus conuenienter delineanda, in coloribus inducendis, fociandis, eorum tranfitu ex hoc in alium, proxime cognatum conficiendo, cet. agi oporteat. In quibus omnibus quid verum, quid falfum, quid factu facile, quid difficile fit, nos quidem philofophando et ratiocinando decernere haudquaquam poffumus: non nifi artificum eft, periclitando videre, et alios docere, fi quam viam et rationem recte et tuto fequi poffint. Eis, quae *Winkelmannus* fuper hoc loco difputauit, et ex compluribus tabulis pictis Herculanenfibus, vel Etrufcis vafis, effici cogique poffe contendit, opponuntur varia, nec tralaticia, quae virum alioquin ingeniofum et acutum τȣ̃ *Antiqui* exiftimatorem, fed faepenumero ἐνθȣσιαϛικότερον, iuftoque celerius decernentem, hic, illic, allucinatum effe demonftrant. Haec ipfa vel cupidiffimum *Winkelmanni* adfeclam aequo animo, nec fine infigni fructu lecturum, opinor: fiquidem vnumquemque τȣ̃ *Antiqui* fpectatorem et iudicem admonere poffunt, quanta cautione, quanta prouifione in eo explorando, diiudicando, aeftimando opus fit, ne intempeftiuo phantafiae impetu abreptus et occaecatus, laudet, vituperet, quod laude vel vituperio indignum eft; neque ex vnius, duarum, trium rerum ratione conclufiunculis, fpecie ingeniofis, id efficiat cogatque, quod longe aliter, fi non fefe habet, certe quidem habere poteft. Huiusmodi temeraria et inconfiderata concludendi ratio vt aliis in difciplinis valde noxia et fugienda eft, ita in τȣ̃ *Antiqui* inueftigatione et aeftimatione tanto magis vitanda, quanto facilius in ea labi et errare vel acutiffimus homo poteft; et quanto plus damni ex vno leuiore errore, ad ipfas liberales artes redundet, neceffe eft.

EX-

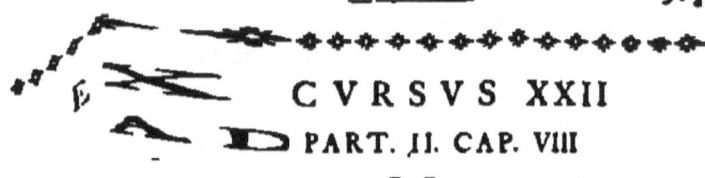

# CVRSVS XXII
## PART. II. CAP. VIII
### DE ARCHITECTVRA.

Admodum pauca, quae hoc de loco moneam, habeo: eademque non tam ad ipsam architecturae naturam et indolem, quam potius ad eius historiam pertinent. Vnde illa breuiter, pro instituti mei ratione, hic exponere placet. Eam scriptores plerique contendunt ab Aegyptiis inchoatam et satis excultam esse; per colonos deinceps in regiones alias missos, propagatam: Graecos summo, quo erant, ingenio et pulcri, venusti, elegantisque studio eam perfecisse ita, vt aedificia maiora, templa, theatra, fora, odea, cet. ab ipsis exstructa, singulari venustate, eleganti grauique simplicitate et maiestate antecelluerint omnibus, per aliorum populorum architectos fabricatis. Verum non ita pridem duo exstiterunt scriptores perquam eruditi et ingeniosi, qui sententiam, quam adhuc regnasse dixi, impugnarent: quorum alter architecturam negat ab Aegyptiis primum vsurpari coeptam, et per hos propagatam; alter architecturam Aegyptiacam contendit longe praestantissimam fuisse, et Graecam soliditate, magnitudine, grauitate et maiestate, mirum, quantum, superasse. Priorem sententiam proponere, tueri et argumentis confirmare visum est RIEMIO eruditissimo, cuius commentationem compluribus locis iam laudaui: posteriorem Italo ἀνωνύμῳ, eidemque inter populares certe admodum celebri, complurium societatum literararum, atque academiarum, quas vocant, sodali et pastori Arcadico, in Dissertasertatione super Architectura Aegyptiaca (Dell' Architettura Egiziana dissertazione d'un Corrispondente dell'Accademia delle Scienze di Parigi, membro dell' Istituto di Bologna, dell' Accademie di Padova, di Siena, di Cortona, di Ravenna, d'Udine, e Pastor Arcadico. Parma, dalla Stamperia Reale MDCCLXXXVI. forma quadripertita) qua id, quod demonstrare adgressus est, copiose et rhetorico fere more, lectis et illustribus verbis exornat. De vtriusque auctoris sententia et argumentis nonnihil cum lectoribus communicare placet, propterea quod eorum placita, paene contraria et repugnantia ad artis historiam pertinent, commentarios vero ipsos paucorum in manibus esse, mihi persuasum est. Duarum, quas dixi, sententiarum priorem credo in primis dignam esse, quam paucis exponam. Ipsius auctor, praeterquam quod Abb. *Mignoti* auctoritate, et *Philostrati* testimonio perpulsus, Indos, populum omnium, quotquot sunt, reliquorum antiquissimum esse, adeoque in eorum ciuitatibus vetustissima artium, quas *bellas*, *pulcras*, *fingentes* vulgo appellant, monimenta exstare sumit; hoc aliud velut lemma, seu assumtum, vna cum Illustrissimo *Caylo* et aliis sciscit, omnia ingeniose quidem, sed iusto operosius facta opera, minutiarum plena, absque iustis rationibus, dimensionibus, et partium singularum congruentia (συμμετρίαν appellant Graeci) elaborata, et quibuscunque ornamentis minus necessarjis operta, et tantum non obruta, manum prorsus infantem prodere, quae illa in ipsis artis quasi incunabulis formarit: contra vero artificium simplicitatis verae, grauis et generosae, cum dignitate atque maiestate singulari et admiranda consociatae, callidissimum vocat *Cicero* (Qu. Tusc. l. I. c. 20), indicare eiusmodi manum, quae artis perfectissimae, et ad summum praestantiae gradum euectae legibus atque

prae-

praeceptionibus conuenienter laborare et formare didicerit. Quod eius scitum, reor, nemo harum rerum peritus in dubium reuocabit. Comparat scriptor eruditissimus posthac aedificia quaedam Aegyptiaca, et praecipuas horum partes, cum Indicis quibusdam, et in illis eadem fere, quae in his, cerni et animaduerti ornamenta minutiora, et anxie quaesita, demonstrat. Templi Thebaici quondam celeberrimi rudera, hodieque argumento esse ait, ipsius ianuas et portas pyramidatas fuisse, quales. poposcerit aedificandi lex et formula Indorum, qui similem formam, quod cultus sui religiosi symbolum sit, declarare credidissent. Eiusdem templi Thebaici portas et ianuas animalium figuris fere giganteis, et hieroglyphis iusto plus opertas et paene obductas esse, praeterquam vnam, quae aut non prorsus absoluta sit et elaborata, aut a rege aliquo posteriori tandem apposita; cuiusmodi ornamenta minutiora, fere innumera, nec nisi absona phantasiae effrenae simulacra, et aegrotorum somnia, in Indorum aedificiis, quae *Pagodas* nuncupant, itidem conspiciantur. Aegyptiorum reges aedificasse pyramides, moles paene immanes, easdemque, quod verum sit, sine eiusmodi ornamentis anxie quaesitis et plane superuacaneis: caussam vero, cur haec desint, positam esse vel in marmoris durissimi, quo opertae sint, natura, vel in vehementiori regis cuiusque, molis inchoatae perfectionem cernere auentis, cupiditate, et alterutram impedimento fuisse, quo minus scalpi potuerint: ipsas interea pyramides non tantum breuiori temporis spatio absolutas, sed etiam monimenta perexigua et minutula esse, si cum Indorum Pagodis, prope Salsettam et Illuronem, (*Salsette* et *Illuro*) aedificatis, comparentur; vtpote quae, ex *Sonnerati* celeberrimi sententia, intra mille annorum spatium, ad tantam altitudinem euehi, et

tot

tot ornamentis minutiſſimis velut operiri haudquaquam potuiſſent. Ex hac comparatione longius continuata, et verbis exquiſitioribus ornata, quid efficiat cogatque auctor eruditiſſimus, iam videbimus. Nimirum ex eis, quae dicta ſunt, inquit, luculenter apparet, aedificia Aegyptiorum non minus, quam Indorum, antiquiſſima, eo quod operta et velut oppreſſa ſunt ornamentis ſuperuacaneis, abſonis et naturae repugnantibus, produnt manum ſenſumque maxime et ſimilem, et prorſus puerilem; ex eisque architecturae apud vtrosque naſcentis ratio plane elucet. Quum autem Aegyptii non niſi Indorum coloni, adeoque his recentiores fuerint: credibile, quin longe veriſſimum eſt, Aegyptios ex Indis, non Indos ex Aegyptiis, aedificandi leges didiciſſe, et prima aedificiorum exemplaria ab Indi ora, ad Nili littora delata eſſe. Architecturae igitur origines Indis potius, quam Aegyptiis, debentur. Talis fere eſt RIEMII celeberr. argumentatio, quam cum lectoribus communicandam duxi: ita tamen, vt de eius vel veritate, vel falſitate, haud decernam. Lector quisque per ſe hanc nouam ſententiam anquirat, et, prout ipſi videbitur, decernat. Quantum vero hunc auctorem videmus priscam Aegyptiorum architecturam deſpicere; tantum eam contra ſuſpicit et laudibus extollit Italus ἀνώνυμος in diſſertatione, quam ſupra dixi. Quoniam vero ſingula, quae in ea, admodum diſerte, ac tantum non verboſius dicta, late diſperſa atque infinita videntur eſſe, ratione ac diſtributione ſub vno adſpectu poni poſſe dubito: eorum praecipua tantummodo capita paucis indicabo, vt, quae auctor copioſe et ornate dixit, lector quisque facili coniectura aſſequi poſſit. Primo igitur capite, *articulum* vocauit, dicendo perſequitur bona illa varia et multiplicia, quibus natura ipſa, vel verius diuina prouidentia, Aegyptum beauit;

quaeque

Quaeque nunquam non bene, recte et laudabiliter vfurpasse contendit regni istius ciues. Quo ex capite tres auctoris enuntiationes primas et praecipuas transcribere placet, easdemque, certis de caussis, lingua ipsius vernacula, vt ex his, tanquam ex vngue leonem, eius dicendi genus cognoscere possint lectores. Il cielo, inquit, l'atmosfera, la terra, e gli elementi tutti della natura s'accordarono insieme a favorire l'Egitto, e a distinguerlo con privilegi negati ad altri climi del mondo: eccovi la prima propofizione. L'Egitto, riconoscente, e grato ad una natura cosi benefica e splendida, impiegò tutti i talenti a far buon uso di tali doni e costituirlo, come era il prodigio della natura, cosi il maestro d'ogni arte e dottrina: seconda propofizione. Finalmente il mondo convinto da mille pruove accorda all'Egitto e i privilegi della natura, e l'invenzione delle scienze e delle arti, titoli amendue, che lo rendono l'uno ammirabile, perchè singolare, l'altro sommamente utile, perchè benemerito del mondo, prima rozzo e barbaro, poscia pulito e colto: terza propofizione. Quae pauca auctoris anonymi tam affectatum dicendi genus, quam praeiudicatam de Aegypti et Aegyptiorum praeflantia, singularibus meritis et virtutibus, opinionem, haud dubie iam satis declarant, ita vt plura vtriusque documenta adferre haud oporteat. Capite secundo Architecturam Aegyptiacam, veramque et certam huius rationem et formulam generatim et vniuerse contemplatur; vt consequenti, i. e. tertio, eius proprietates singulares ac meritum, vel virtutem indiuiduam, nec cum aliis communicandam, sigillatim exponit; ex quo panegyristam difertum (ita dicere liceat) non vulgari, sed accurata Architecturae scientia imbutum esse, apparet. Quartum dissertationis caput Architecturae Aegyptiacae cum Graeca comparationem complectitur: cuius posterioris venustatem, elegantiam et praestantiam negare quidem nec vult, nec potest etiam, sed quam tamen in Aegypto natam, et posthac in Graeciam quasi translatam, et ibi ad summum perfectionis gradum euectam esse idemtidem contendit. Quintum et postremum caput versatur in cognoscenda et diiudicanda quaestione: num Architectura, in Aegypto nata, et satis exculta fuerit? nec ne? antequam Solomon templum Hierosolymitanum longe celeberrimum aedificaret. Quae quaestio vt haud dubie ad rem non pertinet, sed recte μετάβασις εἰς ἄλλο γένος potest vocari; ita in ea soluenda occurrunt multa ἀπροσδιονύσως dicta, quae lectoribus aliis inopinata, aliis prorsus molesta et taedii plena videantur, oportet. Ceterum haec dissertatio, docte et ingeniose scripta, non parum bonae frugis continet, et digna est omnino, quam is lectitet, atque idemtidem seuerius examinet, qui artis architectonicae historiam indagare et perscribere apud animum constituit. Cuiusmodi consilium quoniam in scribendis ad Erneslianum libellum excursibus haudquaquam cepi, nec capere per multas caussas poteram et debebam: hoc vnum de Auctoris ἀνωνύμου libello hic addam, eo reuera orationem panegyricam in Architecturae Aegyptiacae praestantiam et virtutes singulares, scriptam et promulgatam contineri; eodemque Aegypti ciuibus tantum ingenii, studii et dexteritatis in artibus inueniendis atque perpoliendis tribui, quantum alii ipsis tribuere vehementer dubitant. Fieri potest, vt perinde fallatur et delinquat vehementior ipsorum laudator, ac vituperator. Quamobrem nihil hac super concertatione decerno, ne alterutri inferre videar iniuriam: decernant, qui me sunt prudentiores, et harum rerum intelligentiores.

EPI-

# EPIMETRVM.

Accepi, dum excursus qualescunque mei, typis describendi, operas aliquamdiu iam exercebant, et prela plagulis premendis sudabant, librum eximium, quo FRIDERICVS MVINTERVS, Plur. Reu. atque Eruditissimus disciplinae sanctioris in litterarum vniuersitate Havniensi Professor P. scienter non minus, quam eleganter, quidquid in itinere, decennii superioris anno quinto et sexto, per agrum Neapolitanum Siculumque facto, memoria dignum viderat, et in pugillaribus suis breuiter strictimque notarat, lingua vernacula exposuit, et qui, ex Danico germanice conuersus, hoc ipso anno in lucem exiit. Quem, quam cupidissime perlectum, quoniam plura continere vidi, quae ad *Artium*, quas non pauci *fingentium* cognomento ornant, historiam, in primisque ad argumenta a me tractata, pertinent, quaeque cum Lectoribus optimis et harum rerum studiosis, qui librum illico euoluere vel nolunt, vel nequeunt, communicanda censeo: nonnulla ex eo, velut *Addenda*, libro iam excuso subiicere placuit, vt vel inde videant iudices aequi verique amantes, quanto opere de legentium commodis et studiis promereri, ad eorumque scientiam augendam, quantum in me est, conferre aueam. Quibus in *Addendis* vnum est, hoc e fonte non haustum, sed non prorsus omittendum, eo quod sententiam meam, supra aliquo loco scriptam, magis confirmare videbatur: reliqua omnia ex praestantissimo, quem dixi, libro deprompta sunt, ipsisque Aucto-

ris Celeberr. verbis, plures iuftasque ob cauffas, huc
transfcripta.

Excurfu VI. ad Part. I. Cap. IV. (fic emendandus
eft leuis operarum error p. 171) memoraui complura Deorum figna, diu ante, quam Imperatores rem R. adminiftrabant, ex auro fabricata, quibus alia funt adnumeranda. Vnde, (p. 172) poft verba: καὶ πολυτιμήτους defcribit (v. Iup. Tragoed. T. III. p. m. 420) velim, L. O. et B. legat: Quibus addendum eft praegrande *Iouis* fimulacrum aureum, idque fedens, quod in Babylonis facello quodam inferiori fuiffe tradit Herodotus (l. I. fect. 188. p. 86. ed. Wesfeling). Aureum etiam fuit fignum *Matris Dindymenae*, tefte Paufania (Arcad. f. l. VIII. c. 44. p. 694); vti et duo *Apollinis:* quorum alterum Spartiatae, fabricatum ex auro eo, quo ipfos Croefi, regis, liberalitas donarat, in Thornace Laconicae dedicarunt (Herodot. l. c. fect. 69. p. 34), alterum, quod in operto, fiue receffu templi Delphici collocatum fuiffe perhibet idem Paufanias (Phoc. f. l. X. c. 24. p. 858): qui praeterea, cet.

Excurfu XV. (p. 247. fqq) fuper prifca rerum figuras lineis circumfcribendi ratione difputaui, nec fine cauffa, quod mihi videtur, perquam credibile effe contendi, mortalium primos varia artificia fine iufta et perfecta horum delineatione inchoaffe, et fatis fcienter venufteque perfeciffe. Cuius fententiae (p. 252) argumento effe poteft, quod Celeberr. MVINTERVS (l. c. p. 237) narrat: nimirum in Siciliae oppido, olim *Drepanum*, hodie *Trapani* vocari fueto, exiftere multos, qui ex *Chralio* aliisque materiis res varias, ad vfum domefticum et varia inftrumenta strumenta idoneas, in primis *Sanctorum*, qui dicuntur, *sigilla minutiora* fabricare foleant, eademque non raro perquam bene, eleganter et venufte facta. Tum haec fubiungit: Man braucht zu dergleichen Arbeiten, aufser den Corallen, auch Elfenbein, Bernftein, der auf der Küfte gefunden wird, und gefprenkelten Siciljanifchen Marmor, oder fehr fchönen und weifsen Alabafter: und es würde gewifs von grofsem Nutzen feyn, wenn die Regierung den Wunfch der Trapanefer erfüllte, und eine Zeichenfchule anlegte, wodurch die Fabricanten gewöhnt werden könnten, ihre Arbeit mehr kunftmäfsig zu verfertigen. Aber bis ietzt hat man nicht darauf geachtet, obgleich diefe Arbeiten 3000 Menfchen ernähren. — Alio loco (p. 256), quo de Selinunte, Agathoclis, faeuiffimi Siculorum tyranni, patria, quae creditur, plura differuit, in aliis haec animaduertit: Wenigftens wird viel Töpferarbeit dort gemacht, und zwar von einer Form und Zierlichkeit, die der alten griechifchen Schönheit fehr nahe kommt, obgleich keiner von diefen Handwerkern jemals zeichnen gelernt, viel weniger, eine Idee von alt-griechifcher Kunft hat. — Cuiusmodi exempla vt fententiam qualemcunque meam confirmant, ita eam, quam RIEMIVS Celeberr. tuetur (p. 307. fqq.), valde infirmant, et tantum non refellunt.

Quemadmodum ὁ πάνυ ERNESTIVS (Part. II. c. V. p. 67. fqq.) admodum pauca de ἀναγλύφοις, eisque ex marmore potiffimum factis, admodum pauca dixit; ita ego rem, excurfu XVIII. p. 274. itidem tantummodo ὡς ἐν παρέδῳ tetigi, et breuiter ftrictimque de verifimili pariter, ac probabili eorum conficiundorum via et ratione differui. Ipforum insignem

signem ad res quam plurimas, et in primis ad cuiusque viri, *Antiquitatum*, et τῦ *Antiqui* potissimum, amantis scientiam augendam prouehendamque vim et vtilitatem exponere nolui, propterea quod de hac dubitare nullo modo potest, qu WINKELMANNI immortalis Monimenta antiqua inedita, Musei Capitolini tomum quartum, Musei Pio-Clementini tomum eum, qui ordine quidem itidem quartus est, sed varias ob caussas tertio prior promulgatus, recte et, quo decet, studio examinauit, vel, minimum Monimentorum Antiquorum Syllogen priorem, tertio decennii superioris anno, a me curatam, euoluere haud dedignatus est, cuius commentatione prima id, quod assirmo, luculento sarcophagi Agrigentini exemplo demonstratur. Sed quoniam auctoritatem meam scio non esse eam, quae virorum eruditorum assensionem quasi imperare et cogere possit; MVINTERI Celeberrimi, iudicis sane quam intelligentis et circumspecti, sententia meam de illorum vsu quam latissime patenti opinionem tueri placet, eoque lubentius, quo frequentiorem ea cum artificiis aliis comparandi opportunitatem habuit, et ἀνάγλυφα nonnulla minus nota simul commemorat et paucis explicat. Is, de copiosa rerum et naturalium, et artificiosarum Collectione, quae Catanae in Benedictinorum ad *D. Nicolai in Arena* κοινοβίῳ instituta seruatur, disserens, haec obseruat: Wichtiger sind die Basreliefs: diese Werke sind überhaupt für den, der als Gelehrter die Denkmale des Alterthums studirt, eben so wichtig, und vielleicht in gewisser Rücksicht wichtiger, als die Statuen. Die Ursache ist leicht zu begreifen. Die Statuen stellen nemlich mehrentheils nur eine einzige Person in einer Handlung vor: selten findet man Gruppen mit zwei, fast niemals mit mehr Personen, Laocoons und des

berühm-

berühmten Dircaeifchen Stieres Gruppe in Neapel vielleicht allein ausgenommen. In Basreliefs hingegen werden fo viele Perfonen vorgeftellt, als die Handlung felbft und der ganze Gegenftand erfordert. Der Künftler brauchte alfo feinem Gegenftande keine Gewalt anzuthun, fondern konnte dem Original folgen, das Süjet mochte nun aus einem alten Dichter, oder aus der alten Mythologie genommen feyn. Daher kommt es denn, dafs die alten, befonders griechifchen Basreliefs für die Interpretation der Dichter fo wichtig werden, und dafs fie felbft mehrentheils am ficherften und beften zu erklären find, wenn fie mit diefen verglichen werden, wenn nemlich ihr Süjet aus Stükken genommen ift, die wir noch haben; denn oft ftellen fie auch Begebenheiten aus der älteften und unbekannteften ägyptifch-griechifchen Fabel vor, von der wir nur im Apollodorus, und in den Scholiaften Spuren finden. Folgende Basreliefs in dem Mufeum der Benedictiner zogen befonders meine Aufmerkfamkeit auf fich — — 1) Herkules auf dem Berge Oeta. Er liegt in einer fchmerzhaften Stellung, mit der Löwenhaut um den Hals, auf dem Felfen ausgeftreckt. Um ihn ftehen vier andre Perfonen, worunter fich eine durch den Bart und die phrygifche Mütze auszeichnet, und die linke Hand betrübt auf denfelben Felfen legt. Neben feinem Haupte ftebt eine andre junge und bekleidete Figur: zwei nakte junge Leute ftehen zu feinen Füfsen; der eine trägt etwas einer Keule ähnliches zu dem Lager des Hercules hinauf. Vielleicht hat der Künftler die Anftalten ausdrükken wollen, welche Herkules zu feinem Tode machte, wobei nur Philoktetes, fein Waffenträger, und vielleicht ein oder andrer von feinen Bedienten zugegen war. Die Arbeit fchien mir gut ausgeführt, ob fie gleich bei weitem nicht von so hoher Schönheit und Vollkommenheit ist, wie der Taufstein in Girgenti. (Qui hoc loco Fons baptismalis in aede Agrigentinorum cathedrali vocatur ab Auctore Eruditissimo, est idem ille sarcophagus marmoreus, cuius et picturam aeri incisam, et interpretationem in Sylloge, quam supra dixi, Lector O. et B. offendit) — 2) Eine Procession von 4 Figuren, die ein junges Mädchen führen, vermuthlich um in die Orgien des Bacchus eingeweihet zu werden. — 3. und 4. Amphion auf dem Delphin, und Europa auf dem Stier schwimmend. Zwei sehr niedliche Seestücke von rothem Iaspis, oder dem sogenannten *Rosso antico*. Sie sind schon der Materie wegen merkwürdig, aus der sie gemacht sind, da man sehr selten Basreliefs von einer so harten Steinart findet, wie der Iaspis ist. In nota, hoc loco subiecta (p. 411) describit atque interpretatur MVINTE-RVS Eruditissimus ἀνάγλυφα nonnulla, quae in Museo Pio-Clementino adservari quidem, sed non magnopere aestimari ait, ideoque vel plane non, vel sero demum, promulgatum iri suspicatur. Musei huius volumen quartum, non nisi ἀνάγλυφα complectens, mihi, saepius iam flagitanti, nondum transmissum est; vnde in praesenti dicere non possum, num in reliquis edita sint? nec ne? quae Danus ille longe doctissimus indicauit.

Excursu XX. (p. 293. sqq.) quo de vasis antiquis in vniuersum disserui, *Campanorum* quoque et *Etruscorum* mentionem fieri oportuit, quoniam (p. 304) haec a viris, rerum similium prudentibus, iure quodam suo, adnumerantur rebus affabre factis, et τῶ *Antiqui* classem augentibus. Eis accenseamus, necesse est, *Nolana*, ab oppido, in quo longe praestantissima fingebantur,

id

ognominis adepta. Quorum copiam infignem collegiſſe, collectam indies augere *D. Nicolaum entium*, virum et ſtemmatis nobilitate, et eruditione ellentem, Nolaeque decus eximium, teſtificatur m, quem ſaepe iam laudaui, MVINTERVS longe iditiſſimus. Qui ſpectatum viri, quem dixi, ſummi paratum deſcribens, vaſa quoque ſimilia commemorauit, et de iis nonnulla, minus vel vulgata, vel bſeruata ab aliis, litteris conſignauit. Unter 200 tükken (ſchreibet er S. 60. ff) waren gewiſs 20 von auſserordentlicher Schönheit. Die Erde, woraus dieſe Vaſen gebrannt ſind, iſt ſehr fein, von ſchöner, meiſt ſchwarzer Farbe, und ungemeiner Leichtigkeit, in Verhältniſs der Gröſse der Vaſen und Schalen. Dabei iſt ihre Form und Bildung ſehr elegant. Viele haben Zeichnungen mit ſehr gut erhaltenen Farben. Alle Zeichnungen ſind gut, und mehrentheils ſehr ſcharf und correct. Ich fand beſonders einige auſserordentlich ſchöne, die in Rückſicht auf Zeichnung ſowohl als Compoſition, nach meinem Urtheil, Meiſterſtükke waren. Darunter zogen zwei groſse, über einen Fuſs hohe Vaſen am meiſten meine Aufmerkſamkeit auf ſich. Auf der einen iſt Apollo, mit ſeiner Leier auf einem Felſen ſitzend, vorgeſtellt; Caſſandra ſteht vor ihm, mit einer Lanze in der Hand, und mit ſehr ernſthafter Miene. Hinter ihr ſteht Merkur mit allen ſeinen Attributen, mit aufgehobener Hand, und in einer Stellung, die groſse Verwunderung über das Geſpräch ausdrückt, das er anhört. Die Vaſe iſt beſonders merkwürdig, weil man deutlich ſieht, daſs der Künſtler alles mit groſsem Fleiſs gezeichnet, *und ſelbſt den Contour corrigirt hat*, nachdem er ihn ſchon einmal gezeichnet hatte, welches man auf andern alten Vaſen nicht bemerkt hat. Sowohl Zeichnung, als Compo-

Compofition, find bewundernswürdig fchön, und Raphael würde fich ihrer gewifs nicht gefchämt haben. — Auf der andern Vafe ift Apollo wieder mit einem phrygifchen Hut und dem Lorbeerkranz auf dem Haupte. Er fitzt und fpielt auf einer Leier. Vor ihm ftehen zwei Mufen im Gefpräch begriffen, wovon die eine auch eine Leier in der Hand hat. Hinter dem Apollo kommt eine Figur in männlicher Kleidung gelaufen, die einen Lorbeerzweig in der linken Hand hält, und mit der rechten nach dem Lorbeerkranz greift, womit Apollo's Haupt umwunden ift. Aufser diefen beiden grofsen Vafen fah ich in der Sammlung eine Menge kleiner von grofser Schönheit: befonders waren einzelne Figuren darauf mit aller möglichen Eleganz gezeichnet. Auf einigen ftunden Buchftaben und Worte: aber diefe waren fo klein, dafs es faft unmöglich war, fie zu lefen, und ich konnte nicht zur Gewifsheit kommen, ob es Griechifche Buchftaben wären. Dies ift indeffen fehr möglich, da alle Vorftellungen auf den Vafen aus der Griechifchen Mythologie entlehnt find, und die Schönheit der Arbeit ein Alter verräth, wo die Künfte fchon zu einer hohen Stufe der Vollkommenheit gebracht waren. — In diefer ausgefuchten Sammlung befinden fich auch andre Vafen, deren Materie und Zeichnung ganz von den vorigen unterfchieden ift. Die Zeichnung insbefondre ift roh, von Anfängern gemacht, und ftellt oft ausländifche Thiere, unter andern das Rhinoceros, vor. Don Nicola Vincenzio vermuthete, dafs es ägyptifche wären, und dafs die älteften Völker in Italien nach Afien und Aegypten Handel getrieben, und bey der Gelegenheit die Vafen nach Italien gebracht hätten. Dagegen mufs ich indeffen einwenden, dafs die Zeichnung, fo roh fie

auch

auch ift, doch gar nicht ägyptifch, und bis ietzt noch
keine gefunden ift, die würkliche ägyptifche Hieroglyphen vorftellte. Ein einziger Canopus ftehet auf
einer von den Vafen, aber die Zeichnung deffelben
ift ächt griechifch, fo dafs er aus einem Zeitalter feyn
mufs, wo fchon ägyptifche Ideen bey andern Nationen in Umlauf waren. Von allen antiken Vafen find
die Nolanifchen die fchönften und koftbarften. Sie
waren fchon in der alten Welt felten. — Die,
welche man in andern Gegenden Italiens, in Toscana
und Apulien findet, find lange nicht von fo vollendet
fchöner Arbeit. Ich fah einige Avellanifche, deren
Zeichnung zwar griechifch war, aber durchaus nicht
fo delicat und correct, die Erde nicht fo fein und
leicht, und die Farben viel weniger harmonifch. —
Don Nicola Viuenzio ift Willens, noch einige Iahre
nachgraben zu laffen, und dann eine Befchreibung
feiner ganzen Sammlung herauszugeben, die gewifs
einer der wichtigften Beiträge zur alten Kunftgefchichte werden wird. Es könnte fehr intereffant werden
nachzuforfchen, wo die Fabricanten, die diefe Vafen
verfertigten, den Reichthum von Ideen, und die
vollkommen fchönen Compofitionen und Zeichnungen, die man auf ihren Arbeiten findet, hergenommen haben: und vielleicht würde es möglich feyn,
die Vermuthung zu einer Gewifsheit zu bringen, dafs
fie berühmte Gemälde grofser Meifter copiret haben.
Diefs wird befonders dadurch wahrfcheinlich, dafs
viele Vorftellungen fo oft wiederholt werden, und
die Süjets auf den griechifchen Vafen mehrentheils aus
der älteften griechifchen Fabel genommen find, die
die Quelle war, aus welcher die älteften Dichter und
Mahler fchöpften. — Die Schönheit der Zeichnungen auf den alten Vafen, dringt uns faft den Gedanken
auf,

auf, daſs ihre Verfertiger groſse Muſter gehabt haben, wornach ſie ſich bilden konnten. Um in dieſer Vermuthung zu einiger Gewißheit zu kommen, würde es nothwendig ſeyn, alle Nachrichten zu ſammeln, die wir von den Werken der alten Mahler haben, und ſie mit den Beſchreibungen der bis ietzt entdeckten griechiſchen Vaſen zu vergleichen. — Es wäre ſehr zu wünſchen, daſs einer unſrer Gelehrten die Idee des ſel. Prof. Hwiid, der alles ſammelte, was die Alten vom Protogenes und Zeuxis erzählt haben, fortſetzen, und auf eben die Art das Leben andrer berühmten Mahler bearbeiten wollte. — Sunt praeter Etruſca, Campana et Nolana, de quibus diſputatum eſt, vaſa etiam *Sicula*, eademque perquam venuſta. Alio enim loco, quo de rebus antiquitus affabre factis, et Panormi adhuc ſuperſtitibus differit idem ille, quem dixi, auctor Celeberr. haec habet (p. 195. ſq). Das wichtigſte iſt ietzt eine Sammlung Sicilianiſcher Vaſen, von eben dem feinen und leichten Thon, woraus die campaniſchen und hetruriſchen gemacht ſind. Die gröſste Fabrik von dieſen Vaſen war in Camerina, auf der ſüdlichen Küſte der Inſel, und man findet noch beſtändig, unter den Ruinen dieſer Stadt, eine groſse Menge derſelben von verſchiedener Arbeit, und mehr- / oder minderen Werth. Die, welche in Palermo ſind, hat man auf einer Stelle, nahe bei Palermo ſelbſt — — beiſammen gefunden. — — Die Materie iſt gröſstentheils eine auſserordentlich feine ſchwarze Thonerde, worauf die Umriſſe, zuweilen auch die Schatten der Figuren, mit rother oder gelber Farbe gezeichnet ſind. Der Styl der Zeichnungen iſt verſchieden, bald hetruriſch, bald griechiſch, und dann iſt er oft mit einem hohen Grade von Vollkommenheit ausgeführt.

führt. Die ſicilianiſchen Vaſen ſind völlig ſo gut, und haben eben ſo ſchöne Zeichnungen, wie die campaniſchen; und ich würde ihnen nach dem, was ich in Palermo und Catania davon ſah, den Vorzug vor dieſen einräumen, wenn ich nicht D. Nicola Vivenzo's Sammlung in Nola geſehen hätte, die alles, was man von alten Zeichnungen ſehen kann, übertrift. Der Innhalt der Zeichnungen iſt allezeit aus der älteren Mythologie genommen. Oft iſt er griechiſch, und dann nicht ſchwer zu entdekken; aber deſto ſchwerer, wenn er die italiäniſche Nationalmythologie, beſonders die hetruriſche, oſciſche und campaniſche Fabel, und älteſte Geſchichte betrift, wovon wir ſo wenig Kenntniſs haben. Man meint, daſs die alten Künſtler auf den Vaſen gezeichnet haben, wenn dieſe heiſs aus dem Ofen kamen, und beinahe fertig waren: allein ich halte das nicht für möglich; beſonders da der gröſste Zeichner ſich ſchwerlich verbinden würde, in ſo kurzer Zeit vollkommen correcte Zeichnungen zu machen, bei denen man ſo ſelten Correcturen bemerkt. Die Hitze ſelbſt würde den Künſtler gehindert haben, frei und ſicher genug zu zeichnen. — — Quo loco de *Catanae* rebus, et antiquitatum reliquiis, in Siculo hoc oppido conquiſitis et adſeruatis, differit item MVINTERVS longe praeſtantiſſimus, in Benedictinorum monaſterio, *D. Nicolai in arena* quod vocari ſupra iam dixi, vaſa quoque complura ſpectata digniſſima reperiri teſtatur (p. 408) his quidem verbis: Der wichtigſte und ſeltenſte Theil iſt eine Sammlung von mehr als 300 alten ſicilianiſchen Vaſen, aus gebrannten Thon, die alle von einer höchſt eleganten Form, und intereſſanten Zeichnungen geziert ſind. — In deſcribenda Celſiſſimi Principis *Biſcarii*

*rii* fupellectile antiquaria, eademque ditiſſima et rerum exquiſitarum plena, quam a Patre immortali celeberrimoque inſtitui coeptam, locupletare et augere pergit, et cuius deſcriptionem ingenioſam doctamque cum viris eruditis communicare pollicetur Filius, ſtemmatis aeque ac doctrinae ſingularis nobilitate clariſſimus, ſeſe in ea reperiſſe teſtatur idem ſcriptor ac teſtis grauiſſimus (p. 418) octingenta, amplius, vaſa Etruſca et Sicula, ac breui poſt (p. 425) haec obſeruat: Die gemahlten Vaſen, die unter den Ruinen von Camerina entdeckt ſind, haben die ſchönſten Formen, ſind ungemein leicht, und haben oft Zeichnungen mit äuſserſt intereſſanten Gegenſtänden. Ich ſah viele, die offenbar auf die alten eleuſiniſchen Myſterien und den geheimen Dienſt der Ceres anſpielten. Man darf ſich auch darüber nicht wundern, da ſie in Sicilien gemahlt ſind, wo Ceres mehr, als in irgend einem andern Lande, verehrt wurde. Viele Vaſen ſind ſehr klein, aber kleine und groſse, bemahlte und nicht bemahlte ſind von einer Sauberkeit und Eleganz, die ſich nicht mit Worten beſchreiben, und ſchwer genug durch Zeichnungen darſtellen läſst. — Denique ex Centuriparum ruderibus, eodem auctore ac teſte, ſubinde effodiuntur tum vaſa ſicula, maxime intelligenter ſciteque formata et picta, tum gemmae et ſcalptae et caelatae, alia opera aurea et argentea (p. 452), quae luculento ſunt argumento, huius oppidi ciues olim maxima opum et diuitiarum copia floruiſſe.

Excurſu XXI. p. 314. ſqq. dixi nonnulla, quae ad locum de *pictura encauſtica* pertinent. Nonnulla alia, quae ad idem picturae genus inſtaurandum et perficiendum in Italia funt tentata, commemorat MVINTERVS, V. Celeberr. eademque huc transfcribere placet, quoniam eius librum in lectoris vniuscuiusque manibus effe vehementer dubito. Cuius verba (p. 69) haec funt: Die in diefen mit Afche bedeckten Städten (Herculanum, Pompeii, u. f. w.) gefundene Mahlereien werden in einigen befondern Zimmern aufbewahrt, und find alle enkauftifch mit Wachsfarben gemahlt. Diefe verloren gewefene Kunft ift in den letztern Iahren aufs neue erfunden worden. Es ift bekannt, dafs fchon Graf Caylus, und Prinz S. Severo in Neapel viele ziemlich glückliche Verfuche machten. Ein noch in Bologna lebender Spanifcher Exjefuit fuhr mit dem Verfuche fort, die er in der kleinen Schrift: *Saggi ful riftabilmento dell' antica arte de' Greci e de' Romani pittori, del Sig$^{re}$ Abbate D. Vincenzo Requeno, Venezia,* 1784. 8. befchrieb, und der Hofrath Reiffenftein in Rom hat die Sache zu einem noch höhern Grade der Vollkommenheit gebracht. Die Kunft befteht in der Zubereitung des feinen weifsen punifchen Wachfes, das, wie Zucker oder Mehl im Waffer aufgelöfet werden kann. Mit diefem Wachfe werden die meiftens mineralifchen Farben gerieben, und hernach wie Farben in der Gouache-Mahlerei behandelt. Wenn das Gemählde fertig ift, wird gefchmolzen Wachs über das ganze Stück gegoffen, und diefes fo nahe an das Feuer gefetzt, dafs das Wachs ganz wieder wegfchmilzt. Darauf wird das Stück polirt und ift fertig. Die römifchen Mahler, die an diefen Verfuchen Theil genommen haben, find fehr damit zufrieden gewefen, und glauben, dafs diefe Mahlerei die Vortheile der Gouache- und Oel-Mahlerei vereinigen, und dauerhafter, als beide, feyn werde.

Man

Man hat verſucht auf Materien aller Art zu mahlen: auf Papier, Leinwand, Holz und Stein, und überall mit gleicher Wirkung. Vorzüglich gelingen die Landſchaften, wo ſelbſt der Hintergrund meiſtens ſeine Harmonie mit dem Vorgrunde behält. Dies iſt indeſſen alles noch Verſuch. Die Zeit und mehrere Erfahrungen werden zeigen, ob die Mahlerei dauert, nicht die Farbe verliert, und nicht von den Materien, worauf ſie gemahlt iſt, abſpringt. Hält ſie alle dieſe Proben aus, ſo dürfte ſie vielleicht die Oelmahlerei verdrängen, oder ſich wenigſtens neben dieſer ſtellen.

INDEX

# INDEX.

## A.

*Aaronis* pectorale, 17. vitulus, qui fuerit, 59.
*Abyssinorum* pecunia, qualis? 49. 223.
*Acanthi* lignum in deliciis veterum, 25.
*Accentus scripti*, cur et quo tempore vocabulis additi? 7.
*Aceris* lignum vsurpatum, 26.
*Achatae*, gemmae diuersicolores, 16. 166. olim in honore erant, 17. qualis in Pyrrhi annulo, *ib.* 167.
*Adam* (R.) 98.
*Adamas* veterum non conuenit noftro, 13. 147. de eius vfu antiquo, 13. olim non fcalptus, 69. 149. qui lapillus ei fimillimus, 151. *fq.* 158.
*Addifonus* oftendit numorum veterum vtilitatem, 238.
*Adriani*, imp. villa, 62. 132.
*Adfpiratio* in Graeca lingua, vnde? 6.
*Aedificandi* ap. veteres magnificentia, in quo fuerit? 94. *fqq.*
*Aedium* antiquarum defcriptio magnificentior, 94. 96.
*Aeginetae* primi cudunt numos, 224. *fq.* quod idem Phidoni Argiuo tribuitur, *ibid.* haec quo pacto conciliari poffint? 229. *fq.* eorum *aes* in fundendo vfurpatum, 287.
*Aeginetica* fchola artium, 63.

*Aegyptiaca* pictura in linteo, 83. *architectura* Mofis aetate, 89. laudatur praeter modum, 320. *fqq.* ab alio defpicitur, 317. *fq.*
*Aegyptiorum* opera, qualia? 60. *fq.* ac figna, 191. 193.
*Aegyptios* quid inuitauit ad aedificandum, 89. temere pro artium omnium inuentoribus habent multi, 118. 321. *fq.* ipforum animus antiqua feruandi pertinax, 119. ex eis fcribendi artem difcere potuit nec Mofes, nec Cadmus, 121. Ipfos quis varia ab Indis accepiffe putet. 306. 317. *fq.*
*Aegyptius lapis*, v. *Syenites*.
*Aegyptius* (Matth.) 39. 201.
*Aelianus*, 49. 79. 212.
*Aeneae* tabulae fucceferunt ligneis ad fcribendum, 199. *fqq.* 213.
*Aeneas* ftatuas qui formarunt, 77.
*Aes*: de eius generibus et vfu antiquo, 22. *fq.* 287. In emtione, 49. eius temperandi et fundendi ratio, 76. 287. *fqq.* ratio ad aurum et argentum, 23. *Corinthii* vfus multiplex, *ib.* numi ex eo non facti, 51. ex eo fphinx Hortenfii, 78.
*Aefculapius* cedrinus, 191.
*Aethiopes* literas ad fcribendum habuere, 120.
*Aethiopicum* marmor, nigri coloris, 11.

Y

ἄστοί et ἀστώματα, in templis, 91.
*Africana citrus*, in deliciis fuit, 25. *marmora*, 10. 129. *sq.*
Ἀγάλματα τετράγωνα, qualia? 60.
Ἀγαλματογλύφων prudentia necessaria in marmoribus deligendis, 133. in statuis conficiundis, 261. *sqq.*
*Agricola*, 11. *sq.* 14. 17. 19. 134.
Ἀπρόλιθοι figurae, quales? 264.
*Alabandici* lapides, 156.
*Alabandicum* marmor, 11. non candidum, sed nigrum, 136.
*Alabastrites*, marmor, Graece ὄνυξ, vel *onychites*, 137.
*Alabastrum*, diuersus ab antegresso lapis, 137. ad quod adhiberi solebat, *ibid.* 216.
*Albani*, Cardinalis, villa et opera antiqua ibi asseruata, 137. 139. 214.
*Alcamenes*, Gr. artifex, 64.
*Alcmaeonidae*, aedificant templum Delphicum, 138.
*Alexander* M. irridetur, 239. eius statua a Lysippo facta, 240. epigrammata Gr. in hanc scripta, *ibid.*
*Alexis* memorat vasa et pocula γραμματικά, 114.
*Allatius* (Leo) 6. 9. 28. 43. 48.
*Allixius*, deprehendit Ephremi Cod. 32.
Ἀλώνητα, quae? 221.
*Alphonsus*, Arragoniae rex, 56.

*Aluearia* e phengite cur facta? 20.
*Alyattes*, rex Lydorum, numos signauit, 230.
*Amantius*, 37.
*Amazon* mortua ex marmore Pentelico, 135.
*Amethystizon* Rubinus Plinii, qualis? 150.
*Amethystus*, gemmae species, 15. 157. *sqq.*
*Amiantus*, lapis, vbi nascitur, 19. telis et ellychniis idoneus, *ibid.*
*Amyclaea* inscriptio, 4. 39. 136.
*Amyntae*, regis Maced. numus num antiquissimus? 50. 232.
*Anaglyptica* opera, quomodo e marmore parata, 264. 273. *sq.* insignis eorum vtilitas, 326.
Ἀνάγλυφα s. ἔκτυπα, gemmae caelatae, 68.
*Ancus Marcius*, rex Rom. 199.
*Androdamas*, differt ab adamante, 13.
*Antefixa*, in tectis templorum, 74. 94.
*Anteros*, gemma, 15.
*Antiochi* trulla, ex vna gemma, 14.
*Antipathia*, temperatura ferri, 77.
*Antiquae* res qua ratione et quo consilio indagari possunt, 103. *sq.*
*Antiquitas*, eius cognoscendae duplex ratio est, L plenius enucleatur, 101. *sqq.*

τὸ *Antiquum* quid hodie appellant viri eruditi, 104. eius rationem qui subtilius indagauit, 107. quid in marmoribus spectabat, 131.
*Antisthenis*, philosophi, facies in numis, 244.
*Antonini* et *Faustinae* templum, 141.
*Antonius* (Marc.) rapuit statuam auream, 171.
*Anubis* simulacrum aureum, 171.
*Apelles*, summus pingendi artifex, 83. sq. eius magister, 256. 259.
*Apianus*, 37.
*Apollinis* Ismenii in templo donaria, literis Cadmeis signata, 127.
*Apollo* cedrinus, 26. 191. non discrepabat a Marte, 61. 255. eius statua in villa Rom. *Belvedere*, 65. signa aurea, 172. 324. aliud inauratum, 174. *cytharoedus* in numis, 240. character eius singularis et proprius, 281.
*Apollodorus*, pictor celeber, 84.
*Apollonius* Rhodius, 174. sq.
*Apuleii* vitrum sigillatum, 73.
*Arae Pembrochianae* titulus literis antiquis scriptus, 126. sq.
*Arborum cortex* et *liber* ad scribendum adhibitus, 204. sq. quo pacto inde ad volumina peruenini potuit, 205. sq.
*Arbuthnot*, 23.

*Archaeographiae* nomen et descriptio, 106.
*Archaeologiae* notio, natura et genera varia, 101. sqq. 108. eius componendae et recte exponendae difficultas, ibid. *literariae* in primis ratio, 105. 107.
*Archelai* epigramma Gr. in Alexandri M. statuam, 290.
*Architectura antiqua*. Eius inuentio et perfectio serior esse putatur sculptura, 88. temere in locis Geneseos quaeritur, ibid. ab initio lignum rude et lutum tractauit, 89. eius ad artis formam redactio debetur Aegyptiis et Graecis, ibid. Eius reliquiae per quam occasionem indagatae, et a quibus editae sint ? 97. sq.
—— *Aegyptiaca* praeter modum laudatur et despicitur, 317. sqq. a quibus sumta dicitur, ibid.
—— *Graeca*, cuius initia et progressus enarrantur, 90. sq. fuit eximia in publicis, non in priuatis aedificiis, ibid.
—— *Romana*, eius initia, profectus et corruptio, 97.
*Archytae* facies in numis, 244.
*Ardices*, Corinthius, picturam prouehit, 83.
*Areopagi* in reliquiis quae vidit Vitruuius, 90.
*Argenteus liquor*, scribendo aptus, 9.

Y 2 *Argen-*

*Argentum*, de eius diuersis generibus et vsu antiquo, 21. *pustulatum* s. *pusulatum*, quidnam? *ibid*. factum et signatum, 21. eius ratio ad aurum et aes, 23. quando Romae signari coeptum, 51.
*Arigoni* numismata, 114.
*Aristides*, pictor, ήθη et πάθη exprimere coepit, 84.
*Aristomenes*, Messenius, quomodo mysteria descripta seruauit, 203. *sq*.
*Aristophanes*, comicus, 14. grammaticus, 183.
*Aristoteles*, 79. eius de orichalco sententia, 182. *sq*. de nomis primis, 225.
ἁρμογὴ picturae, quid? 80.
*Arrianus*, 136. 183.
*Ars perfecta* argutator et corrumpitur, 60. quando deficere coepit apud Graecos, 62. eius fortuna post Alexandri aetatem in Graecia, 65.
*Artifices* quando meri imitatores erant? 66.
*Artificium* scribendi fere diuinum, 116. *sq*.
*Artis priscae* monimenta quas vtilitates afferunt, et a quo tempore conquiri coepta, 108. *sq*.
*Arundelianum* marmor, 225.
*Aryandes* numos argenteos cudit, 230.
*Asclepiadis* epigramma, 159.
*Asiatica* marmora, 10. cum titulis a quo edita, 37. ratio et ingenium picturae, 85.

*Asteria*, e genere gemmarum, 13. *sq*.
*Aske's* Essay laudatur, 129. 219.
*Athenaeus*, 114.
*Athenarum* ciues vbi primum vixere? 88. aedificia publica magnifica, contra vero priuata, 90. *Ruinae* per quos editae, 97. *sq*.
*Athenienses* diu vsurparunt priscas literarum figuras, 125. sero mutabant scribendi rationem, 128. eorum leges in quo erant scriptae, 198.
*Athenienfis* schola artium, vnde orta? 63.
*Atlantica insula*, a quibus credita, 196.
*Atra marmora*, 11. 139.
*Atramenti* genera plura, 9. eius vsus in pictura, 79.
*Atrium* aedium priuatarum, 96.
*Attalicae* vestes, earum nomen et ratio, 21.
*Attalo* tribuitur inuentum librorum quadratorum, 28. 208.
*Atticum* marmor a quo editum, 38. *ingenium* picturae, 85.
*Attidis* simulacrum aureum, 171.
*Augusteum marmor*, quale? 141.
*Augustinus*, (Ant.) 55. *sq*.
*Augustus* murrhino poculo vtitur, 19. eius statuae aureae, 173.
*Aurea supellex* varia, 21.

*Aureae*

*Aureae statuae* Deorum, 171. *sqq.* 324. et Romanorum ante Domitianum, 172. *sq.*
*Aureus liquor*, ad scribendum idoneus, 9.
Αυλή, in aedibus priuatis, 96.
*Aurum.* Eius genera optima et usus apud veteres, 20. *sq.* cum argento et aere comparatio quae olim fuerit? 23. purissimum signatum apud Persas, 51. 230. quando Romae signari coeptum? 51. eo donantur Spartiatae a Croeso, 324.
*A. W.* Britanni ἀνωνύμου sententia de scripturae origine, 116. sqq. scribendi artem negantis ab Aegyptiis propagatam, 121. sq. 124. 127. *sqq.*
*Axibus ligneis* incisae leges Solonis, 198. sq.
Ἄξονες legum nomen, qualium? 198.

### B.

*Babylonica aedificatio* quid arguat? 88.
*Bacchi* character singularis, 283. signa inaurata, 174.
Βαιτύλια, signa Graecorum, quae? 60.
*Balbecki* ruinae, a quo editae, 97.
*Bandurius*, 55. 57.
*Baringius*, 17. 43. 45. *sq.*
*Bartholomaeus* (Barthelemy) 39. 50. 95. 234. 257. 303.
*Bartoli*, 68. 67.

*Basaltes*, 11. 138. varia eius genera, *ibid.* ad quas res adhibitus, 132. 212. opera diuersa e diuersis generibus facta, 138. *sq. pedocchioso* ab Italis dictus, qui sit? et columnae ex eo caesae, vbi? 139.
*Bases* protomarum ex Alabastro, 137.
*Basilicae*, quae dictae? 91. 94.
*Baumgaertnerus*, 131.
*Begerus* (Laurent.) 50. 232. *sq.*
*Bellerophon*, cum literis dimissus, 197.
*Belli diplomatici* auctor, 44. eius quasi milites, *ibid.*
*Bell' occhio* Italorum, qualis gemma? 167.
*Bellorius*, 87.
*Bendis* simulacrum aureum, 171.
*Bentleius*, 60. 294. deprehendit Plinii errorem, docetque Thericlis patriam, *ibid.*
*Bergerus*, 19. *sq.*
*Beryllus*, 19. *sq.* gemmae species, 14. *sq.* eius viriditas, 15. 159. *sq.* ab antiquis iam politus, 265.
*Bimardus*, 50. 52. 55. 62. 233.
*Bianchinus*, 6.
*Bochartus*, 22. 183.
*Bochi* Syllae gratificaturi donaria, 172.
*Boldettus*, 20. 38.
*Bonarottae* liber de reliquiis vitri picti laudatur, 82. 96.

*Bona-*

*Bonarottus* (Mich. Angel.) 87. quæ in fchola erudi- tus, 111. quomodo verfa- batur in marmoribus cae- dendis, 262. *fq.* 273.

Βοάνηρα, quae Spartae di- cebantur, 221.

*Boreas*, gemma, 16. quo- modo hodie appelletur? *ibid.*

*Borgiae*, Cardinalis, mu- feum, 295. inuitantis ex- teros ad cimelia fua defcri- benda, *ibid.*

*Bofius* (du Bos) 85. *fqq.*

*Breitinger*, 29.

Βρέτη, fignorum Gr. genus, quod? 60. 275.

*Britanni* taleis metalli vte- bantur, 49.

*Britannia victrix* in gemma caelata, 271.

*Britannica Archaeologia*, qualis? 103.

*Browerus*, 28.

*Bruckerus*, 31.

*Brückmannus*, merito lau- datus, 146. 170. *fqq.*

*Budaeus*, 56.

*Buherius*, 4.

*Büfchingius*, 149. *fq.* 265.

*Burguetus*, 3.

*Burmannus*, 18. 36.

Βυστροφηδὸν fcribendi ratio, 5. incifus titulus, 62. 126. *fq.* ea fignum antiquitatis in numis, 235.

*Buxeum fignum* Apollinis, 191.

*Buxus*, 26.

*Byzantini* artifices, 133. fcal- ptores quid feruerunt, 266. *fq.*

C.

*Cadmia*, aeris quafi matrix, 22.

*Cadmus* quid Graecos docuit, 4. 89. 121. 123. fcribendi artem ex Aegyptiis non didicit, 121. 124.

*Caelatum* ebur, 25. 96. mar- mor, 67. hoc quo colore effe oportuit, 132.

*Caelatura*, vid. *Toreutice:* in fictilibus faftigiis, 74. in opere ex lapide Obfidia- no, 140.

*Caeruleae* gemmae, 15.

*Caeruleus liquor*, fcribendo aptus, 9.

*Caefar* (Iul.) 23. eius fercula triumphalia, 25. narratio de talearum metalli vfu apud Britannos, 49. dacty- liothecae comparatae, 71.

*Caii*, Aug. mollities notata, 17.

*Calamis et Canachus*, artifi- ces, 63.

*Callimachus*, 60. 130.

*Cameo*, fiue *Camée*, qualis gemma, 165. quomodo caelatur, 269.

*Campana* Horatii fupellex, 74. an fimilis *Vafis Cam- panis* nuper repertis? *ibid.*

*Candaules*, rex, qualem ta- bulam pictam habuit, 83.

*Candida* marmora, qualia, 9. *fq.* recenfentur, 135. *fqq.* ad quas res adhibita, 131. *fq.* deftinata titulis incidendis, 216.

*Candidum plumbum* veterum quale? 23.

*Caneparius*, 9.

*Cangius*,

*Cangius*, 46. 55. 95.
*Canon*, Polycleti simulacrum, 64.
*Capilli et cincinni* capitum ferruminando additi, 77. 292.
*Capis murrhina*, quanto emta? 19.
*Capnias*, gemma, 155.
*Carbo* siue *carbunculus*, qualis gemma, 16. 150. 156.
*Carcanius* (Ioseph.) titulos omnes colligere et promulgare promisit, 217.
*Carchedonius*, gemmae species, vnde eius nomen? 16. 156.
*Carneoli*, gemmae, 15. 163. vid. *Sarda*.
*Carpenterius*, 8. 46.
*Carrarense marmor*, quale? 136. opera ex eo facta, ibid.
*Caryatidum* ordo, qualis? 93.
*Caryophilus*, scriptor de marmoribus, 10. *sq.* 134.
*Carystium marmor*, viride, 9. 10. 140. vnde *Euboicum* dictum? 140.
*Casaubonus*, 42. 114.
*Casleius*, 6.
*Catagrapha* quae sint, et a quo picta? 84.
*Cato*, 24.
*Caylus*, Comes, 5. 8. 11. 38. *sq*. 60. 62. *sqq*. 67. 72. 81. 83. 85. 113. 115. 118. literas Aegyptiacas credit hieroglyphis admistas, 120. iusto plus aestimat Aegyptiorum ingenium et eruditionem, 126. *sqq*.

memorat opera porphyretica, 133. aliud ex lapide Obsidiano, 140. quid contendit de Sycomori ligno, 193. et hieroglyphis Aegyptiacis, 213. 291.
*Cedri* vsus antiquus, 26. signa ex eius ligno facta, 191.
*Cellarius*, 136.
*Cera*, ex ea fingebantur *proplasmata* et imagines, 75. eius vsus in veterum pictis tabulis, 80. et parietibus, 81.
*Cerarii*, qui? 74.
*Cerati* codices, et horum vsus, 28. *sq*.
*Cestrotum* genus picturae, 81.
*Chalcedon*, oppidum Bithynise, gemmae patria, 162.
*Chalcedonius*, e genere smaragdorum, 14. 162. *sq*. icuncula ex eo facta, 68.
*Chaldaicarum literarum* genus nouum, 3.
*Chalybs*, ferri species, 24.
*Characteres* diplomatum, quales? 47. *sq*. diuersi Basaltis, 138. *sq*. Deorum Graec. praecipui et singulares, 282. *sq*.
*Chares*, statuarius, Lysippi discipulus, 292.
*Chartae papyraceae* vsus prior, quam membranaceae, 28.
*Chernites*, lapis candidus, 138. sarcophagis maxime idoneus, *ibid*.
*Chishull*, 3. *sqq*. 37.
*Chium marmor*, 11.

*Choro-*

*Chorographica*, picturae genus, 85.
*Chronicon Gottwicense*, 45.
*Chrysippi*, philosophi, vultus in numo, 244.
*Chrysoberyllus*, gemma, 14. 160.
*Chrysolithus*, gemma, 16. 155.
*Chrysoprasus*, gemma, 14. 161.
*Ciampinus*, 95.
*Cicero*, 14. 22. 24. 42. 61. 63. 66. 71. 74. 79. 82. 84. 91. 94. eius villa, 94. meminit vasorum, 303.
*Cimon*, catagrapha pinxit, 84.
*Cipollino antico*, 141. columnae ex eo caesae vbi superfint? *ibid.*
*Cippi*, cur olim positi, 210. *sq.*
*Circumlitio* in picturis, quid? 83. est in operibus marmoreis necessaria, 10.
*Circumscriptio figurarum* a quo inuenta et quomodo appellata? 84.
*Citrus* Africana in deliciis Rom. 25. ex eius ligno facta Mercurii statua, 191.
*Cittieae inscriptiones*, quae? 38. interpretes earum variant, 39.
*Claudii*, Caesaris, statuae quae non probatae? 133.
*Clemencet*, 46.
*Clemens Alexandrinus*, 60.
*Clodianum* argentum, 22.
*Clypeus* caelatus, 68.
*Codex*, seu *volumen*, quomodo ortum videtur, 305.

*sq. Ravianus* Berolin. qualis? 33.
*Codices antiqui* e prioribus ante C. N. saeculis exstant nulli, 31. iacturae talis caussae, 31. *sqq.* eorum antiquitas vnde iudicetur? 33. descripti subinde sunt ex ipsis typographicis exemplis, 33. Eorum notitia vnde petenda, *ibid.* multiplex inspiciendorum vtilitas, 34 *sqq.*
—— *Hebraici*, qui meliores? 29.
—— *Graeci*, vnde eorum antiquitas indicetur? 30. scripturam veterum imitata sunt tempora recentiora, *ibid.*
—— *Latini*, antiquissimi qui? 30. cur multi perierint? 31.
—— *rescripti*, qui? 31. 309.
—— *cerati* vsibus priuatis inseruiebant, 28.
—— *papyracei* adhuc superstites, *ibid.*
—— *MSCC*. ex quo tempore conquisiti, 110. id faciendi studium quid effecerit? 111.
*Colores veterum*, eorum cognoscendorum difficultas ex ambiguitate verborum, 26. 194. in picturis ab initio singuli, post plures, 79. eorum varietas, *ibid.* quomodo subacti sint? 80. eorum transitus apud Ouidium, quid? *ibid.* eorum splendor et aκμή, *ibid.*

*Colori-*

*Coloribus* facile agnoscuntur gemmarum genera, 13.
*Coloris* ratio habita in marmoribus, 131. *vnius* tantum marmor, vbi et cur adhibitum? *ibid.*
*Colosseae statuae*, quales? 77.
*Colossus Rhodius*, 77. a quibus factus? 292.
*Columellae merae*, fuere signa Deorum, 60.
*Columna Duilliana*, 5. 39. 216.
*Columnae*, earum *ordo triplex* incertam originem habet, 91. antiquissimus est *Doricus*, *ibid*. earum *partes potiores* enarrantur, 92. *magnificentia* commemoratur, 94. Quo ex marmore caedi potuerint? 133. v. *Ordo columnarum*.
*Columnae aeneae* incisae foederis leges, 201. *sq.*
*Columnae ligneae* porticuum necessariae, 91. quo tandem magnificentiae caussa tractae, *ibid.*
*Columnae marmoreae* antiquissimae, 9.
*Commissura* colorum, 80.
*Comparatio* auri, argenti et aeris, 23.
*Compendia scribendi*, vnde orta, et vbi vsurpata? 7. *sq.*
*Conringius*, 43. 48.
*Coraliticum*, marmor Phrygiae, 11. vnde dictum? 136. eius descriptio, *ibid.*
*Coralius*, Phrygiae fluuius, 136.
*Corcyraeorum* numus vetterimus, 357.

*Corinthia* schola artium, 63.
*Corinthium aes*, arte potius ortum, quam casu, 22. 288. ad numos non adhibitum, 51.
*Corinthium argentum*, 22.
*Corinthius ordo* columnarum, 91. eius ratio et partes, 92. *sq.* in aedibus sacris cur non vsurpatus? 93.
*Cornua* vmbilicorum in voluminibus, quae? 27. *sq.*
*Coronarium aurum*, quale? 20.
*Corsinus*, 7.
*Corsoides*, lapis nobilior, 19.
*Coruinus*, (Matth.) rex, 56.
*Cosmas*, 39.
*Critica facultas* in τοῦ *Antiqui* studio cur necessaria? 112. *sq.*
*Croesus* cippo fixo Lydorum et Phrygum fines definit, 211.
*Crustae*, quid? 67. 95. cur marmori insertae, 10.
*Cryptarum Rom.* picturae antique editae, 87.
*Crystallinae pilae* vsus antiquus, 14.
*Crystallus*, de eius nomine, pretio et vsu, 13. describitur, 162. *Alpina* laudatur, 14. mirae magnitudinis dedicatur, *ibid.* ex ea Isidis protome facta, 161.
*Curalium*, planta marina. Eius baccae ornatui inseruiebant. 18. opera ex eo facta, *ibid.* 324. *sq.*
*Curallioachatae*, 16.
*Cyanos*, gemmae species, 15.

Z                                *Cybeles*

*Cybeles* ſtatua Romam deportata, qualis? 60.
*Cylindras*, in voluminibus vnus, 27.
*Cyparſſi* qui olim vſus? 27. *Iunonis* ſignum ex eius ligno, 192.
*Cyprii aeris* ratio et vſus, 22. 287. aſſes Rom. ex eo facti, 51.
*Cyrenaeus numus*, num antiquiſſimus? 50. 232. ſq.
*Cyriacus Anconitanus*, 86.
*Cyzicenum marmor*, quale? 81. 136.

### D.

*Dactyliotheca:* veterum dactyliothecarum exempla, 71. *Lippertina* commendatur, 72.
Δακτυλιογλύφοι, qui erant, 70.
*Dardalus*, Athen. artifex, quid inueniſſe dicitur? 60. 62. 309. quae opera ei tributa, 90. horum nihil supereſt, 256. eum reuera vixiſſe qui dubitent? 309.
*Dantes* Codd. MSCc. conquirendo literas liberales prouehit, 110.
*Daricus*, numus Perſicus, 50.
*Darius Hyſtaſpes*, nomos ſignauit, 51. 230. in cuius generis ſarcophago ſepultus? 138.
*Dawkins*, 97.
*Deliaca vaſa* et ſupellex, 303.
*Deliacum argentum*, 22. aes in ſtatuis fundendis neceſſarium, 287.

*Delos*, inſula; cur celebrata? 303. *mercatus* ibi frequens, *ibid*.
*Demonactis* numus, num veterrimus? 233.
*Demoſthenes*, 91.
*Deorum* ſigna complura, ex auro et ebore facta, 175. ſqq.
*Deucalion* patria ſua Pelasgos expellit, 126.
Διαβεβηκότα ſimulacra, quae? 80.
*Dianae Epheſinae* ſignum, quo ex ligno, 192. aliud inauratum, 174. in numis, 240. eius templum in Auentino, 200.
*Dibutades* primus finxit ſimulacra figlina, 74.
*Dicaearchus*, 190.
*Dii* populorum multorum, figura humana, 278.
*Diocletianei palatii* Ruinae, 98.
*Diodorus* Siculus, 8. 76. 120. 123. ſqq.
*Dionyſii* Halicarnaſſ. ἀρχαιολογία qualis? 102. teſtimonia inde petita, 128. 199. ſqq.
*Dionyſius* Mileſius quid de literis Phoeniciis in Graeciam delatis memorat, 123. ſqq.
*Dioſcorides*, gemmarum ſcalptor, 71.
*Dioſcorides*, Gr. ſcriptor, 19. eius Cod. MSC. perantiquus, 29.
*Diplomata antiqua;* vocabuli varietas ſignificandi, 43. Obſeruatt. et Canonum ad

ea

ea pertinentium scripto-
res, 43. de iis, qui bene
meriti? 44. Eorum histo-
riam quis persequutus sit?
45. de eorum vtilitate,
necessitate, recteque diiudicandi modo, 42. 46. sqq.
218. sqq.
Diplomata Germaniae: eo-
rum scriptores potiores,
45.
Diplomaticae historiae scriptores, 44. sq.
Diplomatici operis noui auctores, 6. 8. 28. 30. 32. 39.
43. sq. διαίρεσις de eorum
opere, 44. sqq.
Diplomaticus scepticismus et
bellum inde natum, 44.
Διφθάρα, quid significauit?
205.
Diptycha varia edita, 38.
Diuersicolores gemmae, 16.
Domitianus quales statuas
sibi poni iussit, 76.
Donaria e ma garitis, 17.
Donatus (Sebalt.) 39. sq.
Doniana marmora, a quo
edita, 38.
Doricus ordo columnarum,
91. fuit antiquior reliquis,
ibid. eius ratio et vsus, sq.
Doruillius, 18. 38. 50. sq. 57.
92.
Drakenhorch, 68.
Ducis Bedfordiensis adamas
sculptus est dubius, 149.
Durities in operibus artifi-
ciosis notata, quae sit? 63.
eius ratio habita in mar-
moribus, 131.
Dutens (Ludouic.) explicat
literas incognitas, 135.

eius specimen palaeogra-
phiae numismaticae, 234.
sq.

E.

Ebeni lignum vsurpatum, 26.
Deorum signa ex eo facta,
191. sq.
Ebur, de eius virtute et vsu,
24. quando tingi coeptum,
25. carlatum et varie
vsurpatum, 96. cor in
Deorum signis fabricandis
adhibitum, 179. sqq. de eo
qui erudite scripsit, 190.
Echion, vel Eetion, pictor
celeber, 79. quibus colo-
ribus est vsus, ibid. eius
tabula picta laudatur, 80.
Eckhelius, 126. 236. 257.
Eetion, sculptor, fingit Ae-
sculapium, 191.
Ekhardus (Christ. Henr.) 45.
Ἐκτυπα, 68. 288.
Electrum, v. Succinum.
Elegantia et praestantia vasorum antiquorum, 296.
sqq.
Emblemata in libris antiquis,
quae? 34. in vasis, 67.
alia, 68.
Encaustica pictura, qualis?
8. sq. 314. sq. 334. sqq.
Encaustum, genus picturae,
quale? 80. sq.
Encaustum, liquor scribendo
aptus, 9.
Epaminondas, 203. 207.
Ephremi Syri Cod. vbi et a
quo deprehensus? 32.
Epiteles, 202. 2 7.
Equestres statuae, 77. earum
princeps, 78.

Z 2         *Etrusca*

*Etrusca marmora* cum titulis, a quo edita, 37. *vasa*, 304.
*Etrusci* accipiunt scripturae vsum, 4. eorum literae in exemplis, *ibid*. 127. opera affabre facta, qualis? 61. a quibus picturam accepere, 86. inscriptiones quo pacto interdum fecere, 214. eorum figuras delineandi ratio cum Graecorum comparata, 253.
*Euboicum marmor*, 140.
*Eumarus*, pictor Atheniensis, primus sexum discrevit, 84.
*Euripides*, 197.

**F.**

*Fabrettus*, 37. 39. 41.
*Fabricius*, 57. 98.
*Falconetus*, 145. 261.
*Fastigia fictilia* caelata, 74. templis propria, 94.
*Fea* (Carol.) italice vertit Winkelmanni hist. Art. 136.
*Felibien*, 87. 98.
*Ferberus* laudatur, 134. *sqq.* 137. *sqq.*
*Ferrei* f. nigri coloris marmor, 11. 138.
*Ferrum*, eius vsus in emtione, 49. color, 24. raro fuit materia statuarum, 76.
*Ferruminatio marmorum*, quae? 10. eius vsus in statuis et vasis, 77. singularis in vase vitreo, 115.
*Festus*, 26.
*Fierli* comparat Etruscorum et Graecorum progressus in delineandi arte, 253.

*Figlina* veterum, imitata est opera caelata, 74.
*Figlina simulacra*, qui primus finxerit? 74. eorum exempla antiqua. *ibid*.
*Figurae humanae* fingendae ratio, quomodo inchoata et perfecta fuit, 60. 250. *sqq.*
*Figuras* lineis extremis circumscribendi ratio initio simplex, 250. *sq.* origo quaerenda in imitandi facultate, 251. *sqq.* vbi prima rei pericula superfuunt, 256. *sq.*
*Figuras literarum*, a Cadmo acceptarum, Graeci alii aliis serius mutarunt, 125. *sq.*
*Flaui coloris* marmora, 11.
*Fleetwood*, 37. 41.
*Florentina societas* librariorum, qualis? 33.
*Formae* (des moules) necessariae in plastica, 286.
*Froelichius*, 49. eius nomen ficticium, 54. 57. 237. declarat numorum veterum vsum, *ibid*.
*Furmontius*, 4.

**G.**

*Gallandatus*, 190.
*Gallienus*, imp. adulterat numos argenteos, 51.
*Gattererus*, 45. 129.
*Gemma Veneris*, quae? 15.
*Gemmae*: vsus vocabuli antiquus explicatur, 12. in his describendis et distinguendis antiquorum vitia, *ibid*. 144. earum distributio, 12. 146. *sq.* sculptura, v. *Scal-*

v. *Scalptura*. vſus apud antiquos, 17. 70. ex quo tempore Romae innotuere, *ibid.* earum colligendarum ſtudium quando inchoauit? 111.

*Gemmas* plurium quaſi ſtratorum qua ratione caelare oportet, 271.

*Georgiſch*, 43.
*Gerbertus*, 45.
*Germonius*, 47.
*Gesnerus* (Io. Iac.) 55.
*Gillies*, 202. 277. 305.
*Glaucus*, Chius, ferruminationis auctor, 77.
*Glyptice*, v. *Scalptura gemmarum*.
Γλυττὸν, quod dicitur? 59.
Γλύφανον, 68.
*Goguetus*, 58. 88. 90. ſq. 118. ſq.
*Goltzius*, 56.
*Gorgiae*, Leontini, ſtatua, qualis? 172.
*Gorgonia planta* veterum, quae? 18.
*Gorius*, 5. 37. 65. 72.
*Gorlaeus*, 15. 69. 71.
*Goſſelin*, 186.
*Gottwicenſe* Chronicon, 45.
*Graeca marmora*, Romanis gratiſſima, 10.
*Graecae tabulae pictae* per quos Romam venerunt, 86.
*Graecarum literarum* antiquiſſimae, 7.
*Graeci Codd.* antiquiſſimi, 30.
*Graeci homines*, in artificiis principatum adepti, 61. ſq. 306. quae a Cadmo ad eruditionem accepere? 4.

121. quae ad Architecturam? 89. vnde opinionem iuſto maiorem de Aegyptiorum hieroglyphis hauſerint? 119. ſq. alii aliis ſerius notabant literarum figuras, et ſcribendi ordinem, 124. ſq. cur ſigna Deorum ex auro et ebore fecerint? 174. ſqq. eorum progreſſus in delineandi arte, et quales Etruſcorum, 253. hi ab eis ſuperati, 255. illorum artifices iuuenes quomodo inſtituebantur, 260. cur Deos figura humana praeditos fingebant, et quid ſequebantur, 275. ſqq.

*Graeciae ruinae*, a quo editae, 97.

Γράμματα δημώδη quando in Aegypto admiſſa ἱερογλύφοις, 120.

Γραμματικὰ vaſa et pocula, quae? 114.

*Granatus*, gemmae ſpecies, 16. 156. varia eius genera, 156. ſq. ab antiquis non ſculptus, 157.

*Granites*, lapis duriſſimus, 143. obeliſci ex eo caeſi, *ibid.* 212.

*Granito orientale*, qualis lapis? 141. lapides alii, quos Itali vocant *graniti*, 143.

*Grapaldus*, 96.

*Graphice* v. *pictura linearis*: eius honos ſingularis apud Graecos, vnde? 259. ſq.

*Graphidos ſcientia*, quae? 79. 311. ſqq.

*Gratianum* argentum, 6. 22.

Grego-

*Gregorius* M. P. M. libros L u. deleuiſſe creditur, 31.
*Gronouius*, 23. 51. 72.
*Gruterus*, 4. 37.
*Gudius*, 37. eius de inſcriptionum vſu iudicium, 40. ſq.

## H.

*Hagedorn*, 87.
*Haltauſius*, 46.
*Hannibal*, quibus tabulis inſcripſit copiarum ſuarum numerum, 201.
*Harduinus*, 40. 55. 96. 232. eius de orichalco opinio, 184. ac de *pictura lineari*, 311.
*Hauercampus*, 56.
*Haymius*, 57. 241. ſq. 244.
*Hebraicae literae* veterrimae, quales? 3.
*Hebraici Codd.* qui optimi? 20.
*Helladicum ingenium* picturae, 85.
*Heracleenſes tabulae*, quales? 4. 6.
*Heracleenſia marmora*, a quo edita? 38. ſq.
*Heraclium marmor*, 140.
*Herculanenſes picturae*, quid docent? 85. 87.
*Hercules* non differebat a Vulcano, 255.
*Hermaphroditus* Florentinus, 65.
*Herodotus*, 8. 23. 36. 40. 76. 124. ſq. 127. 205. 211. 224. 230. 277. ſq.
*Heroes Graeci*, alter aetate prouectus, alter iuuenis ac vulneratus, ex marmore Pentelico, 135.

*Heſiodus*, 22. 130. 182. literis Ionicis vtitur, 127. eius Cod. MS. perantiquus, 29. eius opus in tabula plumbea ſcriptum, 203.
*Heſſelius*, 36. ſq.
*Heſychius*, 81. 171. 294.
*Heumannus* (Ioan.) 45. 48.
*Heynius* accuratius explicuit *Archaeologiae* et τοῦ *Antiqui* notionem et naturam, 107. ſq. quid in τῷ *Antiquo* maxime ſpectatum vult? 113. 180.
*Hieroglyphica ſigna*, 3. 119. iuſto plus aeſtimata per Graecos, 120. his num literae admiſtae ſint? *ibid.* qui ea explicari poſſe putant, 213.
*Hieroglyphicae figurae* et harum vſus, 8. non ſcalptae, ſed caelatae, vbi? 212. ſq.
*Hieronymus*, 6.
*Hillius*, Britannus, 131. eius Obſeruatt. laudantur, 135. 137. ſq. 140. 142. 148. ſqq.
*Hiſtoriam* qui numis illuſtrarunt, 54.
*Homeri aetate* poſterior marmoris vſus, 9. non item κασσιτέρου, 23. *cupreſſi*, 26. *metallorum*, 49: item ignota aedificandi magnificentia, 90. Literas *Ionicas* vſurpatas, more noſtro collocabat, 127. Eius μάρμαρον, quale? 130. victimarum cornua inaurandi modum quomodo deſcripſit, 175. Is meminit *orichalci*, 182. et
ſcri-

*scripturae* in tabellis
197.
*Horatius*, 10.
*Huttichius*, 37. 56.
*Hyacinthus*, gemma, 15.
153. *sq.*
*Hymettium* marmor, 9. 11.
130.

## I.

*Iaennon di Laurent*, negat Alabastriten ab Alabastro differre, 137. describit *Syeniten*, 141. vti et gemmas, 146. *sqq.* 150. 262.
*Iapauenses* vsurpant pecuniae loco lamellas, 183.
*Iaspis*, non vnius coloris, 13. 16. gemmae species, 16. 167. duo opera caelata ex rubri coloris Iaspide, f. *Rosso antico*, 328.
*Iconicae statuae*, quales? 77.
*Icuncula e succino*, quanti Romae aestimata? 18. alia e Chalcedonio, 68.
*Ilex sacra* in Vaticano, cum inscriptione vetusta, 214. eius lignum vsurpatum, 26.
*Imaginum* in antiquis Codd. MSCC. minus pretium, 29.
*Impluuium* in aedibus, 96.
*Iuourandi ratio* veterum, 77. *sq.* 175. *sq.* 263.
*Inauratae statuae* Deorum et hominum, 174. *sq.*
*Indi*, Aegyptiorum maiores esse, 318. et hos picturam atque Architecturam docuisse putantur, 250. 306. 317. *sqq.*
*Ingenia diuersa* picturae, 85.

*Inscriptio* Gr. cum Etrusca comparata, 127. *Nemausiensis* a quo, et qua via instaurata, 214.
*Inscriptiones veteres*, quarum collectores et interpretes laudantur, 36. *sqq.* antiquissimae omnium in vrbe Cypri, Cittio, repertae, 38. Graecae et Lat. antiquissimae, quae sint? 39. optimae et vtilissimae, quae? *ibid.* earum vsus, qui? 40. *sq.* earum recte diiudicandarum et tractandarum ratio, 41. *sqq.* ese antiquitus non erant in monumentis, 210.
*Instrumenta scribendi*, 8. diuersa alia per quos inuenta, 310.
*Interpunctio*, olim fuit vocis, non scripturae, 6.
*Ioannes Sarisberiensis*, quid de Gregorio M. narret? 31.
*Iobertus*, 54. *sq.*
*Iocundus* Veronensis, 36.
*Iones* primi literarum figuras mutarunt, et eas collocandi rationem, 127.
*Ionicae literae*, vnde ortae? qui eis primi vsi esse, et more nostro exarasse putantur? 127.
*Ionicum ingenium* picturae, 85.
*Ionius ordo* columnarum, 91. in Asia ortus et antiquior, *ibid.* eius ratio et vsus, 92. *sq.*
*Iosephus* (*Flauius*) 67. eius ἀρχαιολογία qualis? 102. et

et fabella de Sethi columnis cum titulis, 211.
*Ionis* signum aureum praegrande, 324. eius aliud, Phidiae labor, 282.
*Iris Chalcedonia*, gemma, 163.
*Isidis* protome, 161. stantis simulacrum ex Basalte, 179.
*Isidori* Etymologicum, vbi deprehensum? 32.
Ἰσομέτρητοι statuae, quales? 77. talis est C. Caesaris, 214.
*Italicae artis* veteris opera, 86.
*Italicus ordo* columnarum, qualis? 93.
Ἤθη et πάθη qui expimere coepit, 84.
*Iunius* (Franc.) 66. 75. 87. 98.
*Iuno* quorum a Venere non differebat, 61. 155. nec a Minerua, ibid. eius character peculiaris, 282.
—— *Samia* in numis, 242.
*Iupiter Olympius*, opus Phidiae, 64. *Capitolinus* Romae, fictile opus, 74. *Labradenus* f. *militaris* in numis, 241. vti et Φιλάλήθης et Λυραῖος, ibid.
*Iuuenalis*, 10. 75.

### K.

Κασσίτερος, plumbi species, 23. κασσιτερουργῶν laborandi methodus a quibus imitanda, 286.
Κέρματα et κόμματα, pecuniae loco vsurpata, 225.

Κρυσταλος, 14.
*Kircherus*, quid de literis cum Hieroglyphis Aegyptiorum statuit, 120.
Κηρόχυτος pictura, quae dicatur? 80.
*Klotzius*, 265. 272. sq.
*Knittelius*, 32.

### L.

*Labyrinthi Aegyptiorum*, quid doceant, 89.
*Laches*, statuarius, 292.
*Laconicum marmor*, quale? 9. duplex, 1 L. 140. alterum, f. *Taenarium*, 140.
*Lacunaria*, eorum structura, ornamenta, 96.
*Laocoon*, cum filiis duobus, qua ex aetate, 64. vnde, diu obrutus, effossus tandem est, 109.
*Lapides soli*, rerum monimenta, 210.
*Lapidum tituli*, quando conquiri coepere, 111.
*Lapis Lazuli*, quae gemma? 169.
*Laqueata tecta*, v. *Lacunaria*.
*Laricis feminae* tabulae, ad pingendum adhibitae, 82. 192. sq.
*Lastanosa*, 53.
*Lateres aurei*, qui dicti? 30.
*Latinae literae*, e quibus ortae? 5. exempla figurae veterrimae, ibid.
—— *inscriptiones* veterrimae, vbi reperiuntur, 39.
*Latini*, per quos accepere literas, 4.

*Leges*

*Leges foederis* Inter Rom. et Poenos, 201. aliae inter varios Graeciae populos cippis incifae, 212.
—— numorum antiquitatem explorandi, 234. *fq.*
*Leibnitius*, 46.
*Lepidus*, quale marmor primus Romam transuexit, 139. *fq.*
*Lesbonactis*, philofophi, vultus in numis, 244.
*Leucofapphirus*, qualis? 151.
*Leucoftictos* Plinii, qualis lapis, 142.
*Libri* antiquiffimi funt gentis Ifraeliticae, 27. eorum forma antiquiffima, *ibid.* *quadrati* cur et quomodo inuenti, 28. 208. antiquiffimi fuere papyracei, 28. Ipforum ornatus varius. 29. *Latini*, MSCC. qui funt antiquiffimi, 31. ex quo tempore conquifiti 110. id efficiendi ftudium quid profuerit? 111.
*Liebe*, 57.
*Ligneae tabellae* ad fcribendum vfurpatae, 196. *fq.*
*Lignorum genera* ad artilicia vfurpata, 25. Deorum figna ex eis fabricata, 191. 193.
*Lineae extremae* feu lineamenta extrema, quae? 84.
*Linnaeus*, 150. *fqq.*
*Linus*, 125.
*Lippertus*, 99. 158. 268. 273. 297. amphoras ex Alabaftro vendidit, 299.
*Lipfius*, 37.

*Literae maiufculae*, quadratae, vnciales, 6. 16.
—— *Aethiopicae* cum Aegyptiis communicatae, 120.
—— *Phoeniciae* illatae in Graeciam per Pelasgos et Cadmum, 4. 122. *fq.* eadem venerunt in Latium, Hifpaniam, Siciliam, Africam, *ibid.* earum figurae Graeci alii aliis maturius mutarunt, 125.
—— *Graecae*, exempla antiquarum, et qui de iis fcripferint? 4.
—— *Etrufcae*, funt originis Phoeniciae, 4. earum exempla et fcriptores laudantur, *ibid.*
—— *Latinae*, a Pelasgis ortae, 5. earum exempla vbi? *ibid.* antiquiffimae, vbi? 31.
—— *Hebraicae*, omnium antiquiffimae, 3. non differunt a Phoeniciis veterrimis. *ibid.*
*Literaria Archaeologia* quae tractat? 105. 107.
*Literarum elegantiorum* fplendor vbi inftauratus eft, et quid fugauit? 110.
*Literarum vinctura* recentior eft, 7.
*Literata monimenta*, quae? 2. 36. 114. *fq.*
*Lithodendron*, 18.
Λιθοκόλλα, quae? 10.
*Lithoftrota*, pauimenti antiqui genus, 95.
*Linia*, Augufta, dedicat cryftallum in Capitolio, 14.

*Linius,*

*Livius*, 26. 60. 75. 136. 175. *sq.* 200. eius Cod. MSC. Moguntinus hodie desideratur, 73.
*Loescherus*, res theologicas numis illustrat, 54.
*Longus*, 69.
*Lucanus*, 26.
*Lucernarum* editores, 68.
*Lucianus*, 171. *sqq.*
*Luculleum marmor*, Aegypti, nigri coloris, 11. 140. a quibus Romanis id vsurpatum, ibid.
*Luculli* aedificandi magnificentiam in villas, cet. trahunt, 94. marmor ex eis dictum, 140.
*Lumen* in pictura, vnde? 80.
*Lunense marmor*, Italicum et candidum, 10. *sq.* 136. eius nomen Italis vsurpatum, 136.
*Lunus*, Deus, in numis, 242.
*Lupus* Ferrariensis, 6.
*Lybicum marmor*, v. *Numidicum*, a quo Romae vsurpatum, 139.
*Lychnicum marmor*, 11. 135.
*Lychnis*, f. *Lychnites*, gemma, 16.
*Lycurgi*, Spartani, vultus in numis, 244.
*Lydi* numos aureos et argenteos habuere, 230. horum inuentum a quo ipsis tribuatur? 49. 230. picturae quoque communicatio cum Etruscis, 86.
*Lydium marmor*, duplex, nigri coloris, 11. 140.
*Lyncurium*, idem quod *Electrum* siue *Succinum*, 5. 17.

etiam gemmae species, 154.
*Lysippus* statuariam ad summam perfectionem euexit, 64. aereas fecit statuas, 77. in primis Alexandri M. 290. epigrammata Gr. in huius statuam, ibid.

## M.

*Mabillonius*, 5. *sqq.* 28. 44. 46.
*Macrobius*, 42.
*Marniana*, v. *Tabulata*.
*Maffei* statuae, 77. *sq.*
*Maffeus*, 7. 38. *sq.* 40 *sqq.* 44.
*Manus* artificum, quid? 63.
*Marcellus* dactyliothecam instruit, 71.
*Margaritae*, vsus earum quis fuerit apud veteres, 17.
*Mariettns*, 140. 267.
Μάρμαρον Graecorum, quid antiquitus significabat? 130.
*Marmo verde antico*, quale? 140. *Cipollino antico*, quale? ibid. *Porfido rosso* s. *Porfiro antico*, 142. Statuario e Cipollino Italorum quae sint? 135. vtriusque natura explicatur. 137.
*Marmor Onychites*, Gr. ὄνυξ, quale? 137. 142.
*Marmor sculptum* (relief) antiquissimum, 62. 67.
*Marmora antiqua* copiose recensentur, 130. *sqq.* eorum pulcritudo et vsus exponitur, 9. *sqq.* 82. ars poliendi et ferruminandi marmora, ib. eorum genera natalibus coloribusque discer-

cernuntur, 10. clariorum et varietate colorum diſtinctorum indiculus, 11. 135. *ſqq.* ea quomodo ab artificibus tractata, 261. *ſqq.* cum titulis celeberrimis, 37. *ſq.*

*Marmoris* proprie dicti, natura, durities cet. 130. *ſqq.* id erat *vnius* tantum, vel *plurium colorum*, 131. ad quae vſurpabatur, *ibid.*

*Mars* ab Apolline non differebat, 255.

*Martialis*, 25. 28. 52. 73. *ſq.*

*Martorelli*, 115.

*Materiae*, in quibus olim ſcriptum, 8. 196. *ſqq.* ex qua numi antiqui facti, 51. *ſq.* item ſtatuae, 76.

*Matris Dindymenae* ſimulacrum aureum, 172. 324.

*Maximilianus*, imper. 56.

*Mazochius*, 37. *ſq.* 138. *ſq.*

*Medaglioni* qui dici poſſint? 52.

*Medicei*, *Coſmus*, pater, *Petrus*, filius, et *Laurentius*, nepos, 56. poſtremus artificum ſcholas inſtituit, 111.

*Mediobarbus* (Mezzobarba) 55.

*Megabyzus*, irridetur, 239.

*Membranae* vtriusque pars mundatur, vt ſcribendo apta ſit, 28. eius vſus poſterior vſu chartae papyraceae, *ibid.*

*Menſae citreae*, inſano pretio emtae, 25.

*Mercaturae* faciendae ſtudium ſcribendi rationem peperiſſe et propagaſſe videtur, 122. *ſq.* eius peragendae priſca via, 220. *ſq.*

*Mercatus*, 11. 19.

*Mercurii* ſtatuae in numis, 240. eius character ſingularis, 281.

*Merinecydes* fecit opera eburnea, 25.

*Metalla*, eorum genera enarrantur, 30. *ſqq.* taleae metalli in antiquiſſimis emtionibus vſurpatae, 49.

*Mexicani* vtuntur pictis rerum figuris, 119.

*Minerua* non differt a Iunone, 255. eius lineamenta ſingularia, 282. *Arcae* ſignum inauratum, 175.

*Minii*, coloris, vſus, 79. eius muniendi neceſſitas, 82.

*Minos*, Cretenſis, leges ſuas in tabulis aeneis promulgauit, 202.

*Miſſiones honeſtae*, quot repertae ſint? 202. earum antiquiſſima vbi edita, *ibid.*

*Mithrae*, ſimulacrum aureum, 171.

*Mithridatis* dactyliotheca Romam deportata, 71.

Μόλιβδος, in quo Heſiodi liber ſcriptus, 203.

*Molochites*, gemmae ſpecies, 16. 169. vel *chryſocolla natiua*, 16.

*Monimenta* antiqua literata, 2. 36. ea qui collegerunt? 36. *ſq.* ſingulare Aegyptiacum, 212. *ſq.*

*Monochromata*, genus picturae, 79. 313. eorum antiquitas et pretium, 83. 311.

*Mono-*

*Monogrammi*, quaenam picturae? 79. 311. *Dei*, quales? *ibid.*
*Montefalconius*, 4. 6 *fqq.* 29. 32. *fq.* 68. 95. 124. *fq.*
*Morellius*, (Andr.) 55. 57.
*Morion*, gemmae species, 16. 155.
*Moses* fcribendi artificium ab Aegyptiis non didicit, 121.
*Muinteri*, liber laudatur, 333. varia ex eo excerpta, 334. *fqq.*
*Muratorius*, 36. eius thefaurus, 62.
*Murrhina* veterum, an *Porcellana* nostra? 18.
*Mufeum Capitolinum*, quae opera antiqua adferuat, 139.
*Mufiua* opera veterum, quae? 95. *Praeneftinum*, *ibid.* eorum fcriptores, *ibid.*
*Myronis* opera adhuc dura, 63. *fq.*
*Mys*, caelator, 68.

## N.

*Natales* marmorum et difcrimen, 10.
*Natterus*, egregius fcalptor, caelauit Britanniam victricem, 371. *fq.*
*Nero*, imp. emit capidem murrhinam infano pretio, 19. primus *phengite* vtitur, 20. eius aetate teftudo pingi coepta, 25. ridiculus Apollinis imitator, 240. Alexandri M. ftatuam inaurari iubet, 291.
*Neumannus*, 236. 257.
*Niccolo*, quam gemmam fic vocant Itali, 165.

*Niciae* circumlitio excellens, 10.
*Nicias*, Milefius, fculptor, 191.
*Nigri coloris* gemmae, 16. marmor. 139. 140.
*Nigrum plumbum*, 24.
*Niobe* cum infantibus, 64.
*Norifius*, 37. 54.
*Notae Tironis*, v. *Tiro*. Notarum varia genera, 7. *fq.* de hieroglyphicis Aegyptiorum, 8.
*Numariorum librorum* genus duplex, et potiores, 54. *fq.*
*Numi antiqui*: quis primos fignauerit, non conftat, 49. 224. *fq.* 232. *fq.* eorum diftributio, 53. alii ἄσημοι, alii ἐπίσημοι, 222, in iis quid maxime fpectandum? 53. eorum multiplex vfus, *ibid.* 237. *fqq.* cautio in eis recte tractandis adhibenda, 54. eorum colligendorum et edendorum ftudium quando inchoauit? 53. *fqq.* 111. mufea hodierna iis inftructa, 56. leges eorum vetuftatem probabiliter cognofcendi, 234. *fq.* antiquos deprauandi viam, quis docuit? 113. figurarum in illis exhibitarum circumfcriptio qualis? 246. eorum amantes pictores, *ibid.* ex eis artis, rerum figuras lineis circumfcribendi, progreffus difcendi, 256. *fq.*
*Numi contorniati*, quales? 52.

*Numi*

*Numi Hebrae ci* ante Simonis Maccabaei tempora cuſi eſſe vix vi dentur, 49.
—— *Punice*, vbl reperiantur exhibiti? 50.
—— *Perſicos*, quis primus ſignauerit? 51.
—— *Graecorum* antiquiſſimi, *ibid*. *Amyntae, Phidonianus* et *Cyrenaeus, ibid*. 232. *ſqq*. hi *Latinis* diu poſtpoſiti, 111. horum vſus latiſſime patens, 245. horum cauſſa quid adhuc faciendum, *ibid*.
—— *Romanorum*, materia varia, 51. *aurei*, ex auro puriſſimo erant, vti et *Graecorum*, *ibid*. an ex aere Corinthio facti? 51. *ſq*. variant qua argentum, *ibid*. non item qua magnitudinem, 52.
*Numidicum marmor*, flaui coloris, 11. item atri, 139.

O.

*Obeliſci* Aegyptiorum, 89. e Granite, 143.
*Oberlinus* commendatur, 219.
*Obryzum* quale? 20.
*Obſidianum marmor*, Aegyptiacum, ferrei coloris, 11. 140. lapis, imitando factus, 73. opus ex eo paratum, *ibid*.
*Occhio de' gatti* Italorum, qualis gemma? 167.
*Oenomai* domus fulmine percuſſa, 252.
*Olei* vſus olim nullus in coloribus ſubigendis, 80.
*Oliuerius*, 37.

*Onychites*, marmor, 11, 141.
*Onyx*, gemmae ſpecies, 16. 165. vt et marmoris, 143.
*Opacae* gemmae, 13.
*Opalus*, e genere gemmarum, 13. *ſq*. 168. inſanum in eo pretium, 14.
*Opera veterum* ſuppeditant varia diſcenda, 1. *ſq*. ſunt literata et literis carentia, *ibid*. 36. 114. *ſq*. eorum materia et forma, 2. *aeris Corinthii* pretioſa, 22. *eburnea*, 25. *caelata*, quae? 59. vetuſtiſſima qualia erant? 60. *Aegyptiorum* et *Etruſcorum*, 61. *dura*, quae vocantur Ciceroni? *ibid*. 63. alia celebrata, 64. eorum vſus varius, 66. *antiqua*, qua ratione et mente conſiderari poſſint? 102. *ſq*. qui *Aegyptiaca* imitari iuſſit, 132. anaglyphorum inſignis vtilitas, 325. *ſqq*.
*Ophites*, marmor, 11. 141.
*Orbes*, in parietibus, quid? 96.
*Orbis ſcalptorum*, v. *Terebra*. 267.
*Ordo columnarum* apud veteres triplex, Doricus, Ionicus, Corinthius, explicatur, 91. *ſq*. ordo *Caryatidum*, apud Vitruuium, qui? 93. *Tuſcanicus* et *Italicus* explicatur, *ibid*.
*Orichalcum*, natum et facticium, 22. coniectura de priore, 182. *ſqq*.
*Orpheus*, 135. 197.
*Ouidius*, 18. 26. 74. 80.

*Oxe-*

*Oxonienfia marmora*, a quo edita, 37. aliud 235. v. *Parium.*

## P.

*Paederos*, gemma, 13. 15.
*Palaeographiae* numismaticae pericula. 234.
*Palatii Dioclctiani* ruinae, 98.
*Pallas*, in villa Albana, 64. alia *Phidiae* opus, *ibid.*
*Palmae* lignum vfurpatum, 26.
*Palmyrena marmora* cum titulis, 38.
*Palmyrenarum ruinarum* editores, 97. quid de architecturae originibus exiftiment? 88. magnificentiae exempla fubminiftrant, 94.
*Pamphilus*, Apellis magifter, quid popularibus fuafit et perfuafit? 256. 259.
*Pangonios*, e genere cryftallorum, 13.
*Panthei columnae*, quo ex marmore caefae, 142.
*Papebrochius*, 6. 43.
*Papyri* in fcribendis libris vfus antiquiffimus, 28. v. *Libri* et *Codices.*
*Parabolae*, lineae, vfus in artificiis, 61. in vafis antiquis, 297.
Πχρατεταμένα, qui mutauit? 60.
*Parietaria*, pictura, 84. fq. eius plures repertae, 100.
*Parietes picti*, cera obducti, 81. de eorum ornatu reliquo, 95.

*Parium* marmor, f. Chronicon, 225, 231. a quibus editum, 231.
*Parium marmor*, (il Paro antico) quale? 9. 11. 135. quibus nominibus aliis vocetur? *ibid.* ei primas deferebant Graeci, *ibid.* difcrimen inter hoc et Pentelicum, 135. eius ex puluere gluten paratum, 10. quibus ftatuis idoneum erat? 135. opera ex eo facta, quae Romae adferuentur? *ibid.*
*Parrhafius*, fymmetriam in picturis perfecit, 64. defcripfit Mineruae clypevm, 68. eius *Hercules*, 284.
*Pafiteles*, plafticen laudat, 73. 307.
Πάθη et Ήθη qui exprimere coepit, 84.
*Patinus*, 35.
*Pauonaceum* marmor, ad quae minus adhibitum, 131.
*Paufanias*, 60. 62. 68. 75. fqq. 90. 125. 135. 138. 181. 191. fq. 202. fq. 212. 221. 275.
*Paufias*, Sicyonius, primus pictor nobilis in encauftica pictura, 80.
*Pecunia* appendi folebat, 223. fq. a quo prima fignata videtur, 226. fqq.
*Pedeftres* ftatuae, 77.
*Pelasgi* literas inferunt Graeciae, 4. in Italiam ad Latinos et Etrufcos, *ibid.* 126. diu prifcas literarum figuras adhibent, 125. cur
*Pelas-*

*Pelasgicae* dictae sint literae *Phoeniciae?* 126.
*Pellerinus*, 50. 55. 57. 257.
*Pelles* caprinae et ouillae ad scribendum vsurpatae, 204. earum latus vtrumque ad scribendum paratur, 208.
*Pellucidae* gemmae, 13.
*Pentelicum marmor*, quale? 9. *sqq.* vbi caefum ? 135. vbi Palladis signum ex eo factum exstat, *ibid.*
*Peperino* lapis, ex quo columna Duiliana, 216.
Παριστύλιον, in aedibus priuatis, 96.
Παριφανῆ et προστυπα, de figuris, quae ? 67. 300.
*Perizonius*, 49.
*Pervaltus*, antiquitatis obtrectator, 85.
*Persae* reprehendunt humanas Deorum Gr. figuras, 277. *fq.*
*Persicos numos* qui primus percussit, 51.
*Personae allegoricae* in numis, 244. *fq.*
*Petrarcha*, 56. literarum amans libros MSCC. conquirebat, 110.
Πετρέλαιον in gemmis scalpendis necessarium, 267.
*Petronius* emit trullam murrhinam infano pretio, 19.
*Peutingerus*, 37.
Φατνώματα, 96.
*Phengites*, marmor, idque pellucidum, 11. 136. eius vfus, 20.
*Phidias*, auctor est nouae in arte statuaria aetatis et formae, 63. fecit opera

eburnea, 25. caelauit etiam, 54. fecit statuas aereas, 77. eius opera funt exiguae gratiae, fed perfectae artis, 64. quae omnivm celeberrima, 177. 179.
*Phidon*, Argiuus, numorum signatorum auctor censetur, 49. 234. *fqq.* eius numus num antiquissimus sit? 50. 232.
*Philander*, 92.
*Philippus*, dux Aurelianensis, quid instaurauit ? 72.
*Phoci* gemma scalpta in annulo, 70.
*Phoenices*, primi numis vsi videntur, 50. item inuenisse et propagasse scribendi rationem, 122 *fq.*
*Phoeniciae* literae reliquarum omnium fons, 3. propagantur et paullatim mutantur, 4. 125. eis inscripti sunt numi, 50.
*Phoenicium Alphabetum* fons reliquorum, 124. *fq.* eius literae pedetentim mutantur, 4. 125.
*Phrygium marmor*, candidum et orbiculis purpureis distinctum, 11. 135.
*Phryx moribundus*, ex marmore Pentelico, 135.
*Pillae rerum figurae* initium scribendi, 3. 119.
*Pictorum* celebriorum inter veteres nomina, 84. eorum praestantissimi inter recentiores colligebant numos antiquos, 246.
*Pictura* quo tempore et vbi inuenta sit, non constat, 78.

78. eius primum vestigium est apud Chaldaeos, *ibid.* sed initio erat maxime rudis, 79. et facta est in parietibus et fornicibus, 81. 86. Alexandri M. aetate perfectionem attigisse videtur, 79. eius initium et progressus explicantur, 79. 81. *sq.* non inferior fuit sculptura, 85. vtebatur etiam cera, 80. *sq.* apud Romanos ante in vsu fuit, quam Graeci eo venissent, 86. eius reliquiae quem vsum habeant et a quibus sint editae? 86. per quem et quo praesidio ea instaurata, 109. 315. *sq.* Vsitata olim fuit in vitro, 83. in marmore, *ib.* in tabulis, *ib.* in linteo, 83. in ebore et cornu, 81.

*Pictura in buxo*, quis hanc discere iussit iuuenes? 256. 259.

*Pictura linearis*, 58. 79. 83. quis eam inuenit? 310. et magis perfecit? eius ratio exponitur, *ibid.*

*Pictura marmoris*, quando orta, 9. *sq.*

*Pietre di paragone*, lapides sic vocati ab Italis, 140.

*Pisana marmora*, a quo edita, 37.

*Pisaurensia marmora* quis edidit? *ibid.*

*Plagulae* voluminum contexendae num permutari potuerint? 37.

*Plastae* veterum, qui? 74. *sq.*

*Plastice antiqua*, quid tractauerit? 73. eius exsequendae ratio describitur, 285. *sq.* de ea quis disputauit? 307.

*Plato*, 22. 186. *sq.* 202. eius de orichalco opinio, 186.

*Platonis iunioris* epigramma Gr. 158.

*Plautus*, 52.

*Plinius maior*, 9. 10. 12. *sq.* 16. *sq.* 20. 22. 24. 26. 51. 59. 63. *sq.* 69. *sqq.* 76. *sqq.* 80. *sqq.* 84. 88. *sq.* 94. 128. 131. 133. *sq.* 136. 138. 140. *sq.* 150. *sqq.* 171. 184. 193. 214. 256. 261. 265. 290. *sq.* 307. eius errores quasnam, vnde nati? 144 *sq.*

*Plinii secundi* villa, 94. eius de auunculo narratio, 145.

*Plumbare*, quid sit? 24.

*Plumbi nigri* qui vsus antiquus? 24. Romae signatum fuit, sed non ad vsus publicos, 52.

*Plurium colorum* marmora ad quae non adhibita, 131. *sq.* quibus in operibus vsurpari poterant, 133.

*Plutarchus*, 51. 74. 172. 193.

*Pocockius* laudatur, 38. *sq.*

*Polia*, lapis nobilior, 19.

*Pollux* (Iul.) 23. 138. 226. *sq.*

*Polybius*, 23. 75. 201.

*Polycleti* signa, quadrata cur sint dicta? 64. eius *Canon* qui fuit, *ibid.*

*Polycratis* gemma, 17. *sq.* 70.

*Polygnotus*, pictor nobilis, 84.

*Pompeiani triumphi* splendor, 17.

Pom-

*Pompeius* primus murrhina inuexit Romam, 19. dedicat Mithridatis dactyliothecam, 71.

*Populi lignum* vsurpatum, 26.

*Porphyretici marmoris* patria et color, 11. 142. varia eius genera, *ibid.* statuae Claudii ex eo factae minus probatae, 133. aliae ex isto caesae, sunt Venetiis superstites, *ibid.* tabula cum titulo inciso, *ibid.*

*Porticus* ab aedibus priuatis venere ad templa et alia opera publica, 91. ad Romanorum villas, 94. columnae in eis magnificae et necessariae, 91. 94.

Πάρινα, quae dicta sint? 139.

*Porus*, lapis candidus, 138. ad aedes et statuas parandas vsurpatus. *ib.* maxime ad incidendos titulos, 216.

*Posidippi* epigramma in Alexandri statuam, a Lysippo factum, 290.

*Posidonius* credebat esse Atlanticam insulam, 186.

*Posis*, insignis artifex, 75.

*Potterus* (Ioan.) 60. eius ἀρχαιολογία, qualis? 102.

*Praenestinum musiuum*, 91.

*Praetoria* in aedibus, quae? 96.

*Pramnium*, gemmae species, 16. 155. vnde nomen duxisse putetur? *ibid.*

*Prasius*, gemmae species, seu gemma prasina, 14. 161. eius viriditas, qualis? 15.

*Praxiteles* quid arti statuariae adiunxerit? 62. 64.

cur operum suorum circumlitionem requisierit? 10.

*Prideausius*, 27.

*Principum* Gr. in aedibus quid erat, 91. item in Romanorum villis, 94.

Προσύλιον in aedibus priuatis. 96.

*Proconnesium* marmor, 11. 136.

*Pronapides*, 125.

*Propertius*, 19.

*Proplasmata*, quid? 75. e cera fictorum ingens pretium, *ib.* eorum fingendorum necessitas, 261. 267.

*Propylaeum* Athenienfe quis pinxerit? 84.

Πρόστυπα, v. Περιφανῆ.

*Protogenes* quid pinxerit? 84.

*Protomae*, Romanorum in atriis quae fuerint? 75. in basibus ex Alabastro, vbi? 138.

*Protypa*, quae? 75. 268.

*Psalterium Turicense*, quis descripserit? 29.

*Pudentianae aedes* Romae, 139.

*Pulcritudo marmoris* quomodo aucta, 9.

*Puluis adamantinus* in scalpendis vel caelandis gemmis necessarius, 266. /q.

*Punicos numos* quis promulgauit? 50.

*Purpurei coloris marmora*, 11. 142. gemmae, 15.

*Purpureus liquor*, scribendo aptus, 9.

*Pustulatum*, f. *Pustulatum argentum*, quale? 21.

Aa Pyra-

*Pyramides* Aegyptiorum. 89. eae cum Indorum *Pagodis* comparantur, 319. *fq.*
*Pyrgoteles*, artifex fummus gemmarum fcalpendarum, 70.
*Pyropoecilus* lapis Plinii, qualis? 141.
*Pyropus*, gemmae fpecies, 16. 150.
*Pyrrhi* annulus, 17.
*Pyrrhonismus diplomaticus* fugiendus, 47.
*Pythagorae* vultus in numis, 244.

## Q.

*Quadratorum librorum* inventum, cui tribuatur? 28.
*Quadratura* ftatuarum veterum, quae? 64.
*Quadraturae vitreae*, in parietibus, 95.
*Quintilianus*, 84. eius Cod. MSC. hodie defideratur, 33.

## R.

*Raphael* Sanctius, Vrbinas, pictor infignis, 109.
*Rauianus* Cod. Berolinenfis, qualis? 33.
*Reinefius*, 37. 41.
*Relandus*, 49.
*Refcripti codices* quanto damno fuerint? 31. adhuc reperiuntur, 32.
*Retinenfium fpecuum* picturae, 82.
*Rhodi* ornamentum fingulare, 284.
*Rhodiorum* fedecim figna aurea Deorum, 172.
*Rhoecus*, ftatuarius, 76.
*Rhyparographica*, genus picturae, 85.

*Riccardus*, 38.
*Riemius* (A.) 248. Aegyptios contendit architecturae et picturae rationem ab Indis accepiffe, 250. 306. *fqq.* eius de *pictura lineari* fententia, 311. *fq.*
*Rinckius*, 58.
*Roma* excipit artem e Graecia expulfam, 65. *fq.*
*Romani* prifcis literarum figuris vfi funt, 128. quae fimiles erant Graecorum veterrimis, *ibid.*
*Rota* fcalptorum, v. *Terebra*.
*Rubei coloris* marmora, 11. 141. gemmae, 15. *fq.*
*Rubinus*, gemma, 16. eius natura et genera, 150. quibus nominibus aliis veniat, *ibid.*
*Ruinae Graecae*, 92. 94. 97. earum editor, *le Roy*, 97.

## S.

*Salmafius*, 59. 75. 81. 91. 94. eius error notatur, 127.
*Samaritanis* literis infcripti numi, 49.
*Sannia terra*, 297. *vafa*, 301.
*Samii* quid de Deae fuae fimulacro credebant, 243.
*Sandwicenfe marmor*, a quo editum, 38.
*Sangarius*, v. *Coralius*.
*Sapphirus*, gemmae fpecies, 15. 150. *fq.* ignis vehementi calore albefcit, 149. 152.
*Sardachates*, gemmae, 16. 164.
*Sardae*, gemmae, 15. 163.
*Sardonyx*, gemmae fpecies, 16. 164. in Polycratis annulo, 17.

*Sar-*

*Saurias*, Samius, quid invenerit? 310.
*Scaliger*, laudatur, 4. 37. eius error notatur, 127.
*Scalprum* differebat a caelo, 65.
*Scalptae gemmae*, earum superficies an olim fcalpta? 69. *fq.* earum collectores antiqui et noui laudantur, 71. *fq.* quid in eis maxime fpectandum? 68. *fq.* qua via et ratione verfati fint et verfentur artifices in eis parandis, 267. *fq.*
*Scalptura gemmarum antiqua*, quae fuerit? 68. non omnes gemmas tractauit, *ibid.* ferius inuenta eft, quam poliendi artificium, 70. vfus eius antiquiffimus in annulis fignatoriis, *ibid.* Alexandri aetate perfectionem adepta eft, *ib.* eius progreffus inter Romanos et alios populos, 71. an a fculptura differat, et quomodo? 59. Conftantinopolin quando abiit, 266. ibi vna cum inftrumentis feruata, in Italiam rediit, 267.
*Stauri* dactyliotheca, 71. quale marmor ille Romae vfurpauit, 140.
*Scelmis*, v. *Smilis*.
*Scepticismus diplomaticus*, 44. idem vnde nafcatur in rebus affabre factis? 65.
*Scholae artium* complures, 63. 85. vnde ortae? *ibid.*
*Schottus* (A.) 55.
*Schottus* (I. C.) 232.
*Schraderus*, 49.

*Schwartzius*, 29.
*Scribendi auctor*, incertus, 3. nec certo indicari poteft, 117. *fq.*
*Scribendi compendia*, cuius fuerint originis et vfus, 7. eorum interpretes, *ibid.*
*Scribendi inftrumenta* antiqua, 8. item *materia*, *ib.*
*Scribendi ordo* antiquiffimus et varius, 5.
*Scribendi origo et progreffus* probabilis, 3. 117. 122.
*Scriptura*, Aegyptiaca habet veftigia fcripturae Phoenicise, 5. quae *hieroglyphica* dicitur, 8. 120. *fq.*
—— *Graeca* et *Latina* fuit primum maiufculis literis, poft minutior facta, 6. fuit ab initio fine fignis diftincte legendi, et verbis fine interuallo continuatis, *ibid.*
*Scripturae artificium* ab Aegyptiis non propagatum 121. a *Syris inuentum* videtur, 122. *fq.*
*Sculptura* v. *Scalptura*. Ea cur architecturam antegreffa videatur? 88.
*Segnierius* templi antiqui titulum quomodo effecerit? 214. *fq.*
*Semipellucidae gemmae*, quales? 13.
SCtum R. de Bacchanalibus, 5. in quo fcriptum, et a quo editum, 39. 201. vbi hodie adferuetur? *ibid.*
*Seneca*, 10. 14. 96.
*Septem fornices* feu *cameras* (le fette celle) quae dictae fint,

fint, et quae ibi detecta, 109.

*Septimius Seuerus* mutat numos argenteos, 51.

*Serpentino antico*, quale marmor? 141.

*Seruius Tullius*, Rex Rom. aes signat, 51. eius prudentia, 199.

*Sesostris* columnas cum titulis collocabat, 211.

*Shaw*, (Th.) 95.

*Siccum*, in quo pictum, 81.

*Sicyonia* schola artium, 63. 85.

Σιδηρουργῶν in ferro fundendo rationem statuarios imitari oportuit, 286.

*Sigea inscriptio*, 4. edita, 29.

*Signa mera* in scribendo vsurpata, 2. 119.

*Similitudo oris* quando iam expressa videatur, 79.

*Simon Maccabaeus* ius numos cudendi Syris extorquet, 49.

*Simulacra hominum* e lignis facta, 192.

*Sinensium* numi, quales? 49. 223.

Σκευῆ κεράμεια, quomodo facta, 74.

*Smaragdoprasius*, gemma, 161.

*Smaragdus*, 14. scalpti hodie sunt rari, non olim, 69. de quo dubitatur, 153.

*Smetius*, 37.

*Smilis*, artifex celeber, 62. 243.

*Smyris*, lapis in gemmis poliendis necessarius, 266. *fq.*

*Smyrnaeum marmor* f. chronicon, 235. 231.

*Solonis* tabulae legum, 26. quibus tabulis incisae erant, 198. *fq.*

*Spanhemius* (Ezech.) 4. 53. *fq.* 150. 232. 237.

*Specularis lapis*, cuius vfus? 20.

*Sperlingius*, 22 l. 232. *fq.*

*Sphingum* par ex Bifulce, vbi? 139. alia ex aere Corinthio, 78.

*Sponius*, 37. 95. qualem Archaeographiae σκιαγραφίαν delinearit? 105. *fq.*

*Stannum* de vfo eius antiquo, 23.

*Stateris aurei* valor, 51.

*Statius*, 94.

*Statuae*: Graecarum ex aetate rudiori et politiori reliquiae. 62. 64. *fq.* earum varia genera, 77. in principio per partes fusae sunt, *ib.* coeptae etiam sunt inaurari, 2 l. 77. 291. aenearum princeps quae? 78. pedes earumquis primus expresserit, 60. earum *quadratura* ap. veteres, quae fit? 64. integrae ex auro, 171. *fq.* 324. aliae ex auro et ebore, 177. *fq.* aliae e lignis variis, 191. *fq.* quae in numis cernuntur, 239. *fq.*

*Statuaria*, vnde et a quibus auctoribus profecta fit? 76. qua materia vfa? 59. 76.

*Statuarii* qui dicti fint? 74. quid aeri liquefaciendo admifcebant, 287.

Statuarum colligendarum studium quando incepit? 111.

*Stelae*,

*Stelae* (στηλαι) apud Arabes a Plinio memoratae, 211. aliae Athenis positae, 212.
*Stoschius*, 71. eius thesaurus gemmarum editus, 72.
*Strabo*, 171. 187. 235. 242.
*Succini natales*, et vsum Romani accipiunt, 17. *sq.*
*Suetonius*, 14. 17. 32. *sq.* 71. 77. 91. 94. *sq.* 303.
*Suidas*, 199.
*Supellex aurea*, 21. mera antiquaria, 111.
*Surrentinum* Pollionis, 94.
*Swintonus*, 5. 39.
*Sycomori* lignum vsurpatum, 192. *sq.*
*Syenites*, lapis, 140. opera ex eo facta, 142.
*Syllabica scriptura* vsurpata, 119.
*Syllae statuae aureae*, 172. *sq.*
Συμβεβηκότα qui fecerit? 65.
*Symbolica ratio* cogitatorum exprimendorum fuit antiquissima, 2. de eius origine non constat, *ibid.*
*Synnadicum marmor*, f. Phrygium, 11. 136.
*Syri*, latiori significatione sumti, scribendi artem invenisse et propagasse putantur, 122. *sq.*

**T.**

*Tabula marmorea caelata* (relief) antiquissima, 62.
*Tabulae ex Alabastro* sectae, aptae titulis incidendis, 137. *e larice*, semina, factae ad pingendum adhibitae, 82. 192. *sq.*
*Tabulae Heraclienses*, 46.
*Tabulae lignae* cum scriptura, 196. *sqq.* Romae quoque vsitatae, 199. *aeneae* eas cur exceperint, 200. 202. *sq. plumbeae* ad scribendum, adhibitae, 204. *sq.*
*Tabulae* Traianianae et Antoninae columnae, quo ex marmore sectae, 136.
*Tabulata* in aedibus, quae? 94.
*Tachygraphia* quid pepererit? 7.
*Tacitus*, 19. 128. 221. 243.
*Taenarium marmor*, 11. 140.
*Talos*, Minois amicus, iustitiae administer, 202.
*Tarquinius Priscus* in Italiam attulit Ionicas literas, 138.
— *Superbus* legum tabulas aufert, 199.
*Taurinensia marmora* c. titulis, 37.
*Taurocolla*, 10.
*Taygetus*, mons viridis marmoris ferax, 11. 140.
*Taylorus*, 38. emendat Lysiae locum, 138.
*Tectorium*, in quo pictum, 81.
*Tectorum* in aedibus priuatis et sacris discrepantia, 91. *laqueatorum* ornatus, 96.
*Tegulae*, pictae, inauratae, marmoreae, 94.
*Telecles* cum fratre, Apollinem Pythium fabricauit, 76.
*Telephanes*, Sicyonius, picturam prouehit, 83.
*Temperatura* in aere fundendo necessaria, 76.
*Templum Thesei* et *Mineruae* Athenis, quid doceat? 88. *Erechthei* columnas *Caryatidum* habuit, 93. *sq. Dianae*,

nae, Romae, cum columna, literis antiquissimis notata, 128. *Delphicum*, a quibus et ex quo lapide aedificatum, 138. *Vestae* rudera quo ex marmore, 135. *sq.*
*Teraphim Labanis*, quid? 59.
*Terebinthus*, 26. vasa ex eius ligno facta. 293.
*Terebra*, vulgo rota, instrumentum sculptorum, 267.
*Tertullianus*, 25.
*Tessellata pauimenta*, quae? 95.
*Testudo* ornatui olim inseruiebat, 35.
Τετράγωνα ἀγάλματα, quae? 60.
*Thasium marmor*, et opera ex eo facta, 142. *sq.* Christii de eo discrepans sententia, 143.
*Thaututum* iactabant Aegyptii, scribendi auctorem, 119.
*Theatri Herculanensis* inscriptio, qui possit instaurari? 215.
*Thebaicum* marmor, Aegypti, nigri coloris, 11. 140.
*Theocritus*, 191.
*Theodori*, duo statuarii, 76. alter Apollinis Pythii statua nobilitatus, *ibid*.
*Theophrastus*, 82. 132. 135. 138. 148. 150. *sq.* perperam intellectus a Plinio, 294.
*Thericles*, qui fuerit? 293. *sq.* Plinii de eo error, *ibid*.
*Thericlea vasa* quae? 67. 74. qui de iis scripserit, 295. 303.
*Thermae* Diocletiani et Caracallae, 143.

*Thespidis*, poetae, vultus in numis, 244.
*Thucydides*, 21 L.
*Thunbergii* de numis Iapanensium commentatio, 223. *sq.*
*Thymoetes*, 135.
*Tiberianum marmor*, quale? 141.
*Tibure*, in villa, reperta statua, 62. villam quis aedificarit et ornarit? 132. signa nuper ibi effossa, *ib*.
*Tiburtinae lamellae*, 5. 39.
*Tiburtinum Vopisci*, 94.
*Timanthes*, pictor nobilis, 84.
*Tironis notae*, quae? 7. earum interpretes et libri iis scripti, 7. *sq.*
*Titi thermae*, et picturae ibi repertae, 109.
*Tituli* s. inscriptiones, quibus marmoribus incisi? 216. ex quo tempore conquisiti, 111.
*Togatae statuae*, 77.
Τόνες picturae, quid? 80.
*Topasius*, gemmae species, 14. *sq.* 154. complura eius nomina, *ibid*.
*Toreumata* quae appellat Cicero, 59.
*Toreutice antiqua*, an aetate prior pictura lineari? 58. fuit antiquissima artium, quarum opera spectantur, 59. late patet apud veteres, *ibid*. ratio verisimilis eam exsequendi, 259. *sqq.* vtilitas operum eius cognoscendorum, 60. horum varietas, *ibid*.

—— *Graeca*, principatum tenet, 61. initium et incremen-

erementa eius, 60. *fqq.* eius
scholae potiores, 62. *fq.*
Toreutice apud Aegyptios,
qualis fuerit? 61.
—— apud Etruscos qualis?
ibid.
—— Romanae initia, progressus et corruptio, 65. *fq.*
Τορευτόν, quid dicatur? 59.
Traianae columnae tabulae,
ex quo marmore? 136.
Transitus colorum, ap. Ouid.
quid? 80.
Treccia primus sculpsit adamanta, 69.
Trichora, 94. 96.
Triclinia, 96.
Triglypha, quae sunt? 93.
quo ex marmore caedi
poterant? 133.
Triumphi Pompeiani et Augustei splendor, 17. vti et
Caesaris, 25.
Trombellii libellus commendatur, 219.
Trulla Antiochi, 14. murrhina, quanto emta? 19.
Turcicus, gemmae species,
16. sed Turcoides, seu
Turchinus non vera gemma, 170.
Turnbullus, 87.
Turni arma, 183.
Tuscanicus ordo columnarum
valde simplex, 93.
Tychsenius quid de literis
Aegyptiacis statuat? 121.
Typographia, in caussis est
amissorum Codd. MSCC.
32.
Tyrium marmor, candidum,
10. *fq.* 136.

## V.

Valens (Vaillant) 5. 55.
Valesius, 96.
Varro, 64. 96.
Vas vitreum, literatum et
artificiosum, 115. 300.
Vasa Campana, 74. 301.
Etrusca, 293. 304. Nolana
et Sicula, 318 *fqq.*
Vascularii, qui? 22.
Vasorum antiquorum materia varia, 300. *fq.* vsus varius, *ibid.* officinae variae,
303. Thericlea et Corinthia celeberrima, *ib.*
Velasquez, 4. 50. vnde literas
antiquas parum cognitas
fluxisse demonstret, 125.
Velleius Paterculus, 25.
Veneris simulacrum fictile,
75. Gnidiae statua in numis, 241. Paphiae itidem
in numis, 243. eius figuram
non differt a Iunone, 255.
lineamenta eius singularia,
282.
Vermiculata opera, quae marmora poscebant, 133.
Veronensia marmora, cum
titulis, 37.
Verres, quale argentum
contemserit, 72.
Veruculum in pictura encaustica, 81.
Veteres quid per opera varia posteris tradiderint, 1.
eorum vitia in describendis gemmis, 12.
Victimarum cornua inaurandi ratio apud Gr. et Rom.
175.
Vigor seu τόνος in pictura,
quid? 80.

*Villae*

*Villae* Romanorum magnificae, 95. *Adriani*, quibus signis exornata fuit, 132.
*Violaceae gemmae*, 3.
*Virgilius*, 25. *sq.* 68.
*Viridis coloris marmora*, 11. *gemmae*, 14.
*Vyconti*, editor Musei Pio-Clementini, 132. *sq.*
*Vitrum*, eius caelundi et scalpendi artificium apud veteres laudatur, 72. *sq.* in eo fiebant picturae, 82. *figuratum et pictum*, ex quo tempore varie vsurpatum, 95.
—— *Obsidianum*, 72. quod quis imitatus sit? *ibid.*
*Vitruuius*, 79. 82. 85. 90. 92. f. 192. *sq.*
*Vitulus*, Aaronis, 59.
*Vmbilici* voluminis, quid? 27. interdum picti, 28. credibilis eorum origo, 206.
*Vmbra* in pictura, 80.
*Voluminum* antiquissima fuit forma librorum, 27. quae ratio fuerit? *ibid.* eorum vsum non sustulit librorum quadratorum inuentum, 28. credibilis eorum caussa et origo, 206. *sq.*
*Vossius*, 28. *sq.*
*Vrsatus* (Sert.) 7.
*Vtilitas* cognoscendi opera antiqua, 1. 66.
*Vulcanus* non differt ab Hercule, 255.

W.
*Wachterus*, 221. 225. 232.
*Wagnerus*, 231.
*Waltherus*, 7.
*Warburtonus*, 3. 8. 118. *sq.* 277.
*Watsonus*, 189.
*Weinlig*, 142.
*Wesselingii* libellus commendatur, 42. eius obseruatio ad Herodotum, 127.
*Wetstenius*, 32.
*Wilthemius*, 38.
*Winkelmannus*, 21. 39. 50. 58. 61. 64. *sq.* 73. 74. 77. 81. *sq.* 131. 135. 174. 188. 193. 235. 264. 297. eius historia Artium italice versa, 115.
*Witzleben*, 257.

X.
*Xerxes* reperit cippum cum titulo, a Croeso positum, 212.
Ξόανα, signa Graecorum, quae? 60. 275.

Y.
ὑδρία χαλκῆ cum tabulis defossa, 203. iterum effossa, 207.

Z.
*Zeunius*, promulgat Christii libellum, 107.
*Zeuxis*, pictor perfectus, 84. ex albo pinxit, 83. reprehensus ab Aristotele, 255. eius Helena, 284.
*Zophori* qui dicuntur? 93. quibus e marmoribus caedi poterant, 133.

www.ingramcontent.com/pod-product-compliance
Lightning Source LLC
Chambersburg PA
CBHW031415230426
43668CB00007B/317